国内外经典教材辅导系列·管理类

夏书章《行政管理学》（第6版）

笔记和考研真题详解（修订版）

主编：圣才考研网

www.100xuexi.com

中国石化出版社

内 容 提 要

国内外经典教材辅导系列是一套全面解析当前国内外各大院校权威教科书的辅导资料。夏书章主编的《行政管理学》是国内采用较多的行政管理学教材之一。本书遵循该教材第6版的章目编排，共分为17章，每章由三部分组成：第一部分为复习笔记，总结本章的重难点内容(含知识框架)；第二部分为考研真题，精选了部分名校近年的考研真题；第三部分为考研真题详解，对第二部分的真题提供了详细的分析和解答。

圣才考研网(www.100xuexi.com)提供全国所有院校各个专业的考研考博辅导方案【网络课程、电子书、题库等】。购书即可享受大礼包增值服务【本书电子书(手机版、电脑版)+考研专业课咨询服务】。手机扫码(本书封面右上角)领取本书大礼包。

图书在版编目(CIP)数据

夏书章《行政管理学》(第6版)笔记和考研真题详解/圣才考研网主编.—2版.—北京:中国石化出版社,2021.4(2023.6重印)
国内外经典教材辅导系列·管理类
ISBN 978-7-5114-6238-1

Ⅰ.①夏… Ⅱ.①圣… Ⅲ.①行政管理-管理学-研究生-入学考试-自学参考资料 Ⅳ.①D035

中国版本图书馆CIP数据核字(2021)第069163号

中国石化出版社出版发行
地址:北京市东城区安定门外大街58号
邮编:100011 电话:(010)57512500
发行部电话:(010)57512575
http://www.sinopec-press.com
E-mail:press@sinopec.com
武汉市盛宏源印务有限公司印刷
全国各地新华书店经销
*
787×1092毫米16开本18.25印张398千字
2021年5月第2版 2023年6月第2次印刷
定价:68.00元

序　言

国内外经典教材辅导系列是一套全面解析当前国内外各大院校权威教科书的辅导资料。我国各大院校一般都把国内外通用的权威教科书作为本科生和研究生学习专业课程的参考教材，这些教材甚至被很多考试（特别是硕士和博士研究生入学考试）和培训项目作为指定参考书。为了帮助读者更好地学习专业课，我们有针对性地编写了一套与国内外教材配套的复习资料，并提供配套的名师讲堂和题库。

夏书章主编的《行政管理学》是我国高校采用较多的行政管理学权威教材之一。作为该教材的学习辅导书，本书具有以下几个方面的特点：

1. 框架图表体系，通俗易懂易记

本书每章的知识框架图和考点归纳表，在全方位把握核心考点的同时，提纲挈领地以思维导图形式，呈现重要的考点、难点，脉络清晰，一目了然，更容易记忆。

2. 下划线＋星级标记＋拓展延伸，透彻剖析核心考点

本书每章的核心考点均按重要程度分为一星（一般了解）至五星（熟练掌握），对关键词用下划线作了标记，并对相关重要知识点进行了延伸和归纳，方便考生更有针对性地复习。

3. 精选考研真题，巩固重难点知识

本书精选了部分名校近年的行政管理学考研真题并提供了详细的答案，这些学校均以该教材作为考研参考教材。所选习题涵盖的知识点全面，特别注重理论联系实际，凸显当前热点。

要深深牢记：考研不同一般考试，概念题（名词解释）要当作简答题来回答，简答题要当作论述题来解答，而论述题的答案要像是论文，多答不扣分。有的论述题的答案简直就是一份优秀的论文（其实很多考研真题就是选自一篇专题论文），完全需要当作论文来回答！

购书即可享受大礼包增值服务！手机扫码（本书封面右上角）领取本书大礼包。具体包括：①本书电子书（手机版、电脑版）；②考研专业课咨询服务。

圣才考研网（www.100xuexi.com）是圣才学习网旗下的考研考博专业网站，提供全国各高校管理类专业考研考博辅导班【一对一辅导（面授/网授）、网授精讲班等】、电子书、题库、全套资料（历年真题及答案、笔记讲义等）、国内外经典教材名师讲堂、考研教辅图书等。

考研辅导： kaoyan.100xuexi.com（圣才考研网）
资格考试： www.100xuexi.com（圣才学习网）

圣才考研网编辑部

目　录

第一章　导　论

1.1　复习笔记

【知识框架（庖丁解牛）】

导论
- 行政管理
  - 含义
  - 特征
  - 在社会生活中的地位和作用
- 行政管理学
  - 创立及发展
  - 研究对象、内容和方法
  - 在中国的发展
- 行政管理学的建设和发展
  - 本土化的必要性
  - 目的：为实现战略目标服务
  - 指导思想：习近平新时代中国特色社会主义思想

【通关提要（提纲挈领）】

本章是导论，主要介绍了行政管理与行政管理学、中国行政管理学的发展以及建设和发展中国特色社会主义行政管理学等相关知识。本章内容较为简单、概括，主要考查概念题和简答题，学习时要理解记忆。

【考点难点归纳（厚积薄发）】

考点一：行政管理（见表1－1）★★

表1－1　行政管理

要点	主要内容
含义	指国家行政机关［主体］依法管理［根本原则］国家事务、社会公共事务和行政机关内部事务［客体］的活动
特征	①政治性；②管理性；③公共性；④合法性；⑤变动性
原则	①法治原则；②服务原则；③效益原则；④责任原则
地位、作用	①是公共管理的重要组成部分；②涉及面最广、最具权威性

【真题链接】简述行政管理在社会生活中的地位和作用。［简答题，武汉科大2014年研］

考点二：行政管理学(见表1-2) ★★

表1-2　行政管理学

要点	主要内容
含义	又称行政学、公共事务管理学等，是一门以国家行政机关依法、有效地管理国家事务、社会公共事务和机关内部事务为目的，系统地研究行政现象及其活动规律的科学
研究对象	行政现象及其活动规律
研究内容	①PDCA四要素循环说：计划、执行、核验和行动。 ②古立克POSDCORB七要素说：计划、组织、人员、指挥或领导、协调、报告、预算。 ③怀特《行政学导论》分的四部分：组织原理、人事行政、财务行政和行政法规。 ④现代行政管理的要素：环境(形势)、目标、计划、执行、协调等
方法	辩证、历史唯物主义，坚持理论与实际相结合，力求实事求是
发展	①以人为本；②全面可持续发展；③统筹兼顾；④加强战略思维，树立世界眼光；⑤坚持四项基本原则

【真题链接】简述行政管理学的主要研究对象。[简答题，首经贸2013年研]

1.2　考研真题

一、概念题

1. 行政与行政管理学[上海交大2010年研]

相关试题：行政[广东海大2017年研]

2. 行政管理[首经贸2017年研]

3. 伍德罗·威尔逊[中南财大2015年研；陕西师大2015年研；燕山大学2011年研]

4. 古德诺[对外经贸2007年研]

5. 政治行政二分法[华南理工2019年研；中山大学2018年研；广西民大2018年研；华侨大学2017年研；东华大学2014年研；南航2013年研]

二、辨析题

1. 19世纪末20世纪初，美国一批重量级学者的著作在创立行政管理学早期起了决定性的积极作用，其中以威尔逊著的《行政学》、古德诺著的《政治与行政》和高斯著的《行政学导论》最具代表性。[电子科大2013年研]

2. 行政管理学的研究对象指的是各级政府部门和第三部门的构成、运作、执行过程和效果，以及内部管理的客观规律，其中也包括行政改革发展的问题。[电子科大2012年研]

3. 国家和社会的法定公共事务和政府(中央人民政府和各级人民政府)内部事务是行政管理活动的客体，行政管理学的研究对象则是行政组织的构成、运作、执行过程和效果，以及内部管理等客观规律。[电子科大2014年研]

4. 泰勒因为提出了“政治—行政”二分的理论，被誉为公共行政作为独立学科的创始人。[暨南大学2018年研]

三、简答题

1. 简述行政管理在社会生活中的地位和作用。[武汉科大 2014 年研]

2. 为什么近现代行政管理学作为独立学科产生于美国?[北邮 2012 年研]

3. 简述行政管理学的主要研究对象。[首经贸 2013 年研]

4. 简述政治与行政二分及其对于公共管理学的意义。[中山大学 2012 年研]

相关试题:政治与行政二分。[中山大学 2018 年研]

四、论述题

请谈谈你对我国行政管理理论本土化的认识。[山东大学 2015 年研]

1.3 考研真题详解

一、概念题

1. 行政与行政管理学[上海交大 2010 年研]

相关试题:行政[广东海大 2017 年研]

答:(1)行政的概念有广义和狭义之分。广义上,行政是指国家机关和非国家机关,如企事业单位、社会团体乃至私人组织中的计划、决策、协调、人事、后勤事务等管理活动;狭义上,行政是政府机关执行的任务和进行的活动。概括来说,行政是国家权力机关的执行机关依法管理国家事务、社会公共事务和机关内部事务的活动。

(2)行政管理学又称公共行政学、行政学、公共事务管理学、公务管理学等,是关于公共行政制度或行政体制及其运行机制的合法性、合理性、有效性、发展性的比较系统的思想、理论、逻辑、知识和方法的体系。它是一门以狭义政府即各级国家行政机关为主要研究对象,涉及领域广泛、内容丰富、综合性和动态性较强的理论与应用相结合的相对独立的学科。

2. 行政管理[首经贸 2017 年研]

答:行政管理是运用国家权力对社会事务的一种管理活动,它是以政府机关为管理主体,以国家事务、社会公共事务以及政府机关内部事务为管理对象的管理活动。随着社会的发展,行政管理的对象日益广泛,包括经济建设、文化教育、市政建设、社会秩序、公共卫生、环境保护等各个方面。现代行政管理多应用系统工程思想和方法,以减少人力、物力、财力和时间的支出和浪费,提高行政管理的效能和效率。

3. 伍德罗·威尔逊[中南财大 2015 年研;陕西师大 2015 年研;燕山大学 2011 年研]

答:伍德罗·威尔逊是美国著名的政治家、公共行政学的创始人,曾任美国普林斯顿大学教授和校长,后任美国新泽西州州长和美国第二十八任总统。他在 1887 年发表的《行政学研究》一文被认为是行政学发端的标志,其主要贡献为:①强调了公共行政活动及其研究在所有国家现象中的特殊意义;②提出了政治与行政的二分法,认为国家的权力主要掌握在决定政治的议会和执行政治的行政部门手中。这就从结构上否认了三权分立的学说,提出政治和行政的二分法。尽管威尔逊的理论并未涉及行政学的基本框架,也并未规定其基本范畴，但他拟定了行政学的内涵，奠定了行政学的基础，因此被认为是行政学的创始人。

4. 古德诺［对外经贸2007年研］

答：古德诺是美国著名学者，行政学的奠基人之一，他长期教授行政法学，其最有代表性的名著是1900年发表的《政治与行政：对政府的研究》一书。古德诺全面、系统地论述了二分法理论，认为传统的三权分立学说不符合民主国家的实际，因为民主国家的主要职能只有政治和行政两种，司法只是行政的一小部分。政治，表现的是国家意志，同时也表现民意和决定政策，是议会掌握的制定法律和政策，用来表达国家意志的权力；行政执行国家意志，同时也执行民意和政策，是行政部门掌握的执行法律和政策的权力。这样，古德诺就否定了立法、司法、行政的三分法，而代之以政治与行政二分法。古德诺进一步认为，行政学不研究政治问题，那是政治学的任务，也不使用民主或程序的标准，而是研究政府的行政效率、使用方法或技术标准。为了提高行政效率，最好将政党和政治权力等政治因素排斥在行政之外，而将政府文职官员区分为政务官和事务官，并规定事务官在政治上中立。古德诺一生论著甚丰，较有影响的还有：1895年的《市自治：行政研究》、1897年的《市政问题》和1909年的《市政府》等。

5. 政治行政二分法［华南理工2019年研；中山大学2018年研；广西民大2018年研；华侨大学2017年研；东华大学2014年研；南航2013年研］

答：政治行政二分法是古德诺在《政治与行政》一书中提出的一种观点，认为政治与行政是所有政府具有的两种基本功能。政治与政策和国家意志的表达有关，存在于政府表达国家意志所必需的活动中；行政则与这些政策的执行相关，存在于政府执行国家意志所必需的活动中。由于政府体制的不同，这两种功能的区分程度及其关系也会表现出一定的差别。一般而言，政府的民主程度越低，国家意志的执行功能与表达功能之间的区别就越小；但即使在君主制政府中，分工的需要也都使区分这两种功能不可避免。自此以后，“政治是国家意志的表达”和“行政是国家意志的执行”就成为行政学中一种影响很广的观点。政治与行政分离的理论是对19世纪80年代美国政府体制改革经验的概括和总结。

二、辨析题

1. 19世纪末20世纪初，美国一批重量级学者的著作在创立行政管理学早期起了决定性的积极作用，其中以威尔逊著的《行政学》、古德诺著的《政治与行政》和高斯著的《行政学导论》最具代表性。［电子科大2013年研］

答：这种说法是错误的。19世纪末20世纪初，美国一批重量级学者的著作在早期创立行政管理学时起了决定性的积极作用，以威尔逊著的《行政学研究》、古德诺著的《政治与行政》、怀特著的《行政学导论》(或高斯著的《公共行政的边界》)最具代表性。威尔逊被公认为是开行政学研究先河的先驱者，于1887年著《行政学研究》一书。古德诺创立“政治”与“行政”的二分法，被誉为“行政学之父”，于1900年著《政治与行政》。1926年怀特著的《行政学导论》作为美国第一本大学行政学教科书，通常被视为行政学正式问世的标志。此外，怀特的《行政学导论》、威劳贝的《行政学原理》与费夫纳的《行政学》一并成为三足鼎立的著名教材。

2. 行政管理学的研究对象指的是各级政府部门和第三部门的构成、运作、执行过程和效果，以及内部管理的客观规律，其中也包括行政改革发展的问题。［电子科大2012年研］

答：这种说法是错误的，具体分析如下：

（1）行政管理学与公共管理学不同，这种说法混淆了二者的研究对象。

（2）只有公共管理学的研究对象包括第三部门。

（3）行政管理学研究国家行政机关及其官员依法管理国家事务、社会事务和机关内部事务的客观规律。具体来说，行政管理学研究的主体对象是行政机关，在中国即国务院和地方各级人民政府；行政管理学研究的客体对象是国家事务、社会事务和行政机关的内部事务。

3. 国家和社会的法定公共事务和政府（中央人民政府和各级人民政府）内部事务是行政管理活动的客体，行政管理学的研究对象则是行政组织的构成、运作、执行过程和效果，以及内部管理等客观规律。［电子科大2014年研］

答：这种说法是正确的。行政机关即国务院（中央人民政府）和各级人民政府，是国家权力的执行机关，是行政管理的主体；其客体是国家事务、社会事务和行政机关的内部事务。行政机关的职权由宪法和法律规定，同时必须依法行使，对人民负责、受人民监督，这也是行政管理学研究的对象。

4. 泰勒因为提出了"政治—行政"二分的理论，被誉为公共行政作为独立学科的创始人。［暨南大学2018年研］

答：这种说法是错误的。"政治—行政"二分理论由威尔逊提出。作为行政学的创始人，威尔逊最大的贡献在于提出了"政治—行政"二分法，并据此将行政学作为一门独立的学科从政治学中分离出来。就行政与政治的关系而言，一方面，行政不同于政治，行政管理是置身于"政治"所特有的范围之外的，行政管理的问题并不属于政治问题；另一方面，行政与政治密切相关，"行政管理的领域是一种事务性的领域。行政管理作为政治生活的一个组成部分，仅仅与企业办公室所采用的工作方法是社会生活的一部分一样。"泰勒最大的贡献在于提出了科学管理理论，使管理开始成为一门科学，促进了管理的精细化和科学化。正是在科学管理运动兴起之后，一些行政学家便开始重视通过科学管理来寻求政府行政效率的问题。

三、简答题

1. 简述行政管理在社会生活中的地位和作用。［武汉科大2014年研］

答：行政管理，是指政府运用公共行政权力，依法对国家事务、社会公共事务和自身内部事务实施管理的活动。其本质上体现着政府管理公共事务、谋求公共利益、承担公共责任的过程。行政管理在社会生活中的地位和作用在于：

（1）行政管理是公共管理的重要组成部分，在生活实践中发挥着重要作用，与人们的生活息息相关，同时也对社会经济发展具有重要影响。

（2）与其他管理相比，它涉及面最广、最具有权威性。国家或政府的行政管理直接影响到整个国家的兴衰。好的行政管理能使国家健康平稳有序发展，坏的行政管理可能直接导致国家衰败。

(3)行政管理的实践和改革对行政管理学的产生、发展和创新具有推动作用。

2. 为什么近现代行政管理学作为独立学科产生于美国?［北邮2012年研］

答: 近现代行政管理学作为一门独立学科产生于美国的原因在于:

(1)美国建国较晚，历史不长，受传统的约束和影响比较小，更能发挥资本主义条件下的创新和进取精神。

(2)美国科学管理运动的兴起促进了行政管理学的形成和兴盛，同时行政管理的实践也为行政管理学的创立提供了经验支持。

(3)在美国，相关学科的理论发展和政府长期的行政管理实践也为行政管理学的产生奠定了重要基础，如政治学、法学。这些领域中有一大批重量级学者，对行政管理学的酝酿和创立起了决定性的积极作用。

(4)美国以"三权分立"学说建国，在实际运作中，注意力多集中于行政方面。有了三权分立才能产生真正的行政行为，而后才会诞生研究行政行为的行政管理学这一学科。

(5)美国社会生产力的迅速发展和经济结构的巨大变化使政府管理社会经济的任务日愈繁重，原有的行政管理方法已经不能适应时代发展的要求，迫切需要有一门科学从理论上指导国家的行政管理活动。于是，行政管理学便应运而生。

3. 简述行政管理学的主要研究对象。［首经贸2013年研］

答: 行政管理学是研究行政管理及其活动规律的科学。行政管理学的研究对象从管理主体、客体、管理原则和根本任务等方面表现出其矛盾的特殊性。

(1)行政管理的主体是国家权力机关的执行机关，即行政机关。在我国，行政管理的主体是国务院和地方各级人民政府，其行政权力是国家权力机关依法授予的。因此，行政管理是以国家权力为依据、行使国家权力的一种公共管理。

(2)行政管理的客体是国家和社会的法定公共事务和政府内部事务。行政机关的范围涉及国家和社会生活的各个方面和全体国民，由此也决定了行政管理学有比其他管理科学更加广阔的研究领域和更广泛的适用性。

(3)行政管理活动的根本原则是依法行政。依法行政是现代行政的本质特征。行政管理必须以法律为根本活动准则，在法律规定的范围内实施管理。任何行政机关和个人都没有超越宪法和法律的特权。

(4)国家事务、社会事务和机关内部事务纷繁复杂、变化多端，往往令人难以捉摸。但行政活动同其他社会实践活动一样是有规律的。行政管理学的主要任务和根本目的是探讨和发现这些规律，形成科学理论。

总的来说，行政管理学的研究对象是行政现象，它是研究行政现象、行政过程内在本质联系的科学。行政管理学要综合运用社会科学、自然科学、技术科学的有关理论和方法，研究行政管理系统的各方面、各要素、各环节以及它们之间的内在联系和合理结合形式。

4. 简述政治与行政二分及其对于公共管理学的意义。［中山大学2012年研］

相关试题：政治与行政二分。［中山大学2018年研］

答：(1)政治与行政二分：

最早提出政治与行政二分思想的是行政学创始人威尔逊，其后，古德诺对政治与行政的分离理论作了进一步阐释。具体如下：

①政府的职能可分为政治和行政，即国家意志的表达和国家意志的执行。“政治”是国家在重大而且带普遍性的事项方面的活动；“行政”是国家在个别和细微事项方面的活动，政治没有必要干涉行政。政治是国家意志的表现，也是民意的表现和政策的决定，是由议会掌握的权力；而行政则是国家意志的执行，也是民意的执行和政策的执行，具有相对独立性。

②政府机构之间的分工不可能像政府职能分工一样明晰，因此“政治”与“行政”必须在某种程度上达到调适。对政治和行政，人们普遍的印象是二者相互分离，早期的学者并没有政治和行政在行政事务部门和具体行政事务上可以分离的表述。其实政治与行政二分的“二分”是针对政府职能这样一个前提；而在具体的行政事务部门和公共事务上，政治和行政不可能完全分离。

③行政更多地表现为一些事务性、程序性和可操作性的具体事务，因此行政对效率的追求是可行的。威尔逊在《行政学研究》的开篇说“行政学研究的目标在于了解：首先，政府能够适当、成功进行什么工作。其次，政府怎样才能以尽可能高的效率及在费用或能源方面，用尽可能少的成本完成这些适当的工作。”

④行政官员对民选官员负责并执行民选官员的意志，在价值上要保持中立。行政应该以追求效率为前提。传统的政治与行政二分法的理解是：政治是政策的制定，行政是政策的执行；行政官员应该而且必须保持政治上的中立。

(2)政治与行政二分法对公共管理学的意义：

①政治与行政二分法从以下方面提出了关于学科的论证基础：

a. 政府由“政治”与“行政”两种过程构成，“行政”是其中一种单独的过程。

b. 行政研究应当建立在管理的基础上而不是法律的基础上。

c. 关于“行政”的科学研究可寻得类似于物理学的普遍原则，行政研究可由艺术转变为一门科学。

d. 行政将成为现代政府的中心问题，运用行政科学可以增进政府管理的效率。

②政治和行政分离的历史意义：

a. 把行政从政治中分离出来，使之成为一个相对独立的研究领域，这对行政学的产生起了重要的促进作用。

b. 国家意志的表达功能和执行功能互相渗透，难以截然分开。以执行国家意志为主要功能的政府机关，通常又被赋予表达国家意志的具体细节的职责；而以表达国家意志为主要职责的机关，即立法机关，通常有权用某种方式控制以执行国家意志为主要职责的机关对国家意志的执行。

四、论述题

请谈谈你对我国行政管理理论本土化的认识。[山东大学2015年研]

答：行政管理理论本土化是在立足本国行政管理现实的基础上，借鉴国外的行政管理理论和方法，并使其有效地服务本国社会。行政管理学本土化问题的解决，关系到我国行政管理学发展的前途与命运。行政管理理论本土化将是一个长期的过程，推进这一进程需要做很多工作。当前需要解决三个问题：

(1)转变行政管理理论研究者的观念：

①强化行政管理理论研究者的"反省—批判"意识。研究者要通过对西方外来行政管理知识的反省，批评那种对西方行政管理的错误认识，揭示机械照搬西方行政管理理论知识的危害性，坚信我国行政管理理论研究本土化的必要性和重要性。片面地吸收、引用西方行政学知识，不仅无法清楚解释我国行政管理实践中的问题，而且将导致对西方公共行政学的畸形依赖，最终使行政管理无法在我国社会中生根、成长。

②强化行政管理理论研究者的责任意识。研究者要增强行政管理理论服务于我国现代化建设和改革开放的责任感与使命感，不断提高行政管理理论研究的社会关联性。这就需要理论研究直接介入行政管理现实，关注行政管理现实问题，从现实出发并以现实为基准丰富和发展理论。

③强化行政管理研究者的"竞争—发展"意识。研究者在研究中要努力取得高水平的研究成果，积极参与国际学术交流，在此基础上拓宽视野，更好地推进行政管理理论的本土化。为此，研究者必须具有"竞争—发展"意识。树立"竞争—发展"意识，有助于研究者加强本土行政管理理论与国际行政管理理论的互动，基于研究、解决本土问题的行政管理理论才可以得到丰富和发展；反过来，得到丰富和发展的行政管理理论又能指导和引导本土行政管理实践的发展。

(2)推进行政管理研究的理论创新：

转变行政管理研究者的观念，是全面推进行政管理理论本土化进程的一项基础性工作。但推进行政管理理论本土化的重要问题之一是如何使行政管理理论研究获得进一步的突破与创新。因而，推进行政管理理论创新，既需要行政管理学者在对我国行政实践进行深入调查的基础上提出新的理论与方法，又需要行政管理学者在面向世界、博采众长中实现行政管理理论创新。

①在深入调查中催生行政管理理论创新。在本土化进程中，推进行政管理理论创新，离不开行政管理实践。行政管理研究者只有深入行政管理实践进行调查，才能突破其过去所坚持的理论以及个人的意识形态立场所构成的认识框架。在调查研究中，要注重采用实证研究与量化分析、比较研究和系统分析、统计分析等方法。当前，应围绕政府管理理念、运行机制、体制架构和管理方式等进行实证研究，拓展实地调查领域，揭示我国行政实践的原则与体系，寻求解决问题的方法与手段，从而致力于行政管理理论的验证与构建。

②在面向世界、博采众长中实现行政管理理论的创新。

a. 本土化并不意味着全盘否定西方行政管理理论，相反，要对其进行认真研究，在批判中借鉴，从而更好地推进本土化。要从本土实际出发，发现西方行政管理理论所难以解释的现象、变量或反例，为创新具有本土特色的行政管理理论提供机会。行政管理研究者要树立世界眼光，增强时代意识，以马克思主义的宽广眼界和胸怀把握世界发展趋势，海纳百川，博采众长。

b. 学术研究的主要目的是在前人研究的基础上推陈出新。无论是行政管理理论研究，还是行政管理改革实践，西方国家都走在我们前面。我国的行政管理学者必须先当学生，系统地了解西方行政管理理论的研究现状与发展趋势，熟悉各种研究理论与方法，从而了解其优点与不足，进而结合我国的行政实践，更快地建设本土化的行政管理。

(3)强化行政管理理论对行政实践的指导性作用：

这是行政管理本土化的内在要求，这种指导作用的发挥是对我国的行政现象与问题作出的独特透视。但长期以来，我国的行政管理理论研究与行政实践的联系并不紧密，二者之间一直存在着相当大的隔阂。从现象上看，行政学研究中的主要问题是研究取向的偏差，突出表现为多数行政学研究者满足于书斋式的宏观“理论”研究，习惯于思维的演绎，不能深入实际，不是从事实和采集的数据中推导出结论，而是轻率地得出主观判断。

就目前而言，多年的行政改革与发展已经使我们在实践上超越了西方的话语环境，超越了西方任何现存理论的框架。任何西方现存的理论模式都不可能提供解决我国行政问题的现成药方，尽管其对我们有所启迪。因此，我国行政管理理论研究更应该自觉地去研究我国政府以及整个社会治理的现实，进行更多积极性的思考，提出对策性的方案。同时，还可以根据人类历史发展以及社会治理历史发展的一般性规律，前瞻性地探讨人类未来社会治理的可能性，引导行政改革与行政发展的方向，这也是推进行政管理本土化的重要目的之一。

第二章　行政环境

2.1　复习笔记

【知识框架（庖丁解牛）】

- 行政环境
  - 行政环境概述
    - 行政系统界线的概念、功能、特点
    - 行政环境的概念、构成、特点
  - 行政系统与外部环境的互依性
  - 行政环境对行政系统的影响
    - 经济环境
    - 政治环境
    - 文化、民族和宗教环境
    - 自然环境
    - 国际社会环境
  - 创建良好的外部环境

【通关提要（提纲挈领）】

本章主要介绍行政环境，内容基础且简单。学习时，要重点掌握行政环境特别是经济环境、政治环境对行政系统的影响、行政系统与外部环境的互依性，熟悉行政环境的含义及构成等。本章主要考查概念题和简答题，复习时要整体把握，理解记忆。

【考点难点归纳（厚积薄发）】

考点一：行政环境概述（见表2-1）★★★

表2-1　行政环境概述

要点	主要内容	
行政系统界线	概念	指划分行政系统与外部环境的边界［分界和联系］
	功能	①抵抗外界环境干扰，维持系统独立性。 ②过滤外部环境投入和行政系统产出，以维持系统生存与运转
	特点	①开放性；②可渗透性

续表

要点	主要内容	
行政环境	概念	指行政系统赖以存在和发展的条件的总和，即各种直接或间接地作用和影响行政活动的各种要素的总和
	构成	①自然环境；②社会环境
	特点	①广泛性；②复杂性；③差异性；④变化性；⑤互动性

考点二：行政系统与行政环境的互依性(见表2-2)　★★

表2-2　行政系统与外部环境的互依性

关系	主要内容	
行政系统依赖于外部环境	①行政系统产生于外部环境的需要。 ②外部环境影响行政系统的价值观、目标、结构、行为方式等。 ③行政系统的各种要素要从外部环境输入	
行政系统选择并塑造外部环境	①行政系统有选择地从外部环境中接收物质、能量和信息。 ②行政系统选择并设法改善、控制外部环境。 ③外部环境与行政系统辩证统一	
外部环境对行政系统的影响	宏观环境	指广泛影响整个行政系统的一般环境
	微观环境	指影响个别行政系统的特定/具体环境

【真题链接】简述行政系统与行政外部环境的关系。[简答题，南航2015年研]

考点三：行政环境对行政系统的影响　★★★

1. 经济和政治环境对行政系统的影响(见表2-3)

表2-3　经济和政治环境对行政系统的影响

要点	主要内容	
经济环境	生产力 [物质、人口生产]	①生产力的发展决定行政系统的性质和存亡。 ②生产力的发展影响行政系统的部门设置及功能发挥。 ③生产力的发展为行政系统提供物质保障。 ④人口发展状况制约着行政系统的人口管理功能和发展战略
	生产关系 [含经济体制]	①基本的生产关系直接决定行政系统的性质和变化。 ②经济体制制约行政系统的运行模式和功能配置
政治环境	①国体决定行政系统的性质。 ②政体规定行政系统的形式和地位。 ③政党制度制约行政系统的稳定和完善。 ④政治生活的民主、平等程度影响行政系统决策与执行的民主化和科学化程度。 ⑤政治形势的稳定程度制约行政系统的运行状态。 ⑥法律制度规定并保障着行政系统在整个国家机构系统中的地位。 ⑦法律的完善化和科学化程度影响行政系统运转的协调及规范水平	

2. 文化、民族和宗教环境对行政系统的影响(见表2-4)

表2-4 文化、民族和宗教环境对行政系统的影响

<table>
<tr><th>要点</th><th colspan="4">主要内容</th></tr>
<tr><td rowspan="10">文化环境</td><td>行政系统一般行为的期望</td><td colspan="3">①不同国家对行政系统管理范围的期望不同。
②不同国家对行政系统输入、输出的期望不同。
③对行政系统的认同程度决定着公民参与行政的输入方式</td></tr>
<tr><td rowspan="3">行政系统首脑权力</td><td>血统论</td><td colspan="2">行政首脑权力世袭</td></tr>
<tr><td>唯意志论</td><td colspan="2">行政首脑权力来自超人意志</td></tr>
<tr><td>法治论</td><td colspan="2">行政首脑权力来源于人民的委托，由法律赋予</td></tr>
<tr><td rowspan="3">行政系统运行方式</td><td>人治观念</td><td colspan="2">行政系统治理好坏的关键在人。主张好人政府、贤人政治、政治道德化</td></tr>
<tr><td rowspan="2">法治观念</td><td>专制主义</td><td>行政首脑集权</td></tr>
<tr><td>民主主义</td><td>依法行政</td></tr>
<tr><td rowspan="2">行政系统内部人际关系</td><td>特殊</td><td colspan="2">制约行政决策和监督，难以实现公平</td></tr>
<tr><td>普遍</td><td colspan="2">重视普遍关系，促进公平</td></tr>
<tr><td>行政道德</td><td colspan="3">①指引行政系统成员的政治方向。
②影响行政系统成员个人利益的实现和社会地位</td></tr>
<tr><td>民族环境</td><td colspan="4">①制约政府的民族政策及相应的行政机构设置。
②制约行政系统的体制。
③影响行政系统权力的行使。
④影响行政系统的凝聚力。
⑤中国的国家行政系统对各民族的吸引、凝聚作用很强</td></tr>
<tr><td>宗教环境</td><td colspan="4">①影响行政系统的机构设置和职权行使。
②影响行政系统的管理活动</td></tr>
</table>

【**真题链接**】简述政治环境对行政系统的影响。[简答题，武汉科大2012年研]

3. 自然环境和国际社会环境对行政系统的影响(见表2-5)

表2-5 自然环境和国际社会环境对行政系统的影响

<table>
<tr><th>要点</th><th colspan="2">主要内容</th></tr>
<tr><td rowspan="5">自然环境</td><td>地球环境</td><td>制约行政系统的发展模式</td></tr>
<tr><td>自然资源、国土面积</td><td>制约行政系统的功能发挥与财力基础</td></tr>
<tr><td>自然资源环境</td><td>影响行政系统的功能发挥与部门设置</td></tr>
<tr><td>地理形状</td><td>制约国家的团结统一及行政系统的稳定</td></tr>
<tr><td>地理环境</td><td>影响着政府的功能组织及国际战略</td></tr>
</table>

续表

要点	主要内容	
国际社会环境	国家之间的交往程度	影响国家行政系统的机构、职能及政策
	国际重大事件的发生	会导致一些国家设立对应的专门性机构
	国际社会共同问题的产生	促使各国政府都设置了相应的解决机构
	国际组织的产生	使各国政府设立了相应的职能及机构
	国际社会公认的行为准则	约束并调整国家行政系统的活动

【真题链接】试论自然环境和国际社会环境对行政系统的影响。[简答题，广东海大2017年研]

2.2 考研真题

一、概念题

1. 行政环境[华南理工2017年研；武汉科大2017年研；北邮2016年研；山东师大2016年研；东北财大2013年研；南航2013年研]

相关试题：自然环境和社会环境[上海交大2012年研]

2. 文化环境[中国地大2019年研]

二、简答题

1. 简述行政环境及其意义。[北理2007年研]

2. 试述行政管理与行政环境的关系。[首经贸2016年研]

相关试题：

(1)简述行政管理与行政环境。[大连海事2018年研]

(2)辨析：行政管理只能适应行政环境，而不能改造行政环境。[中财2006年研]

3. 经济环境对行政系统的影响。[中国地大2014年研；山东师大2014年研]

4. 解释文化环境的内涵，行政首脑权力观念对行政系统的影响。[中国地大2015年研]

5. 简述行政文化对外向性行政的作用。[华南理工2016年研]

三、论述题

1. 论述行政系统和行政外部环境的互依性。[东北财大2010年研]

相关试题：

(1)简述行政系统与行政外部环境的关系。[简答题，南航2015年研]

(2)试述行政系统与外部环境的互依性。[简答题，武汉科大2014年研]

2. 政治环境对行政系统的影响。[华南理工2010年研]

相关试题：简述政治环境对行政系统的影响。[简答题，武汉科大2012年研]

3. 人治观念与法治观念、特殊的人际关系与普遍的人际关系对行政系统的影响。[中国地大2016年研]

4. 试论自然环境和国际社会环境对行政系统的影响。[广东海大2017年研]

2.3 考研真题详解

一、概念题

1. 行政环境[华南理工2017年研；武汉科大2017年研；北邮2016年研；山东师大2016年研；东北财大2013年研；南航2013年研]

相关试题：自然环境和社会环境[上海交大2012年研]

答：参见本章简答题第1题答案。

2. 文化环境[中国地大2019年研]

答：参见本章简答题第4题答案。

二、简答题

1. 简述行政环境及其意义。[北理2007年研]

答：(1)行政环境是指行政系统赖以存在和发展的外部条件的总和。这些条件有物质的、精神的，有有形的、无形的，有自然界的、社会界的。总之，凡是作用于行政系统并为行政系统反作用所影响的条件和因素，都可以属于行政环境的范围。地形地貌、山川河流、大气气候、自然资源、人口、民族关系、阶级状况、历史传统、文化教育、科学技术以及社会程度、政治制度、经济制度，乃至生活方式、价值观念、道德风尚等，都能对行政系统发生作用，又能为行政系统所改造，因而都成为行政环境的组成部分。

行政环境的特点有：

①广泛性。凡是作用于行政系统的外部条件和要素，都属于行政环境的范畴。

②复杂性。某一事物受环境影响而产生的变化是各种环境因素及因素之间构成的纵横关系综合作用的结果。

③差异性。不同行政系统受行政环境的不同条件和要素影响。

④变化性。行政环境的诸条件和要素在不断变化，影响这些行政系统的变革。

⑤互动性。行政环境与行政系统间存在互动关系。行政环境作用于行政系统，行政系统又反作用于行政环境。

(2)行政环境的意义：

①行政环境是行政系统赖以存在和发展的基础。行政系统必须并只能在一定行政环境中运行和发挥作用。行政环境改变了，行政系统的存在和活动方式也必须随之改变。

②行政环境是行政系统施加影响的对象，行政环境的改变是行政系统功能有效发挥的结果。

③行政系统的活动和行政环境的改变，只能在实践中取得一致。行政系统活动主要是执行国家意志，制定方针、政策、法规、命令，只有通过实践，才能把这些变成改造环境的物质力量。而行政环境也只有通过实践才能得到改造。离开实践，行政系统的运作就流于空谈而不能产生实际成果，行政环境也得不到自觉改造。

④行政环境对行政管理有制约作用。良性的行政环境可为行政活动提供有利的条件，恶性的行政环境则会对行政管理起到阻碍和抑制的作用。行政环境对行政管理的制约有要求、支持、反对三种形式。其制约途径有：

a. 行政环境是行政系统的生存空间和发展空间。

b. 行政环境在一定程度上规定着行政管理的内容和发展方向。

c. 行政环境影响着行政体制与机构建设。

d. 行政环境影响着行政过程。

⑤行政管理对行政环境有改造作用。主要体现在：

a. 适用性改造。行政管理对行政环境的改造在适应行政环境的基础上进行。

b. 积极性、开放性改造。提倡行政管理对行政环境的积极主动的开放性改造。

c. 能动改造。政府引导整个社会协调有效地发展。

2. 试述行政管理与行政环境的关系。[首经贸 2016 年研]

相关试题：

(1) 简述行政管理与行政环境。[大连海事 2018 年研]

(2) 辨析：行政管理只能适应行政环境，而不能改造行政环境。[中财 2006 年研]

答：(1)行政管理的含义：

①狭义的行政管理是指行使国家权力的管理。凡在国家疆界之内权力所及，都属于行政管理范围。行政管理在阶级社会，管理者是统治阶级，被管理者属于被统治阶级。

②广义的行政管理是指管理社会公共事务的活动。任何一种社会管理都可以说是行政管理。在实际管理中，也要运用行政权力，依照法规实施某种强制性管理，如教育行政管理、经济行政管理和科技行政管理等，它们同国家的行政管理既有区别，又有共性和联系。

(2)行政环境的含义，参见本章简答题第 1 题答案。

(3)行政环境与行政管理的互动关系：

①行政环境决定并制约着行政管理：

a. 行政环境是行政系统产生与发展的客观基础。

b. 行政环境制约着行政系统的方向、方式、内容和结果。

因此，行政管理要适应行政环境的性质、现状和发展方向。

②行政管理选择性利用和塑造着行政环境：

a. 行政管理并非被动地适应环境，而是有选择地接受环境输入，并能动地利用并改造环境。

b. 行政管理存在和发展的价值在于积极利用现有环境条件，调整行政管理的结构和方式，最大限度地发挥行政系统功能。

综上，二者相互依存、相互影响，要积极认识并应对行政环境的变化，利用行政环境促进行政管理发展。

3. 经济环境对行政系统的影响。[中国地大 2014 年研；山东师大 2014 年研]

答：经济环境主要是指作用于行政系统的物质技术和经济制度，即通常所说的生产力和生产关系。其中，物质技术水平的高低直接影响公共行政管理的效率和水平；经济制度、生产关系对行政系统的产生、性质、运作目标和方式等起决定性作用。

(1)物质生产与人口生产的发展状况对行政系统的影响:

①生产力的发展状况决定行政系统的性质和存亡。生产力发展水平的高低是生产力要素构成的系统与其所处的政治、经济、社会、文化、生态等环境构成的体系聚合匹配的结果。

②生产力的发展状况影响行政系统的部门设置和功能发挥。生产力是具有劳动能力的人和生产资料相结合而形成的改造自然的能力,影响行政系统的部门设置。

③生产力的发展状况为行政系统运行提供物质基础。物质条件、技术装备是否充裕精良,这都直接关系到行政系统管理的效率。

④人口的发展状况制约行政系统的人口管理功能和发展战略。人口的发展状况影响国家经济和社会发展战略的制定与实现,直接决定着行政系统的人口管理政策及部门设置,影响着行政系统的编制及改革。

(2)生产关系与具体的经济体制对行政系统的影响:

①基本的生产关系直接决定行政系统的变化和性质。

②具体的经济体制制约着行政系统的运行模式和功能配置。人类历史上,资源配置是按照习惯、市场或计划的方式进行的,相应地出现了三种经济体制:自然经济体制、市场经济体制、计划经济体制。

4. 解释文化环境的内涵,行政首脑权力观念对行政系统的影响。[中国地大2015年研]

答:(1)文化环境主要是指作用于行政系统的文化教育、思想意识形态、宗教、道德、社会心理等。行政系统处于一定的文化气氛之中,它的活动必须和周围文化环境相协调。文化环境具有整合为一、连绵不断、变迁积累、渗透于社会各个领域的特点,对行政系统的影响具有持久性和深刻性。

(2)行政系统首脑权力的观念对行政系统的影响:

①血统论的行政文化认为,行政系统首脑的权力来自世袭。血统论的行政文化建立在人们对于习惯和古老传统的神圣不可侵犯的基础之上。被统治者之所以服从统治是因为这种关系已经存在于神圣的传统之中,统治者凭借传统的力量实施合法统治,同时也受到传统的约束。其最典型的形式是家长制、世袭制和封建制。

②唯意志论的行政文化认为,行政系统首脑权力来自超人的意志。这种行政文化建立在某个英雄人物、某位如有神授天赋的人物的个人魅力基础之上。被统治者之所以服从是因为他们确信他们的统治者有着超凡的能力,从而成为其追随者和信徒。而统治者也必须通过不断地证明其超凡能力的存在而维持其合法统治。典型的魅力型统治在先知、圣徒和宗教领袖所建立的组织中可以看到。

③法治论的行政文化认为,行政系统首脑的权力来自人民委托,并通过体现民意的法律形式予以确认。被统治者不再是服从于统治者个人,而是服从于法规,其之所以服从,是因为相信法律和规章制度是正当的和合理的。

5. 简述行政文化对外向性行政的作用。[华南理工 2016 年研]

答：外向性行政是指行政者对国家事务和社会公共事务的管理活动。行政文化对外向性行政的作用如下：

(1)廉洁行政的保障。廉洁行政是社会利益的集中体现，也是行政组织得以有效运作和长期存在的根本所在。廉洁行政的保障，离不开法治，更离不开行政文化的"心治"。行政文化能渗透人心，影响人的道德要求和人生价值观念，起到法治手段难以起到的作用。

(2)高效行政的条件。行政人员的高效行政思想，为争取高效行政而艰苦奋斗的精神，从实际出发，实事求是的工作作风，这些既是以往优秀的行政文化的积极成果，又是现实行政文化对高效行政的有力保障。

(3)民主行政的前提。民主行政具有明显的阶级内容，直接受行政文化的影响，其中除民主观念的影响外，还受道德意识、政治观念和法律思想的制约。行政文化建设是现实民主行政不可或缺的前提条件。

三、论述题

1. 论述行政系统和行政外部环境的互依性。[东北财大 2010 年研]

相关试题：

(1)简述行政系统与行政外部环境的关系。[简答题，南航 2015 年研]

(2)试述行政系统与外部环境的互依性。[简答题，武汉科大 2014 年研]

答：参见本章考点难点归纳相关内容。

2. 政治环境对行政系统的影响。[华南理工 2010 年研]

相关试题：简述政治环境对行政系统的影响。[简答题，武汉科大 2012 年研]

答：政治环境对行政系统的影响主要包括：

(1)国体直接决定着行政系统的基本性质。国体是指国家的性质，亦称国家的阶级本质。具体地说，就是社会各阶级在国家中所处的地位。统治阶级的性质决定着国家的性质。行政系统的性质由国家的性质决定，因此国体直接决定着一国行政系统的阶级性质。

(2)政体规定了行政系统的地位和具体形式。政体一般指政治体制，是政治制度的体现。政治体制是指政权的组织形式，即统治阶级采取什么样的方式来组织自己的政权机关。因此政体决定了行政系统的具体形式和地位。

(3)政党制度影响着行政系统的完善程度和稳定性。政党制度是指一个国家通过政党进行政治活动的方式或状态。在一个国家中，政党制度是存在于市民社会的若干政党组成的整体，其特征在于该国政党的性质与数目。政党制度不仅直接影响政党与行政系统的关系，而且直接影响行政系统的机构设置、人员配备等。

(4)政治生活的民主与平等程度影响行政系统决策与执行的科学化和民主化程度。国家政治生活中的民主与平等程度越高，行政决策的民主和科学化程度越高。政治权力的民主与平等程度制约着行政执行中的民主程度，即沟通、协调与公开化程度。

(5)政治形势的稳定程度制约着行政系统的运行状态。政治形势分为稳定与不稳定两种情况。如果政治形势稳定，那么行政系统各部门就能正常运作，如果政治形势不稳定，那么就会影响行政系统的正常运作。

(6)法律制度规定并保障着行政系统在整个国家机构系统中的地位。法律制度是指一个国家或地区的所有法律原则和规则的总称。在实际生活中，法律利用强制性来保障行政系统的正常运作。行政机关及其工作人员都必须遵守法律。

(7)法律的完善和科学化程度影响行政系统运转的规范和协调水平。随着我国社会主义事业的发展，我国的法律正在不断完善，科学化程度也不断提高，这将极大地保障行政系统正常运行，促进其协调与规范化。

3. 人治观念与法治观念、特殊的人际关系与普遍的人际关系对行政系统的影响。[中国地大2016年研]

答：(1)人治观念与法治观念对行政系统的影响：

①行政系统运行方式的人治观念认为，行政系统的好坏与否与人有关，主张建立好人政府，让贤人进行社会治理，主张政治道德化。但这种观念太虚无，是一种空想。

②法治观念包括两种形式：

a. 专制主义的法治观念，主张让行政首脑一人掌握权力和势力，认为要加大刑罚。

b. 民主主义的法治观念，主张尊重法律，通过法律来推行政务。

(2)特殊的人际关系与普遍的人际关系对行政系统的影响：

①特殊关系的人际关系观念。在传统的农业社会里，人们彼此之间的接触仅限于狭小的小团体范围内，这种小范围内的长期交往，使人们养成一种十分注重彼此之间特殊关系的人际关系观念。这种观念对行政系统的行政决策、人事工作、行政监督等都会产生影响。

②普遍的人际关系观念。随着经济社会的发展，人际关系观念由重视特殊关系变为重视普遍关系。人们开始重视人的业绩、成就、德行与能力，而不是仅仅看重与领导的特殊关系。

4. 试论自然环境和国际社会环境对行政系统的影响。[广东海大2017年研]

答：(1)自然环境对行政系统的影响：

①地球环境。地球环境通过影响人类社会文明的形成与发展来制约各国行政系统的发展模式，如在黄河的哺育下，我们得以形成大河文明，以种植作物，类似的还有古埃及、古巴比伦。

②自然资源和国土面积。这是人类社会赖以生存的一种重要物质基础，是国家安全与经济发展的重要保证。其通过影响综合国力制约着行政系统的财力基础与功能发挥。

③自然资源环境。自然资源环境会间接影响到行政系统的功能体系和部门结构。

④地理形状。地理形状会影响行政系统的稳定状况。国家领土的地理形状可分为：

a. 紧凑型、方块型和圆型的领土，其国内交通路线最短，经济发展最易平衡，民族最易团结，最有利于政府行政系统的稳定性和权威性。

b. 破碎型的领土，中央行政系统控制地方行政系统的难度较大。

c. 狭长型的领土，不利于经济平衡，从而也不利于政府行政系统的稳定性和权威性。

⑤地理环境。地理环境影响着政府的政策及战略。地理环境是指一定社会所处的地理位置以及与此相联系的各种自然条件的总和，其对政府行政系统的影响是永恒的。

(2)国际社会环境对行政系统的影响：

①不同国家之间的交往联系程度，影响各国行政系统的机构、职能、政策。当今世界，国家之间在政治、经济、文化各方面都存在联系。各国之间在经济、政治、文化等领域中，既互相依赖、互相合作，又互相排斥、互相竞争。

②国际上重大事件的发生，会使得一些国家设立对应的专门性处理机构。如爆发战争以后，国家的行政系统就会变化。

③国际社会中不同国家面临的共同问题，使各国政府都设立了相应的解决这些问题的机构。随着科技的发展与国际交往的增加，在国际社会出现了许多各国共同遇到的问题，如生态环境污染、关税保护、邮政通信等。为了解决这些问题，各国政府就会改变行政系统来进行管理。

④众多国际组织的出现，使各国政府设置了相应的职能及机构。国际组织是指两个以上国家或其政府、人民、民间团体基于特定目的，以一定协议形式而建立的各种机构。

⑤国际社会所公认的行为准则会约束和调整国家行政系统的活动。

第三章　行政职能

3.1　复习笔记

【知识框架(庖丁解牛)】

- 行政职能
  - 行政职能概述
    - 行政职能的含义、特点及意义
    - 行政职能体系
      - 基本职能
        - 政治职能
        - 经济职能
        - 文化职能
        - 社会职能
      - 运行职能
        - 决策职能
        - 组织职能
        - 协调职能
        - 控制职能
  - 西方国家行政职能的演变
  - 转轨时期我国行政职能的转变
    - 转变的必然性、必要性
    - 转变的重点
      - 理顺政府与市场的关系
      - 理顺政府与社会的关系
      - 理顺中央与地方的关系
      - 理顺政府部门之间的关系

【通关提要(提纲挈领)】

本章主要介绍行政职能，属于重点章节。学习时，要熟悉行政职能的含义和功能、行政职能体系、西方国家行政职能的演变等；掌握转轨时期我国行政职能转变的重点。本章主要考查概念题、简答题和论述题，要在理解基础上重点记忆。

【考点难点归纳(厚积薄发)】

考点一：行政职能概述(见表3－1)　★★

表3－1　行政职能概述

要点	主要内容
含义	即国家行政机关承担的国家职能，指行政机关在管理活动中的基本职责和功能[管什么、怎么管]

续表

要点	主要内容
特点	①执行性与变通性。 ②政治性[性质上，分为政治职能、社会管理职能]与社会性。 ③多样性[内容、层次上]与整体性。 ④动态性与相对稳定性
影响因素	①国家的阶级本质；②社会经济发展水平；③一国特定的政治文化；④行政主体的认识和管理水平
意义	①是行政组织设置和改革的依据，也是行政决策和行政执行的基础。 ②是实现政府目标的手段，有利于建立合理的行政组织系统。 ③是行政管理科学化的基础，是检验行政管理效能的标尺

考点二：行政职能体系(见表3－2) ★★★

表3－2 行政职能体系

要点	主要内容	
基本职能 [按作用领域分]	政治职能	实质是维护统治阶级的统治地位，核心是维护和巩固国家政权。 ①政治统治职能。[最基本职能] ②保卫国家主权的职能。 ③民主职能
	经济职能 [最主要、最基本]	指政府在国家经济行政管理中的职责范围和应发挥的作用。 ①规范和稳定市场秩序，确保自由竞争的职能。 ②对经济进行宏观调控，确保国民经济平衡发展的职能。 ③直接生产和提供公共物品，弥补市场供给不足的职能。 ④管理国有资产的职能
	文化职能	指政府指导和管理文化事业的职能，其首要的是维护和弘扬一种意识形态
	社会职能	指管理社会公共事务，保持社会稳定、维持社会正常秩序
运行职能 [按作用过程和方式分]	决策职能	首要职能，主要内容是确立目标、总体设计、预测预算、论证评估、选择决断和实施修正
	组织职能	指行政机关围绕行政目标，具体策划和安排行政活动
	协调职能	指通过有效的行政沟通，协调行政过程中组织内外部关系 ["1+1>2"的协同效应效果]
	控制职能	指根据既定目标与计划执行情况，对行政过程进行检查、督促和纠偏，以确保行政过程的顺利进行和目标的实现

【真题链接】

(1)简述市场经济中政府的经济职能。[简答题，中财2010年研]

(2)分析行政管理的运行职能。[论述题，中国地大2019年研]

考点三：西方国家行政职能的演变(见表3－3) ★★

表3－3　西方国家行政职能的演变

时期	主要内容
前资本主义时期	即奴隶制和封建制社会时期，这一时期行政职能的特点是： ①政治统治职能的极端强化。 ②社会管理职能的相对弱化
自由资本主义时期	是资本主义发展的上升阶段，这一时期行政职能的特点在于： ①政府采取自由主义的管理方法。 ②主张政府管得越少越好。 ③主要依靠市场来调节和引导社会经济的发展
垄断资本主义时期	①政府行政权力扩大，专政职能加强，民主职能逐步弱化。 ②强调政府对社会经济的调节和干预作用
当代资本主义时期	当代西方国家行政职能的发展趋势： ①行政职能扩大。 ②政治职能中的暴力职能有所削弱，调节职能随之加强。 ③行政职能渐趋社会化，政府宏观调控、综合协调职能逐渐加强

考点四：转轨时期我国行政职能的转变(见表3－4) ★★★★★

表3－4　转轨时期我国行政职能的转变

<table>
<tr><th>要点</th><th colspan="2">主要内容</th></tr>
<tr><td>必然性、必要性</td><td colspan="2">①行政职能转变是行政职能发展的普遍规律。
②行政职能转变是社会主义市场经济体制发展的必然要求，是适应经济全球化的迫切要求。
③行政职能转变有利于建立科学的行政组织体系，是机构改革的前提和基础，是提升政府能力的保证</td></tr>
<tr><td>发展趋势</td><td colspan="2">①行政职能的内容日趋丰富和多样化。
②行政职能日益分化和专业化。
③行政职能的重心逐渐由阶级统治性职能过渡到经济社会管理性职能</td></tr>
<tr><td>转变观念</td><td colspan="2">①从全能型政府向有限政府转变。
②从微观经济管理向宏观调控转变。
③从市场参与者到市场秩序的维护者转变。
④从管制型政府向服务型政府转变[统治→管理，权威→民主，以官为本→以人为本]</td></tr>
<tr><td rowspan="2">转变重点
[具体措施，要正确界定政府角色]</td><td>理顺政府与市场的关系</td><td>①总原则：充分发挥市场的资源配置决定作用和政府作用。
②具体措施：减少投资项目及生产经营活动的审批、资质资格许可和行政事业收费，改革工商登记制度</td></tr>
<tr><td>理顺政府与社会的关系</td><td>①政府社会管理三大转变：管理范围上，提供公共物品；管理模式上，小政府、大社会；管理方法上，以法律方法为主。
②具体措施：引入竞争机制，使行业商会协会与行政机关脱钩；重点培育、优先发展各种社会组织；建立健全社会组织管理体制</td></tr>
</table>

续表

<table>
<tr><th>要点</th><th colspan="2">主要内容</th></tr>
<tr><td rowspan="2">转变重点
[具体措施，要正确界定政府角色]</td><td>理顺中央与地方的关系</td><td>①要合理划分事权、财权，明确职能关系，并以法律形式维护。
②具体举措：下放投资和生产经营活动审批事项，减少专项转移支付</td></tr>
<tr><td>理顺政府部门间关系</td><td>按权责一致、分工明确的原则，科学地明确政府各部门的职责分工，以建立严格的工作责任制和岗位责任制。具体措施有：
①同一事件由一个部门负责。
②整合相同或相近业务。
③整合在不同部门分散管理的资源</td></tr>
<tr><td>转变发展方式</td><td colspan="2">①政府应做市场的掌舵人、领航人，是政策制定者、投资方向的指引者、市场监管者和消费群体利益的维护者。
②政府投资应主要放在新兴产业部门、公共教育和民生领域。
③政府要在融资方面给予民营企业和国有企业平等的地位</td></tr>
</table>

【真题链接】

(1)十八大后中国政府职能转变的内容。[论述题，北大2021年研]

(2)现阶段我国行政职能转变的重点。[简答题，青岛大学2017年研]

3.2　考研真题

一、概念题

1. 行政职能[广工大2021年研；首经贸2017年研；湖南农大2017年研；华南理工2014年研；北邮2010年研；中国传媒大学2008年研]

2. 行政管理的政治职能[中财2010年研]

3. 行政管理的运行职能[中财2008年研]

相关试题：决策职能和控制职能[上海交大2012年研]

4. 政府失败[华南理工2017年研]

二、辨析题

政府只能干预市场根本性失败，而不能干预非根本性缺陷。[中财2006年研]

三、简答题

1. 简述市场经济中政府的经济职能。[中财2010年研]

2. 有人说社会职能是政府亟待加强的管理职能，你如何理解？[中国地大2014年研]

3. 举例说明什么是市场失灵。[中山大学2018年研]

4. 政府失灵的类型和原因。[人大2016年研]

相关试题：

(1)简述政府失败的主要表现与成因。[浙江财大2017年研]

(2)简述政府失灵的原因。[华师2016年研]

5. 当代资本主义时期西方国家行政职能的发展趋势。[电子科大2016年研;华南理工2010年研]

相关试题:

(1)当代西方国家行政职能发展的趋势。[山东师大2014年研]

(2)西方国家行政职能的演变趋势。[中国地大2013年研]

6. 政府职能转变的必要性。[中南财大2015年研]

相关试题:联系实际分析当前加快政府职能转变的必要性和意义。[湘潭大学2015年研]

7. 现阶段我国行政职能转变的重点。[青岛大学2017年研]

8. 简述西方行政职能优化措施。[中国地大2016年研]

四、论述题

1. 试论行政职能的构成。[湖南农大2013年研]

相关试题:

(1)分析行政管理的运行职能。[中国地大2019年研;首经贸2009年研]

(2)行政职能体系。[简答题,首经贸2017年研]

2. 试述我国行政职能转变的基本内容。[南航2017年研;中财2015年研]

相关试题:

(1)十八大后中国政府职能转变的内容。[北大2021年研]

(2)行政职能应适应经济全球化发展趋势而改变。[判断题,中国地大2019年研]

(3)论述我国行政职能转变的必要性及主要内容。[山东师大2016年研]

(4)中国共产党第十八届中央委员会第三次全体会议公报指出,要全面正确履行政府职能。请结合市场经济体制中政府职能的相关知识,谈谈你对如何切实推进我国政府职能转变的认识。[首都师大2014年研]

(5)简述我国行政职能转变的基本内容。[简答题,武汉科大2014年研;华南理工2011年研]

(6)结合我国的实际论述我国行政职能如何进行转变。[东财2009年研]

3. 试论政府与社会的关系,以及如何改善。[对外经贸2016年研]

相关试题:结合实际,论述我国政府与社会关系中存在的问题及其改革与完善的措施。[东财2010年研]

五、案例分析题

案例一

我国涉及食品安全监管职责的有工商、质检、卫生、农业、药监、商务等近10个部门,从事食品安全监督的工作人员达到百万之众。以猪肉污染引起食物中毒的瘦肉精的管理为例,从生产到端上餐桌,需要经过七个环节(瘦肉精生产、饲料生产、饲料添加剂、生猪养殖、生猪收购、屠宰、销售),由六个部门(药监局、工商局、农业部、原经贸委、质检局、卫生部)交叉管理,执法监督体系尚未完全理顺,分段各自执法、重复执法的现象屡见不鲜,有人将这种状况戏称为"六个部门管不好一头猪"。[中山大学2006年研]

试运用有关行政学理论来分析，为什么“六个部门管不好一头猪”？

案例二 地方政府成为富士康的“招工办”

富士康(烟台)是山东省产出规模最大的外资企业，目前园区共有约8万人。早在2010年，山东省人社厅就专门下发通知协助烟台富士康招工。目前烟台富士康用工还存在很大的缺口。为弥补富士康的用工缺口，从2012年9月开始，烟台市政府要求各高职高专院校派学生去富士康实习。部分院校的学生是从初中毕业就直接读高职，年龄并不大，一些人还没满16岁。这些学生要在富士康实习一到三个月，和富士康的普工一样，需要做流水线和物流方面的工作。由于要赶订单，加班成为常态。除了加班，学生们还要3个星期一轮，值夜班。夜班的时间是晚上8点到第二天早上5点，因为需要早到点名和加班，夜班经常一上就是12个小时。但加班到晚上七八点钟非常普遍，连不满16岁的学生也一样要加班。而且学校有规定，一旦学生被工厂开除，学校也将立即开除该名学生。为了检查各学校的执行情况，烟台市教育局甚至派了一位科长进驻富士康厂区考察学生的“社会实践”。除了烟台本地高校，许多外地学校的学生也来到烟台富士康实习，甚至，烟台市经济技术开发区管委会也向开发区各政府部门摊派任务。开发区管委会要求旅游局完成为富士康招工300人的任务，开发区城管局的任务是500人。如果完不成任务，就要在年终考核扣奖金。[中山大学2013年研]

请利用公共管理学的基本理论分析案例并回答以下问题：

1. 烟台市政府以地方政府的名义，动员公共行政资源为富士康这家企业招工。这种做法的原因与目的何在？对政府、企业和社会有何影响？

2. 我国劳动法律对未成年劳动者有特别保护措施，而且禁止用人单位雇佣16岁以下的青少年。富士康以实习为名，雇用学生工，甚至是不满十六岁的学生，并且得到了地方政府的支持和鼓励。这种情况反映了我国劳动法律及其执行中存在着什么问题？应该如何保护我们的学生和劳动者？

3. 烟台市政府强迫地方院校和政府部门为企业提供员工，沦为企业的“招工办”，这是政府服务企业的适当方式吗？它反映出我国政府职能和公共管理中存在着什么问题？为什么会出现这些问题？你认为，在经济发展中，政府究竟应该扮演何种角色？

3.3 考研真题详解

一、概念题

1. 行政职能[广工大2021年研；首经贸2017年研；湖南农大2017年研；华南理工2014年研；北邮2010年研；中国传媒大学2008年研]

答：行政职能即国家行政机关承担的国家职能，是指行政主体作为国家管理的执行机关，在依法对国家政治、经济和社会公共事务进行管理时应承担的职责和所具有的功能。行政职能是国家职能的重要组成部分，反映着行政管理活动的基本内容和方向，表明政府在国家、社会生活中所扮演的角色和发挥的作用，是行政组织设置和改革的依据，也是行政决策和行政执行的基础。行政职能具有阶级性、执行性、多样性、动态性的特点。

2. 行政管理的政治职能[中财2010年研]

答：行政管理的政治职能是指通过行政权力机关行使约束性、控制性、防御性、保卫性及镇压性的功能，防御外来的入侵和渗透，镇压被统治阶级的反抗，制止和打击不法分子的各种破坏活动，建立和维护有利于统治阶级的社会秩序及内外环境，妥善处理统治阶级内部的各种关系。政治职能是维护国家统治的基本职能，核心是维护和巩固国家政权，包括：①专政职能，表现为政府承担防范和打击敌对势力和反社会分子，保障现代化建设顺利进行的职责；②民主职能，表现为政府要健全民主制度，丰富民主形式，拓宽民主渠道，切实尊重和保障人权，保证人民依法享有广泛的民主权利和自由，依法实行民主选举、决策、管理和监督，保障人民的知情权、参与权、表达权和监督权，使人民群众的积极性、主动性和创造性进一步发挥。

3. 行政管理的运行职能[中财2008年研]

相关试题：决策职能和控制职能[上海交大2012年研]

答：参见本章论述题第1题答案。

4. 政府失败[华南理工2017年研]

答：政府失败是指个人对公共物品的需求在现代代议制民主政治中得不到很好的满足，公共部门在提供公共物品时趋向于浪费和滥用资源，公共支出成本规模过大或者效率过低，政府的活动达不到预期的目的的这样一些情况。它是以美国学者布坎南为代表的公共选择学派在分析市场经济条件下政府干预行为局限性或非市场缺陷时所设计的一个主题，也是公共选择理论的核心。其主要表现形式包括政府政策的低效率和政府工作机构的低效率。

二、辨析题

政府只能干预市场根本性失败，而不能干预非根本性缺陷。[中财2006年研]

答：这种说法是正确的。当代西方学者既不赞成政府只承担"守夜人"职责的自由主义，也不同意政府全面干预经济的干预主义，而主张有选择地干预"市场失败"。具体分析如下：

(1)自由放任的市场竞争最终必然会走向自己的反面——垄断，因为生产的边际成本决定市场价格，生产成本的水平使市场主体在市场的竞争中处于不同地位，进而导致某些处于有利形势的企业逐渐占据垄断地位。同时为了获得规模经济效益，一些市场主体往往通过联合、合并、兼并的手段形成对市场的垄断，从而导致对市场竞争机制的扭曲。这就需要政府充当公益人，对市场主体的竞争予以适当的引导、限制。

(2)外在效应是独立于市场机制之外的客观存在，它不能通过市场机制自动削弱或消除，往往需要借助市场机制之外的力量，通过国家税收、补贴政策或行政管制等手段予以校正和弥补，如特定的排污标准及征收污染费以及在公共场所不准吸烟的规定等。

(3)政府同市场一样也会失灵，政府失败包括：行政效率低下，政治制度失灵，费用高昂，计划执行不当，权力滥用、预算扩张明显，官僚主义、机构膨胀等。如果用"失败的政府"去干预"失败的市场"，必然败上加败。市场的缺陷并不是把问题转交给政府处理的充分条件。在"看不见的手"无法使自私的不良行为变为符合公共利益行为的地方，可能也很难构造这"看得见的手"去实现这一任务。

三、简答题

1. 简述市场经济中政府的经济职能。［中财 2010 年研］

答： 政府的经济职能，即政府管理和组织社会经济建设的职能，是指政府在国家经济行政管理中的职责范围和应发挥的作用。经济职能是最主要和最基本的职能，是政府根据一定时期的发展需要，对经济生活进行管理的全部活动，目的在于维护特定的经济基础，促进经济繁荣。

市场经济中政府的经济职能具体有两类：

(1) 社会经济管理职能。市场经济机制具有自身难以克服的弱点，需要由代表公共利益的政府来进行宏观调控，以保证国民经济总体结构的合理性，维护国民经济和社会发展的良性循环。政府的社会经济管理职能包括：

①宏观调控。即为经济发展提供良好的宏观经济环境，对社会总需求和总供给进行总量调控，并促进经济结构调整和优化，保持经济持续快速协调健康发展。经济调节主要运用经济手段和法律手段，同时通过制定规划和政策指导、发布信息以及规范市场准入，引导和调控经济运行。

②市场监管。依法对市场主体及其行为进行监督和管理，维护公平竞争的市场秩序，形成统一、开放、竞争、有序的现代市场体系。

③社会管理。通过制定社会政策和法规，依法管理和规范社会组织、社会事务，化解社会矛盾，调节收入分配，维护社会公正、社会秩序和社会稳定。

④公共服务。即提供公共产品和服务，包括加强城乡公共设施建设，发展社会就业、社会保障服务、发布公共信息等，维护宏观经济稳定、市场秩序和社会秩序，为社会公众生活和参与社会经济活动提供保障和创造条件。

(2) 国有资产管理职能。国有资产管理是指国家对国有资产所有权的行使，管理权限的划分，资产的保值增值，收益的享有、处分等进行的监督。国有资产管理的任务是贯彻执行国家有关国有资产管理的政策、法规；结合事业单位的实际，制定事业单位国有资产管理实施办法和规章制度，指导各资产与物资归口管理部门制定实施细则并组织实施，优化国有资产结构，保障国有资产的保值和增值，维护国有资产使用单位的合法权益，巩固和发展全民所有制经济的主导地位，推动社会主义市场经济和生产力的不断发展。

2. 有人说社会职能是政府亟待加强的管理职能，你如何理解？［中国地大 2014 年研］

答： (1) 社会职能，广义上是指与国家、政府的政治职能相对应的社会职能，包括经济职能、文化职能和其他社会职能等。狭义上是指国家、政府对政治、经济、文化等领域之外其他社会事务的管理职能，大致包括社会保障、社会保险、社会福利、社会服务、人口管理、社会人力资源管理、社会公共建设管理、生态和环境保护等。社会职能又称社会功能，是国家、政府活动中内容最为广泛、丰富的一项基本职能。随着社会向前发展，范围日趋扩大，凡致力于改善和保障人民物质文化、精神生活的各类事项，都属于社会职能的范围。社会职能实现得越好，政治统治就越巩固。

(2) 社会职能是政府当前亟须加强的重要职能。加强社会建设和管理，首先是新阶段我国经济社会发展的必然选择。随着社会主义市场经济的不断深入发展，我国经济社会发生了重大变化，经济社会发展的阶段性特点说明，关注民生问题，加强社会建设，发展社会事业，是摆在党和政府面前的一项重大而紧迫的任务。具体措施包括：①优先发展教育事业；②提高就业质量和人民收入水平；③加强社会保障体系建设；④实施健康中国战略；⑤打造共建共治共享的社会治理格局；⑥有效维护国家安全。

3. 举例说明什么是市场失灵。[中山大学2018年研]

答：市场失灵是指因市场缺陷而引起的资源配置的无效率。市场失灵包括两种情况：一是市场机制无法将社会资源予以有效配置；二是市场经济无法解决效率以外的非经济目标。概括起来，市场失灵一般包括：

(1)公共产品的提供。公共产品是指消费者偏好在市场上无法反映，需要由政府通过财政机制向社会提供，以满足公众的社会性需求的产品或服务。公共产品的基本特征表现为：

①不可分割性。即公共产品通常是作为一个整体向社会提供的，其没有一定的计量单位，通常是所有的消费者都消费同样数量的公共产品。

②非竞争性。即一个消费者消费公共产品并不影响其他的消费者消费的数量和质量。

③非排他性。即任何消费者都可以不付任何代价消费该产品，对公共产品的提供者而言，其无法将拒绝付款者排除在消费范围之外，或者虽然可以排他，但由于排他成本过高以至在经济上不可行。

(2)市场经济中的垄断。如果某一行业、某一厂商存在不正当竞争，那么其将很快地扩大规模使其成为整个行业的一个重要部门，该厂商将成为垄断者，而不再听任市场价格的支配，市场调节就会失灵。

(3)市场经济的外部性。指由于市场活动对他人和社会造成的非市场化的影响。外部性有两种主要的情况，即外部经济与外部不经济。外部经济(外部利益)是指某一经济活动或某一项目所产生的效益被与该项目无关的人所享有；外部不经济(外部损失成本)是指某一企业的经济活动所造成的经济损失而企业并不承担外部成本的情况。外部不经济是市场失灵的主要表现之一。

(4)市场波动与经济的不稳定性。市场从来就含有不稳定性，这种不稳定性常常危害到市场机制的有效性，给资源分配、收入分配带来不利的影响。市场经济自身无法实现自动调节，而需要政府来发挥作用。

(5)市场经济下的收入不平等。收入分配的不平等，差距的扩大，无论是从社会公正、社会稳定，还是从经济效率来看，均是不理想的。

4. 政府失灵的类型和原因。[人大2016年研]

相关试题：

(1)简述政府失败的主要表现与成因。[浙江财大2017年研]

(2)简述政府失灵的原因。[华师2016年研]

答：政府失灵是指由于政府机制存在的本质上的缺失，而无法使资源配置效率达到最佳的情形。

(1)政府失灵的类型：

①政府越位与缺位。公共决策主要就是政府决策，政府对经济生活干预的基本手段是

制定和实施公共政策。公共选择理论认为，政府决策作为非市场决策有着不同于市场决策之处。在政府决策中，虽然单个选择者也是进行决策的单位，但是作出最终决策的通常是集体而不是个人，以公共物品为决策对象，并通过有一定秩序的政治市场。

②政府工作机构的低效率。由于缺乏竞争压力，没有降低成本的激励机制，以及监督信息不完备等，导致政府部门的过分投资，生产出多于社会需要的公共物品，最终将导致政府低效率。

③政府的寻租。寻租是投票人，尤其是其中的利益集团，通过各种合法或非法的努力，如游说和行贿等，促使政府帮助自己建立垄断地位，以获取高额垄断利润。寻租者所得到的利润并非生产的结果，而是对现有生产成果的一种再分配，因此，寻租具有非生产性的特征。

④政府的扩张。政府部门的扩张包括政府部门组成人员的增加和政府部门支出水平的增长。政府扩张的情况有：政府作为公共物品的提供者和外在效应的消除者导致扩张；政府作为收入和财富的再分配者导致扩张；利益集团的存在导致扩张；官僚机构的存在导致扩张；财政幻觉导致扩张。

(2)政府失灵的原因：

①成本和收益的分离：过剩和成本提高。政府活动因为缺乏任何价格的指引，割裂了成本和收益的联系，因此维持政府活动的收入具有非价格来源，即来源于政府的税收等。由于缺乏这种联系，使得政府产生的价值同生产它的成本割裂，这种割裂意味着资源错误配置的程度增加。

②政策制定的复杂性和低质的政策。公共政策的制定是一个复杂的政治过程，由于理性选民的无知、利益集团对公共政策的影响、等级制和官僚制本身的障碍、政治家的偏好因素，以及政府部门的本位主义和机关利益等各种因素的综合存在，使得政府的公共政策并不能反映公共的利益，也不符合有效率的资源配置。

③内部性问题。公共组织为了进行其内部的管理，需要发展它们的标准或规则，这些标准或规则即内部性，即用来评估机构的运行和机关人员的行为。这些标准很接近“私人”的组织目标，因为在机构内的动力是由个人或集体的行为产生，而不是机构为公共的目的和责任产生的。

④政府组织的低效率。政府是唯一的对其成员拥有强制力且有权征收义务税的组织，政府是名副其实的自然性垄断者。由于缺乏竞争，政府管理部门以及管理者缺乏竞争的压力，政府官员亦缺乏企业管理的理念，没有降低成本的动力，也没有较好的激励机制，这样导致了经营的低效率。

⑤分配的不公平。政府活动产生的分配不公平，通常不是集中在收入或财富上，而是集中在权力或特权上。由于政府的公共政策本质上涉及价值和权力分配问题，使得这种再分配给不公正和滥用职权提供了机会。

⑥寻租。即在某种政府保护的制度环境中个人寻求财富转移的活动，或者追求非生产性利润的活动。在政府干预的情况下，寻租者从政府那里寻到了某种特权，从而对某项资源具有垄断权，或者任何其他方面的政府庇护以保证寻租者按自己的意愿生产。寻租行为的结果是导致社会资源的浪费，此外，整个社会也同样为此行为付出“道德的成本”，甚至

于政治的成本。

5. 当代资本主义时期西方国家行政职能的发展趋势。[电子科大2016年研；华南理工2010年研]

相关试题：

(1)当代西方国家行政职能发展的趋势。[山东师大2014年研]

(2)西方国家行政职能的演变趋势。[中国地大2013年研]

答：当代资本主义时期西方国家行政职能发展的趋势如下：

(1)行政职能扩大。在当代西方国家，政府的行政功能得到了较大扩展。由于享有立法创议权，且获得了广泛的委托权，国家行政机关事实上已经涉足相当多的立法功能、司法功能和检查功能，即行政立法和行政司法。政府行政职能的扩展是一种世界现象和历史的必然。

(2)政治职能中的暴力职能相对减弱，调节职能趋于加强。政府主要通过三个方面来加强社会稳定：

①与社会力量、利益集团达成妥协。

②让人民参与管理，尊重人民的意见，从而改善劳资关系。

③顺应时代发展来调整上层建筑和生产关系，使其适应经济基础及生产力的发展，维持社会平衡。

(3)行政职能渐趋社会化，政府宏观调控、综合协调职能逐渐加强。随着社会的进一步发展，当代西方国家越来越重视政府的宏观调控和综合协调，同时大规模推行民营化，加强市场与社会的力量，希望以此缩小政府规模，减轻财政负担，推动社会经济活动的稳定发展。

6. 政府职能转变的必要性。[中南财大2015年研]

相关试题：联系实际分析当前加快政府职能转变的必要性和意义。[湘潭大学2015年研]

答：我国转变政府职能的必然性和必要性体现在以下几个方面：

(1)政府职能转变是社会主义市场经济体制发展的必然要求。随着我国市场经济体制的建立和不断完善，市场在资源配置中的决定性作用明显增强。在这种社会历史条件下，政府的作用范围、方式等必然发生变化。

(2)我国日益融入国际社会，这对政府职能提出了新的挑战。我国政府职能的转变必须适应新的国际环境，在行政管理体制、方式和观念上符合时代的要求。

(3)政府职能转变是机构改革的前提和基础。不能把机构改革当作政府机构简单的撤减、合并，要以行政职能为重要依据。

(4)政府职能转变是提升政府能力的保证。只有切实转变政府职能，将政府不该管、管不了也管不好的事情转交给企业、社会组织和市场，才能形成“小政府、大社会”“小政府、大服务”“小政府、大保障”的格局，从而提高政府的行政能力和服务能力。

7. 现阶段我国行政职能转变的重点。[青岛大学2017年研]

答：现阶段我国行政职能转变的重点如下：

(1)理顺政府与市场的关系。政府与市场的关系统一于社会主义市场经济体制。在促进社会主义生产力快速发展和社会主义制度不断完善的进程中，既需要成熟的市场，也需要规范的政府。通过成熟的市场，充分发挥价值规律和供求关系的作用，实现市场对各种资源自发而高效率的调配和有机结合，这是社会主义市场经济的基础。通过规范的政府，有效避免市场在资源配置中的“失灵”，使市场能够有序地持续良性运转，引导市场主体更加理性的行为，实现个人利益和社会利益的统一，充分实现社会主义经济发展、全体人民共同富裕的目标。理顺政府与市场关系的具体措施包括：

①减少对微观经济的干预。政府不应直接组织融资和操办项目。

②不违法设立行政许可和市场准入。市场经济实行“非禁即入”，即除非有法令明令禁止的，每一个公民都可以自由进入。

③减少赋税。让企业轻装，需要减轻企业赋税。新一届政府一直力主结构性减税，除了暂免征收部分小微企业增值税和营业税外，“营改增”的税制改革也是减少赋税的一种形式；另外全力压缩“三公”开支等，都有利于减轻企业赋税。

④进一步简政放权，深化行政审批制度改革，最大限度地减少中央政府对微观事务的管理。市场机制能有效调节经济活动，一律取消审批，对保留的行政审批事项要规范管理、提高效率。

（2）理顺政府与社会的关系。在中国，政府与社会的关系是在长期的计划经济体制下形成发展起来的高度统合的关系模式，“政府为社会、社会国家化”是这种模式的典型特征，政府充当“全能政府”的角色。这种政府全面干预社会生活的结果导致政府规模庞大、行政效率低下，给国家财政带来了沉重负担。随着现代化进程的进一步发展和社会的进一步成熟，社会的自主管理能力将不断扩大，而国家和政府的管理职能将逐步缩小，政府与社会的关系将进一步调整，其历史趋势将是“小政府、大社会”。其具体措施包括：

①进行有限政府的制度创新，需要界定政府权限，“校正”政府越界行为，改变政府从前无所不包、无所不管的倾向。

②进行构建市民社会的制度创新。要加大社会力量的培养，建立充分发育的社会机体，努力构建市民社会。

③重建社会结构和社会机制，培育“中产阶级”队伍，在政府、社会精英与民众之间建立制度化的沟通、服务和互动机制。

（3）理顺中央与地方的关系。现阶段我国行政职能转变的重点，除了考虑政府与市场、政府与社会之间的分权，实现政企分开、政社分开、政事分开，斩断政府与这些主体之间的不当不法利益纽带外，还需要着重研究中央政府与地方政府之间的关系，认真解决好分权与集权的关系，建立适应社会主义市场经济体制的有中国特色的中央与地方合理分权体制。具体举措包括：①合理划定中央集权和地方分权的上限和下限；②科学配置中央与地方的财权与事权，实现中央地方权力的合理分配与制衡。

（4）理顺政府部门之间的关系。要科学界定政府部门职能，进行合理定位，推动区域经济合作，规范竞争秩序，完善政府部门的绩效评估体系，引导地方政府打破地方保护主义。具体措施包括：

①继续优化政府结构、行政层级、职能责任，按照精简统一效能原则，坚定推进大部门制改革。

②依据政府职能重心转变的要求，对职能进行分解与分析，明确各自的职责与分工，克服职能不清、职能交叉、人浮于事、推诿扯皮的弊端。

③深化各级政府机关事务管理体制改革，降低行政成本，提高行政效率。

8. 简述西方行政职能优化措施。[中国地大2016年研]

答：西方优化行政职能的措施有：

(1)非国有化。即公有企业和公用事业的产权转移或私有化。当代私有化不仅范围广、规模大、形式灵活多样，而且具有超越意识形态的特征。从政府角度看，这样做有以下益处：

①减少了政府的管理职能和责任。

②减少了政府雇员人数并缓解了由此产生的管理困难。

③私有化后企业能够在资本市场上获得资金，改善生产条件，改变了过去对政府投资的依赖。

④出售企业增加了财政收入，减少了政府的财政赤字。

(2)自由化。政府对市场的管制始于19世纪后期，20世纪急剧增长。管制机构所制定的规定、标准涉及社会生活的各个角落。管制活动中暴露出的问题包括：

①有关机构之间职能重叠而又缺乏协调，所制定的规则、标准等不尽一致。

②管制机构虽独立于立法和行政机关，但易受管制对象压力集团的影响。

③管制加剧了通货膨胀，增加了消费者的负担。

④导致市场价格扭曲，其结果是限制了竞争等。

因此，20世纪70年代后期开始放松管制，80年代形成高峰，盛行于西方各主要国家。

(3)压缩式管理，是为了应对财政困难而采取的新的管理策略，所涉及的主要是政府的社会服务职能。其具体措施包括：

①公共项目系统排序，分清主次，拨款时区别对待。

②中止效率和效益不佳的社会项目，解散相应机构，遣散有关人员。

③有选择地降低社会服务的总体水平。

④逐步实行公共服务使用者付费制度，节约公共开支。

四、论述题

1. 试论行政职能的构成。[湖南农大2013年研]

相关试题：

(1)分析行政管理的运行职能。[中国地大2019年研；首经贸2009年研]

(2)行政职能体系。[简答题，首经贸2017年研]

答：行政职能的构成具体包括：

(1)行政管理的基本职能：

①政治职能。即统治职能，是指政府为维护国家统治权和领导权，对外防御外敌入侵，保卫国家的独立和主权，对内镇压被统治阶级反抗，保护公民的生命、财产安全，维护政治秩序和社会秩序的职能。

②经济职能。即行政组织在经济事务管理与服务中所负有的职责。实行市场经济的国

家，资源的配置主要依靠市场机制来实现。但市场经济运行中可能出现“市场失灵”，再加上市场本身不健全等原因，行政组织在一定程度上要承担资源配置，保证经济制度稳定，实施经济管理，为市场经济主体提供服务等职责。

③文化职能。即行政组织在文化事务管理中承担的职责。文化职能的主要任务是领导和组织精神文明建设，满足人民日益增长的文化生活需要。现代行政组织的文化职能主要包括：a. 支持科学技术发展的职能；b. 发展教育的职能；c. 发展文艺事业的职能；d. 其他职能。

④社会职能。即政府对社会生活领域的公共事务进行管理的职能，包括对公共安全、社会保障、人口与生育、民族、宗教等事务的管理。

(2)行政管理的运行职能：

①决策职能。这是行政管理过程的首要职能，主要内容是确立目标、总体设计、预测预算、论证评估、选择决断和实施修正。决策活动贯穿于行政过程的始终。决策职能发挥的好坏，直接关系到行政管理的整体效能。

②组织职能。指在作出决策和制定计划后，组织有关的机构和人员，采取具体的执行活动，指导决策和计划落实的活动。组织的目标是具体落实和实现决策和计划，有效的组织工作是实现决策和计划的关键，主要包括：a. 对有关行政机构的设置、调整和有效运转；b. 对工作人员的选拔、调配、培训和考核；c. 对已有的人员、资金、物资等作出合理安排和有效利用；d. 对执行活动中的各项具体工作进行督促、检查和指导等。

③协调职能。指对各行政机关之间、行政人员之间以及各项行政活动之间的关系进行调整和改善，使其按照分工协作的原则，互相支持、密切配合、步调一致，共同完成预定的任务和工作。协调工作存在于行政管理的全过程，管理过程的各个阶段都需要通过协调来有效发挥各自的功能。

④控制职能。控制职能起着监督、检查、修正、纠偏的作用，力求使实际工作的结果同预期的结果保持一致，按计划完成任务。控制功能的主要任务是通过监督、检查和反馈，掌握情况，发现问题，采取措施，纠正偏差，保证“行政机器”有效运行，最终达到预期管理目标。

2. 试述我国行政职能转变的基本内容。[南航 2017 年研；中财 2015 年研]

相关试题：

(1)十八大后中国政府职能转变的内容。[北大 2021 年研]

(2)行政职能应适应经济全球化发展趋势而改变。[判断题，中国地大 2019 年研]

(3)论述我国行政职能转变的必要性及主要内容。[山东师大 2016 年研]

(4)中国共产党第十八届中央委员会第三次全体会议公报指出，要全面正确履行政府职能。请结合市场经济体制中政府职能的相关知识，谈谈你对如何切实推进我国政府职能转变的认识。[首都师大 2014 年研]

(5)简述我国行政职能转变的基本内容。[简答题，武汉科大 2014 年研；华南理工 2011 年研]

(6)结合我国的实际论述我国行政职能如何进行转变。[东财 2009 年研]

答：改革开放以前，我国政府的行政职能是建立在高度集中的计划经济体制基础上的，无论是宏观经济还是微观经济，乃至社会、文化生活，事无巨细，都由政府来决策和管理。转变行政职能就是要改变以往政府管得太多和管得太死的局面，按照市场经济体制的客观要求重新界定政府在公共生活领域中的地位和作用，减轻政府负担，提高政府行政管理活动的科学化和民主化水平，建立一套高效、廉洁、透明的行政职能体系。

(1)我国行政职能转变的目标：

①按照社会主义市场经济体制的要求，转变行政职能，实现政企分开，把行政职能切实转变到宏观调控、社会管理和公共服务方面来，把企业生产经营管理的权力切实交还给企业。

②调整行政组织结构，强化宏观经济调控部门，调整和减少专业经济部门，适当调整社会服务部门，加强执法监督部门，培养和发展社会中介组织。

③按照权责一致的原则，调整行政部门的职责权限，明确划分行政部门之间的职能分工，相同或相近的职能交由同一部门承担，克服多头管理、政出多门的弊端。

④按照依法治国、依法行政的要求，加强行政职能体系的法制建设，实现行政职能运行的法制化。

(2)我国行政职能转变的基本内容：

①职能重心的转变。1978年之前，我国一直是重政治统治职能，轻社会管理职能；重阶级斗争，轻经济建设。党的十一届三中全会明确提出了把党和国家的工作重点转移到经济建设上来。此后，各级人民政府紧紧围绕经济建设这个中心，实现了政府职能重心的根本转变，开创了我国行政管理的新局面。

②职能关系的理顺：

a. 理顺中央与地方、上级与下级政府之间的职能关系。现阶段我国行政职能转变的重点，需要着重研究中央政府与地方政府之间的关系，认真解决好分权与集权的关系，建立适应社会主义市场经济体制的有中国特色的中央与地方合理分权体制。具体举措包括：合理划定中央集权和地方分权的上限和下限；科学配置中央与地方的财权与事权，实现中央地方权力的合理分配与制衡。

b. 理顺政企关系。基本原则是权力下放，政企分开。其主要内容包括：

第一，把所有权和经营权分开，即通过承包制、股份制、生产经营责任制等方式，调整所有制形式，使所有权和经营权分离，把生产经营权还给企业，调动企业的积极性。

第二，把政府的国有资产所有者职能和行政管理职能分开，理顺产权关系。

第三，实行国有资产分级管理制，最终建立起政府以经济、法律、行政等综合手段控制市场，市场引导企业的宏观调控体系。

c. 理顺政府与市场的关系。市场经济运行不能无政府干预，也不能无市场调节。在市场经济体制下，政府与市场相互关系的总原则是：市场机制能够解决的，就让市场解决，政府只管市场做不好和做不了的事，政府引导市场，市场调节企业。社会主义市场经济体制就是要使市场在国家宏观调控下对资源配置起决定性作用，客观上要求把市场对资源配置的决定性作用与政府宏观调控的指导性作用有机结合起来。

d. 理顺政府与社会的关系。要求改变政府的管理范围、管理模式和管理方法，实现政社分开，把过去属于政府的部分权力转移给社会。为此，要求政府社会管理实现三大转变：

第一，在管理范围上，改变原来由政府包办一切社会事务的做法，转变为向社会提供“公共物品”。

第二，在管理模式上，从“大政府、小社会”转变为“小政府、大社会”。

第三，在管理方法上，从传统的以行政方法为主转变为以法律方法为主。

e. 理顺政府内部各职能部门的关系。科学分解和分析职能，按照权责一致、分工明确的原则，明确各部门职责分工，建立严格的工作责任制和岗位责任制，从制度上解决职能不清、人浮于事、多头领导、政出多门等弊端。

③职能方式的转变：

a. 由运用行政手段为主转变为运用经济手段为主，经济手段、法律手段和必要的行政手段相结合。

b. 由微观管理、直接管理为主转向宏观管理、间接管理为主。

这种转变，就是把本来属于企业，而被政府占有的权力，毫无保留地归还企业，强化企业的经营权，使企业摆脱政府附属物的地位，走上自主经营、自负盈亏、自主发展的道路；同时，政府把宏观管住管好，弱化直接干预企业的微观管理职能，强化行政系统的宏观管理职能，精简和削弱专业部门，强化监督和宏观调控部门。

3. 试论政府与社会的关系，以及如何改善。[对外经贸2016年研]

相关试题：结合实际，论述我国政府与社会关系中存在的问题及其改革与完善的措施。[东财2010年研]

答：政府与社会的关系即“官”与“民”的关系。这种关系主要包括三个方面：一是政府对社会的管理；二是社会对政府的支持和监督；三是政府与社会通过精诚合作作用于市场机制，共同治理宏观社会，增进社会整体福利。

(1)传统的政府与社会关系存在的问题：

在计划经济体制下，由于市场的弱化或取消，我国建立了政社不分的“大政府、小社会”的管理模式，政府经常性地运用超强制行政手段对社会进行全面管理。这在当时具有一定的合理性和必然性，但随着从计划经济体制向社会主义市场经济体制的转型，传统的社会管理模式由于缺乏自我管理和自我发展能力，越来越难以适应市场经济发展的要求，具体表现在：

①政府与社会之间的脱节与矛盾。我国政府的层级有五级之多，中央政府一般只能管到省部级，省再管地市，地市管县，县再管乡。这种责任和权力逐级下放、而全国财政却逐级向上集中的情况，使得基层政府失去了服务能力，基层治理毁坏严重。

②民营经济的进一步发展遇到瓶颈。目前，我国民营经济是经济中比重最大、活力最强、成长最快的部分。但与此形成鲜明对照的是，我国仍未建立起现代民营经济的政府服务和管理体系。行政垄断、行业壁垒和地区封锁，市场准入限制多，制约了民营企业的发展。

③社会危机治理不善。近几年，我国社会危机不断，如连续性矿难就集中暴露了我国安全生产管理体系的不完善、信息披露机制的不健全、危机处理流程的不专业等问题，如此频密的社会危机实际上也意味着政府的日常管理不善。

④限制了社会自我服务、自我管理能力的提升。我国传统的“强政府、弱社会”模式自

身的弊端，使其越来越不能适应社会发展和人民生活水平提高的需要，而我国经济体制改革的推进更要求相应的政治体制改革，于是一种政府—社会关系新模式的产生就有其必然性。

(2)我国政府与社会关系的改革：

①我国政府与社会关系新模式的建立。我国政府与社会关系新模式的产生过程是一种渐进和改革的过程，也是改革的结果。2006年党的第十六届六次全体会议提出了“党委领导，政府负责，社会协调，公众参与”的新型社会管理格局。我们国家应该建立一种适应我国国情和社会主义政治制度的新型政府—社会关系模式，这种新模式可以概括为：“小而强的政府，大而强的社会”，即建立起政府与社会的合作伙伴关系。

②我国政府与社会关系新模式的意义：

a. 通过国家与社会的相互监督和影响进行有效的社会管理。国家与社会的相互监督和影响不仅有利于有效防止政府或志愿失灵，对形成相对独立的国家与社会这一基础性环节也起着很好的稳固作用。

b. 有利于建立科学有效的利益诉求表达机制。新模式可以拓宽社情民意表达渠道，搭建多种形式的沟通平台，建立科学有效的利益诉求表达机制，把群众利益诉求纳入制度化、规范化、法制化的轨道，以加强社会管理，维护社会稳定，构建社会主义和谐社会。

c. 有利于建设服务型政府。党的十六届六中全会强调了政府应该“为人民服务”的神圣职责，而且把这种思路明确为一种政府战略，即着力建设服务型政府，更加注重履行社会管理和公共服务的职能。应该说，这才是所谓创新社会管理体制的关节点所在。

d. 有利于有限政府与自治社会“强强联合”。改革社会管理体制，建立我国政府和社会关系的新模式实质就是要理顺政府与社会的关系，实现政府与社会的良性互动。

(3)完善我国政府与社会关系的措施：

新型政府—社会关系模式的建立需要进行双向的努力：

①进行有限政府的制度创新，界定政府权力的限度，“校正”政府的越界行为，改变政府无所不包、无所不管的规模、权力和职能扩张倾向。

a. 以政企分开为原则，转变政府职能，强化政府的公共服务职能和社会保障职能。

b. 改革政府行为方式，将依法行政、依法治国作为基本的治国方略。

c. 改革政府体制，健全制度化的参与机制，完善整个社会利益聚合和利益表达的结构与规则。

②进行市民社会的制度创新。大力培养社会力量，建立充分发育的社会机体，努力构建市民社会。

a. 培养社会自治能力。培育社会自我管理的组织，把政府包揽的事还给社会，由社会组织自行管理，如各类行业协会和城乡居民的自治组织以及社会中介组织，可以在社会的自我管理上发挥作用。

b. 加快社会保障制度改革。尽快建立起与市场经济相适应的社会保障制度，切实保障弱势群体的基本生活权利，维护社会稳定，保证经济社会和谐发展。

c. 确立政府与社会的良性互动体系。政府不能包办社会具体事务，而应充分发挥社会组织的积极性，由社会组织去管理社会的微观事务。

d. 完善社会对政府的各项监督机制，形成社会对政府权力的有效制约，以防止政府权力的滥用。

五、案例分析题

案例一

试运用有关行政学理论来分析，为什么“六个部门管不好一头猪”？［中山大学2006年研］

答：（1）行政职能是行政机关在管理活动中的基本职责和功能，主要涉及管什么、怎么管、发挥什么作用的问题。它是国家职能的具体执行和体现，其行使受立法机关的监督；同时，它发挥的程度又制约和影响其他国家职能的实现程度。

①我国行政管理的基本职能包括：

a. 政治职能。即政府为维护国家统治阶级的利益，对外保护国家安全，对内维持社会秩序的职能。

b. 经济职能。即政府为国家经济的发展，对社会经济生活进行管理的职能。随着中国计划经济体制向社会主义市场经济体制的转变，中国政府主要有三大经济职能：宏观调控职能、提供公共产品和服务职能、市场监管职能。

c. 文化职能。即政府为满足人民日益增长的文化生活的需要，依法对文化事业所实施的管理。它是加强社会主义精神文明，促进经济与社会协调发展的重要保证。

d. 社会职能。即除经济职能和文化职能以外，政府对社会生活领域中公共事务的管理职能。政府的社会职能主要有：调节社会分配和组织社会保障的职能、保护生态环境和自然资源的职能、促进社会化服务体系建立的职能、提高人口质量，实行计划生育的职能。

②我国行政管理的运行职能包括：决策职能、组织职能、协调职能和控制职能。其中，协调职能是行政管理必不可少的重要职能，其作用在于加强组织系统内部各个机构、环节和各类人员的沟通、联系与合作，保证组织工作的整体性和完整性。行政管理的基本职能和运行职能之间相互渗透、相互交叉，共同构成我国行政管理的职能体系。

案例中出现的部门职能交叉问题是因为行政管理中的协调职能没有做到位。“六个部门管不好一头猪”说明国家安全监管体制尚存在权力分散、职能交叉的问题。目前，中国安全监管格局涉及安监、质检、卫生、劳动、公安、交通、铁道、民航、建设、旅游等诸多部门，权力分散不易集中行使，增大了部门间协调难度，降低了监管治理力度，增加了执法成本，削弱了执法效力。监管权力的分散化，也带来政出多门、职能交叉的现象。各安全监管部门都有各自的法律法规或部门规章，致使一些工作政出多门，令企业无所适从。一项工作，安监、质检、公安、卫生、消防等部门都在管，都在下发文件安排而又无法协调。同时，多个部门负责使得工作上的扯皮和监管上的缺位在所难免，为部门之间推诿塞责留下了空间，进而出现了要么无人过问要么越位争权的现象，难以形成高效、统一的工作机制。当前体制仍然很难从根本上解决长期存在的权力分散、职能交叉问题。

（2）解决职能交叉的措施：

①国家应制定一个全国通行的《行政执法争议协调条例》，将其上升为行政法规或者法律的高度。除了出台规范性文件和理论探讨，在不违反限制人身自由权只能由公安部门行使和一事不再罚原则的前提下，相对集中行政处罚权工作仍应继续开展深入，各项综合执

法和联合执法形式仍应继续尝试。

②要全面推进依法行政。要按照合法行政、合理行政、程序正当、高效便民、诚实守信、权责统一的要求，继续推进依法行政；全面建立政府问责制度，切实做到有权必有责、用权受监督、侵权须赔偿、违法要追究。

③继续推进机构改革，形成结构合理、配置科学、运转协调的行政组织体制。政府机构设置及其职能分工是深化行政管理体制改革的关键环节。要继续按照精简、统一、效能的原则，精简政府机构。政府机构改革要与转变政府职能、合理划分权限相结合，职能减少后，机构就要相应予以调整、归并、整合。要按照中央统一领导、充分发挥地方主动性积极性的原则，明确中央和地方对经济调节、市场监管、社会管理、公共服务方面的管理责权。

④要落实宪法关于各级人民政府作为行政权主体的规定，将分散到部门的行政权原则上收归本级人民政府。各级人民政府要进一步清理、调整行政执法主体，大幅度减少行政机关委托事业单位执法等导致行政职能体外循环的现象。政府要加强部门之间权限冲突的协调，建立制度化的协调规则，促进行政系统内部关系的和谐，提高行政效率。

⑤创新行政管理方式，提高政府管理效能。改革离不开创新，进一步深化行政管理体制改革，迫切需要在创新行政管理方式上有所突破。要通过创新行政管理方式，提高工作效率，降低管理成本，大大减少因管理方式不当带来的负面社会影响，不能再由于政府管理方式不当，引发和激化社会矛盾，产生不良后果。

案例二　地方政府成为富士康的"招工办"

请利用公共管理学的基本理论分析案例并回答以下问题：[中山大学2013年研]

1．烟台市政府以地方政府的名义，动员公共行政资源为富士康这家企业招工。这种做法的原因与目的何在？对政府、企业和社会有何影响？

答：(1)烟台市政府动员公共行政资源为富士康招工的原因与目的：

①从经济的角度看，烟台市政府动员公共行政资源为富士康招工的原因与目的在于：

a．政府力图通过招商引资的途径促进当地经济的发展。作为山东省最大的外资企业，拥有8万工人的园区，富士康企业可以为地方政府带来巨额投资、GDP增长和就业规模，而在GDP至上的发展模式下，地方政府目前这种"亲资本"的政策导向也就顺理成章。在巨大的经济业绩面前，各个部门都毫不犹豫地成了富士康的招工办。

b．利益的诱惑使地方政府为其效劳。富士康企业为了弥补巨大的用工缺口，以利益交易使得地方政府为其招工，致使作为监管机构的政府，非但没有承担起保护学生和工人的权益、严格执法的责任，反而成了一家企业的招工办，甚至是雇佣学生进工厂的实际操作者。更何况，政府职员在招工中面对的是泾渭分明的奖惩制度，招不到就扣奖金，招到了就奖励几百元。

②从政府职能的角度看，烟台市政府动员公共行政资源为富士康招工的原因与目的在于：

a．解决当地就业难的问题。政府在履行社会职能，解决当地就业问题，提高人民生活水平方面，采取了不合理的措施，直接干预劳动力市场，违背了市场经济规律，打破了市场公平，扰乱了市场秩序，不利于市场经济的培育和发展。

b. 政企不分，政府部门存在滥用职权、越权的不合法行为。在由计划经济向市场经济转轨的过程中，政府职能转变的中心内容是政企分开，确立国家与国有企业之间的正确关系，明确政府和企业在社会经济体制中的不同地位，在经济运行中实行国有资产所有权与经营权相分离，使企业成为自主经营、自负盈亏、自我发展、自我约束的法人实体和市场竞争主体。烟台市政府动员公共行政资源为富士康招工的行为属于计划经济时期的政府职能，在市场经济时期是越权行为。

(2)烟台市政府动员公共行政资源为富士康招工的影响：

①对政府的影响：

a. 滥用事权和财权，影响了政府在社会中的公信力。政府出力组织招工，还不惜用财政补贴帮助富士康招工，甚至为企业提供各种优惠政策，是政府滥用权力的表现。政府为企业服务，给企业补贴，没有经过财政预算，没有经过相应的程序审批，突然增加开支项目，涉嫌滥用权力、滥用财权。

b. 涉嫌参与和鼓励不正当竞争，破坏政府形象。政府对待所有企业应当一视同仁，不能厚此薄彼，否则，不但涉嫌嫌穷爱富，还涉嫌带头参与和鼓励不正当竞争。

c. 干预微观经济，属于滥用职权、越权的不合法行为。政府参与某一家企业、替某一家企业招工，是一种干预微观经济的行为，与市场经济规律是背道而驰的。虽然这是一种“顺干预”，对被干预的企业有利无害，但是，政府的行为打破了规则公平，破坏了整个市场经济体系，扰乱了市场秩序，不利于市场经济的培育和发展。

d. 政府为招商引资，为富士康提供各种优惠条件，加大了政府财政负担。

总之，政府为企业招工，是政府过分干预经济市场活动的结果；未充分明确自身的职能，是滥用职权的表现。政府的做法不仅会影响自己职能的发挥，影响自身的办事效率，同时也会影响政府的形象与权威。

②对企业的影响：

a. 从短期效应来看，通过政府的途径为企业短时间内弥补了用工缺陷，保证了生产的正常运行。

b. 从长期来看，政府的行为满足了企业一时发展的需要，但是不利于企业从深层次挖掘自身在招工方面存在的问题，不利于企业的长远发展。

c. 政府专门为一个企业招工的办法，是干预市场经济的表现，对其他企业来讲是不公平的。

③对社会的影响：

a. 政府干预市场经济活动，不利于市场经济发挥调节作用。

b. 影响社会效率的提高，影响资源的优化配置。

c. 对劳动者不利。政府动用行政权力为企业招工，本身带有一定的强制性。有的政府完不成招工任务数，可能不惜手段和代价；一些劳动者本不愿去富士康，但是，由于受行政权力的干扰和牵制，硬着头皮去，心里有怨言。

d. 由于有政府行政能力的撑腰，企业不着力提高劳动者待遇、改善劳动条件，对劳动者不利。

e. 在政府的干预下，职业学校成为富士康的劳动中介机构，影响了职业学校职业技能的提升。

f. 企业雇用未成年人，政府对这种现象置之不理，甚至支持或给予鼓励，这是对法律的无视，不仅影响政府的权威更影响政府在人们心中的形象。

2. 我国劳动法律对未成年劳动者有特别保护措施，而且禁止用人单位雇佣16岁以下的青少年。富士康以实习为名，雇用学生工，甚至是不满十六岁的学生，并且得到了地方政府的支持和鼓励。这种情况反映了我国劳动法律及其执行中存在着什么问题？应该如何保护我们的学生和劳动者？

答：(1)我国劳动法律及其执行中存在的问题：

①我国现行的法律法规存在缺陷。我国的劳动法律对劳资双方的适用范围、权利规定等内容亟须完善，随着社会的急速发展以及社会结构的变化，劳动法律法规已经不适应现代社会的需要。

②执法者执法意识淡薄，执法力度不够。我国的执法者面对违反劳动法的行为，存在得过且过、放任不管的心理，这在一定程度上纵容了违反劳动法行为的发生。

③劳动者缺乏法律意识。目前，我国劳动者的法律意识虽有较大的提升，但仍然存在相当一大部分人依然缺乏相应的法律知识的现象，在面对侵犯自己合法劳动权益的情况下不懂得维护自身的法律权益。

④缺乏相应的监督机制。我国劳动法除了立法不完善、执法力度不够之外，还存在着监督体系的不健全的问题。

⑤对违反劳动法律的惩罚力度不够。由于执法上存在缺陷，所以不免会有很多漏网之鱼，违反了劳动法律的规定，但却没有受到相应的制裁，这在一定程度上纵容了违法行为的发生。

(2)可采取以下措施来保护学生和劳动者的权益：

①国家应当健全相关的法律法规，明确保护的范围以及惩罚的行为。

②司法机关要严格及时地监督和控制政府的行为，对于违法行为依法严格处理。对于材料中地方政府的行为，司法机关应坚决查处，绝不姑息，以起到警示作用。

③劳动者自身应该提高自我保护意识，自觉维护自身的合法权益，对于违法行为，要勇敢举报，敢于同违法行为作斗争。

④加大对劳动法的宣传以及加强对劳动者的普法教育，增强劳动者对劳动法的了解和认识，提高自身的法律意识，自觉遵守法律，同时严格执行法律内容。

⑤提高行政人员的思想道德素质和业务素质，加强政府人员的服务意识及权责意识，明确自身行为的后果与责任。同时，明确规定政府人员的责任与权力，防止越权、失职等行为的发生。

3. 烟台市政府强迫地方院校和政府部门为企业提供员工，沦为企业的“招工办”，这是政府服务企业的适当方式吗？它反映出我国政府职能和公共管理中存在着什么问题？为什么会出现这些问题？你认为，在经济发展中，政府究竟应该扮演何种角色？

答：(1)烟台市政府的行为不是政府服务企业的适当方式，这是政府滥用职能，过分干预市场经济活动的表现。

(2)该案例反映出我国政府职能和公共管理中存在以下问题：

①对微观领域干预过多。我国政府既是社会经济管理者，又是国有资产所有者，这种双重身份使政府承担了大部分的本来应由企业来完成的经济建设职能，政企不分、政企错位的现象仍然比较突出。

②政府过度承担行政主体职能。改革开放以来，我国投融资体制的市场化改革在促进经济增长方面发挥了重要作用，但存在的问题也是显而易见的。这主要体现在投融资主体比较单一，仍然存在政府主导和国家垄断，尚未形成多元化的投、融资体制。

③对市场秩序的监管不到位。在市场经济条件下，政府应当是市场秩序的提供者和维护者，但从中国目前情况看，政府在这方面的职能转变始终未能到位。一方面，规范市场秩序的法律法规仍不健全；另一方面，一些政府部门执法意识和观念缺失，执法不严，管理松懈。

④政府公共服务职能弱化。随着一些政治权力、经济权力的不断下放和广泛分散，一些地方和政府部门出现了利益集团化的倾向。例如，一些政府部门控制着资源分配审批权等，这种控制权是不愿意轻易让给市场的。追逐地方和部门利益所带来的严重后果是这些政府部门的公共服务职能弱化，甚至导致整个部门乃至行业的体制性腐败，社会公共权力沦为获取个别部门和行业特殊利益的工具。

⑤政府行政行为上存在思想认识偏差。改革开放以来的几十年，以经济建设为中心，以 GDP 为衡量标准一直是我国政府工作的主流指导思想，指导思想上的偏差会导致在实际工作中，政府官员的考评，政府工作的重心都倾向经济建设，从而使各地方政府为了各自利益，不惜竭泽而渔，在一定程度上损害了广大群众的利益。

(3)我国政府职能和公共管理中存在上述问题的原因：

①公共政策失效或失误：

a. 社会实际并不存在作为政府公共政策追求目标的公共利益，即使现实中存在着一些大家利益比较一致的情况，但是现有的各种公共决策体制及方式(投票规则)因其各自的缺陷而难以达到最优化或理想的政策。

b. 信息的不完全、公共决策议程的偏差、投票人的“近视效应”、沉淀成本、先例等对合理决策的制约。

c. 政策执行上的障碍。政策的有效执行依赖于各种因素或条件，理想化的政策、执行机构、目标团体、环境是政策执行过程中所涉及的重大因素，这些因素中的任一方面或者之间的配合出现问题，都可能招致政策的失效。

②公共物品供给的低效率：

a. 公共物品的估价或评价上的困难。

b. 公共机构尤其是政府部门垄断了公共物品的供给，缺乏竞争机制。

c. 政府机构及官员缺乏追求利润的动机。

d. 监督机制的缺陷，监督信息的不对称、不完全使得对官员的监督徒有虚名。

③内部性与政府扩张：

a. 内部性又称内在效应，是公共组织或非市场组织自身的目标，是指公共机构尤其是政府部门及其官员追求自身的组织目标或自身利益而导致对公共利益或社会福利的漠视。

内部性或内在效应被认为是非市场缺陷以及政府失败的一个基本原因。

b. 导致政府扩张的原因：第一，政府作为公共物品的提供者和外在效应的消除者；第二，政府是收入和财富的再分配者；第三，利益集团的存在；第四，官僚机构的存在；第五，财政幻觉。

④寻租和腐败。租金是支付给资源所有者款项中超过那些资源在任何可替代的用途中所得款项的那一部分，是超过机会成本的收入。寻租行为一般是指通过游说政府和院外活动获得某种垄断权或特许权，以赚取超常利润的行为。寻租行为越多，社会资源浪费越大。

(4)经济发展中政府应扮演的角色：

政府的角色定位是一个政府组织的管理目标、范围和职能的总称，在市场经济条件下政府的角色定位主要表现为政府怎样处理与市场、企业以及与社会的关系问题。

①“掌舵人”，是相对于划桨者的角色定位而言的。政府在市场经济中应当扮演掌舵人的角色，而不是划桨者的角色，这就意味着政府组织应当关注政策的制定，而不是政策的执行。政府必须减小规模，减少政府的预算和开支，并致力于提高政府的绩效。

②“接轨者”。当今世界是一个开放的系统，政府的管理行为具有很强的国际性，世界各国的经济活动正在日益呈现全球化的趋势。特别是中国加入世贸组织以来，世界经济全球化的深度和广度进一步加大，政府行为必须适应这种全球化的趋势。

③“裁判员”。政府在市场经济条件下必须扮演“裁判员”而不是“运动员”的角色，这意味着政府组织必须尊重市场规律，充分发挥政府在宏观调控中的基础性作用。政府的管理活动范围将严格界定在市场失灵的领域。对于市场经济运行中出现的各种问题，政府必须以社会管理者的身份提供政策的引导，运用市场经济手段加以调节，必须减少直接的行政干预和行政命令方式的使用。

④“服务者”。政府在市场失灵的领域必须实行“积极干预”的政策，这主要体现在政府提供公共产品和公共服务的过程，同时也是政府有效管理社会和市场的过程，政府提供的公共产品和公共服务具有非竞争性和非排他性的特点，整个社会的所有公众都可享受政府的公共产品和公共服务，这对于社会本身的稳定起着无法替代的重要作用。

⑤“仲裁者”。又可称为政府提供法治保障的角色定位，即政府不但要对市场经济进行有效的宏观调控，同时要运用法律的手段限制市场的混乱与恶性竞争。一个完善理性的市场必须是一个高度法治化的市场，政府要为市场的运行提供一个公共的游戏规则，并担负对游戏过程实行监管的职责。

⑥“平衡者”。政府在管理社会时必须关注的绩效管理目标是在高绩效政府组织管理当中被反复提及的一个重要概念，而实现社会公平与公正又是绩效考核体系中的一个重要指标。一个健康发展的市场只能出现在一个稳定的社会环境之中，社会体系的稳定、社会公平与公正目标的实现对政府管理尤其重要。

⑦“保卫者”。政府作为社会的管理者，必然要担负保卫国家经济与社会安全的职责。市场主体要实现其自身发展，客观上要求一个安全的发展环境，一切形式的不安全因素都会严重阻碍社会的发展，进而严重影响市场的有效运作。

第四章 行政组织

4.1 复习笔记

【知识框架(庖丁解牛)】

- 行政组织
  - 行政组织概述
    - 行政组织的含义
    - 行政组织的基本要素
    - 行政组织的特性
    - 行政组织的类型
    - 行政组织的结构：横向、纵向
    - 行政组织与其他组织的区别
  - 行政组织理论
    - 西方行政组织理论的演变
      - 古典行政组织理论
      - 新古典组织理论
      - 现代组织理论
    - 马克思主义的行政组织理论
  - 行政组织的编制管理
    - 含义、内容、意义
    - 原则：精简、统一、立法原则
    - 基本方法：行政、经济、法律方法

【通关提要(提纲挈领)】

本章主要介绍行政组织相关知识，比较重要。学习时，要掌握行政组织的含义、类型、结构等基础知识，熟悉西方行政组织理论的演变，了解行政组织的编制管理。本章多考查概念题、简答题和论述题，复习时要整体把握。

【考点难点归纳(厚积薄发)】

考点一：行政组织概述(见表 4-1) ★★★★

表 4-1 行政组织概述

概念	主要内容		
含义	动态	指为行使国家权力和管理社会公共事务，依据宪法和法律进行的组织活动和运行过程	
	静态	广义	指一切具备计划、组织、协调和控制等行政功能的组织
		狭义	专指国家行政机关体系，即政府机构

续表

概念	主要内容		
基本要素	①组织目标；②机构设置；③人员构成；④权责体系；⑤法规制度；⑥物质因素		
特性	①政治性与社会性；②法制性与权威性；③系统性与动态性		
设计原则	①依法设置原则；②权责相称原则；③分工协作原则；④权变原则；⑤精简高效原则		
职能类型	①领导机构；②执行机构；③监督机构；④咨询机构；⑤信息机构；⑥辅助机构；⑦派出机关		
结构类型	含义	指构成行政组织的各种要素的排列组合方式	
	纵向结构	含义	即直线式结构，是纵向分工形成的行政组织层级制
		特点	上级直接领导下级，强调垂直方向的行政指挥和命令
		优点	事权集中、权责明确、指挥统一、便于控制
		缺点	无专业分工，如管理过多会责重事繁，顾此失彼
		注意	①管理幅度与管理层次一般成反比。 ②原则：层次节制原则、只管一个层次原则
	横向结构	含义	即职能式结构
		优点	分工专业，有助于提高行政效率
		缺点	事权分散，易扯皮、推诿
	横纵向统一	二者结合形成网络型的直线职能式结构，既保持了直线型结构集中统一指挥的优点，又吸收了职能型结构分工细密、注重专业化管理的长处，以提高管理工作效率	
权力类型	①首长制、委员会制与混合制[我国采用行政首长负责制]。 ②集权制、分权制与均权制[我国实行民主集中制]。 ③完整制与分离制。 ④层级制与职能制		

【真题链接】

(1)简述行政组织的基本构成要素。[简答题，广东海大2016年研]

(2)行政组织有哪些类型？[简答题，华南理工2017年研]

考点二：行政组织与其他组织的区别(见表4-2) ★★★

表4-2 行政组织与其他组织的区别

要点	主要内容
与共产党组织的区别	中国共产党是执政党，是政治组织。各级行政组织必须坚持共产党的领导
与权力机关的区别	我国行政机关由权力机关产生，对它负责，受它监督。因而，行政机关和权力机关是从属关系
与司法机关的区别	行政机关无权干涉人民法院的审判活动和人民检察院的检察活动；司法机关无权管理行政机关事务
与社会组织的区别	行政组织对社会组织有约束力；社会组织是自愿组成的非营利性组织
与非正式组织的区别	行政组织是法定的正式组织；非正式组织是正式组织内的若干成员由于生活接触、感情交流、情趣相近等建立的组织

【**真题链接**】怎样理解行政组织与民间组织的关系？［简答题，北邮 2016 年研］

考点三：西方国家行政组织理论的演变（见表 4-3）★★★

表 4-3　西方国家行政组织理论的演变

要点	主要内容	
古典行政组织理论	代表人物	泰勒［科学管理组织理论］；法约尔、古立克［行政管理组织理论］；韦伯［科层组织理论］
	特点	①从制度规范角度研究行政组织。 ②侧重组织内部的静态研究，忽视了动态研究、环境影响及员工需要等
新古典组织理论	代表人物	梅奥［人际关系组织理论］、巴纳德［组织平衡理论］、西蒙［决策过程组织理论］
	特点	①以人为核心，强调动态研究人的行为对组织的影响及其相互关系。 ②仅研究人和组织行为，忽视了组织结构、法规及环境作用等
现代组织理论	代表人物	卡斯特、罗森茨韦克［系统分析组织理论］；劳伦斯、洛西、伍德沃德［权变组织理论］
	特点	①重视从社会整体联系、环境影响、发展变化等方面进行研究。 ②现代科学方法的运用仍不成熟，需进一步探索

【**真题链接**】西方行政组织理论演变历程。［简答题，中国地大 2015 年研］

考点四：行政组织的编制管理（见表 4-4）★★★

表 4-4　行政组织的编制管理

要点	主要内容	
含义	指各级机关及有关部门依据法定的权限，对其所属工作部门、下级机关和事业单位的职能设定、机构设置、人员配备的一系列管理活动	
内容	①职能管理；②机构管理；③人员编制管理	
特点	①规范性；②强制性；③稳定性	
意义	①有利于控制行政组织规模，保持行政机构精干。 ②可以控制行政人员数量，保证其合理比例，有效防止官僚主义。 ③有助于控制行政经费增长，节省财政开支	
原则	精简原则	①精简机构，减少层次；②精简人员，合理定编定员
	统一原则	①统一领导；②统一职能目标；③统一机构设置
	立法原则	从法律法规角度作出明确规定
基本方法	行政方法	依靠行政组织的权力直接进行编制管理
	经济方法	运用经济手段调控编制
	法律方法	运用法律规范调控机构及人员

【**真题链接**】简述编制管理的意义。［简答题，华南理工 2015 年研］

4.2 考研真题

一、概念题

1. 行政组织[山东师大2017年研；华中师大2013年研；华南理工2011年研；中山大学2008；北理2008年研]

2. 行政组织结构[山东师大2018年研；中国地大2014年研；中财2009年研；首经贸2007年研]

3. 行政组织的横向结构[北邮2012年研]

4. 现代组织理论[青岛大学2012年研]

5. 非正式组织[安徽师大2021年研；华东师大2019年研；山东大学2012年研]

6. 行政组织的编制管理[北邮2021年研；中国传媒大学2012年研]

相关试题：

(1)编制管理[广东海大2017年研；华南理工2011年研]

(2)行政编制管理[中国地大2014年研]

7. 行政组织体制[北邮2009年研]

8. 派出机关[广西民大2018年研]

9. 准政府组织[天津商大2021年研；江苏大学2018年研；华侨大学2017年研]

二、辨析题

1. 以泰勒(F. W. Taylor)为代表的科学管理组织理论，以韦伯(M. Weber)为代表的科层组织管理理论和以西蒙(H. A. Simon)为代表的决策过程组织理论是西方早期古典行政组织理论的典范。[电子科大2016年研]

2. 一个完整的行政组织包括五大基本要素，即组织目标、机构设置、人员构成、法规制度和物质因素。[电子科大2013年研]

3. 总体而言，我国行政组织采用直线职能式结构。纵向上按分权原则划分为中央和地方各级政府共四个层次(市管县体制的地方为五个层次)；同时每级政府内按业务性质平行划分为若干职能部门，各部门主要对上级对口职能部门负责，同时也接受同级政府和首长领导。[电子科大2014年研]

三、简答题

1. 简述行政组织的基本构成要素。[广东海大2016年研]

相关试题：

(1)行政组织基本要素。[中国地大2014年研]

(2)行政组织的基本要素有哪些？[中财2008年研；北理2007年研]

2. 简述行政组织的特征。[中南大学2022年研；中国地大2012年研]

3. 怎样理解行政组织与民间组织的关系？[北邮2016年研]

相关试题：行政组织与民间组织的区别。[中山大学2010年研；东财2010年研]

4. 行政组织有哪些类型？[华南理工2017年研]

5. 行政组织结构及其特点。[武汉科大2015年研]

6. 管理幅度与管理层次的关系。[山东大学2016年研]

相关试题：

(1)管理幅度[概念题，中南大学2022年研；浙江财大2018年研]

(2)“管理幅度越大，则管理层级就越少；管理层级越少，则行政成本越低”。对这句话你如何看待，并给出解释。[南航2016年研]

7. 简述层次管理的原则。[华南理工2016年研]

8. 简述层级制与职能制的含义及关系。[南航2018年研]

9. 简述现代官僚制体系的主要特征，并进行简要评价。[中山大学2009年研]

相关试题：

(1)简述马克斯·韦伯理性官僚制的基本特征。[山东大学2019年研]

(2)如何理解马克斯·韦伯的官僚制组织？[华侨大学2017年研]

(3)韦伯主张的官僚制的优越性体现何在？[华南理工2013年研]

10. 简述编制管理的意义。[华南理工2015年研]

相关试题：

(1)编制和编制管理的意义。[南开大学2011年研]

(2)简述编制管理的作用。[中山大学2011年研]

四、论述题

1. 如何处理好正式组织与非正式组织的关系？[中山大学2008年研]

相关试题：简述非正式组织对正式组织的作用。[简答题，南航2013年研]

2. 试述西方行政组织理论的演变。[武汉科大2014年研]

相关试题：

(1)西方行政组织理论演变历程。[简答题，中国地大2015年研]

(2)简述新古典组织理论的特点。[简答题，华南理工2014年研]

(3)论述西方行政组织理论演变的三个时期及其特点。[山东师大2013年研]

(4)简述新古典组织理论的基本内容。[简答题，中山大学2007年研]

4.3 考研真题详解

一、概念题

1. 行政组织[山东师大2017年研；华中师大2013年研；华南理工2011年研；中山大学2008；北理2008年研]

答：参见本章考点难点归纳相关内容。

2. 行政组织结构[山东师大2018年研；中国地大2014年研；中财2009年研；首经贸2007年研]

答：行政组织结构是指一个行政组织系统内部各构成部分或各组成要素之间有机结合、整体运行的方式。行政组织结构可分为纵向结构和横向结构，纵向结构即直线式结构，是纵向分工形成的行政组织的层级制；横向结构即职能式结构，是横向分工的行政组织职能制，也是同级行政机关和每级机关内部各部门间的组合方式。

3．行政组织的横向结构［北邮2012年研］

答：行政组织的横向结构即职能式结构，是指相关部门在水平方向上依职能不同进行分工，再分别在各自专业范围内对下级部门实施领导的组织结构。这种行政组织结构的特点是：组织内除直线行政领导外还相应地设立了一些组织机构来分担某些职能管理的任务，这些职能机构有权在自己的职权范围内向下级行政机构下达命令和指示，因此，下级直线行政领导除了接受上级直线领导的指令外，还必须接受上级各职能机构的指示。如我国各省市除受中央领导外，还要受中央各部委的指挥。这种结构的优点是分工专业，有助于提高行政效率；缺点是事权分散，易扯皮、推诿。

4．现代组织理论［青岛大学2012年研］

答：现代组织理论是组织理论的其中一个发展阶段。组织理论的发展经历了传统组织理论、行为组织理论和现代组织理论三个阶段，其中，现代组织理论是20世纪60年代以来逐步发展起来的，主要有以卡斯特、罗森茨韦克为代表的系统分析组织理论和以劳伦斯、洛西、伍德沃德为代表的权变组织理论。现代组织理论对领导提出了新的要求，认为领导人的首要作用在于塑造和管理好组织的有共同价值观的人，强调不拘一格的个人创造精神，强调组织的战略。现代组织理论重视从动态发展、外界影响、社会联系等方面来研究行政组织，但运用现代科学方法来研究还不成熟，需要进一步探索。

5．非正式组织［安徽师大2021年研；华东师大2019年研；山东大学2012年研］

答：非正式组织与正式组织相对，是指以情感、兴趣、爱好和需要为基础，以满足个体的不同需要为纽带，没有正式文件规定的、自发形成的一种开放式的社会组织。这种组织一旦形成，也会产生各种行为规范，以制约非正式组织中的成员；这种规范与正式组织的目标可能一致，也可能不一致。非正式组织的主要目标在于满足其成员的心理需要，因此这种组织也称为心理—社会系统。如集邮组织、绘画组织、技术革新组织、业余文体活动组织等，都属于非正式组织范畴。

6．行政组织的编制管理［北邮2021年研；中国传媒大学2012年研］

相关试题：

（1）编制管理［广东海大2017年研；华南理工2011年研］

（2）行政编制管理［中国地大2014年研］

答：行政组织的编制管理是指依照法律规定的制度和程序，对行政组织的机构设置、组织形式、职务配备、人员定额和结构比例所进行的管理。编制工作是国家行政管理的重要环节，是党和国家组织、人事工作的重要组成部分。科学地设置机构、配备人员，是提高管理效率的前提，也是其他许多工作的依据，如任命、配备人员须在核定的人员编制内进行，工资总额的确定也以人员编制为依据。

7．行政组织体制［北邮2009年研］

答：行政组织体制是指一级政府内部的领导关系和组织结构方式，是行政组织内部各要素、各单位、各部门乃至各层级之间的组合方式，以及各种行政关系制度化的表现。各国普遍采纳的行政组织体制主要有首长制与委员会制、层级制与职能制、集权制与分权制等。行政组织体制是各国优良行政传统和管理经验的结晶，但没有哪一个国家只单纯地采用某一种组织结构方式，而是根据本国历史传统和行政管理的实际需要，将各种组织结构方式有机地结合起来加以运用。

8．派出机关［广西民大 2018 年研］

答：派出机关是指一级政府根据业务管理的需要，按管辖地区授权委派的代表机关，如我国省政府下设的行政公署等。派出机关不构成一级国家行政机关，其权力是委派机关的延伸，因而以委派机关授权的性质、程度和范围为转移。我国地方人民政府的派出机关主要有三种类型：①省、自治区人民政府经国务院批准设立的行政公署；②县、自治县人民政府经省、自治区、直辖市人民政府批准设立的区公所；③市辖区、不设区的市人民政府经上一级人民政府批准设立的街道办事处。

9．准政府组织［天津商大 2021 年研；江苏大学 2018 年研；华侨大学 2017 年研］

答：准政府组织是指那些虽不属于政府系统但却承担着某些公共职能的、介于公共部门与私人部门之间的半自治非政府组织。在我国，准政府组织主要是指由国家出资、完全依靠公共财政举办的、旨在为社会提供相关公共产品的事业单位，主要包括两类：①属于事业单位性质但又具有某种行政职能的机构，即政府直属事业单位；②从事教育、科技、文化、卫生等涉及社会公众整体的生活质量和共同利益的社会事务，即通常所讲的事业单位。

二、辨析题

1．以泰勒（F. W. Taylor）为代表的科学管理组织理论，以韦伯（M. Weber）为代表的科层组织管理理论和以西蒙（H. A. Simon）为代表的决策过程组织理论是西方早期古典行政组织理论的典范。［电子科大 2016 年研］

答：这种说法错误。西方早期行政组织理论主要有泰勒的科学管理组织理论，法约尔、古立克的行政管理组织理论和韦伯的科层组织理论。以西蒙为代表的决策过程组织理论属于新古典组织理论，又称行为科学组织理论。

2．一个完整的行政组织包括五大基本要素，即组织目标、机构设置、人员构成、法规制度和物质因素。［电子科大 2013 年研］

答：这种说法错误。一个完整的行政组织包括六大基本要素，即组织目标、机构设置、人员构成、法规制度、物质因素和权责体系，参见本章简答题第 1 题答案。

3．总体而言，我国行政组织采用直线职能式结构。纵向上按分权原则划分为中央和地方各级政府共四个层次（市管县体制的地方为五个层次）；同时每级政府内按业务性质平行划分为若干职能部门，各部门主要对上级对口职能部门负责，同时也接受同级政府和首长领导。［电子科大 2014 年研］

答：这种说法错误。我国行政组织基本上采用直线职能式结构。纵向上，政府划分为四个层次：中央（国务院）；省、自治区、直辖市；自治州、市、自治县、县；乡、民族乡、镇。而在试行市领导县体制的地方则为五个层次，即在省与县之间增加了地级市这个层次。直线职能结构是在综合直线结构和职能结构基础上形成的一种组织结构形式。各级部门间既有垂直领导关系，又有水平领导关系。直线—职能结构形式加强了对水平层次领导部门的协调领导，有助于克服政出多门的弊端，同时，每个下级部门在只有一个明确上级领导的基础上，接受其他相关上级部门的指导和监督，有助于决策的科学化和民主化。但这种结构的一个潜在缺陷是，垂直领导有可能排斥水平领导，部门之间的关系更加复杂。

三、简答题

1．简述行政组织的基本构成要素。［广东海大2016年研］

相关试题：

(1)行政组织基本要素。［中国地大2014年研］

(2)行政组织的基本要素有哪些?［中财2008年研；北理2007年研］

答：行政组织是按照一定规则和形式严格建立起来的正式组织，是行政管理的主体。行政组织的基本构成要素包括：

(1)组织目标。行政组织的组织目标是一个完整的体系，由总目标、部门目标和个人目标组成。组织总目标分解为层次和部门的分目标，进而分解为工作人员的个人目标，个人目标、部门目标和层次目标的实现是实现总目标的保证。明确政府的组织目标，是建设和改革行政机构的前提条件和关键。

(2)机构设置。行政机构是行政组织的实体，是行政组织的骨架。行政机构设置的根本依据是国家的宪法和法律；行政机构设置的基础是任务分工和权力分配。

(3)人员构成。组织由人组成。行政人员是行政组织的重要组成要素，也是组织中最具有活力的要素。行政人员是行政组织的主体，是行政职能目标的最终承担者和实践者。

(4)权责体系。权责划分是指行政组织中各个层次、部门、成员之间若干从属、平行等相互关系的确认，通过权力和责任划分，保障行政组织各组成部分的有序运行。若权责分离、权责不清或权责关系混乱，就会带来组织运行的混乱和低效。

(5)法规制度。法规制度是行政组织依法行政的保障。行政组织的法规制度是以规范性的文件形式对行政组织设置、组织职能目标、内部分工、权责关系、活动方式、运行程序等所做的规定。

(6)物质因素。即行政经费、办公场所、办公设备、物资、用品等开展行政管理活动所必需的物质条件，这是行政组织进行管理活动的物质保障。物质因素也在一定程度上制约着行政组织的规模和效率。现代公共行政需要有充足的财源、先进的技术设备。

2．简述行政组织的特征。［中南大学2022年研；中国地大2012年研］

答：行政组织的基本特征主要有：

(1)政治性与社会性。政治性是一切国家组织的共同属性。对国家行政组织而言，政治性主要表现在阶级性方面。阶级性是国家行政组织的本质特征。这种特征贯穿于国家行政管理的整个过程和全部活动中。社会性由国家的社会职能所决定，主要指国家行政组织所承担的社会一般公共事务管理的职能。

(2)法制性与权威性：

①国家行政组织对社会公共行政管理的法制性。这主要表现在，国家行政组织的行政行为或行政管理的内容和方式必须遵从宪法和法律的要求。一切重大的国务方针和政策都必须取得立法机关的同意，即使是行政裁量行为，也必须符合宪法和法律的精神或原则。

②权威性以人类社会发展过程中的强力和契约关系为基础，并以宪法、法律和国家武装力量为后盾。当政府的权威地位被破坏，即它对有关社会行为主体依法实行的约束遭到抵抗、触犯、抵制、违背等时，政府将以国家的名义并以国家强制力为后盾对其实行行政制裁。

（3）系统性与动态性：

①系统性。指国家行政组织具有极强的整体性，其权力关系、组织结构和工作流程具有上统下属、上下贯通、左右联系、纵横交错、头尾相接、政令归一的特征。

②动态性。指国家行政组织永远处在动态之中，国家行政改革如机构和人员的调整、决策力的增强、行政职能的扩展、新技术和新设备的采用等，都是在一个持续不断的动态过程中完成的。

3. 怎样理解行政组织与民间组织的关系？［北邮 2016 年研］

相关试题：行政组织与民间组织的区别。［中山大学 2010 年研；东财 2010 年研］

答：（1）行政组织和民间组织的定义：

①行政组织是指为推行政务和管理社会公共事务，依据宪法和法律组建的国家行政机关体系，它是一个庞大复杂的组织体系。它是行政管理的基础，也是社会公共事务管理的主体。无论何种行政活动都要通过行政组织来完成，只有依靠科学的行政组织才能有效行使国家行政管理职能。

②民间组织是自愿组成，为实现共同意愿，按照章程开展活动的非营利性社会组织。民间组织必须到政府部门申请登记，经核准后方可进行活动。

（2）行政组织和民间组织的联系和区别：

①行政机关是按宪法和法律程序组建的。它以国家强制力为后盾，行使国家行政权，对其管辖内的社会团体具有约束力。而在我国境内的民间组织，不具有国家权力的属性，各民间组织必须依照规定到当地民政部门申请登记，经核准登记后，方可进行活动。

②民间组织能够沟通党和政府与人民群众的联系，成为党和政府与群众之间的桥梁和纽带。它组织了一批优秀的专家学者、专业技术人员和管理人才，成为社会主义现代化建设的一支生力军，促进了社会主义市场经济体制的建立和完善，为满足人民群众的物质文化需求、维护市场秩序创造了条件，同时还扩大了国际交往的渠道，在一些国际事务中发挥不可替代的作用。

③对于民间组织的合法活动，行政机关应给予支持，使其更好地表达和维护各自所代表的群体利益，更好地发挥民主管理和民主监督的作用。民间组织作为行政组织的有效补充，在公共服务方面发挥了重要的作用，极大地减轻了行政组织的负担。二者应相互促进，共同提高公共服务的质量。

4. 行政组织有哪些类型？［华南理工 2017 年研］

答：行政组织是指为推行政务和管理社会公共事务，依据宪法和法律组建的国家行政机关体系，它是一个庞大复杂的组织体系。按不同功能、作用的组织机构类型来划分，行政组织主要包括以下几种类型：

(1)领导机构。领导机构是各级政府的指挥和决策中心，是行政组织的中枢，在整个行政组织中起统率作用。领导机构统筹全局，运筹决策，监督指挥，是决定政府效能的关键。

(2)执行机构。执行机构在领导机构的领导下进行工作，执行领导机构的决定和指示，接受行政首长的指挥，并在业务上领导下属行政部门的工作。执行机构只有执行权，如果领导机关或上级行政机关委托其某项职能，它也有决定权。

(3)监督机构。指行政组织中专司监督和检查的机构。设置监督机构能够在行政组织内部形成制衡机制，促使行政机关和行政人员依法行政，忠于职守，如行政监察机构、审计机构等。

(4)咨询机构。指为行政领导机关和行政首长出谋划策，提供咨询意见和决策方案的机构。其基本职责是调查研究，参谋咨询，协调政策，辅助领导作好决策。

(5)信息机构。信息机构具有信息的搜集、加工、传递、存贮、提供利用等一系列信息处理过程，并具有信息处理的手段和方法，以及必要的设备和技术，并以一定的行政组织为基础。

(6)辅助机构。指在机关内部承担辅助性工作任务的机构，如办公室(厅)等。其主要任务是协助领导机构进行决策，沟通协调各方面的联系，管理机关日常事务。它是行政首长的助手，但是对政府各专业部门没有直接指挥的权力。辅助机构又可分为政务性或事务性、综合性或专业性的辅助机构。

(7)派出机构。指一级政府按照管辖区域授权委派的代表机构。在管理区域比较分散、不便于集中统一领导和控制的情况下，设置派出机关可以承上启下地实行管理，如我国的地区行署、街道办事处等。

5. 行政组织结构及其特点。[武汉科大2015年研]

答：行政组织结构是指行政组织中各部分排列顺序、空间位置、聚集状态、联系方式以及各要素之间相互关系的一种模式。具体来讲，行政组织结构的类型及特点如下：

(1)纵向结构，即直线式结构，是纵向分工形成的行政组织的层级制。这种行政组织结构的特点是：组织中各种职务按垂直系统直线排列，各级行政主管对所属下级有直接的一切职权，组织中每一个人只能向一个直接上级报告。其优点在于结构比较简单，权力集中，责任分明，命令统一，联系简洁；缺点是在行政组织规模较大的情况下，所有的管理职能都集中由一个人承担，个人往往由于知识能力有限而感到难以应对、顾此失彼，可能会发生较多失误。

(2)横向结构，即职能式结构。这种行政组织结构的特点是：组织内除直线行政领导外，还相应地设立了一些组织机构来分担某些职能管理的任务，这些职能机构有权在自己的职权范围内向下级行政机构下达命令和指示，因此，下级直线行政领导除了接受上级直线领导的指令外，还必须接受上级各职能机构的指示。如我国各省市除了受中央领导之外，还要接受中央各部委的指挥。

(3)纵向、横向结构的统一。在横纵向结构相结合形成的网络型直线职能型结构下，下级机构既受上级部门的管理，又受同级职能管理部门的业务指导和监督。各级行政领导人逐级负责，高度集权，因而，这是一种按经营管理职能划分部门，并由最高经营者直接指挥各职能部门的体制。

6. 管理幅度与管理层次的关系。［山东大学 2016 年研］

相关试题：

(1)管理幅度［概念题，中南大学 2022 年研；浙江财大 2018 年研］

(2)“管理幅度越大，则管理层级就越少；管理层级越少，则行政成本越低”。对这句话你如何看待，并给出解释。［南航 2016 年研］

答：(1)管理幅度又称控制幅度，是指一个人或组织直接管理的下属人员或机构的数目。管理幅度受领导者智能、精力和时间的限制。管理幅度过宽，会导致领导者负担过重或出现管理混乱；管理幅度过窄，会增加管理层次，降低工作效率。管理学家一般主张上层管理幅度小一些，下层管理幅度大一些，但具体多少数目为合理的管理幅度，意见不一。统计数字表明，在管理有效的行政组织中，管理幅度通常为 7 ~ 8 人，但也有的多至 24 人。

(2)管理层次，是指组织纵向划分的管理层级的数目。管理层次也须适度，管理层次越多，信息沟通就越困难，越容易受干扰；管理层次越少，就会使管理幅度超出合理的限度，领导者不胜负荷。各行政组织的管理层次多为 3 ~ 4 层。

(3)管理幅度和管理层次关系密切。在被管理对象数量确定的条件下，二者成反比关系；管理幅度越宽，需要设置的管理层次就越少；反之，管理幅度越窄，需要设置的管理层次就越多。

7. 简述层次管理的原则。［华南理工 2016 年研］

答：层次管理的原则具体如下：

(1)层次节制原则，即下层必须服从上层的领导。这是行政管理的主要特点之一。即组织是由不同职务群形成的不同的层级组成。不同的职位只能存在于组织中的某个层级中，不能超越组织的层级而存在。

(2)只管一个层次原则，即上层只管分属的下层，而不能越过层级去管理更多的下属，否则就会打压中间层次人员的积极性，使得他们形同虚设；要分层管理，每个上层仅仅管一层下级。

8. 简述层级制与职能制的含义及关系。［南航 2018 年研］

答：(1)二者的含义：

①层级制，又称分级制、层次制或系统制，是指公共组织在纵向上按照等级划分为不同的上下节制的层级组织结构，不同等级的职能目标和工作性质相同，但管理范围和管理权限却随着等级降低而逐渐变小的组织类型。

②职能制，是组织内部各管理层次都设有职能机构，各职能机构在自己的业务范围内有权向下级发布命令和指挥。各级领导人除了服从上级指挥外，还要服从上级各职能部门的指挥，实行的是多头领导的上下级关系。

(2)二者的关系。二者是一组相对的管理模式，既有相同点，也有不同点。

①相同点：都是政府组织结构的基本形式，每个部门的业务性质和管辖范围不尽相同，二者需结合使用。

②不同点：

a. 层级制是纵向划分，每个部门业务性质相同而管辖范围不同；职能制是横向划分，每个部门业务性质不同而管辖范围相同。

b. 层级制，便于事权集中，统一指挥，但各级首长管辖过多，责重事繁，难以胜任；职能制的优点在于合理分工，相互配合，使行政首长不致独任其劳，工作效率可以提高，但职能制不能离开机关而独立存在。

9. 简述现代官僚制体系的主要特征，并进行简要评价。[中山大学2009年研]

相关试题：

(1)简述马克斯·韦伯理性官僚制的基本特征。[山东大学2019年研]

(2)如何理解马克斯·韦伯的官僚制组织？[华侨大学2017年研]

(3)韦伯主张的官僚制的优越性体现何在？[华南理工2013年研]

答：(1)现代官僚制体系由马克斯·韦伯提出，其主要特征包括：

①在科层组织中，每一位成员都有固定和正式的职责，依法行使职权。即在科层组织中，每个人都有固定的职责；以法令规章严格限制的方法，赋予命令权，以行使固定的职责；行政的责任和权利都有一定的规范，只有具备一定资格的人才能受雇用。

②层级节制的权力体系。科层组织中的每一个人，都能明确地知道，该从什么人那里取得命令，并将命令传递给什么人。这样，一方面可减少混乱的现象，另一方面对下属也较容易控制。

③人员的工作行为以及人员间的工作关系，须遵循法规的规定，不得掺杂个人好恶情感。即科层组织内的行为、决策和法规都是正式的，有一定的规格与要求；并且不论任何政党执政或任何人为机关首长，行政人员均要“依法行政”“政治中立”。

④科层组织内的职位。按人员的专长做合理的分工，其工作范围和权责也以法律明文规定，在这种专业分工的原则下，职位的获得主要以技能为主。

⑤职业化倾向。人员加入组织，是根据自由契约的方式，并经过公开的考试合格后加以任用，除非人员犯错，并依法规定加以免职外，否则，行政机关不能随便结束契约关系；相反，人员则有充分的自由，随时可以脱离行政机关。

⑥人员的工作报酬也有明文规定，有固定的薪俸制度。工资的付给主要是依据人员的地位和年资，不能因主管的好恶而有所偏私。有严格的奖惩制度和升迁制度，以鼓励员工努力工作。

(2)对现代官僚制体系的评价：

官僚制体系一方面具有巨大的优越性，但同时也存在一些缺点和不足，包括：

①官僚制的合理之处：

a. 严密性。官僚制组织通过等级结构进行控制，按专业化标准，权力分层、职位分等、层层节制、环环相扣、秩序井然，严格的岗位责任制使一切个人都统一在一个法则系统之内。

b. 合理性。由于专业技术知识居于中心地位，任何规定都详细具体，具有可操作性，因而显示出精确、迅速、统一、协调、节约和高效等优势。

c. 稳定性。非人格化秩序的确立，使管理的任何步骤都源于法规，摆脱了长官意志，保证了体制的连续性和稳定性。

d. 普适性。官僚制组织适用面广，政府机关、公共事业、各种企业甚至私人组织都可以采用。

②官僚制的弊端：

a. 繁多而又陈旧的规章制度和工作程序，使官员失去了解决问题的主动性和实际操作的灵活性；压制和阻隔了内部的交流与沟通，妨碍了个人的成长和个性成熟，鼓励了盲目服从和从众心理；压抑创新和趋向保守，阻碍学习新知识和利用人力资源。

b. 政府社会功能的增加和职权范围的扩大，使官僚和官僚机构只注重争取更多的经费和更大的权力，脱离人民大众和社会的实际需求，机构越来越庞大臃肿；无法有效地解决上下级与部门之间的矛盾，增加了合作和管理成本，实施政策的行动迟缓，解决问题的能力不足，产生严重的腐败浪费。

c. 官僚制机构的集权控制，把大量资源和决策集中到中央，使基层组织虚弱，降低了基层组织服务的灵活性、适应性、创造性和速度；官僚机构的全面控制排除了竞争的必要与可能，无法激发人的主观创造性和主动精神。这些都使社会失去了活力，并降低了效率。

d. 官僚体制对专门技术知识的崇拜，并依靠条块分割的专业化单位来解决不断出现的新老问题，导致了专业化单位的无休止扩大，使解决具体问题缺乏总体的思维和方法。

e. 官僚在对待其所负责的具体工作上采取得过且过和不负责任的态度，并导致与其宗旨完全相反的结果的出现，即不可预见性和效率低下。

10. 简述编制管理的意义。［华南理工 2015 年研］

相关试题：

(1)编制和编制管理的意义。［南开大学 2011 年研］

(2)简述编制管理的作用。［中山大学 2011 年研］

答：编制即行政组织编制，有广义和狭义之分。广义的编制是指行政组织的职能范围，包括责权关系、机构设置、规格级别、人员结构、数额及职位配置等；狭义的编制是指一个行政组织、一个单位的人员定额，以及各种人员的比例结构。行政编制管理是按法律规定的制度和程序，为有效控制机构设置、人员配备、人员定额和结构比例所进行的管理。编制管理的意义主要包括：

(1)编制管理有利于建立起精干高效的行政组织体系，是行政组织体系建立的重要前提。机构及人员的编制必须以提高管理效率和合理控制人力资源成本为前提，坚持“精兵简政、一专多能”的原则，因事设岗用人、杜绝冗员。精简机构，减少人员和编制，优化服务，提质增效，有利于建立精干高效的行政组织体系。

(2)编制管理能够防止官僚主义，密切政府与群众关系。官僚主义是不负责任的领导作风。官僚主义的特征是领导者脱离实际，不了解下情，高高在上，贪图享乐，满足现状等。例如，不深入基层和群众，不了解实际情况，不关心群众疾苦，遇事不负责任；主观臆断地瞎指挥等。科学的编制管理则以法律为手段，严格依照编制设置机构和人员，以便有效防止上述状况，进而改进机关作风、防止官僚主义等。

(3)编制管理可以帮助政府节省财政开支。行政机构的经费由财政拨款，机构和人员急剧膨胀，必定会使行政事业部门公用经费支出增大，而开支增大的过程中可能存在着不同程度的浪费；而节省财政开支、优化财政支出结构是编制管理的突出特点之一。

四、论述题

1. 如何处理好正式组织与非正式组织的关系？［中山大学 2008 年研］

相关试题：简述非正式组织对正式组织的作用。［简答题，南航 2013 年研］

答： 非正式组织是伴随着正式组织的运转而形成的。正式组织中的某些小群体成员，由于工作性质相近、社会地位相当、对一些问题的看法基本一致，或者在性格、业余爱好及感情相投的基础上，形成了一些被其他成员所共同接受并遵守的行为规则，从而使原来松散、随机形成的群体渐渐成为趋向固定的非正式组织。非正式组织没有明确的组织目标、组织活动，以感情和融洽为主要标准，有不成文的行为规则；带头人无正式权力，是自然领袖，在团体中有一定的影响力；维系非正式组织的主要是接受与欢迎、孤立与排斥等感情上的因素。

(1)非正式组织对正式组织有一定的影响作用。

如果管理者能够善于利用非正式组织，它就具有正式组织无法达到的正面功能，具体表现在：

①作为一个群体组织，能为成员提供满足感，最主要的是满足成员心理上的需求。正式组织强调组织的效率而忽略了个人的感情。事实上，组织中的成员有各种需求，有的是通过工作获得满足，有的是通过团体内成员之间感情上的交流、相互信任、相互谅解、共同奋斗而满足的。非正式组织是以感情为基础的，相互尊重，自由沟通，给组织成员带来归属感、地位感、自尊等。

②非正式组织混合在正式组织中，容易促进工作的完成。当职工属于某一非正式组织时就能够产生一种强烈的归属感，这样就能给正式组织的工作产生良好的作用；相反，如果职工不属于任何非正式组织时离心力就相当严重。

③增进信息沟通的作用。利用非正式组织信息沟通已经成为当代组织心理的一个重要问题，如管理者对某项计划的实施还不确定时，可通过非正式的渠道透露信息，了解人们对该项计划的反映，非正式组织对信息的传递速度较快，反映比较客观，不会因为害怕权威而改变自己的观点。非正式组织往往会传达基层职工的观念、态度以及工作执行的实际情况，有利于上层领导了解组织内各部分的真实情况，可以获得许多在组织内无法获得的情报、消息。

④正式组织的管理者可以利用非正式组织来弥补成员间的能力与成就的差异。非正式组织具有扩大“无差别圈”的作用，确保管理人员权力的有效性，通过非正式组织的关系与气氛来获得组织的稳定。在一般情况下，非正式组织也会形成自己的规范，如果成员不遵从这些规范，非正式组织的成员就会不赞同他、疏远他或拒绝他，以群体本身的吸引力来促进成员的服从。因此，非正式团体具有控制成员顺从的力量，因而可以获得组织的稳定和发展，可以运用非正式组织来提高组织成员的士气。通过非正式组织传递信息的作用，让组织成员对组织目标有更深刻的理解，产生认同感和协作意愿，促进组织目标的实现。

(2)非正式组织可能造成的危害：

非正式组织的目标如果与正式组织冲突，则可能对正式组织的工作产生极为不利的影响，具体如下：

①非正式组织要求成员一致性的压力，往往会束缚成员的个人发展。有些人虽然有过人的才华和能力，但非正式组织一致性的要求可能不允许他冒尖，从而使个人才智不能得到充分发挥，对组织的贡献不能增加，这样便会影响整个组织工作效率的提高。

②非正式组织的压力还会影响正式组织的变革，发展组织的惰性。这并不是因为所有非正式组织的成员都不希望改革，而是因为其中大部分人害怕变革会改变非正式组织赖以生存的正式组织的结构，从而威胁非正式组织的存在。

(3)要积极发挥非正式组织的作用：

非正式组织对正式组织的影响是客观存在的。正式组织目标有效实现，要求积极利用非正式组织的贡献，努力克服和消除它的不利影响。

①利用非正式组织，首先要认识到非正式组织存在的客观必然性和必要性，允许乃至鼓励非正式组织的存在，为非正式组织的形成提供条件，并努力使之与正式组织吻合。比如，正式组织在进行人员配备时，可以考虑把性格相投，有共同语言和兴趣的人安排在同一部门或相邻的工作岗位上，使他们有频繁接触的机会，这样就容易使两种组织的成员基本吻合，在客观上为非正式组织的形成创造条件。

②促进非正式组织的形成，有利于正式组织效率的提高。人们通常都有社交的需要，如果一个人在工作中或工作之后与别人没有接触的机会，则可能心情烦闷，从而影响效率；相反，如果能有机会经常与别人聊天，谈谈自己生活或工作中的障碍，那么就容易卸掉精神上的包袱，以轻松、愉快的心理状态投身到工作中去。

③通过建立宣传正确的组织文化来影响非正式组织的行为规范，引导非正式组织提供积极贡献。非正式组织形成以后，正式组织既不能利用行政方法或其他强硬措施来干涉其活动，也不能任其自由发展，因为这样有产生消极影响的危险。因此，对非正式组织的活动应该加以引导，这种引导可以通过借助组织文化的力量，影响非正式组织的行为规范来实现。

2. 试述西方行政组织理论的演变。[武汉科大 2014 年研]

相关试题：

(1)西方行政组织理论演变历程。[简答题，中国地大 2015 年研]

(2)简述新古典组织理论的特点。[简答题，华南理工 2014 年研]

(3)论述西方行政组织理论演变的三个时期及其特点。[山东师大 2013 年研]

(4)简述新古典组织理论的基本内容。[简答题，中山大学 2007 年研]

答：西方行政组织理论演变历程大致分为三个时期，形成了以下三种理论：

(1)古典行政组织理论：

古典行政组织理论是古典管理理论中涉及组织结构和组织管理基本职能的理论，其目标是为高效率的管理提供解决问题的指导原则。主要有以泰勒为代表的科学管理组织理论，以法约尔、古立克为代表的行政管理组织理论和以韦伯为代表的科层组织理论。

特点：组织设计强调工作效率，强调工作的专业化分工，强调严格的等级制度，因而有利于提高组织的稳定性和可控制性，也有利于组织目标的实现；但过分强调职权对被管理人员的控制作用，过分强调等级的严格性，因而不利于人的积极性与创造性的充分发挥，使组织缺乏灵活性。

(2)新古典组织理论:

新古典组织理论又称行为科学组织理论，兴起于20世纪30年代，主要有以梅奥为代表的人际关系组织理论、以巴纳德为代表的组织平衡理论和以西蒙为代表的决策过程组织理论。其中，人际关系组织理论主张，建立一个“和谐有效率”的组织，注重组织成员行为、动机的研究，用民主方式进行管理，激励成员的积极性；组织平衡理论重视正式组织与非正式组织、个体与群体的平衡，认为组织是人群间互相影响关系所组成的系统，只有在确保成员贡献与满足平衡的前提下，才能抵消成员对组织的离心力，从而提高组织效率；而决策过程组织理论认为，管理就是决策，决策贯穿于管理的全过程，组织的功能在于提供一个有利于作出合理决策的组织结构。

特点：把人的问题作为研究中心，从动态角度出发来研究人的行为会对组织产生何种影响及其相互之间的关系。在弥补了古典组织理论的缺陷的同时，新古典组织理论由于局限于人和组织行为的研究，只注重实证的研究方法，反而忽视了组织结构、法规的作用。

(3)现代组织理论:

二次世界大战(特别是20世纪60年代)以后，随着系统论、信息论和控制论等成果被引入管理研究中，行政组织理论也发展到一个新的阶段。现代组织理论主要有：以卡斯特、罗森茨威克为代表的系统组织理论和以劳伦斯、洛西、伍德沃德为代表的权变组织理论。

特点：现代组织理论重视从社会整体联系、环境影响、发展变化等方面进行研究，并为行政组织的研究提供了新方法，尽管这些理论尚不成熟，但已经引起了广泛的关注。

第五章　行政领导

5.1　复习笔记

【知识框架(庖丁解牛)】

- 行政领导
  - 行政领导概述
    - 领导的含义及其特点
    - 领导、管理工作的专业化
    - 行政领导的含义、特点和作用
  - 行政领导者的职位、职责与职权
    - 职位：含义、特点、作用
    - 职权：含义、与职位的关系
    - 责任：含义、内容、权责统一性
    - 行政领导权威
      - 含义
      - 意义
      - 维护原则
  - 行政领导制度
    - 民主集中制
    - 集体领导、个人分工负责制
    - 行政首长负责制
    - 日常的具体行政领导制度
  - 行政领导的方法、方式与艺术
    - 方法：实事求是、群众路线、矛盾分析
    - 方式：含义、类型
    - 艺术：含义、特点、分类
  - 行政领导者的素质结构及其优化
    - 行政领导者素质：含义、重要性、特点
    - 行政领导者个人素质结构
    - 领导班子素质结构及其优化

【通关提要(提纲挈领)】

本章主要介绍行政领导，属于基础章节。学习时，要熟悉行政领导的含义、特点和作用，行政领导艺术，行政领导者素质等；重点掌握行政领导职权、行政领导权威及行政领导制度等。本章各种题型都有可能考查，要全面理解掌握，切忌死记硬背。

【考点难点归纳(厚积薄发)】

考点一：行政领导概述(见表5-1) ★★

表5-1　行政领导概述

要点	主要内容
概念	指国家行政系统中的各级行政首长和行政领导为实现行政组织目标而依法行使其权力与影响的过程
特点	①执行性；②政治性；③权威性；④综合性
产生方式	①选任制；②委任制；③考任制；④聘任制
地位和作用	①是行政管理协调统一的保障。 ②贯穿于行政管理的全过程，处于战略核心地位。 ③对行政管理的成败起关键作用

【真题链接】简述行政领导在行政管理中的地位和作用。[简答题，华南理工2017年研]

考点二：行政领导者的职位、职责与职权(见表5-2) ★★★

表5-2　行政领导者的职位、职责与职权

<table>
<tr><th>要点</th><th colspan="3">主要内容</th></tr>
<tr><td rowspan="3">行政领导者的职位</td><td>含义</td><td colspan="2">指国家人事行政部门或国家权力机关根据相关法律法规，按规范化程序选择或任命行政领导者担任的职务和责任</td></tr>
<tr><td>要素</td><td colspan="2">职务+责任</td></tr>
<tr><td>特点</td><td colspan="2">①以“事”为中心。
②设置数量有规定性，遵循最低数量原则。
③具有法定性、相对稳定性</td></tr>
<tr><td rowspan="4">行政领导者的职权</td><td>含义</td><td colspan="2">指行政领导者担任一定领导职位而获得的具有法律效力的权力</td></tr>
<tr><td>类型</td><td colspan="2">①指挥权；②任命权；③奖励权；④统一报告权；⑤编制预算权</td></tr>
<tr><td rowspan="2">与职位的关系</td><td>职权特点</td><td>属于法定权力，与职位紧密相连、对称</td></tr>
<tr><td>职权范围</td><td>限于职位范围</td></tr>
<tr><td rowspan="3">行政领导者的责任</td><td>含义</td><td colspan="2">指行政领导者在国家行政机关中基于其职位而承担的工作任务及应负有的责任</td></tr>
<tr><td>内容</td><td colspan="2">①政治责任[领导责任]；②工作责任[岗位责任]；③法律责任</td></tr>
<tr><td>权责统一性</td><td colspan="2">有权必有责，有责要担当，权责要相当</td></tr>
<tr><td rowspan="2">行政领导权威</td><td>含义</td><td colspan="2">指建立在法律程序或领导者人格魅力基础之上，对领导对象的心理和行为产生指引效果的影响力</td></tr>
<tr><td>意义</td><td colspan="2">①是捍卫全体人民利益、实现“四化”建设的重要保证。
②是实施科学管理的核心和首脑</td></tr>
</table>

续表

要点	主要内容	
行政领导权威	维护原则	①以维护党中央和国务院的权威为核心。 ②建立高效领导体制，加强组织纪律建设。 ③强化领导核心，团结各层领导集体。 ④要与维护国家法律权威相结合。 ⑤合理放权，建立健全权力分配体系

【**真题链接**】分析维护行政领导权威的原则。［简答题，山东师大2016年研］

考点三：行政领导制度（见表5－3）★★★★

表5－3　行政领导制度

制度	主要内容	
民主集中制［根本领导制度］	含义	即在民主基础上的集中，在集中指导下的民主
	主要内容	①个人服从组织，少数服从多数，下级组织服从上级组织，全党各组织和全体党员服从党的全国代表大会和中央委员会。 ②党的各级领导机关由选举产生。 ③划分中央和地方机构职权时，坚持中央统一领导
集体领导、个人分工负责制	含义	①集体领导，即集体决策、共同负责。 ②个人分工负责制，指在坚持行政领导的前提下，各司其职，各尽其责
	关系	二者辩证统一，相互联系、相互贯通。 ①集体领导的基础是个人分工负责，集体领导意志以个人分工负责为实现途径。 ②个人分工负责的前提是集体领导，以集体领导的决策为方向和目标
行政首长负责制	含义	指最高行政决策权、指挥权由行政首长一人执掌，行政首长对所管辖的公共事务实行统一领导、全权负责
	原则	①职、责、权一致原则；②党管干部原则；③依法行政原则；④向人民负责的原则
	优点	权力集中，便于统一指挥；责任明确，提高行政效率
	缺点	权力过于集中，易形成专断或独裁，产生官僚主义和腐败问题
日常具体行政领导制度	①行政领导者与行政活动参与者的关系制度，具体包括：走访制度、对话制度、咨询制度、通报制度、评议制度等。 ②上下级联系制度。原则包括：统一意志、指挥、步调、行动。 ③协调内部关系制度	

【**真题链接**】

（1）简述民主集中制的含义和主要内容。［简答题，武汉科大2016年研］

（2）集体领导与个人分工负责制的关系。［简答题，山东师大2013年研］

考点四：行政领导的方法、方式与艺术(见表5-4) ★★

表5-4　行政领导的方法、方式与艺术

要点	主要内容		
行政领导方法	含义		指行政领导者根据特定的领导理论在特定的领导环境中为实现特定领导目标、履行领导职能而采取的一系列手段、对策、举措的总和
	根本方法		①实事求是[思想路线]。指一切从实际出发，理论联系实际。 ②群众路线[工作路线]。指一切为了并依靠群众，从群众中来，到群众中去。 ③矛盾分析[辩证唯物主义对立统一原则]。 ④调查研究、系统分析
行政领导方式	含义		指行政领导者从事领导工作的风格和行为
	类型	行为重点	①重人式；②重事式[以任务为中心]；③人事并重式
		作用方式	①强制式；②说服式；③激励式；④示范式
行政领导艺术	含义		指行政领导者在实践活动中结合普遍经验和个人体会而形成的个性化、艺术化、创造性、随机性、权变性的行政领导方法
	特点		①多样性；②可变性；③现实性
	分类	影响范围	总体性、局部性、专业性领导艺术
		事务类型	授权、用人、处事、运时、协调艺术

考点五：行政领导者的素质结构及其优化(见表5-5) ★★

表5-5　行政领导者的素质结构及其优化

要点	主要内容		
素质	含义		指行政领导者所具备的先天的心理和智力，以及经过后天教育与实践所形成的行政领导者必须具备的价值取向、心理特点、文化修养、智慧、能力和品德的综合条件
	重要性		①行政领导者的素质决定行政管理运作的活力。 ②领导者素质理论是管理科学的基础理论
	特点		①时代性；②层次性；③综合性；④发展性；⑤变异性
个人素质结构	①政治素质；②品德素质；③知识素质；④能力素质[核心]，包括创新、组织、综合能力；⑤心理素质；⑥身体素质		
团队素质结构及优化	合理的静态结构		①年龄结构合理；②知识结构互补；③智能结构齐全；④气质结构兼容
	合理的动态结构	合力关系	经验和阅历、专业知识和能力的互补关系，品德互动关系
		合力状态	团结合作能力、科学决策和处理能力、社会动员与统御的能力、开拓进取能力

【真题链接】论述行政领导班子的素质结构及其优化。[论述题，山东师大2017年研；武汉科大2017年研]

5.2 考研真题

一、概念题

1. 行政领导[华南理工 2018 年研；东北财大 2014 年研；中财 2007 年研；首经贸 2007 年研]

2. 领导专业化[中国地大 2014 年研]

3. 行政职权[北理 2007 年研]

4. 行政领导的权威[华南理工 2016 年研；山东师大 2014 年研；中财 2010 年研]

5. 民主集中制[汕头大学 2021 年研；中国地大 2014 年研]

6. 集体领导与个人分工负责[中山大学 2008 年研]

7. 行政首长负责制[华南理工 2018 年研；中财 2014 年研；上海财大 2007 年研]

8. 行政领导艺术[北邮 2012 年研；东北财大 2010 年研]

相关试题：领导艺术[对外经贸 2013 年研；中南财大 2010 年研]

以下为历年考研试题精选，未附答案，供读者参考

行政领导制度[中国地大 2019 年研]

二、简答题

1. 简述行政领导在行政管理中的地位和作用。[华南理工 2017 年研；东北财大 2007 年研]

相关试题：行政领导在行政管理中有何作用？[华南理工 2011 年研]

2. 什么是行政领导者的职位与职权？行政领导者的责任有哪些？[首经贸 2006 年研]

相关试题：

(1)实证分析行政领导责任的内容。[中国地大 2016 年研]

(2)职位与职权[概念题，上海交大 2010 年研]

3. 分析维护行政领导权威的原则。[山东师大 2016 年研]

相关试题：维护行政领导权威的原则。[山东师大 2018 年研]

4. 简述民主集中制的含义和主要内容。[武汉科大 2016 年研]

5. 集体领导与个人分工负责制的关系。[山东师大 2013 年研]

相关试题：集体领导与个人负责制的涵义及其辩证关系。[中山大学 2005 年研]

6. 简述行政首长负责制的主要内容及其特点。[北理 2007 年研]

7. 首长制与委员会制及其合理运用。[南开大学 2007 年研]

8. 从行政领导的工作侧重点可以将行政领导方式划分为哪几类？[中山大学 2008 年研]

三、论述题

1. 有人说管理应对复杂性，领导突出变革，你怎样理解领导和管理的关系？[南开大学 2018 年研]

2. 试论行政领导群体结构的合理化。[北理 2008 年研]

3. 试述行政领导个人的素质结构。[山东师大 2015 年研]

相关试题:

(1)论述行政领导班子的素质结构及其优化。[山东师大2017年研;武汉科大2017年研]

(2)行政领导者的素质结构。[简答题,中国地大2015年研]

(3)行政领导能力素质的内容有哪些?[简答题,中财2009年研]

四、案例分析题

案例一 领导素质结构及其优化

G市工商局领导班子由一位局长和三位副局长组成。李顺博士是经过公开选拔刚从教育局提拔到该局的一位副局长。

G市工商局局长是一位事业心、责任心强的领导,但做事过于谨慎。第一副局长张某长期在该局工作,经验丰富,对局内部业务非常熟悉,但因年届58岁,常常有"船到码头车到站"的想法,工作积极性、主动性不太高,也不太注重工作上的协调配合。周凡是该局一位年轻的副局长,思维活跃有主见,很注意与下级搞好关系,有时却会在背后随意发表对领导班子成员的负面评论甚至指责领导,影响领导班子团结。

其结果是:该工商局领导班子成员在研究决定重大工作事项时往往意见分歧较大;各班子成员分管的业务之间缺乏有效配合与衔接;局内部各业务科室之间也难以形成有效的工作配合:决策缺乏执行力,行政效率不高,和谐的工作关系受到影响。李顺副局长自己分管的工作也面临一系列的难题。[中山大学2011年研]

根据本案例,提出并分析在G市工商局领导班子成员中形成合力关系与合力状态的具体措施。

案例二

2009年6月,在湖北省宜城市四届人大四次会议上,29岁的周森锋全票当选为湖北宜城市市长。这位刚刚走出大学校园五年的年轻人,被媒体称为"中国最年轻市长"。在短短五年之内,周森锋连破异地为官、论资排辈、政绩为上等官场通则,以29岁的年纪担任县市党政正职。他不同寻常的仕途升迁,引发了全国关注。

据襄阳市委组织部门介绍,2004年,周森锋毕业于清华大学管理科学与工程专业,同年作为襄阳市引进的高素质专业人才到襄阳市挂职锻炼一年。

2004年7月至2008年8月,周森锋挂职襄阳市建设委员会副主任之后,先后担任襄阳市城市规划管理局党组副书记、副局长,宜城市委常委、市政府党组副书记、市委副书记、副市长等职务。

2009年4月,宜城市市长职位出现空缺。襄阳市委进行民主推荐,周森锋得票居于前列。当年5月,襄阳市正式提名周森锋为宜城市市长人选。6月21日,他以全票当选为新任宜城市市长。

周森锋当选市长的新闻在网络上一经发布,立即轰动全国。此事在网上引起的反应出现了两个极端——肯定和质疑。

有人认为宜城只是一个县级市,20多岁的年纪当个县处级干部不值得人们大惊小怪,干部年轻在某种程度上讲是一种优势,这方面,襄阳市委组织部开了一个好头。

与肯定的声音相比,公众质疑一浪高过一浪。周森锋的父亲是谁?这个本不该是个问题的问题，在现实语境下却成了公众关注的焦点。有人对周森锋全票当选不以为然，因为候选人只有他一个。公众质疑为什么是“全票”，候选人为什么只有一个。中央强调选拔干部要差额化、竞争化、年轻化、公开化。无疑，周的当选没有竞争也没有差额。

另一方面，从周森锋的履历来看，他一开始就是副处级干部，这也是公众的质疑点。随着相关信息的披露，证明周是清白的，他是作为人才从清华大学引进的。2004 年，经过反复沟通、协调，清华大学党委常委会与襄阳市签订了合作协议，即由襄阳市将急需人才的专业等要求发给清华，由清华根据要求从有意挂职的学生中筛选。这些学生到襄阳后将挂职党政机关，担任副处级的官员。周森锋正是在这样一种背景下来到襄阳的。

有人对周森锋的脱颖而出总结为：年轻、高学历、基层锻炼和机遇。周森锋的成长过程得益于三个机会：一是利用襄阳两年内引进硕士博士 182 人的机会，从清华到襄阳，并一开始就安排为副处级干部；二是工作 4 年后被组织安排到县市基层工作；三是去的时机比较好，当时襄阳官场大地震，影响了大批干部。在这种背景下，周森锋作为一个外来干部和年轻干部，再加上自己的政绩，仕途顺利也就顺理成章了。[南开大学 2011 年研]

请结合案例回答以下问题：

1. 人们为什么会对周森锋的“背景”感兴趣？这一现象反映了我国行政领导选拔中的哪些问题？

2. 结合本案例，谈谈应当如何完善我国行政领导选拔机制。

5.3　考研真题详解

一、概念题

1. 行政领导[华南理工 2018 年研；东北财大 2014 年研；中财 2007 年研；首经贸 2007 年研]

答：行政领导是指国家行政系统中的各级行政首长和行政领导集团通过决策、指挥、监督、协调等手段依法行使其权力与影响，以完成行政目标的活动过程。行政领导贯穿于行政管理的各层次、各方面和全过程，在整个行政系统中处于主导地位，起着非常关键的作用。它具有一般领导的共同特点，又有自身的特定属性，主要表现为：①行政领导发生在行政管理活动中；②执行性是行政领导的重要特性；③从行政领导活动的社会属性来看，其具有鲜明的政治性。

2. 领导专业化[中国地大 2014 年研]

答：领导专业化是指领导个体专业水平提高的过程和结果，以及社会为实现领导这一群体的科学专业性而努力的过程。具体而言，领导专业化包括领导个体专业化和领导群体专业化两个方面，是从无专业业务知识到具有业务专长再到有领导、管理工作专长的过程。它是领导工作科学化的一个重要内容，也是加速社会主义现代化建设的迫切要求。在实践方面，准确地认识领导、管理工作专业化有利于提高领导、管理效能，适应领导工作健康发展的需要；纠正被扭曲的领导工作专业化标准，是科学选才用人的需要，有利于提升领导的专业素质。在理论方面，要准确地认识领导、管理工作专业化的作用，并以此推动领导、管理学科的建设和发展。

3. 行政职权[北理2007年研]

答:行政职权又称行政权力，是国家行政权的转化形式，是行政主体实施国家行政管理活动的资格及权能。行政职权一般可分为固有职权和授予职权两大类。前者因行政主体的设立而产生，并随行政主体的消灭而消灭；后者来自法律、法规或有权机关的授权行为。具体而言，行政职权有如下特征：①法定性。任何一个组织的行政职权都是依法设定的，而不是自我设定的。②国家意志性。行政职权是国家意志的体现，而不是某一行政机关或公务员个人意志的体现。③专属性。行政职权的归属在主体上具有专属性。行政职权只属于行政主体，相对人不具有行政职权。④不可处分性。行政职权与民事权利不同，它具有不可处分性，即不能任意转让、放弃、赠与等。⑤单方性。行政职权的行使是单方行为，而不是双方行为。行政职权的行使由行政主体单方作出，不以行政相对人的意志为转移。⑥任何组织和个人，当它行使行政职权时，均依法享有行政优先权和行政受益权。

4. 行政领导的权威[华南理工2016年研；山东师大2014年研；中财2010年研]

答:行政领导的权威是指建立在法定规范或领导者人格魅力基础之上的，对领导对象的影响力。它是领导权力与自身风格的综合反映，对领导活动的效果具有重要作用或影响。行政领导权威是实施科学管理的核心和首脑。行政领导权威是在较长时间的实践中形成的，是一个可升可降的动态概念。提高权威的过程，是由权力威信进一步发展的信服威信，即由强制性阶段过渡到自觉性阶段。对行政领导者来说，这是一个学习、实践锻炼、积累经验、增长才干的过程，也是一个坚持高标准、严要求，长期进行自我修养，不断克服自身缺点错误的过程。

5. 民主集中制[汕头大学2021年研；中国地大2014年研]

答:参见本章简答题第4题答案。

6. 集体领导与个人分工负责[中山大学2008年研]

答:参见本章简答题第5题答案。

7. 行政首长负责制[华南理工2018年研；中财2014年研；上海财大2007年研]

答:行政首长负责制是指各级政府及其部门的首长在民主讨论的基础上，对本行政组织所管辖的重要事务具有最后决策权，并对此全面负责的一种行政领导制度。这是民主集中制原则的体现。《宪法》明确规定，我国各级行政机关一律实行首长负责制。实行行政首长负责制，是我国行政机关领导制度的一项重大改革。行政首长负责制并不意味着行政首长可以独断专行或者滥用职权，行政机关或行政部门的重大问题要由某种行政会议来决定。

8. 行政领导艺术[北邮2012年研；东北财大2010年研]

相关试题：领导艺术[对外经贸2013年研；中南财大2010年研]

答:行政领导艺术是行政领导者在实践活动中结合普遍经验和个人体会而形成的个性化、艺术化、创造性、随机性、权变性的行政领导方法。行政领导艺术体现行政领导者驾驭领导工作的才能，是行政领导者学识、经验、智慧、胆略、气质、品格、能力和创造性思维等多种因素的综合体现，是行政领导者智慧的体现和升华。行政领导艺术具有科学性、综合性、创造性、权变性、个体差异性等特征。

二、简答题

1. 简述行政领导在行政管理中的地位和作用。［华南理工 2017 年研；东北财大 2007 年研］

相关试题：行政领导在行政管理中有何作用？［华南理工 2011 年研］

答：行政领导是维持与推动国家机器正常运转的主动力，直接关系到国家的兴衰、前途和命运。行政领导在行政管理中具有重要的地位和作用：

(1)从政治上看，行政领导要依据法律，运用国家权力组织与管理行政事务。它是法律的体现、权力的象征。这种形象应该同高度的责任、良好的素质、勤恳的服务统一起来。否则，将会导致人民群众对国家政权的质疑，对法律失去信心，甚至产生对抗行为。

(2)从经济上看，行政领导代表国家，组织和管理着经济建设事业。经济是社会发展的基础，行政领导通过制定规划、颁布政策、运用杠杆、提供信息、任免干部、协调服务等方式进行管理，无疑对社会经济的发展起着举足轻重的作用。

(3)从思想上看，行政领导负责整个社会的思想文化建设。一个国家的各方面应协调发展，特别是社会主义国家，物质文明建设和精神文明建设必须同步进行。行政领导通过一系列有效的活动，推动社会的思想文化建设发展。

(4)从行政管理过程来看，行政领导起着发动、导向、协调和关键的作用。行政系统的一切活动都是由行政领导发起和推动的，没有行政领导作用的发挥，行政管理活动便无从开展。行政领导根据党和国家的路线、方针、政策和法律制定出一定时期的行政目标、任务和指令，成为行政组织运行的方向和行为规范。行政领导通过对行政组织内外关系的协调平衡，解决管理过程中出现的各种矛盾和问题，实现各管理要素的和谐、组织活动的统一。即行政领导是行政管理过程的关键环节，是行政管理成败的决定性因素。

2. 什么是行政领导者的职位与职权？行政领导者的责任有哪些？［首经贸 2006 年研］

相关试题：

(1)实证分析行政领导责任的内容。［中国地大 2016 年研］

(2)职位与职权［概念题，上海交大 2010 年研］

答：行政领导是国家行政管理活动中的领导活动。行政领导只是对“行政”的领导；另外，从行政领导活动方式的特性上讲，行政领导的执行性是其明显特点。

(1)行政领导者的职位，指上级组织依照国家有关规定分配给行政领导者的职务和位置。行政领导职位有三个要素：一是职务，这是由上级组织分配的。二是工作范围和工作量。行政领导者要承担一定的工作量。三是职权，要赋予行政领导者以相应的职权。只有担任了某一职务，才有与其相应的行政部门的工作指挥与统御权；而担任某一行政领导职位的人，就负有对该组织的领导责任。职位的特点有：①职位是以“事”为中心确定下来的；②职位的设置有数量的规定性；③职位本身具有相对的稳定性。

(2)行政领导者的职权，是由法律规定的行政领导职位上具有的对人和事的支配力量，是行政领导者履行职能的基本条件。对职权的理解应注意以下几个方面：①职权来源于职位。职权是由职位派生出来的，与个人因素无关。古人讲“在其位，谋其政”，从反面讲就是“不在其位，难谋其政”。②职权有明确的权力范围。一般来讲，领导者的职权范围与其职务范围相一致。③职权与职位相称。职权的大小由职位高低决定，与责任轻重有关。④职权由法律规定。职权依法定程序授予，也可依法定程序撤销，受法律保护并具有普遍约束力。⑤职权是权利和义务的统一。职权是与职能相联系的一种公务行为，对其所管辖范围内的事项和人员是一种权利，但对国家和服务对象又是一种义务，不得随意放弃。

(3)行政领导者的责任，是指行政领导者在国家行政机关中处于一定职位上所应当承担的责任。它主要是对执行职务、行使职权的结果应负的责任，即结果责任。履行行政领导责任是行政领导含义的核心内容。行政领导者责任的内容有：

①政治责任，即领导责任。在我国主要是指行政领导者对自己所负责部门的工作效果承担的领导责任，以及为此造成的社会影响而对党、国家和人民应作的政治交代，并要接受相应的政治处理。

②工作责任。即领导者的岗位责任，是领导者对自己担任的某一职务所应承担的义务，以及对其完成情况的个人担当。领导者对因个人原因造成的工作损失应承担相应的责任。

③法律责任。指行政领导者因违反法律规范所应承担的法律后果。领导者如有违反法律的行为，应受到法律的制裁。

3．分析维护行政领导权威的原则。[山东师大2016年研]

相关试题：维护行政领导权威的原则。[山东师大2018年研]

答：维护行政领导权威的原则有：

(1)在根本上维护党中央和国务院的权威。有了中央的权威，多元利益才能协调，共同富裕的目标才能得以实现；有了中央的权威，领导我们事业的核心——中国共产党才能高度团结统一，保持旺盛的战斗力和凝聚力。

(2)加强组织纪律建设，形成全党及地方政府服从中央、下级服从上级的高效领导体制。严明组织纪律，就要做到“四个服从”。坚决落实组织制度，严格执行民主集中制、重大问题请示报告等规定，始终按照组织原则和组织规则为官用权、立身处世。坚决服从组织安排，在任何岗位都要用心履职尽责，决不能组织没提拔就有意见、岗位不满意就发牢骚、待遇不合意就生怨言。

(3)建立团结、密切配合、坚强的领导核心。毛泽东同志曾经形象地说：“一个桃子剖开来有几个核心吗？不，只有一个核心。”邓小平同志说过：“任何一个领导集体都要有一个核心，没有核心的领导是靠不住的。”有了团结的行政领导集体和坚强的行政领导核心，才更利于发扬民主，形成和维护行政领导权威。十八大以来的五年，在以习近平同志为核心的党中央带领下，我们解决了许多长期想解决而没有解决的难题，办成了许多过去想办而没有办成的大事，这有力地证明了团结的领导集体和坚强的领导核心能使行政工作更加有效。

(4)要与维护国家法律的权威相结合。国无法不治，民无法不立，法治是治国理政的基本方式，是党和国家长治久安的重要保障。行政机关必须根据法律法规的规定设立，并依法取得和行使其行政权力，对其行政行为的后果承担相应的责任的原则。随着经济社会的发展，在新形势下行政领导工作中，依法行政时会遇到各种新情况、新问题，只有始终坚持维护国家法律，依法行政，才能不断树立和维护政府、行政领导的权威和良好形象，提高政府公信力，提升依法治理、法治建设的成效。

(5)建立健全权力分配体系，实现合理放权。过于集中的权力会影响行政系统的活力，因此必须要正确处理好维护行政领导权威和主体积极性的关系，给执行主体一定的自由空间，这样才能形成整体协调、充分发挥各方活力的领导系统，团结和组织全国力量，不断推进中国特色社会主义的现代化建设。

4. 简述民主集中制的含义和主要内容。[武汉科大 2016 年研]

答：(1)民主集中制是我们党的根本组织原则和领导制度，其基本含义是民主基础上的集中和集中指导下的民主相结合。把这一制度列入推进国家治理体系和治理能力现代化要求中，必将释放出更加有力高效的制度优势。民主集中制是在无产阶级政党领导人民争取解放的革命实践中产生的，它的提出、形成和确立，经历了一个历史过程。

(2)民主集中制作为党和国家的根本组织原则，蕴含着丰富的内容和科学的规定。其内容主要有：

①少数服从多数，下级组织服从上级组织，党员个人服从党的组织，全体党员和全党各个组织都要服从党的全国代表大会和中央委员会。

②除派出的代表机关和在非党组织中的党组外，党的各级领导机关都由选举产生。

③划分中央和地方国家机构职权时，既要坚持中央统一领导，又要充分发挥地方的主动性、积极性。

④党和国家的各级领导机关实行集体领导和个人分工负责相结合的制度。凡属重大问题都要按照集体领导、民主集中、个别酝酿、会议决定的原则，由委员会集体讨论作出决定；委员会成员要根据集体的决定和分工，切实履行自己的职责。

5. 集体领导与个人分工负责制的关系。[山东师大 2013 年研]

相关试题：集体领导与个人负责制的涵义及其辩证关系。[中山大学 2005 年研]

答：集体领导和个人分工负责相结合是我国各类组织普遍实行的一种领导制度。它是协调领导成员在领导活动过程中的相互关系、更好地发挥领导集团整体作用的重要制度。

(1)集体领导是一种领导方式，是针对一把手一人说了算而言的。集体领导就是大事、全局性的问题，如重要干部的推荐、任免和奖惩等都集体商定，而不是由个人或少数人决定。根据《关于党内政治生活的若干准则》等文件规定，集体领导是党的领导的最高原则之一。凡是涉及党的路线、方针、政策的大事，重大工作任务的部署，干部的重要任免、调动和处理，群众利益方面的重要问题，以及上级领导机关规定应由党委集体决定的问题，应根据情况分别提交党的委员会、常委会或书记处、党组集体讨论决定；决定时要严格实行少数服从多数、一人一票、第一把手只有一票的制度，不能由第一把手说了算。这种集体领导制度已推广贯彻到国家政权及社会主义的企事业单位和群众组织中。

(2)个人分工负责制是指领导集团内各成员实现集体目标而密切配合、各司其职、各尽其责，充分发挥个人积极性和主动性。列宁指出，集体领导应限于在最小的委员会内最简短地讨论最重要的问题，而实际处理机关、企业的事情和任务的责任则应委托一个素以坚强果敢见称、善于处理实际问题并享有最大信任的同志去负责。任何时候、任何情况下，实行集体领导都要明确规定每个人对一定事情所负的责任。

(3)集体领导与个人分工负责的关系：

集体领导和个人负责制是辩证的统一，在某种意义上是领导科学中集权制和分权制的结合，也是对权力这把双刃剑的约束。集体领导是个人分工负责的前提，个人分工负责是集体领导的基础。集体领导作出的决策是个人分工负责的方向、目标，个人分工负责的具体实施是实现集体领导意志的必然途径。二者相辅相成，缺一不可，要同时兼顾，不可有所偏颇。集体领导须同个人分工负责相结合，若无明确分工，各成员无具体职责，就会出现互相扯皮、推诿的混乱状态，这样集体领导则成了一句空话。实行集体领导与个人分工责任相结合，领导成员分工明确，能促进成员的积极性、创造性，按时、按质、按量地完成分工任务，提高领导工作效率。因此在管理制度上，当前要特别注意责任制。责任要专，即要落实到人。这种责任制的基本原则是：责、权、利相结合，国家、集体、个人利益相统一，职工劳动所得同劳动成果相联系。

6. 简述行政首长负责制的主要内容及其特点。[北理2007年研]

答：(1)行政首长负责制是指各级、各类国家行政机关的工作由该机关的行政首长领导并负责的一种行政领导制度。虽然重大的问题要召开行政领导班子全体会议讨论，但并不采取表决形式，而是经过充分讨论后，由行政首长最后决定并承担责任。它是民主集中制原则的体现。行政首长负责制并不意味着行政首长可以独断专行或者滥用职权，行政机关或行政部门的重大问题要由某种行政会议来决定。

(2)行政首长负责制的确立。我国行政领导体制在1982年以前一直是委员会制。1982年12月4日五届全国人大五次会议通过的宪法中明确规定："国务院实行总理负责制，各部、委员会实行部长、主任负责制。"与此同时，"地方各级人民政府实行省长、市长、县长、区长、乡长、镇长负责制"。随着国务院组织法和地方各级人民政府组织法的制定、实施，正式确立了我国从中央到地方的各级人民政府的行政首长负责制。

(3)行政首长的权责。各级行政首长都要向人民负责。行政首长的层级越高，职位越高，职权越大，其影响力、覆盖面也越大，所担任的责任越重。各行政首长共同的主要职权有：①领导本级政府的工作，通过办事机构负责处理日常工作；②召集和主持本级政府的全体会议和常务会议；③认真执行本级人大及其常委会的决定。行政首长的责任主要包括四种：公务员责任、行政责任、政治责任和领导责任。

(4)我国行政首长负责制的"首长"包含两类：

①法定的"首长"。这是由宪法和国务院组织法、地方各级人民政府组织法规定的。主要有：国务院总理，国务院各部部长、各委员会主任，省长、自治区主席，市长、州长，县长、区长，乡长、镇长。

②推定的"首长"。这一类行政首长虽没有法律法规的明文规定，但其所在机构具有行政管理权限和职能，负责领导和管理全国或地方的某一方面的行政事务，可以以自己的名义在其权限内规定行政措施，发布全国或区域遵照执行的规范性文件。

(5)行政首长负责制的特点：事权集中、责任明确、指挥灵便、行动迅速、减少权力冲突和内部摩擦。责任明确，权力集中，能建立起强有力的行政指挥系统；能保证指挥灵活，行动迅速；能有效地保证行政管理的高效率；也易于保密。首长负责制是科学的管理体制。

实行首长负责制，可以减少矛盾和扯皮，提高工作效率。

7. 首长制与委员会制及其合理运用。［南开大学 2007 年研］

答：(1)首长制又称一长制或独任制，是指行政组织的法定最高决策权由行政首长一人执掌的行政组织体制。其基本特征是行政首长对行政机关各种事务拥有最终决定权，一人决定一切行政措施，其他领导成员均为行政首长的幕僚，只有建议权而无决定权。

①首长制的优点：a. 事权集中，办事果断，指挥统一，行动迅速，有利于行政效率的提高；b. 责任明确，权责统一，可避免职责不清、互相推诿、无人负责等弊端的产生；c. 易于保密。

②首长制的缺点：a. 首长个人独揽全权，易形成个人专制；b. 首长易滥用职权，拉帮结派，营私舞弊；c. 首长一人智力、精力有限，易陷于短见，对问题的考虑难以周详，难免出现“智者千虑，必有一失”之弊。

(2)委员会制又称合议制，是指行政组织的法定最高决策权由两个以上人员组成的集体或委员会所执掌的一种行政组织体制。其基本特点是行政组织的决策是由两个以上的地位平等的委员所负责，行政组织的最高决策权属于全体委员，一切行政措施均由委员会按照“少数服从多数”的原则集体讨论决定。瑞士是实行委员会制的典型国家。瑞士的行政权力由合议制机构行使，政府由行政委员会组成，该委员会由议会两院联席会议选举产生，其组成成员地位平等，每个委员主持某一个部的工作。遇到重大问题，均由委员会集体讨论决定。主席由委员们轮流担任，主席是名义上的国家元首，对外代表国家。主席仅负责召集行政委员会会议，并不拥有对重大事务的最后决定权。

①委员会制的优点：a. 能集思广益，容纳各方意见，集中众人智慧，考虑问题较全面；b. 集体承担责任，有利于协调一致地推行计划；c. 互相监督，不易营私舞弊。

②委员会制的缺点：a. 责任分散，且不准确，对决策后果易出现争功诿过；b. 委员之间地位平等，权责相同，难以彼此协调；c. 人多嘴杂，也难以保守国家秘密。

(3)首长制、委员会制各有利弊，并无绝对优劣，应视情况而灵活运用，不偏于一隅。我国明代张居正曾指出：“天下之事，虑之贵祥，行之贵力，谋在于众，断在于独。”执行中最重要的是办事迅速，交给一人办比交给多人办更好；决策要深思熟虑，交给多人办比交给一人办更好。美国行政学家怀特也主张执行与指挥的事务应采用首长制，制定政策法令宜采用委员会制，因为集体的智慧高于个人智慧。

综上所述，古今中外的思想家在探讨首长制与委员会制的运用时，基本上表明了类似的看法，即首长制运用于行政、执行、技术和军事等性质的事务，委员会制则运用于顾问、讨论、立法、决策、调节等性质的工作。

8. 从行政领导的工作侧重点可以将行政领导方式划分为哪几类？［中山大学 2008 年研］

答：行政领导方式是行政领导者从事行政领导必须遵循的比较稳定的领导模式。按照行政领导的工作侧重点的不同进行分类，行政领导方式可以分为以人为中心式(重人式)、以事为中心式(重事式)和人事并重式三类。

(1)重人式行政领导方式。这种方式以人为中心，行政领导者在工作过程中比较民主、宽容，平易近人，体贴关心下属，领导者强调建立领导者与部属之间的互相尊重、互相信任的关系，倾听下级意见和关心下级。这种领导方式能使群众感到满意，能较好地团结一致，为调动积极性、完成工作任务创造条件。

(2)重事式行政领导方式。这种方式以任务为中心，领导者对任务的关心胜于对下属的关心，把任务的完成放在工作首位，以完成工作任务为目的，只注意工作是否有效地完成，只重视组织设计、职权关系、工作效率，而忽视部属本身的问题，对部属严密监督控制，以任务完成情况作为评价下属的标准。

(3)人事并重式行政领导方式。这种方式是一种中间型领导方式，他们对人的关心度和对工作的关心度保持中间状态，既关心工作，又关心人。领导者通过协调和综合各种活动，促进工作的开展，他们会鼓舞士气，使大家和谐相处，发扬集体精神。研究表明，凡是对人和任务都表现热切关心的领导者都能比只对任务表现一般关心的领导者取得更好的效果。

总之，选择何种领导方式应事先对环境、任务、对象的特点进行充分的研究，在从事不同的任务时及时变换领导方式。这就是应变式领导，能因人制宜、因事制宜、因地制宜。

三、论述题

1. 有人说管理应对复杂性，领导突出变革，你怎样理解领导和管理的关系？［南开大学2018年研］

答：(1)领导是指领导者在一定条件下，指引和影响个人或组织实现某种目标的行动过程。管理是指在特定的环境下，对组织所拥有的资源进行有效的计划、组织、领导和控制，从而达成既定组织目标的过程。领导是高层次的管理。

(2)领导和管理的联系：

领导行为是管理行为之一，二者都以实现组织目标为目的，其活动的开展都是以组织为基础的，现实中的领导和管理具有较强的复合性和相容性。具体来讲：

①领导与管理都以实现组织目标为目的。领导要确定组织目标，并通过引导、激励下属，使其发挥主观能动性来实现组织预期目标；管理则是通过把人、财、物等各类资源合理有效地整合在一起来实现既定目标的。领导与管理的最终目的是一致的，都是为了确保组织具有明确的目标并促进目标的达成。两种活动在很多方面都具有共性：a. 领导与管理都需要作出决策，使其负责的工作群体或团队有明确的工作指向；b. 不管是领导还是管理，为了确保目标的实现，都需要确定完成任务所需要的人力、物力以及财力等，并通过合理的配置使这些资源的效用最大化；c. 领导与管理都需要通过一系列手段诸如激励、约束、控制等影响群体共同完成工作任务和组织目标。

②领导与管理都是以组织及其工作系统的存在为前提的。组织是一切领导活动和管理活动的载体，为领导与管理活动提供了发挥作用的空间。工作系统是组织中各种活动的支撑体系，为领导与管理职能的实现创造了必要条件。在实现组织目标的过程中，领导和管理都必须以组织为依托，并需要组织工作系统的支持，不存在游离于组织及其工作系统之外的领导活动或管理活动。

③领导与管理具有高度的互补性、相容性和复合性。管理活动目标的实现离不开领导行为，领导行为的强化与完善也不能脱离不断深化的管理实践。领导需要确立目标和愿景

规划，并设计好完成该工作目标的一系列计划和执行方法；管理则需进一步设计完成任务的具体事项，制订计划以及有关管理和评估的措施与标准，将现有的资源合理配置，通过强制性的方式完成任务，建立并维持一个人员精干、指挥有序的完善的组织系统。

(3)领导与管理的区别：

领导解决管理过程中的战略性问题，确定方向与愿景，协调关系和激励员工，做正确的事情，以打破陈规来着力变革。管理解决效率问题，主要在于计划、组织和控制，具有一定程度的可预见性，强调把事情做对以建立企业秩序。二者的区别具体如下：

①领导是战略导向，管理是战术导向。领导具有战略性，是从战略的高度对组织的方向、目标、方针等重大问题进行运筹谋划，并对组织中的人和事进行宏观统驭，注重组织长期、宏观目标的实现。而管理则具有战术性，是在领导制定的全局性战略的指导下，着眼于某项具体任务，不断进行计划、组织、协调、控制等活动，并在每个领域都制定具体的行动方案，保证决策的执行效率，注重短期的和具体任务的完成。

②领导是全局导向，管理是细节导向。领导需要高瞻远瞩，需要把握的是组织的走向和战略问题，保证组织上下能够作为一个整体出现，领导只有专注全局才能更好地把握组织前进的方向，而事无巨细地过问琐事只会影响战略的有效实施。管理需要注重细节，需要细化领导所制定的战略，将宏观战略分解为每个人的具体工作。

③领导是未来导向，管理是现实导向。领导面向未来，主要引导组织积极变革，开拓新的局面，以促进群体或组织系统的动态演化为主，为群体或组织系统确立未来目标指引方向，创造长远优势；而管理者面向现实，注重具体生产过程，通过协调把人、财、物等各类资源合理有效地组织起来，使组织正常运转并完成既定目标。

④领导是机会导向，管理是秩序导向。领导者是开放的、动态的，他们以敏锐的眼光和超常的智慧寻找发展的机遇，判定风险所带来的效益，希望通过有挑战性的努力获取更大的效益。管理者则十分看重秩序，希望建立良好的秩序，维持现状，恪守长期形成的管理原则和制度。因此，领导是创业，带来组织的运动和变革；管理是守业，带来良好的秩序和规律。

⑤领导是人员导向，管理是任务导向。在科学管理理论中，管理者倾向把人员物化处理，管理活动直指工作任务的完成，管理者眼中看到的是任务，是各种资源，当然包括员工这种人力资源，管理面对的是通过对资源的程序化配置完成已经规划好的目标；而领导者眼中看到的是人，他们能力不同、性格各异，有着不同的目标和价值取向，领导者针对人的需要、情感、兴趣、人际关系等，与之进行持续的沟通、引导和激励，努力把他们变成自己的追随者。

2. 试论行政领导群体结构的合理化。[北理 2008 年研]

答：(1)行政领导的群体结构是指由行政机关的领导成员所组成的群体，是为了达到特定目标、具有多种功能的整体。行政领导群体结构的合理形式，是指在行政领导的群体结构中，各种不同素质、经验、年龄和各种不同专业、知识的人才按比例的有机结合。

(2)行政领导群体结构的合理形式的要求：

①年龄结构。最理想的年龄结构应该是梯形的结构，一般来说指年轻干部、中年干部和老年干部在班子内部的组合和搭配。组成的领导班子成员应该是老、中、青合理搭配，

形成一个梯次的年龄结构；不同层次和类别的领导班子在年龄构成上应有不同的格局；在新陈代谢中实现动态的平衡，领导班子成员有进有出，在新陈代谢中实现动态平衡，以保持年龄构成的合理性和相对稳定性。目前来看，优化年龄结构主要是实现领导班子年轻化。

②知识结构。行政领导群体结构的知识结构，是指将具有较高文化知识和专业知识水平的领导成员进行合理组合，达到互相补充，使整个行政领导群体结构成为具有综合业务能力的整体。领导班子整体及其每一个成员都应有较高的知识水平，这是为了适应社会主义现代化建设需要对各级、各类领导班子提出的共同要求。领导班子要有一个合理的知识构成内容，不同级别、不同类型的领导班子应有不同的知识构成水平，高层次、知识密集型单位的领导班子的知识水平构成高些，低层次的相对低一些。

③智能结构。行政领导群体结构的智能结构是指不同类型智能的领导成员之间的协调组合。行政领导群体结构中的任何一个组成人员，都应具有组织能力、决策能力、表达能力等基本领导能力。不同类型智能的领导成员之间的协调配合是很重要的。

④作风结构。作风结构直接影响整个行政组织的工作作风，影响行政目标的实现。工作作风既与个人的思想品质、工作态度有关，也与个人的性格、气质有关。因此，在建立行政领导的群体结构时，要考虑领导成员性格上的差异性，要注重他们在性格上的协调和互补，组成一个高效能的行政领导群体结构，以利于发挥其组成人员各自的性格优势，实现行政目标。

(3)配置行政领导的群体结构应遵守的原则：

①坚持协调配套原则。一个好的班子群体是由不同知识结构、专业结构、年龄结构、作风结构的人才个体通过合理组合组成的一个协调配套的系统。因此，配备班子既要考虑到班子整体结构的知识面，也要配备具有专业学识的成员，以适应业务领导的需要；既要选拔优秀年轻干部，也要坚持老中青三结合原则，防止班子出现年龄断层；既要有雷厉风行、敢打硬拼的成员，也要有处事严谨、周到细致的成员，做到刚柔相济。这样搭配既能使个体智能得到充分发挥，又能保证群体的高效能，进而促进个体智能的增长，形成良性循环。

②坚持互补原则。任何一个合理结构中的个体都不是万能的，各有所长，也各有所短。只有合理搭配，才能实现优势互补。互补绝不是人数的简单相加，而是个体质量的有机合成，是一种互相启发、互相取长补短的智慧的组合。

③坚持效能原则。班子是一个单位、一个部门的领导集体，是头脑，是中枢。班子结构的合理化，人数贵精不贵多。这就要求，既要有一定的人才储备，又要注意人才的使用效率和经济价值，最大限度地发挥人才效益。在配备班子中，一定要遵循效能原则，注重合理配置，以充分调动、发挥每个成员的主观能动作用。

3. 试述行政领导个人的素质结构。[山东师大2015年研]

相关试题：

(1)论述行政领导班子的素质结构及其优化。[山东师大2017年研；武汉科大2017年研]

(2)行政领导者的素质结构。[简答题，中国地大2015年研]

(3)行政领导能力素质的内容有哪些？[简答题，中财2009年研]

答：行政领导者是指依照法律规定，通过选举或任命等程序，在国家行政机关中担任行政领导职务的人员。在行政机关体系中，由于领导层次不同，其行政领导者的职务名称也不完全相同；有些职务的名称虽然相同，但由于职级不同，其职位、职权、职责也不同。行政领导者的地位和作用显而易见。如果领导者才能平庸，不论组织机构如何健全，制度多么完善，部属何等精干，也难有较大成就。反之，如果领导者才华横溢，精明能干，即使他领导的机关原属平常，也往往能够使其脱胎换骨，百废俱兴。作为行政领导者，应该具备比一般行政人员更高的条件，即具有胜任领导职责的素质。

结合我国的实际情况，具体来说，行政领导个人素质结构的内容主要包括：

(1)政治素质。不同的历史时期和不同的阶级对行政领导者政治素质的具体要求不尽相同，概括地说，都要求他们忠于国家，忠于自己为之奋斗的事业。行政领导者的政治素质如何，影响到国家的长治久安和整个社会生活。具体到社会主义国家，对行政领导者政治素质的要求是：有坚定的政治信仰，坚信社会主义、共产主义事业是人类最伟大的事业，并将为之奋斗终身。坚持共产党的领导，拥护和执行党的路线、方针、政策，以党和国家的利益为重。

(2)品德素质。领导者要使人信服，在很大程度上取决于其品德修养。具体包括：

①行政领导者要有尊重科学、实事求是的精神，即对人对事应有实事求是的科学态度，对上对下负责一致，敢于坚持真理，修正错误。

②行政领导者要待人以诚，宽宏大量，即要以谦虚、公正、诚实的态度广泛听取不同意见，包括反对过自己的人的意见。要以大局为重，使组织中保持正常、和谐的人际关系。

③行政领导者要能顾全大局，严于律己。要能做到：不争功诿过，敢担风险，敢担责任，不迁怨他人，不以势压人，不计较个人得失。

④严格遵守有关法律和纪律，不以权谋私。行政领导者是国家机关的公职人员，其权力仅仅是为了履行自己的职责，不能用于其他方面，否则就是以权谋私。要有对人民负责、为人民服务的品德，宽以待人，既有远大抱负又有自知之明。

(3)知识素质。行政领导者贯通上下，影响全局。行政领导工作是一项综合性的复杂劳动，也是一种兼有科学性和艺术性双重特点的创造性活动。因此行政领导者应该具备胜任工作的知识，既要有自己的专业知识，还要有其他领域的知识，做到一精百通。而且行政领导者具有丰富的学识更易受到部属的尊重与拥护，有利于履行行政领导的职责。具体来说，行政领导者应具备的知识包括：

①比较系统的社会科学知识，特别是行政学、法律学、管理学方面的知识。

②一定水平的专业知识。

③比较丰富的文化生活知识。

(4)能力素质。对行政领导者来说，最主要的能力是组织、管理行政活动的能力。通常情况下，衡量一个行政领导者是否称职，主要看他是否具有履行其职责的能力。行政领导者的能力包括：

①认识能力：善于发现问题和各方面的细微变化，并能正确地分析问题，抓住问题的本质和要害。

②决策能力：能够权衡利弊，正确、及时地作出决策。

③组织能力：善于识别自己的部属，并把他们组织起来合理使用，这是领导者必备的基本功能之一。

④协调能力：从大局出发，统筹兼顾，综合协调人力、物力、财力，使本部门的人、财、物形成合理的组织，取得最佳效益。

⑤应变能力：根据客观情况的变化，及时调整工作重点，改变工作策略，掌握工作的主动权。

(5)性格素质。行政领导者应具备积极主动的性格以利于带动整个组织积极努力地工作，还应具有较强的自信心和较强的自制力。行政领导者还应做到高度的成熟，在工作上能独立自主，独当一面，不依赖上级；能控制自己的情绪，工作受挫时不怨天尤人，勇于承担责任，并善于吸取教训；工作顺利时不自满，善于总结经验，发现问题，取得更大的成功。

(6)作风素质。行政领导者的作风是指领导者在领导活动中表现出来的一贯的态度和行为。领导者具有良好的作风有利于融合上级之间的关系，有利于领导职能的正常发挥，有利于组织目标的顺利实现。

①要有民主的作风。作为行政领导者，要发扬民主作风，处理好上下级关系，认真听取、集中部属的意见，才能最大限度地发挥部属的积极性，避免主观武断。

②平等待人，平易近人。这样有利于和部属建立融洽的关系，使部属更努力地工作。

③调查研究的作风。深入实际做调查，了解真实情况，掌握大量第一手材料，进行比较、分析、研究，才能得出正确的结论，作出科学的决策。

④以身作则、言行一致的作风。行政领导者既是领导者，也是教育者、示范者。领导者的言行举止对部属往往起到潜移默化的作用。这就要求领导者以身作则，为人师表，成为部属言行的楷模。

四、案例分析题

案例一　领导素质结构及其优化

根据本案例，提出并分析在G市工商局领导班子成员中形成合力关系与合力状态的具体措施。[中山大学2011年研]

答：根据本案例，结合行政领导的相关知识，有以下形成合力关系与合力状态的具体措施：

(1)形成合力关系的具体措施：

①形成经验、阅历的互补关系。在领导集团中，不同的个体领导成员会有着不同的经历、阅历，如第一副局长张某长期工作，经验丰富，而周凡年轻有主见，这些成员可以利用自身在经验、阅历上的多样性进行互补，应对日益复杂的行政环境。

②形成专业知识和能力的互补关系。在当今风险化的社会，领导集团越来越多地面临着非程序化的决策，这十分考验领导成员的专业知识和决策能力。一个人的知识和能力都是有限的，必须要在专业知识和能力上形成互补关系，才能更好地进行科学决策、应对难题。

③形成品德互动关系。古语云：“近朱者赤，近墨者黑。”在领导集团当中，每个领导成

员的思想品德、道德水平可能不一样，但通过人品、道德素质可以相互影响、相互作用。通过形成品德互动关系，让多数成员都形成廉洁自律、负责认真的品德素质，那么就可以推动整个领导集团的品德水平的提高，树立为人民服务负责的良好形象。

(2)形成合力状态的具体措施：

①提高团结合作能力。要想实现组织目标，领导集团必须要团结合作。如果在进行决策时，领导集团内部的意见分歧巨大，那么行政领导系统将行动困难，难以真正解决问题。因此，必须通过经常性的思想沟通工作、合理公平的程序来安排提高G市工商局整个领导集团的团结合作能力。

②提高科学决策和处理复杂事务的能力。科学决策和处理事务的能力与领导者素质的高低、领导集团结构和领导集团的开放性密切相关。因此，要通过学习培训等手段提高G市工商局领导班子的整体素质，并根据现实的变化，通过引进相关人才改善领导结构，提高领导班子成员间以及领导班子对社会外界的开放性。

③提高社会动员与社会统御的能力。G市工商局领导集团必须重视提高自身的社会动员和社会统御能力，通过宣传、听证会等方式，提高社会民众对政府工作的认可度，也多倾听社会民众的声音，树立一个有公信力的政府形象。

④提高清除积弊和开拓进取的能力。从案例中可以看出，G市工商局领导班子以往在素质动态结构上的不当造成了决策缺乏执行力、行政效率不高等一些问题。因此，G市工商局领导集团要想形成合力状态，要能及时发现和正视这些问题，并不断地解剖自己，锐意改革，积极进取，提高自身的素质水平。

案例二

请结合案例回答以下问题：［南开大学2011年研］

1. 人们为什么会对周森锋的“背景”感兴趣？这一现象反映了我国行政领导选拔中的哪些问题？

答：(1)一起原本平常的人事选拔任用近日引起了人们的热议，原因在于周森锋的“年轻”。因为依据我国行政领导干部选拔的要求与流程，周森锋的年龄在同样级别的领导干部中十分特别，比一般的市长都要年轻。所以，人们对这一现象产生兴趣乃至质疑，猜想其选拔背后可能存在着问题，如周森锋的关系背景、选拔程序违规等，同时也会质疑周森锋的阅历与资历是否与其所担任的职务匹配。

(2)这一现象反映了我国行政领导选拔中的以下问题：

①官员的选拔机制还不够公开和透明，同时，少数在职官员言行不一致，使得老百姓对官员的信任程度降低，对官员选拔机制的公平性和合理性的信任程度有待提高。

②官员选拔机制的程序在总体上已比较完备，但群众的参与力度还很不够，人大代表的投票有时候也难以和全体民意吻合。部分地区甚至出现高干子弟或者有关系、有背景者升迁快的现象。

③监督制度的不完善。监督是要把领导干部的选拔任用过程曝光于民众的视野之下，保障民众参与权、知情权和表决权的实现，防止权力运行的失控。但目前的行政领导选拔存在着监督形式滞后、渠道狭窄等问题。

④干部选拔任用工作问责不到位。对领导干部必须完善责权明确的问责机制，对权力

进行制约，既要放手使用，又要严格管理，这样才能让有才干的官员在良性轨道上发展，而不至于昙花一现。

2. 结合本案例，谈谈应当如何完善我国行政领导选拔机制。

答：我国现行干部任用制度概括为荐举委任制。荐举委任制基本满足不同时期党和国家对领导干部的实际需要，但存在着四大弊端，即缺乏领导人才资源合理配置机制、良性竞争机制、科学鉴定机制和选拔任用的有效监督机制。完善我国行政领导选拔机制的途径如下：

(1)以扩大民主为改革方向，进一步提高干部选拔任用工作的公开度和透明度。认真贯彻群众公认原则，按照扩大民主的要求，紧紧依靠群众来选拔、检验、监督和评价干部，才能促进干部选拔任用工作水平的提高。必须通过实行民主推荐、考察预告、公示制、试用期制、民主评议制等制度让群众来选拔干部，进一步扩大群众的知情权、参与权、选择权和监督权。

(2)引入竞争机制，做到“好中选好、优中选优”。大力开展公开选拔、竞争上岗工作，建立事业单位聘任制度，为优秀年轻干部脱颖而出创造条件，形成公开、平等、竞争、择优的选人用人机制。

(3)强化监督。积极探索建立新任干部廉政鉴定制度、干部任前廉政培训制度、领导干部定期谈话制度、年轻干部跟踪考察制度以及经济责任审计制度、离任审计制度等，加大干部监督检查力度，确保所选拔的干部能够做到“人尽其能、才尽其用”。

第六章　人事行政

6.1　复习笔记

【知识框架(庖丁解牛)】

- 人事行政
  - 人事管理、人事行政和人力资源管理：含义、辨析
  - 国家公务员制度
    - 西方国家公务员制度
      - 特点
      - 发展趋势
    - 中国公务员制度
      - 建立、发展及特点
      - 主要内容
  - 中国人事行政的变革
    - 政府雇员制
    - 竞争上岗和公开选拔领导干部
    - 绩效考核创新
    - 公务员职务与职级并行制度改革

【通关提要(提纲挈领)】

本章主要介绍人事行政的相关知识，比较基础。学习时，要注意区分人事管理、人事行政和人力资源管理，熟悉中国人事行政的变革，重点掌握中西方国家公务员制度的特点、中国公务员制度的主要内容等。本章主要考查概念题、简答题和论述题，可从现实治理角度与《公务员法》等法律法规联系起来记忆，切忌死记硬背。

【考点难点归纳(厚积薄发)】

考点一：人事管理、人事行政和人力资源管理

1. 人事行政概述(见表6－1)　★★★

表6－1　人事行政概述

要点	主要内容
含义	指政府行政机关的人事管理
功能	①计划和组织功能；②使用和开发功能；③激励和监督功能
任务	①事职相符；②人适其职；③人安其位；④人尽其责
原则	①德才兼备原则；②知人善任原则；③公平竞争原则；④功绩原则；⑤依法管理原则

2. 人事行政与企业人事管理的区别(见表6-2) ★★★

表6-2 人事行政与企业人事管理的区别

	人事行政	企业人事管理
管理对象	国家行政机关工作人员	某一企业的工作人员
管理权来源	国家法律和国家行政机关授予	企业资产的产权和经营权
权威性	管理主体是政府机构，具有严肃性、约束力和高度的权威性	依靠法律和契约的效力
性质	公益性	自利性[经济人]
复杂性	要兼顾效率与公平，难以衡量	注重效率，适用显性标准
法律规范程度	严格受法律规定的限制，自主权不大	拥有较大的自主权

3. 人事管理与人力资源管理的区别(见表6-3) ★★★

表6-3 人事管理与人力资源管理的区别

	人事管理	人力资源管理
工作性质和地位	扮演"成本中心"角色，以控制人工成本	重视对人的开发利用，扮演"利润中心"角色，以增加产出
内容	传统人事管理内容	超越传统人事管理，形成全方位的管理
任务	以物为中心，尽可能减少人工成本[人是成本]	以人为中心，开发人力资源的潜力[人是资源]
职责分担	主要由人事部门承担[人事脱节]	各部门主管承担[人事统一]
管理方式和手段	运用行政命令，强调标准化	参与式民主管理，强调人性化

【真题链接】传统人事管理与现代人力资源管理的区别。[简答题，山东师大2017年研；暨南大学2016年研；西南交大2016年研]

考点二：国家公务员制度

1. 西方国家公务员制度(见表6-4) ★★★

表6-4 西方国家公务员制度

要点	主要内容
起源	是资本主义发展到一定阶段的产物，源于中国古代科举制，始于英国文官制度
类型	①英美类型，在同恩赐官爵制和政党分赃制的斗争过程中确立。 ②德、法、日等国类型，在原有的帝国官僚制和封建制的基础上演变而来
特点	①严格区分政务官与事务官。 ②职务常任，政治中立。[职业化] ③实行考录制：公开考试，择优录用。 ④实行功绩制原则：考核严格，按功绩晋升。 ⑤注重职业道德和官风官纪，保持公务员的廉洁性
发展趋势	①录用形式向多样化方向发展；②考核办法向度量化方向发展；③人事行政管理向现代化方向发展

【真题链接】西方公务员制度具有哪些主要特点？[简答题，南航2018年研]

2. 中国公务员制度(见表6-5)　★★★★

表6-5　中国公务员制度

要点	主要内容
建立和发展	①统一管理干部体制(1921—1953年)。 ②分部分级管理干部体制(1953—1993年)。 ③建立和推行公务员制度(1993年至今)。 注:《中华人民共和国公务员法》于2006年1月1日起生效实施
特点	①不搞政治中立，实行党管干部的原则。 ②分类管理与统一领导相结合。 ③不区分政务官与事务官。 ④坚持服务于民的宗旨
主要内容	①公务员的义务与权利。 ②职位分类。[划分职位类别、职位设置] ③公务员录用。 ④考核[德、能、勤、绩、廉]、奖励、纪律与惩戒。 ⑤职务任免与升降。[任用方式：选任制、委任制和聘任制] ⑥培训、交流[调任、转任、轮换、挂职锻炼]与回避[任职、公务、地区回避]。 ⑦工资、保险与福利。 ⑧公务员辞职、辞退、退休与申诉控告。 ⑨职位聘任

【真题链接】

(1)请简述中国公务员制度的特点。[简答题，武汉科大2016年研；电子科大2012年研]

(2)简述中国国家公务员制度的主要内容。[简答题，广西民大2018年研]

考点三：中国人事行政的变革(见表6-6)　★★

表6-6　中国人事行政的变革

要点		主要内容
政府雇员制		指政府以契约形式聘用、管理某些专门技术人才及承担部分临时性、勤务性工作的人员的公共人力资源制度。其与公务员制度的区别见表6-7
竞争上岗和公开选拔领导干部	竞争上岗	即多人竞争一个工作岗位，凭实力说话；特点是公平性、公开 [选拔单位内部人员]
	公开选拔	①选拔非政府组成人员：大致同竞争上岗。 ②选拔某些政府组成人员：采用公推公选，增加群众推荐和人大选举两个环节

续表

要点	主要内容
绩效考核创新	①通过目标责任制对领导干部进行考核。 ②利用现代管理技术和信息技术，推行刚性考核标准。 ③借鉴工商管理中成功且有价值的考核方法
公务员职务与职级并行制度改革	职务、职级双重晋升通道，提高了公务员职业的回报可预期性，同时有利于破除“官本位”思想，遏制腐败的内在动力

表6-7 政府雇员制与公务员制度的区别

	政府雇员制	公务员制度
适用法规	劳动法	公务员法
用人方式	市场化的用人模式，任期按合同规定，有一定期限	刚性的任用方式，身份长久
管理方式	合同式的企业化管理	以法律法规为依据
薪酬待遇	按岗定薪，参照市场上下浮动	按职务和级别定，刚性化
法律地位	从事专业性和技术性工作，无行政权力和行政编制	拥有行政权力和行政编制

6.2 考研真题

一、概念题

1. 人事管理与人事行政[中山大学2009年研]

相关试题：

(1)人事管理[广工大2021年研；武汉科大2017年研]

(2)人事行政[湖南农大2013年研；北科2012年研；北邮2010年研；中国地大2010年研；中财2008年研]

2. 战略性人力资源管理[北邮2016年研；中财2010年研]

3. 国家公务员制度[中国传媒大学2011年研；中山大学2006年研]

相关试题：公务员制度[浙江财大2018年研]

4. 国家公务员的职务常任[中山大学2008年研]

5. 职位分类与品位分类[上海交大2007年研]

相关试题：职位分类[人大2018年研；南航2016年研；中南财大2010年研]、品位分类[北理2007年研]

6. 辞职与辞退[上海交大2012年研]

二、辨析题

1. 西方国家通常把通过选举程序产生，担任一定政府职务的国家工作人员称为公务员。[中财2006年研]

2. 依据2005年第十届全国人大常委会第十五次会议审议通过的《中华人民共和国公务员法》规定，我国的公务员是指我国行政机关的全体工作人员，这一范围界定体现了我国现

行政治制度的基本特点。[电子科大 2013 年研]

三、简答题

1. 现代人事行政的特征。[陕西师大 2015 年研]

2. 西方公务员制度具有哪些主要特点？[南航 2018 年研]

相关试题：

(1)20 世纪以来，西方发达资本主义国家公务员制度的新特点。[山东大学 2018 年研]

(2)西方国家公务员制度的主要特点。[山东师大 2016 年研；北理 2008 年研；中财 2007 年研]

(3)什么是公务员的职务常任？有何利弊？[中山大学 2016 年研]

(4)西方公务员制度的共同特点。[上海交大 2013 年研]

3. 请简述中国公务员制度的特点。[武汉科大 2016 年研；电子科大 2012 年研；中山大学 2010 年研]

4. 中国公务员制度与西方公务员制度的异同。[重庆大学 2012 年研]

相关试题：简要回答我国公务员制度与西方国家公务员制度之间存在的区别。[厦门大学 2009 年研]

5. 我国新公务员制度与传统的人事制度比较。[山东大学 2005 年研]

6. 公务员权利与责任。[四川大学 2017 年研]

相关试题：公务员的义务、权利。[北邮 2016 年研]

7. 我国公务员录用方式主要有哪些？[南航 2017 年研]

8. 国家公务员分类管理的内涵是什么？如何评价当前我国正在试行的国家公务员分类改革？[深圳大学 2011 年研]

相关试题：请简述我国公务员职位分类制度的相关规定内容。[电子科大 2014 年研]

四、论述题

1. 人事管理和人力资源管理的区别。[中国地大 2013 年研]

相关试题：

(1)人力资源管理与传统人事管理的区别。[简答题，华南理工 2023 年研]

(2)简述传统人事管理与现代人力资源管理的主要区别。[简答题，天津商大 2021 年研]

(3)传统人事管理与现代人力资源管理的区别。[简答题，山东师大 2017 年研；暨南大学 2016 年研；西南交大 2016 年研]

(4)传统人事制度管理与人力资源管理之间有哪些主要差别？[简答题，华农 2013 年研]

(5)人事管理和人力资源管理的区别有哪些？[中财 2010 年研]

2. 请结合实际试述中国人事行政的变革趋势。[华南理工 2010 年研]

3. 论述中国公务员制度的主要内容。[山东师大 2014 年研]

相关试题：简述中国国家公务员制度的主要内容。[简答题，广西民大 2018 年研]

五、案例分析题

案例一

2006 年夏秋之交，千呼万唤的“任期制”，终于在县乡换届选举之时，在中共十六届六中全会鸣锣之前，翩然而至。8月6日，中共中央授权新华社发布《党政领导干部职务任期暂行规定》(以下简称《任职规定》)。《任职规定》中最惹眼的是5年、10年和15年三个时间段："5年"是指党政官员出任正职的每届任期；"10年"是指他们在同一职位上的最高任职年限；"15年"则代表了他们在同一层次职务上累计最长的任职时间。[中山大学2008年研]

试谈谈你对我国领导干部职务任期制的看法。

案例二

2011年4月，家住山西省长治市长子县鲍店镇西王坡西村的吉林大学2001届法学硕士宋江明，回家乡参加当地的公务员考试，在其报考的长治市环保局科员2职位中，取得了笔试、面试、总成绩第一的成绩。在8月11日、17日由当地人力资源和社会保障局组织的公务员录用体检、复检中，宋江明的血红蛋白分别为70g/L、88g/L，不符合《公务员录用体检通用标准(试行)》的规定，被淘汰出局。此后，宋江明先后在长治市的3家不同医院自行验血，被告知其血红蛋白测量值符合上述规定。他据此向招考主管单位长治市人社局相关负责人多次申诉，却一再被拒。无奈之下，宋江明于9月16日在长治市人社局网站上申请信息公开，但得到的答复是："我局与医院签有体检责任书，明确'体检实行医院负责制'，医院经过体检(8月11日)和复查(8月17日)，根据《公务员录用体检通用标准(试行)》第三条，给出宋江明的体检'不合格结论'，体检结果通过电话已及时告知本人，我局根据《山西省行政机关2011年考试录用公务员实施方案》，规定'体检不合格的，按照考试成绩由高到低顺序依次递补'。"

11月9日，《中国青年报》刊发报道《宋江明求职验血记》，引起社会关注，网民纷纷质疑。两天后，长治市行政机关招考公务员工作领导小组办公室发布《关于考生宋江明体检不合格情况的说明》回应此事。经调查，宋江明体检和复检的血常规检验报告单内多项数据间逻辑关系不成立，宋江明血常规检验报告单被篡改，长治市公务员招录工作有暗箱操作之嫌。长治市委、市政府立即责成长治市人社局启动公务员考录工作纠错程序。

据了解，长治市人社局已经撤销了因错误体检结论而作出的关于长治市环保局科员2职位录用公务员的决定，被取消公务员录用资格的宋江明正在按程序办理录用手续。

长治市纪委监察局调查组还发现长治市人社局、长治医学院附属和平医院有关人员和递补考生家长涉嫌严重违纪违法问题。目前已经会同长治市检察院、长治医学院纪委就此立案调查。长治市纪委、监察局经调查了解后确认，引起网民关注的"公考状元体检被刷"事件确有暗箱操作。17日，长治市委、长治医学院党委分别召开会议，对长治市人社局党组成员、副局长、公务员招考工作领导组办公室主任赵波等6名相关责任人进行责任追究。长治市纪委监察局表示，此案无论涉及何人，一经查实，将依纪依法严肃予以处理。[南开大学2012年研]

根据此案例分析：

1. 公务员的考试录用程序存在哪些问题？如何避免公务员招录工作中的暗箱操作？

2. 行政监督存在哪些问题，如何完善行政监督并更好地发挥其作用？

3. 如何保障公务员报考者的合法权利？

6.3 考研真题详解

一、概念题

1. 人事管理与人事行政[中山大学2009年研]

相关试题：

(1)人事管理[广工大2021年研；武汉科大2017年研]

(2)人事行政[湖南农大2013年研；北科2012年研；北邮2010年研；中国地大2010年研；中财2008年研]

答：(1)人事管理即对人事关系的管理，是国家或某一部门为实现一定的目标，对所属工作人员进行选拔、使用、培养、考核、奖惩等一系列的管理活动。人事管理旨在通过科学的方法，正确的用人原则及合理的管理制度，调整人与人、人与事、人与组织的关系，以充分利用人力资源。把握这一概念，需要明确以下几点：①人事管理活动在人类社会生产活动中是普遍存在的；②人事管理的基本对象是社会活动中人与事的关系以及共事人之间的关系；③人事管理的基本目的是人事相适；④人事管理是由若干具体环节和方面构成的综合管理活动。

(2)人事行政通常是指政府机关为实现其职能，履行其职责，由特定的人事机关或机构，依据特定的制度对政府工作人员进行的人事管理活动的总称。简言之，人事行政就是政府机关的人事管理活动。这里将人事行政定义为政府机关的人事管理活动，仅仅是一个最一般意义上的界定。事实上，在不同的国家，在不同的历史时期，人事行政即政府机关人事管理的具体对象与范围、管理的主体或机构、管理的理念与制度，管理的过程、方法和手段等均有所不同。

2. 战略性人力资源管理[北邮2016年研；中财2010年研]

答：战略性人力资源管理是指一种新的人力资源管理理念和政策，其核心在于整合，即将人力资源战略与组织的战略整合在一起，使人力资源管理成为组织战略的一个重要组成部分，从而使人力资源管理更好地服务于组织战略的实现。依据学者亨得利和皮特格罗夫的观点，战略性人力资源管理有四层含义：①强调战略规划的作用；②依据战略规划设计并管理人事体系；③人力资源管理的政策和活动要与组织的战略相匹配；④将组织的人力资源视为实现组织竞争优势的战略性资源。

3. 国家公务员制度[中国传媒大学2011年研；中山大学2006年研]

相关试题：公务员制度[浙江财大2018年研]

答：国家公务员制度是指规定公务员的职位分类、考试、录用、培训、考核、奖惩、职务任免升降、工资福利、退职、退休等的一系列完整的法律和制度的总和。国家公务员制度是国家政治制度的重要组成部分，是通过制定法律和规章，对政府中行使国家行政权力、执行国家公务的人员，依法进行科学管理的制度载体。我国国家公务员制度的建立，是在党的“十三大”报告中提出的，是党中央作出的关于人事制度改革的重大决策。它有利于加强和改善党对人事工作的领导；有利于提高政府的工作效率和国家行政管理的稳定性；对实现干部人事管理的民主化、科学化、法治化以及深化经济体制改革和政治体制改革都有十分重大的意义。

4. 国家公务员的职务常任[中山大学2008年研]

答：国家公务员的职务常任即职务常任制，是国家任用官员的一种制度，其含义是：对文官实行常任制。即文官经考试录用任职后，除因辞职、过失被辞退或免职、退休、死亡外，一般均长期任职；非因法定事由和非经法定程序，不得违背个人意愿，强行免职、休职或辞退。

国家公务员的职务常任既保证了公务员队伍的连续性和国家机构的正常运转，也有利于公务员认真钻研业务提高技能水平和工作效率。但这也容易导致公务员队伍的人浮于事、不思进取，以及互相扯皮等现象。因此，应该对公务员队伍进行分类管理，对一些技术性的职务实行聘任制。

5. 职位分类与品位分类[上海交大2007年研]

相关试题：职位分类[人大2018年研；南航2016年研；中南财大2010年研]、品位分类[北理2007年研]

答：(1)职位分类是指按照职位的工作性质、难易程度、责任轻重以及所需要的资格条件进行的人事分类制度。职位分类的具体过程一般由职位调查、职系区分、职位评价、制定职级规范和职位归级等五个程序组成。其特征有：①职位分类是以“事”为中心的，职位分类的等级随职位而定，不随人走；②工资差别与职位工作的难度成正比；③责任大小和资格深浅成正比，是同工同酬；④重视专家作用，利于专才成长；⑤公务员分类复杂，技术性要求比较高；⑥公务员的升迁调转范围和程序都有严格的规定，易于对公务员进行科学管理。其缺点是缺乏灵活性，弹性较小。

(2)品位分类是以国家公共部门工作人员的职务或等级高低为依据的人员分类管理制度。品位分类作为人员分类的两大制度之一，其基本特征是：①品位分类是以“人”为中心的分类体系；②分类和分等相互交织；③品位分类强调公务人员的综合管理能力；④官位和等级职位可以分离；⑤品位分类在等级观念比较深厚的国家较为盛行。

6. 辞职与辞退[上海交大2012年研]

答：(1)公务员辞职，是指公务员根据本人意愿提出申请，并经任免机关批准，依法解除公务员与机关职务关系的一种人事行为，或者是担任领导职务的公务员，依照法律规定的条件和程序，辞去所担任的领导职务。辞去公职，其直接结果就是解除公务员与机关的一切职务关系，丧失公务员的身份；辞去领导职务而不辞去公职，直接结果是公务员职务的变更，而非公务员身份的消失。

(2)公务员辞退，是指国家机关根据法律规定，通过法定程序，在法定的管理及任免权限范围内作出解除公务员全部公职关系的行政行为。辞退不具有惩戒性，不是一种行政处分。一般来讲，辞退无须事先征得公务员同意，只要符合法定条件，管理部门就可按照法定程序作出辞退的决定。

二、辨析题

1. 西方国家通常把通过选举程序产生，担任一定政府职务的国家工作人员称为公务员。[中财2006年研]

答：这种说法不正确。西方国家通常把通过非选举程序产生，担任一定政府职务的国家工作人员称为公务员。具体分析如下：

（1）西方国家公务员制度的产生：

西方各国的职业文官队伍出现于14世纪民族国家形成与中央权力扩张时期，而公务员（文官）制度则是近代资本主义生产方式、工业化以及城市化发展的产物。从封建制的官僚阶层到资本主义国家公务员制度的形成，其间经历了三个演变时期：①君主恩赐制时期；②个人赡恩制时期；③政党分肥制时期。以上三个时期的三项制度，实质上都是一种人治的、非理性的、缺乏规范的人事管理制度，造成政府内大量的腐败和贪污等现象。公务员制度就是资产阶级在反对封建君主制度的"恩赐官职制"和总结资产阶级早期的"政党分肥制"经验教训的基础上，逐步建立起来的。它的形成和建立，部分满足了新兴资产阶级发展生产力的愿望，以后为资本主义各国所普遍采用。

（2）西方公务员制度的特征：

西方公务员制度是西方国家在行政管理领域长期探索与实践的成果。尽管西方国家的公务员制度都有着强烈的本国特色，但相似的经济、政治、文化背景，并且各国相互吸收和效仿，使得他们在具备较多特殊差别的同时，又都具有以下共同特色，体现了现代西方宪政的理念和行政管理的法治要求：①严格区分政务官与事务官；②强调政治中立；③公开考试，择优录用；④实行功绩制原则；⑤强调官风官纪和职业道德，重视公务员队伍的廉洁。

2. 依据2005年第十届全国人大常委会第十五次会议审议通过的《中华人民共和国公务员法》规定，我国的公务员是指我国行政机关的全体工作人员，这一范围界定体现了我国现行政治制度的基本特点。［电子科大2013年研］

答：这种说法错误。根据《公务员法》规定，公务员是指依法履行公职、纳入国家行政编制、由国家财政负担工资福利的工作人员。因此，我国的公务员不仅包括国家行政机关的全体工作人员，还包括中国共产党机关、人大机关、政协机关、审判机关、检察机关和民主党派机关的工作人员，这一范围的界定体现了我国现行政治制度的基本特点。

三、简答题

1. 现代人事行政的特征。［陕西师大2015年研］

答：从各国人事行政的演进过程和现实状况来看，现代化的人事行政通常具有下述几项特征：

（1）公平性。人事行政中的人员进退、赏罚和升降等，均以客观的、法定的人才主义和功绩原则为标准，而不能以私人关系、个人好恶或其他关系为衡量。

（2）公开性。人事行政的全过程都向民众公开，彻底打破人事行政的隐秘性，以杜绝私相授受和其他营私舞弊活动。公开是公平的前提保证。

（3）超然性。人事行政中的人事任免和其他事宜，均以法规制度为依据，遵照客观事实来做决定，不应受到任何其他外力（如政党或利益集团的压力）的影响与指使。人事行政的管理机构超然于政治斗争之外，尽力避免带有政治色彩，以保证人事行政的客观性。

（4）适应性。现代人事行政通常都不是机械僵死的，而是具有相当的灵活性和适应性，以满足社会不断发展的需求，这主要表现为管理方法的灵活多变和更新改进以及人事行政制度随形势变化而作出的种种调整。

上述四项特征，也是衡量一个国家的人事行政是否达到现代化水平的基本标准。

2. 西方公务员制度具有哪些主要特点？［南航2018年研］

相关试题：

(1)20世纪以来，西方发达资本主义国家公务员制度的新特点。［山东大学2018年研］

(2)西方国家公务员制度的主要特点。［山东师大2016年研；北理2008年研；中财2007年研］

(3)什么是公务员的职务常任？有何利弊？［中山大学2016年研］

(4)西方公务员制度的共同特点。［上海交大2013年研］

答：西方国家通常把通过非选举程序而被任命担任政府职务的国家工作人员称为公务员。以公务员为管理对象的国家公务员制度是资本主义社会经济、政治和文化发展的产物。尽管西方国家的公务员制度都有着强烈的本国特色，但相似的经济、政治、文化背景，并且各国相互吸收和效仿，使得他们在具备较多特色差别的同时，又都具有以下共同特色：

(1)两官分途。指鉴于政务官与事务官在政府中的地位、职责、性质、职能相异，采用不同的法定制度来管理这两类公务员。政务官一般由选举或政治任命产生，主要包括通过不同程度的选举而产生的国家元首、政府首脑、行政首长，以及经各种政治性任命而任职的内阁成员或其他政府组成人员，对其实行任期制。事务官——除政务官以外的政府公职人员，一般通过考试择优录用，按功绩晋升，任职不受竞选结果的影响，其录用、考核、奖惩、任免、培训、退休、监督、保障等均有一系列法律制度具体规范。二者不得相互转任。政务官的产生和管理办法与事务官不同，二者或者各自独立适用不同的法律，或者在同一部法律中分别独立规定。

(2)政治中立。指事务官在执行公务的过程中应超然于政党政治和个人政治理念之外；不以行政权力偏袒某一政党、政治团体或利益集团，应以客观、公正、公平的态度和中立的能力尽忠职守，推动政府的各项政策，为公民服务；不受利益团体的影响，更不能图谋某个集团的利益，采取统一、一致的标准，执行法律；不介入派系或政治纷争，专心执行本职工作。

(3)功绩晋升。功绩制要求按照公务员作出的贡献、成就作为选拔和评价公务员的标准，具体可以表述为政府公职人员向全体国民开放，任何人都可以通过竞争获得政府职位，而不受其政治信仰、社会地位和出身门第等因素的影响；公务员的任用、提升、考核、奖惩、工资等只能根据其工作成绩确定。功绩制体现了“任人唯能”和“奖优罚劣”的思想，实现了担任政府职位“机会均等”的原则。

(4)保障权利。西方国家公务员制度都很重视保障公务员的合法权利。公务员除享有一般公民的权利以外，还享有保障公务员身份的特殊权利，主要包括就职平等权、合理报酬权、职业培训权、带薪休假权、辞职权、申诉权等。为保障公务员的合法权利，各国一般都在公务员制度的有关规定中对公务员的权利和义务进行明确规定，并设立专门的机构受理侵犯公务员权利的事宜，如英国设有“功绩制保护委员会”，日本设有“公平审查委员会”，法国设有“对等委员会”等。

3. 请简述中国公务员制度的特点。[武汉科大 2016 年研；电子科大 2012 年研；中山大学 2010 年研]

答：公务员制度作为国家政治制度的一个组成部分，必然取决和服务于国家的根本社会制度。中国是一个社会主义国家，与西方资本主义国家有着本质的不同。中国公务员制度虽然参考了西方国家公务员制度中的一些基本原则及有益的科学管理制度，但从本质上看，它是在与中国特色社会主义制度相适应的前提下，从我国现阶段国情出发，在总结了长期以来干部人事制度的基本经验基础上形成的，主要有以下特点：

(1)不搞政治中立。我国实行的是中国共产党领导的多党合作制，不存在“政治中立”的问题。我国建立公务员制度的目的是要为贯彻和执行党的基本路线提供制度保证，因此，公务员必须始终与党中央保持一致，坚决捍卫和执行的党的路线、方针、政策。公务员中的共产党员必须根据党章的规定贯彻执行党的基本路线和各项方针、政策，自觉遵守党的纪律，执行党的决定，服从组织分配，积极完成党的任务，参与党的组织生活，接受党组织的监督并宣传党的主张。

(2)分类管理与统一领导相结合。我国不搞“两官分途”的制度，实行国家统一的公务员制度，虽然公务员在产生方式上有所不同，但若无另行规定，《公务员法》对所有公务员的权利、义务和管理都适用。我国要求公务员在政治上与党中央保持一致，所有公务员均是人民的公仆。我国公务员队伍不是一个封闭系统，公务员可以在部门内部交流，也可以在中央机关与地方机关之间交流，还可以与公务员队伍外的国有企事业单位、人民团体和群众团队中从事公务的人员进行交流。

(3)始终党管干部。公务员制度是党的干部制度的一个组成部分，公务员队伍也是党的干部队伍的一个组成部分，公务员各项具体管理制度是按照党的干部路线、方针、政策制定的，公务员要接受党的统一领导。按照现行干部管理体制，政府机关中的高级公务员是党委组织部门管理的，党的机关与人大、政协等机关也是党委组织部门统一协调和管理等。具体而言，各级机关的领导成员和其他重要干部由各级党委管理，他们是由党委组织部门考察，党委讨论决定，依法由各级人民代表大会选举，或由各级人大常委会决定人选或决定任命，或由各级政府或部门任命。

(4)宗旨是为人民服务。我国《公务员法》规定：“公务员必须坚持全心全意为人民服务的宗旨，接受人民监督。”我国的公务员不是特殊的利益集团，没有自己的特殊利益，公务员的利益与政府利益、国家利益和人民利益一致。做人民公仆、为人民办事、对人民负责、受人民监督，这是中国公务员最根本的行为准则。

4. 中国公务员制度与西方公务员制度的异同。[重庆大学 2012 年研]

相关试题：简要回答我国公务员制度与西方国家公务员制度之间存在的区别。[厦门大学 2009 年研]

答：(1)中西方公务员制度的不同点：

①从推行公务员制度的指导思想或目的来看，西方国家公务员制度的政治背景是两党或多党制轮流执政，所以实行政务官和事务官的两官分途，要求事务类公务员政治中立。我国在一党执政的政治背景下，实行公务员制度，是为了在中国共产党的领导下，实现公务员队伍管理的科学化、民主化、法制化，因而不能两官分途，不实行公务员政治中立，

而实行党管干部。

②从公务员的范围来看，一些西方国家将国有企事业单位工作人员列入公务员范围，我国则不包括这些人员。此外，部分西方国家由于实行地方自治制度，国家公务员中排除了地方政府公职人员，而我国公务员则包括中央和地方各级政府工作人员。

③从公务员管理体制来看，西方公务员一般分为国家公务员和地方公务员，管理机构与行政单位的关系相应地分为部内制、部外制与折中制。我国的管理方式则是统一的，管理机构隶属于行政系统。

④从利益关系来看，西方国家公务员是一个独立的利益集团，强调维护其特殊利益；我国公务员则没有自己的特殊利益，必须全心全意为人民服务。

⑤从用人标准来看，西方公务员的录用、考核、晋升主要依据的是知识水平和业务能力；我国坚持德才兼备、德居首位的标准来对公务员进行录用、考核和晋升。

(2)中西方公务员制度的相同点：

我国公务员制度具有与西方国家公务员制度某些相同的特点，如职位分类、统一管理；择优录用，知识和专业并重；强调法制，依法管理；实行功绩制，消除腐败；讲求职业道德，规范服务等。

5. 我国新公务员制度与传统的人事制度比较。[山东大学2005年研]

答：与传统干部人事制度相比较，我国的新公务员制度的特点主要有：

(1)体现了分类管理原则。即作为各级行政机关实行的人事制度，与其他国家机关、企事业单位的人事制度相区别，改变了以往各类干部集中统一管理的模式。

(2)建立了新陈代谢制度。即一方面对公务员的资格条件和考试录用等作了严格规定，另一方面又对辞职、辞退、退休等提出了明确要求，有利于克服以往领导干部职务终身制的弊端。

(3)强化了激励竞争机制。即明确规定公务员的录用，实行公开考试，严格考核，择优录取；公务员的考核，以工作实绩为重点，实行能上能下，优胜劣汰。这有利于克服以往能上不能下、“干好干坏一个样”的弊端。

(4)健全了廉政勤政约束制度。即在保持传统干部人事制度注重思想政治教育的同时，从制度层面入手，把廉政勤政作为对公务员的一项基本要求，贯穿在公务员义务、权利、考核、纪律、职务升降、交流、回避等各个管理环节之中。

6. 公务员权利与责任。[四川大学2017年研]

相关试题：公务员的义务、权利。[北邮2016年研]

答：(1)公务员的权利，是指国家法律对公务员在履行职责、行使职权、执行公务的过程中，可以作出某种行为，要求他人为或者不为某种行为的能力和资格。其含义有四个方面：①公务员的权利以其身份为前提。这是对权利主体方面的要求，即只有具备了公务员的身份才能够行使相应的权利。②国家规定公务员的权利，是为了公务员有效地行使职权，执行公务。这是赋予公务员权利的目的所在，也是对公务员提出的要求，即公务员享有权利必须是为履行公职而不容许将其用于除履行公职之外的地方。③公务员权利的具体内容，就是公务员在履行公职的过程中，公务员本人可以为一定的行为，可以要求他人为或者不为的行为。④公务员权利的具体内容是由国家明文规定的，并且公务员权利的行使是由国家法律加以保障的。

根据《公务员法》的规定，我国公务员的权利包括：①获得履行职责应当具有的工作条件；②非因法定事由、非经法定程序，不被免职、降职、辞退或者处分；③获得工资报酬，享受福利、保险待遇；④参加培训；⑤对机关工作和领导人员提出批评和建议；⑥提出申诉和控告；⑦申请辞职；⑧法律规定的其他权利。

(2)公务员的责任即公务员的义务，是指国家法律对公务员必须作出一定行为或者不得作出一定行为的约束和强制，即国家通过法律规定公务员所应该履行的某种责任。具体来说，公务员义务的含义包括三层意思：①公务员义务以公务员身份为前提，公务员应当明确自己的公仆角色，严格履行法定义务，恪尽职守；②公务员义务的内容是要求公务员作出或不作出某种行为，公务员应当“有所为，有所不为”；③当公务员未能或没有依法履行其法定义务时，必须承担相应的法律责任，国家有关机关必须依法追究其法律责任。

根据《公务员法》的规定，我国公务员的义务主要包括：①忠于宪法，模范遵守、自觉维护宪法和法律，自觉接受中国共产党领导；②忠于国家，维护国家的安全、荣誉和利益；③忠于人民，全心全意为人民服务，接受人民监督；④忠于职守，勤勉尽责，服从和执行上级依法作出的决定和命令，按照规定的权限和程序履行职责，努力提高工作质量和效率；⑤保守国家秘密和工作秘密；⑥带头践行社会主义核心价值观，坚守法治，遵守纪律，恪守职业道德，模范遵守社会公德、家庭美德；⑦清正廉洁，公道正派；⑧法律规定的其他义务。

7. 我国公务员录用方式主要有哪些？［南航 2017 年研］

答：根据各国公务员制度的有关规定及我国干部人事制度改革的有关情况，公务员录用方式主要有：

(1)选任制。选任制是通过选举来确定录用对象的一种制度和方法。我国中央政府(国务院)和各级地方政府的组成人员，都是国家公务员，他们是经过同级人民代表大会或其常务委员会选举决定的。通过选举产生的公务员，一般都担任政府要职，是国家公务员中的“核心成员”，对他们的素质要求应该更高。获得相应范围内大多数民众的支持和拥护，是他们任职的最基本条件。对于这类公务员的任用，主要通过完善选举制度来解决。选任制公务员都有任期。坚持和完善选任制公务员的任期制，是我国公务员制度改革的重要内容。

(2)考任制。考任制是通过公开考试，择优录用公务员的一种制度和方法。其主要特点是必须经过考试，故又称为考试录用制。实行考任制，是建立国家公务员制度的主要标志。由于考任制具有明确统一的衡量标准，实行“公开、平等、竞争、择优”的原则，因而能拓宽选才视野，体现社会公平，有利于人才资源的充分开发和利用，有利于高素质人员进入公务员队伍，不断优化公务员队伍的结构。实行公务员制度的国家和地区，公务员特别是初级、中级公务员的录用，一般都采用考任制形式。目前我国公务员通过考试录用的范围还比较窄，仅限于担任主任科员以下非领导职务的公务员。随着我国公务员制度的进一步发展与完善，考试录用的范围会有所扩大和调整。

(3)委任制。即由任免机关(一般为上级机关)依据其权限直接指定其所需人员以某种职务的任用方式。一般适用于直接对行政首长负责的高级幕僚、秘书、助手等公务员的任用。委任制的特质是由上级机关或首长直接决定任用人选，充分体现上级机关和上级首长的用人权。

在我国原有的干部人事制度中，凡带有“长”字的各级、各类干部，绝大部分是委任的。改革开放以来，这种状况已大有改观。针对委任制的缺陷，我国在干部人事制度改革中，要求对县以上党委、政府工作部门和其他工作机构的委任制领导干部，逐步实行任期制。同时，对于新提拔担任党政领导职务的委任制干部，逐步实行试用期制。试用期满，经考核，胜任者正式任职，不胜任者解除试任职务。

(4)聘用制与聘任制：

①聘用制，即是用人单位运用合同形式聘用工作人员的任用方式。其特点在于一个“聘”字，用人单位有聘用和解聘的权力，有关人员有应聘和辞聘的权力，一旦聘用，就按合同中有关双方责任权利及有效期限等规定执行。合同期满后，即自行解聘，需要时双方再协商续聘。在政府机关，对于一些技术性、操作性、辅助性的职位，适宜采用聘用制。

②聘任制，同样具有“聘”的特点，但它主要适用于领导职位。在当前我国干部人事制度改革中，已决定对部分领导职位试行职务聘任制。这是一项重大的改革措施。

8. 国家公务员分类管理的内涵是什么？如何评价当前我国正在试行的国家公务员分类改革？[深圳大学2011年研]

相关试题：请简述我国公务员职位分类制度的相关规定内容。[电子科大2014年研]

答：(1)国家公务员分类管理，是公务员管理的一项基本原则。分类是管理的前提，只有按照一定标准的分类，才能实行有效的管理。公务员进行分类管理可以将繁杂的公共事务化繁为简，确立不同类型公务员的界线并明晰其职能、职责，还可以针对不同类型的公务员建立符合各自的标准和规范。国家公务员的分类管理包括职位分类和品位分类两种。

①职位分类制度，即以职位为对象，按照每个职位的工作性质、责任轻重、难易程度以及所需资格条件等标准因素，分为不同类别和等级，为国家公务员各项管理提供依据的一种人事分类制度。

②品位分类，是指按照每个职员的身份、地位和资历等标准因素，分成不同的等级和类别，对国家公务员进行管理的一种人事分类制度。

③职位分类和品位分类的区别：

职位分类与品位分类是当今世界各国人事分类制度的两个基本类型，都是依据一定的标准对公务员序列进行的划分，但二者有着明显的不同之处，主要包括：

a. 职位分类是以“事”为中心；品位分类是以“人”为中心。

b. 职位分类制中，等级是随职位而定，而不是随人走；品位分类制中，等级与职位是分开的，当职位变动时，品位却可以不变。

c. 职位分类制中工资差别与职位工作的难度、责任大小和资格深浅成正比，是同工同酬；品位分类制中则以品位等级定工资，存在同工不同酬、同酬不同工的现象。

d. 职位分类制重视专家作用，利于专才成长；品位分类制注重公务员的资历，由下级升到上一级比较容易，而且可以有较大的晋升幅度。

e. 职位分类制中，公务员分类较复杂，职类、职系、职级、职等划分较多，办理职位分类的程序比较复杂，技术性要求较高；品位分类制中，公务员只作大体上的分类，分类较少，较为简单，不需很高的技术性。

f. 职位分类制下，任何公务职位都经调查、评价和划分等级，都有规范性的职位说明，公务员的升迁调转范围和程序都有严格的规定，易于对公务员进行科学管理，但是管理方面缺乏灵活性，公务员流动与调转的限制条件较严格，流动与调转的范围也较小；品位分类制下，公务员的管理具有伸缩性，人事管理机构拥有灵活和富有弹性的管理权限，但在品位分类制下，对公务员的管理带有更多的经验色彩和主观性。

（2）职位分类制度改革。我国公务员的职位分类制度改革，是建立以职位分类基本原则为基础，职位分类与品位分类有机结合的具有中国特色的职位分类制度。其主要特点是：强调以事为中心，又兼顾人的因素，把职位分类和品位分类有机结合起来。在职位设置和编制职位说明书等方面主要采用职位分类的原则和方法，而在区分职位等级方面则同时兼容了品位分类与职位分类的有关原则和方法。

（3）对职位分类制度改革的评价。我国的职位分类制度改革，既遵循职位分类的基本原则，保持其基本特征，又从中国实际出发，方法简便，程序简化，易于操作，利于推行。在实行职位分类制度改革的过程中，强调并贯彻循序渐进、逐步完善的原则。在职位分类法规框架相对稳定的前提下，对于职位分类制度的基本内容以及实施的具体方式、途径等，在实践中逐步改进与完善。但我国当前的国家公务员分类改革存在一定的问题，还需要在改革中不断完善，如国家公务员分类的制度还并不完善，公务员的录用晋升程序仍相当大程度受人的因素的影响等。因此，我国公务员职位分类的制度应根据实时的研究而改进，适应社会变迁的需要及改善机关组织形态，使其具有弹性，以灵活运用，并且应将各种分类应予以归并简化，使工作人员易于了解掌握等。

四、论述题

1. 人事管理和人力资源管理的区别。［中国地大2013年研］

相关试题：

（1）人力资源管理与传统人事管理的区别。［简答题，华南理工2023年研］

（2）简述传统人事管理与现代人力资源管理的主要区别。［简答题，天津商大2021年研］

（3）传统人事管理与现代人力资源管理的区别。［简答题，山东师大2017年研；暨南大学2016年研；西南交大2016年研］

（4）传统人事制度管理与人力资源管理之间有哪些主要差别？［简答题，华农2013年研］

（5）人事管理和人力资源管理的区别有哪些？［中财2010年研］

答：（1）人事管理和人力资源管理的含义：

①人事管理，是在社会劳动过程中，对人与事、人和组织与事之间相互关系进行管理的实践活动。具体来说，人事管理是指各级领导和人事部门运用科学的原理、原则和方法，规划和设置组织机构，合理配置人力资源，以谋求人、组织与事的科学结合和共事人之间的密切配合，提高办事效率，推动事业发展所进行的管理活动。

②人力资源管理是指对人力资源进行有效开发、合理配置、充分利用和科学管理等活动的总和。即根据组织发展战略的要求，有计划地对人力资源进行合理配置，通过对企业中员工的招聘、培训、考核、激励等一系列过程，调动员工的积极性，发挥员工的潜能，

为组织创造价值，确保企业战略目标的实现。

(2)人事管理与人力资源管理的区别：

人事管理与人力资源管理为完善组织管理和保证组织目标实现的目的是一致的，都是在不断变化的新经济条件下如何把“人”这一能动资源充分利用、开发，使之为组织、为社会创造财富。但二者之间也存在着一些差别，主要体现在以下几个方面：

①工作性质和地位不同：

a. 传统人事管理基本属于行政事务性工作，主要由人事部门职员执行，很少涉及高层决策，为短期导向，活动范围有限。人事部门承担着“成本中心”角色，主要职责是控制人工成本。

b. 现代人力资源管理以企业的经营效益与发展为中心，以劳动力管理与开发为基础进行综合管理。人力资源管理部门扮演着“利润中心”角色，重视增加产出，开发和发挥人的能力和潜力。

②内容不同：

a. 传统人事管理的内容相对单一，包括人员招聘、录用、考核、奖惩、解雇等基本内容。

b. 现代人力资源管理的内容更为丰富，不仅涵盖了传统人事管理的基本内容，而且向纵深发展，形成全方位的管理。

③任务不同：

a. 传统人事管理以物为中心，将人看作一种成本，管理的主要任务是尽可能地降低人工成本。

b. 现代人力资源管理视人为最核心的资本，认为：人是第一资源，是最重要的、支配和利用其他资源的资源，是唯一可以连续投资、反复开发利用的关键性资源，并把开发这种资源的潜力当作重要任务。

④职责分担不同，即管理部门的地位不同：

a. 传统的人事管理把人事部门视作非生产、非效益部门，地位较低，其职责主要由人事部门承担，造成管人与管事相脱节。

b. 现代人力资源管理部门除了落实具体人事事务外，还负责协调管理系统、提供决策预案的拥有咨询专业技术的中枢性机构。其主要职责由各部门主管承担，实现了管人与管事的统一。人力资源管理职能部门与各业务部门形成战略同盟关系，为各部门提供智力支持。

⑤管理方式和手段不同：

a. 传统人事管理强调标准化的管理，管理手段比较刚性，比较多地采用行政命令。

b. 人力资源管理强调以人为中心的管理，管理手段偏柔性，重视员工的需要，注重参与式的民主管理。

2. 请结合实际试述中国人事行政的变革趋势。[华南理工2010年研]

答：多年来，中国的人事行政改革成绩显著，已经呈现出一种良好的发展势头。结合现状，中国人事行政的变革有如下趋势：

(1)政府雇员制。政府雇员制是一种较为灵活的市场用人制度。从制度层面来看，政府雇员制与公务员制度也有区别，主要表现在：

①职务产生的途径与解除方式不同。国家公务员的产生主要有三个途径：选任(经过人大选举产生)、考任(主要是考试录用主任科员以下非领导职务公务员)和调任(主要指调人国家行政机关担任领导职务或者助理调研员以上非领导职务)。解除公务员身份的方式主要有开除、辞退或辞职离开国家行政机关。政府雇员产生的途径主要是以合同的方式聘用，其解除方式只需解除聘用合同即可。

②任职的期限不同。国家公务员的身份比政府雇员更加稳定，非因法定事由和非经法定程序不被辞退或者开除，公务员的身份一般是终身制的。政府雇员则有雇佣期，签一次合同一般只管1～3年，因此，其雇员身份是临时性的。

③工作性质不同。国家公务员是代表国家行使国家权力，执行国家意志，是一种公务行为，而政府雇员没有行政职务，不行使行政权力，因此其行为并不是一种国家公务行为，只能认为是为雇佣单位执行某些专业性业务，一般属于雇佣单位的内部事务或后勤事务。不过，现在也有地方，如深圳、北京等地正在制定政策，允许政府雇员担任一定行政职务，行使相应行政权力。在政府雇员还不是公务员身份的情况下，只能认定他们是代表雇佣单位而不是国家行使相应的行政权力。

④管理方式不同。国家公务员主要是按照国家公务员暂行条例及其相关规定来管理，其管理主体主要为各级人民政府及其人事行政部门；政府雇员主要按照与劳动法、合同法以及签订的合同等来管理，其管理主体为雇佣单位。

⑤行政责任与救济途径不同。公务员的责任有政治责任、法律责任、行政责任之分，而政府雇员在雇佣期间一般只有法律责任和工作责任。就救济途径来讲，公务员有申诉、控告等途径，而政府雇员的救济一般是按照民事诉讼的途径来执行。

⑥工作报酬与福利待遇不同。一般来说，政府雇员的工资要高于公务员，高级雇员甚至要高几倍、十几倍。在其他福利待遇上，政府雇员相对要少些，有的甚至除社会保险外，不再享受其他任何福利待遇。

(2)竞争上岗和公开选拔领导干部。竞争上岗是党政领导干部选拔任用的方式之一，主要适用于选拔任用中央、国家机关内设的司局级、处级机构领导成员，县级以上地方各级党委、人大常委会、政府、政协、纪委、人民法院、人民检察院机关或工作部门的内设机构领导成员。公开选拔面向社会进行；竞争上岗在本单位或者本系统内部进行，应当从实际出发，合理确定选拔职位、数量和范围。一般情况下，领导职位出现空缺且本地区本部门没有合适人选的，特别是需要补充紧缺专业人才的，可以进行公开选拔；领导职位出现空缺，本单位本系统符合资格条件人数较多且人选意见不易集中的，可以采取竞争上岗。

(3)绩效考核创新：

①通过目标责任制对主要党政领导干部进行考核。

②基于现代管理技术和信息技术，推动刚性化的考核标准，并由电子政务系统自动生成考核结果。

③引入企业界的成功和有价值的考核方法，如360度考核、平衡计分卡、关键业绩指标法等，提高公务员考核方法的科学性和多样性。

(4)公务员职务与职级并行制度改革。推行公务员职务与职级并行、职级与待遇挂钩制度，有利于建立公平合理的公务员体制，拓宽公务员晋升通道，有助于完善激励保障制度、能上能下制度。社会应当重新理解“公务员”一词，不能把它当作“官”，而是将其视作一个公共服务职业，努力消除官本位思想。

3. 论述中国公务员制度的主要内容。[山东师大2014年研]

相关试题：简述中国国家公务员制度的主要内容。[简答题，广西民大2018年研]

答：公务员制度是国家政治制度的重要组成部分，是对公务员进行管理所依据的法律、法规和规章制度的总称，其实质是制度化、法律化的公务员管理。我国公务员制度的主要内容包括：

(1)公务员的范围：

根据《公务员法》的规定，我国的公务员是指依法履行公职、纳入国家行政编制、由国家财政负担工资福利的工作人员。

(2)公务员的义务和权利：

①公务员的法定义务包括：a. 忠于宪法，模范遵守、自觉维护宪法和法律，自觉接受中国共产党领导；b. 忠于国家，维护国家的安全、荣誉和利益；c. 忠于人民，全心全意为人民服务，接受人民监督；d. 忠于职守，勤勉尽责，服从和执行上级依法作出的决定和命令，按照规定的权限和程序履行职责，努力提高工作质量和效率；e. 保守国家秘密和工作秘密；f. 带头践行社会主义核心价值观，坚守法治，遵守纪律，恪守职业道德，模范遵守社会公德、家庭美德；g. 清正廉洁，公道正派；h. 法律规定的其他义务。

②公务员的法定权利包括：a. 获得履行职责应当具有的工作条件；b. 非因法定事由、非经法定程序，不被免职、降职、辞退或者处分；c. 获得工资报酬，享受福利、保险待遇；d. 参加培训；e. 对机关工作和领导人员提出批评和建议；f. 提出申诉和控告；g. 申请辞职；h. 法律规定的其他权利。

(3)职务与级别：

①国家实行公务员职务与职级并行制度，根据公务员职位类别和职责设置公务员领导职务、职级序列。公务员领导职务根据宪法、有关法律和机构规格设置。

②公务员的领导职务、职级与级别的对应关系，由国家规定。

(4)录用：

录用担任一级主任科员以下及其他相当职级层次的公务员，采取公开考试、严格考察、平等竞争、择优录取的办法。中央机关及其直属机构公务员的录用，由中央公务员主管部门负责组织。地方各级机关公务员的录用，由省级公务员主管部门负责组织，必要时省级公务员主管部门可以授权设区的市级公务员主管部门组织。

(5)考核：

公务员的考核应当按照管理权限，全面考核公务员的德、能、勤、绩、廉，重点考核政治素质和工作实绩。考核指标根据不同职位类别、不同层级机关分别设置。公务员的考核分为平时考核、专项考核和定期考核等方式。定期考核以平时考核、专项考核为基础。定期考核的结果分为优秀、称职、基本称职和不称职四个等次。定期考核的结果作为调整公务员职位、职务、职级、级别、工资以及公务员奖励、培训、辞退的依据。

(6)职务任免：

公务员领导职务实行选任制、委任制和聘任制。公务员职级实行委任制和聘任制。选任制公务员在选举结果生效时即任当选职务；任期届满不再连任或者任期内辞职、被罢免、被撤职的，其所任职务即终止。

(7)职务职级升降：

①公务员晋升领导职务，应当具备拟任职务所要求的政治素质、工作能力、文化程度和任职经历等方面的条件和资格。

②公务员领导职务应当逐级晋升，其中特别优秀的或者工作特殊需要的，可以按照规定破格或者越级晋升。

(8)奖惩。对公务员的管理要遵循奖惩分明：

①对工作表现突出，有显著成绩和贡献或者有其他突出事迹的公务员给予奖励。奖励要坚持定期奖励与及时奖励相结合，精神奖励和物质奖励相结合、以精神奖励为主的原则。

②机关应当对公务员的思想政治、履行职责、作风表现、遵纪守法等情况进行监督，开展勤政廉政教育，建立日常管理监督制度；对公务员监督发现问题的，应当区分不同情况，予以谈话提醒、批评教育、责令检查、诫勉、组织调整、处分。

(9)培训：

①机关根据公务员工作职责的要求和提高公务员素质的需要，对公务员进行分类分级培训。

②国家应建立专门的公务员培训机构；机关根据需要也可以委托其他培训机构承担公务员培训任务。

③要通过多种形式，有计划、有组织地对公务员进行政治理论、文化知识、科学技术、操作技能等方面的培养和训练。

(10)交流与回避：

①公务员可以在公务员和参照《公务员法》管理的工作人员队伍内部交流，也可以与国有企业和不参照《公务员法》管理的事业单位中从事公务的人员交流。交流的方式包括调任、转任。

②回避制度包括亲属回避、职务回避和地域回避三种。

(11)工资福利保险：

①国家统一规定工资制度，贯彻按劳分配的原则，体现工作职责、工作能力、工作实绩、资历等因素，保持不同领导职务、职级、级别之间的合理工资差距，并建立公务员工资的正常增长机制。

②公务员按照国家规定享受福利待遇，待遇水平根据国家经济社会发展水平而定。

(12)辞职辞退：

①公务员可以根据自己的意愿向任免机关提出申请，辞去公职。

②国家任免机关可以根据公务员的职务履行情况辞退公务员。

(13)退休。公务员达到国家规定的退休年龄或者完全丧失工作能力的，应当退休。公务员退休后，享受国家规定的养老金和其他待遇，国家为其生活和健康提供必要的服务和帮助，鼓励发挥个人专长，参与社会发展。

(14)申诉与控告：

①公务员申诉，是指公务员对所在机关作出的涉及本人权益的人事处理决定不服时，按照有关法律法规的规定，向原处理机关、原处理机关的上一级机关、同级公务员主管部门或者监察机关提出重新处理要求的行为。

②公务员控告，即公务员认为所在机关及其领导人员侵犯其合法权益的，可以依法向上级机关或者监察机关提出控告。

(15)职位聘任。机关根据工作需要，经省级以上公务员主管部门批准，可以对专业性较强的职位和辅助性职位实行聘任制。

五、案例分析题

案例一

试谈谈你对我国领导干部职务任期制的看法。[中山大学2008年研]

答：(1)在十六大召开之前，中共中央发布《党政领导干部职务任期暂行规定》，对党政领导干部的任期作了明确规定。党的十六大和十六届四中全会明确提出，要探索建立领导干部职务任期制。推行领导干部的职务任期制的重要意义在于：

①实行领导干部职务任期制是实现干部工作科学化规范化的现实需要。现行的在各级党政班子中实行的任期制，是针对整个班子而言的，没有明确规定每一名党政班子成员的任期、届数，对任期年限也只是规定在同一职位上任职满十年，必须交流，缺少具体的要求、标准及相关措施。这样的任期制从总体上看还处于一种模糊状态，从根本上讲还是一种“长任制”，不是真正意义上的领导干部职务任期制，并不能使干部制度更加规范、科学地运转。

②实行领导干部职务任期制是激发干部队伍活力的重要举措。对一名领导干部来说，明确了任职期限、任职期间的工作目标和考核标准，就会感受强大的压力进而转化成巨大的工作动力。同时，可以防止常任一职的领导干部滋生惰性，视野狭窄，以致开拓不力、创新无门。任期制就像一个筛子，把优秀的和一般的、实绩突出的和实绩一般的区分开来，优胜劣汰，从而推动干部队伍的整体素质不断提高。

③实行领导干部职务任期制，有利于保持班子的相对稳定和工作连续性。由于有相对固定的任职年限、任期目标和措施，一个地方、一个单位的领导成员就不会过于频繁地调整，一个地方、一个单位的目标任务和措施也不会因此而缺乏连续性。他们能够自觉团结一心，朝着一个目标不断前进，有利于本地区、本单位的长期发展。

(2)近年来，各地在推行任期制方面进行了积极探索，取得了令人瞩目的成效，但党政领导干部职务任期制作为一项重大改革措施，目前发展还不够平衡和规范，特别是一些地方领导干部任期内变动频繁、任期随意的情况比较严重，使任期制流于形式。主要表现有：

①完整的领导干部职务任期制不但包括最高任职时限，而且也包括最低任职时限。没有特殊情况，领导干部必须任期届满，实现任期目标，才能调动或升迁，这是任期制的基本要求之一。但在实践中，比较普遍地存在党政领导干部调动频繁、任期难以届满的问题，使任期制流于形式。

②建立和完善党政领导干部职务任期制，是一项复杂的系统工程。领导干部职务任期制能不能实行，很大程度上取决于其他配套制度能否建立。确保党政领导干部任期制的配

套措施，应该包括激励机制、约束机制和保障机制等。

(3)任期制存在的现实问题，导致任期制不能很好地发挥应有的作用。要解决这些问题，让任期制发挥其应有的积极作用，必须要做到：

①要与传统的干部任用制度相衔接。多年来，我们已形成了一套包括委任制、选任制、考任制、聘任制及试任制等在内的多种形式的干部任用制度。领导干部职务任期制与上述制度相衔接，既要在各种任用制度中普遍实行任期制，又要根据不同形式采取相应的任期制度。

②要与新时期干部制度改革相配套。建立领导职务任期制，是干部人事制度改革这一系统工程的有机组成部分。要使任期制建立并取得实实在在的效果，必须使之与领导干部的能上能下制度、交流制度、考核制度等有机结合起来，同步推进，才能更好地发挥任期制在干部管理中应有的作用。要对现有的考核制度进行细化和完善，在考核的内容、标准、方式、方法上要进行研究和创新。

③要与不同类型干部的实际情况相联系。比如，实行任期制的对象范围可以是党政机关，也可以拓展延伸到企事业单位；任期年限也要区别不同层次、不同类型、不同岗位，合理界定；“热点”单位和“冷门”单位领导职务任职年限要有所区别。要加大交流力度，使不同地区、不同部门的干部都有施展才华和抱负的机会，在任期内作出突出政绩。特别是要对在任期内不能提任领导职务的干部做好思想工作，作出妥善安排，为实行干部职务任期制创造良好环境。

综上所述，对于领导干部职务任期制还需要相关制度的配套，同时要在实践过程中积极发现和总结该制度存在的问题，提出完善的建议和意见，这样领导干部职务任期制才能长期发挥积极作用。

案例二

根据此案例分析：［南开大学2012年研］

1. 公务员的考试录用程序存在哪些问题？如何避免公务员招录工作中的暗箱操作？

答：公务员录用是指国家行政机关根据相关法律法规，按照一定的标准和法定程序，通过公开考试、严格考察、择优录取的办法，将符合条件的人员录用为公务员的过程。

(1)公务员考试录用程序中存在的问题：

①报考资格的限制不合理。在国家机关录用公务员时，理应做到公平、公正，给予每一个公民平等参与的机会，而不应有所偏颇和歧视。然而，我国公务员考试录用中还存在许多不合理的、歧视性的限制规定，这对于公务员录用制度的公平性造成了一定的损害，降低了该制度的公信力。具体包括：a. 报考资格随意规定。b. 身体条件不合理限制。这本身就是对每个公民人格权和隐私权的侵犯。c. 地域限制。由此就会进一步滋长公务员队伍的本地化、关系裙带化，严重影响公务员考试录用制度的公正性。

②笔试内容的设计不科学：a. 考试命题重知识、轻能力。b. 考试内容冗杂、考题较偏。c.《申论》考试缺乏科学性。

③面试环节的程序不规范：a. “走关系”“打招呼”的现象屡屡发生，甚至在某些地区、某些部门还很严重。b. 测评体系发展滞后，模式化严重。c. 考官素质参差不齐，比如经验不足、缺乏洞察力、摆架子、偏重自我喜好等。这些现象都是实际存在的，它们都严重

损害了公务员面试的公平性和公正性。

(2)避免暗箱操作措施:

①加快公务员录用法规建设，实现考录各环节“有法可依”。完善公务员考录制度规范，加快地方公务员考试录用法规的建设。

②要改革公务员考录条件，实现报考公平。应当根据职位要求，科学合理地设置考录条件，体现报考公平原则。

③改革笔试内容，健全测评体系。适当调整笔试内容，建立能力本位的测评体系。

④改革面试过程，把好最后关卡。完善面试监督机制，创新面试方法，加强考官培训。

2. 行政监督存在哪些问题，如何完善行政监督并更好地发挥其作用?

答:(1)行政监督存在的问题:

①行政监督整体功能不强，缺乏合力。监督主体的多样性，使多元化的监督力量缺乏有力度的结合，监督合力较弱。每个监督主体都存在着监督的权限、方式、程序、范围等。而在实际中，这些问题的划分往往不够明确，各监督主体间彼此又缺乏联系和沟通，使其监督工作密且杂，工作中往往各自为战，尚未形成一个分工合理、协调互动的有机整体。从而降低了监督的效率，削弱了监督的整体效能。

②行政监督立法滞后，法律法规不完善。缺少完善的监督法律体系和必需的监督法律法规；现有的法律中有关监督的规范不完善，缺乏明确的监督范围和监督程序；部分领域甚至有空白，一些监督主体的合法权益未得到保障，另外还存在着一些有法不依、执法不严、违法不究的现象。

③行政监督主体缺乏必要的独立性。我国的行政监督机关受到同级政府和上级监察机关的双重领导，这种领导体制，易导致行政监督主体的缺位、监督功能错位等现象，严重制约了监督机构的独立性、公正性和权威性。

④行政监督形式单一化，重事后监督，缺乏预防监督。我国的行政监督方式比较单一，监督主体一直将监督工作的重点放在“查错纠偏”上，偏重惩罚性的事后监督，忽略了预防和控制，没有把预防为主作为行政监督工作的根本目标，同时又缺乏应有的控制力度，以致造成行政偏差过多，陷入被动消极的不利局面。

⑤行政监督开放性、透明度不高，公民参与意识不强。行政活动的公开化、透明性不高，使“暗箱操作”“报喜不报忧”等现象频频发生，造成政府公开的缺失和非透明，最终导致监督信息的不平等、监督渠道不畅通，使行政监督难以发挥实效。此外，公民的参与及监督意识不强，当公民的利益受到主管行政机关的侵犯时，不能正确行使法律赋予自己的监督权利。

⑥部分行政监督人员素质不高。我国行政监督主体的人员结构、知识层次、能力水平比较好。但是部分监督人员素质仍需提高，体现在一些行政监督人员的理论知识水平和工作能力不高，思想素质不到位，办事不坚持原则、贪污腐败、监督不当等，这些问题阻碍了行政监督的有效开展。

(2)完善行政监督措施:

①提高行政机关的公开性和透明度。现阶段，我国的政务公开程度还不够，这样就保证不了行政机关行为的公开性和透明度，行政监督的进行将受阻。对监督主体而言，既要

进行激励，又要进行规制，从而使其获得强大而良好的监督动力；既要配置合理的监督权力，又要设置相应的监督责任，使其有监督能力的同时又不滥用权力或疏于行使监督权。所以，应尽快健全公开办事制度。

②重视并加强监督的立法，实行行政监督的法制化。监督立法是依法实行监督的前提和基础。只有尽快建立健全各种行为的监督法规，才能积极有效地提供法律保障。行政立法不足，会造成监督机关无法可依，使监督缺乏标准和依据，导致监督的盲目性和随意性。

③提高行政监督人员的素质，完善人民群众的监督机制。人民作为国家权力的所有者，有权利、有责任关注其权力行使情况。如果他们违背了人民的意志，损害人民的利益，滥用人民所委托的权力，搞权力腐败，人民有权罢免其职务，并对其作出处罚。受到有效监督的权力不会导致腐败，而失去监督和制约权力必然会走向腐败，所以，加强社会主义政权建设，防止腐败的滋生蔓延，必须要建立完善的民主监督制度，加强权力的监督。

3．如何保障公务员报考者的合法权利？

答：保障公务员报考者的合法权利的措施有：

(1)报考条件的公平。各招考岗位设置的报考条件或资质应符合法律法规的规定，不得设置与职位无关的或其他不合理乃至带有歧视性的报考条件，从而保障报考者的公平权利。

(2)报考程序的公正公开。报考程序要公正公开，不允许暗箱操作，损害报考人利益。相关的信息应当及时公开，保证报考人及时获取。

(3)考核标准公正。要以公正统一的标准对所有报考者进行考核与评价，不能有偏私。

(4)保障公务员报考者的诉权。要建立完善的机制，使报考者的权益受到损害时能够有渠道进行维权，并得到公正的对待，从制度上保障其权利。

第七章　公共预算

7.1　复习笔记

【知识框架(庖丁解牛)】

- 公共预算
  - 公共预算概述
    - 现代公共预算
      - 含义
      - 特点
      - 新功能
    - 公共预算目标
      - 宏观：总额控制
      - 中观：配置效率
      - 微观：运作效率
      - 最终目标：财政问责
  - 现代公共预算制度的建立
  - 预算过程的参与者、职能和预算周期
  - 预算编制与审批
    - 我国政府预算的编制原则及编制、审批程序
    - 部门预算编制方法
      - 人员支出：据实核算
      - 公用支出：定额管理
      - 项目支出
      - 财政支出绩效评价
    - 政府性基金预算、国有资本经营预算和社会保险基金预算
    - 人大审查、批准政府预算
  - 预算执行
    - 控制与灵活性的权衡
    - 财政管理周期
    - 需关注的问题
      - 人大批准预算前的预算执行问题
      - 预算执行进度慢
      - 预算执行中的预算调整问题
      - 预算执行中的超收和短收问题
  - 政府决算
    - 含义
    - 主要内容
    - 编制程序和方法
    - 审查、批准

【通关提要(提纲挈领)】

本章主要介绍公共预算的相关知识，难度中等。学习时，要熟悉公共预算的功能和目标、预算参与者及其职能、公共预算周期的具体内容及其各环节在实际生活中的运用；重点掌握预算编制与审批、预算执行问题、政府决算等。本章主要考查概念题和简答题，复习时要从国家治理角度来理解，整体把握，注重识记细节性知识点。

【考点难点归纳(厚积薄发)】

考点一：公共预算概述

1. 现代公共预算(见表7－1)　★★

表7－1　现代公共预算

要点	主要内容
含义	公共预算是指由预算职能部门编制的经各级国家权力机关审批的某一年度内政府的收支计划
特点	①在运行机制上采取“控制取向”。 ②目的是确保政府对公民负责。 ③形成了一种基数加增长的资源分配模式
功能	①控制功能；②管理功能；③计划功能
新功能	①20世纪50年代，绩效预算开始引入资源分配与产出绩效等要素。 ②20世纪60年代，计划—项目预算在资金分配中引入战略计划。 ③20世纪70年代，零基预算改进资源配置效率。 ④20世纪80年代以来，新绩效预算吸收过去经验，重视资金分配的最终结果

2. 公共预算的目标(见表7－2)　★★★

表7－2　公共预算的目标

<table>
<tr><th>要点</th><th colspan="3">主要内容</th></tr>
<tr><td rowspan="4">三个层次</td><td rowspan="2">宏观：总额控制</td><td>定义</td><td>指控制收支总额，保障财政健康并长期可持续发展</td></tr>
<tr><td>必要性</td><td>控制公共支出总额，以规避财政风险</td></tr>
<tr><td>中观：配置效率</td><td colspan="2">①改进资源配置效率在公共生活中具有非常重要的地位。
②要求政府制定合理的战略计划，恰当引导资源分配</td></tr>
<tr><td>微观：运作效率</td><td colspan="2">指有效率地组织和管理预算执行过程中的财政交易，确保预算严格有效执行，提高收入支出管理效率。其改进需要考虑：①控制；②灵活性；③激励；④协调</td></tr>
<tr><td>最终目标</td><td>财政问责</td><td colspan="2">指政府的财政活动应履行对公民和社会的承诺，是公共预算的最终目标和应承担的受托责任</td></tr>
</table>

【真题链接】简述公共预算的目标。［简答题，南京大学2015年研；华南理工2015年研］

考点二：预算过程的参与者、职责和预算周期(见表7-3) ★★

表7-3 预算过程的参与者、职责和预算周期

<table>
<tr><th>要点</th><th colspan="2">主要内容</th></tr>
<tr><td rowspan="6">预算参与者及其职责</td><td>省人民代表大会</td><td>①审查本级总预算草案及其执行情况的报告。
②批准本级预算及其执行情况的报告。
③改变或撤销本级人民代表大会常务委员会对预算、决算的不适当决议。
④撤销本级政府关于预算、决算的不适当的命令和决定</td></tr>
<tr><td>省人大常委会</td><td>①监督本级总预算的执行。
②审查和批准本级预算的调整方案。
③审查批准本级决算，撤销一些不适当的决定、命令和决议</td></tr>
<tr><td>省人大相关专门委员会及工作委员会</td><td>初步审查本级预算草案初步方案及上一年预算执行情况、本级预算调整初步方案和本级决算草案，并提出初步审查意见</td></tr>
<tr><td>省政府</td><td>①编制本级预算、决算草案。
②向本级人民代表大会做关于本级总预算草案的报告。
③汇总下一级政府报送备案的预算并报本级人民代表大会常务委员会备案。
④组织本级总预算的执行。
⑤决定本级预算预备费的动用。
⑥编制本级预算的调整方案。
⑦监督下级政府和本级各部门的预算执行情况。
⑧改变或撤销本级各部门和下级政府对预算、决算的不适当的决定、命令。
⑨向本级人民代表大会、本级人民代表大会常务委员会作关于本级总预算执行情况的报告</td></tr>
<tr><td>各支出部门(一级预算单位)</td><td>①编制本部门预算、决算草案。
②组织和监督本部门预算的执行。
③定期向本级政府和财政部门报告预算的执行情况</td></tr>
<tr><td>各单位(一级预算单位下属的各单位)</td><td>①编制本单位预算、决算草案。
②按照国家规定上缴预算收入，安排预算支出，并接受国家有关部门的监督</td></tr>
<tr><td>预算周期</td><td colspan="2">①预算周期：预算编制→审批→执行→决算及审计。
②我国的财政年度从每年1月1日起至同年12月31日止，为12个月。但预算周期一般跨越财政年度</td></tr>
</table>

考点三：预算编制与审批

1. 预算编制概述(见表7-4) ★★★

表7-4 预算编制概述

要点	主要内容
含义	指各级政府、部门、预算单位制定筹集和分配预算资金年度规划的预算活动，是整个预算工作程序的开始。政府预算编制过程完成后，即进入预算审批阶段

续表

要点	主要内容	
原则	①合法性原则；②科学性原则；③完整性原则；④真实性原则；⑤稳妥性原则；⑥重点性原则；⑦透明性原则；⑧绩效性原则	
编制形式	①单式预算；②复式预算	
编制方法	①分项预算；②绩效预算；③计划项目预算；④零基预算；⑤结果导向预算	
预算的编制、审批程序	"一上"	支出部门向财政部门提交预算申请
	"一下"	财政部门向支出部门反馈审查意见并下达控制数
	"二上"	支出部门向财政部门提交修改后的部门申请
	"二下"	同级人代会通过的政府预算由财政部门批复给各部门执行

【真题链接】政府预算编制的原则。[简答题，广工大2020年研；人大2015年研]

2. 部门预算编制方法(见表7－5) ★★★

表7－5　部门预算编制方法

要点	主要内容	
人员支出：据实核算	部门的人员支出取决于： ①人事政策标准：公务员的工资福利标准。 ②人数：编制情况(或实有人数)。 [人员经费预算的特征：公式预算]	
公用支出：定额管理	①采用定员定额的方法。公用支出预算实际上是一种公式预算，即：公用经费＝定员×定额。 ②目前地方政府确定定额标准的依据，包括：部门职能和工作量、财力、往年支出标准等。 ③定额编制的难点：使预算直接和部门实物资产挂钩	
项目支出	概述	①含义：指行政单位为完成特定的工作任务或事业发展目标，在基本的预算支出以外财政预算专项安排的支出。 ②分类：按照部门预算编报要求，中央部门的项目分为四类：国务院已研究确定项目、跨年度支出项目、经常性专项业务费项目和其他项目。 ③原则：a. 综合预算；b. 科学论证、合理排序；c. 追踪问效
	中央部门预算中项目预算支出	①流程：由中央部门进行项目审核→将符合条件的项目排序纳入中央部门项目库→由财政部进行项目审核，对符合条件的项目排序纳入财政部项目库。 ②要求： a. 统一规划项目库，实行分级、滚动管理。 b. 编报延续项目预算时，不得变动项目的名称、编码、项目的使用方向
	财政支出绩效评价	指财政部门和预算部门根据预设绩效目标，运用科学、合理的指标、标准和评价方法，客观、公正地评价财政支出的经济性、效率性和效益性

3. 人大审查、批准政府预算(见表7－6) ★★

表7-6　人大审查、批准政府预算

要点	主要内容	
部门预算改革为人大预算监督创造了条件	分编预算	由人大审议各部门的预算
	综合预算	将预算外资金纳入人大预算审批范围
	细编预算	方便人大详细审查各个部门收支的预算信息
	早编预算	让人大提前介入预算过程
人大审查、批准政府预算的措施	①加强组织能力建设，提高审查能力。 ②加强人大预算监督立法，强化监督中的法律地位	
初审比大会审更重要的原因	①人大代表们审查和监督政府预算的激励不足。 ②人民代表大会每年的开会时间有限，难以充分讨论。 ③我国《预算法》未明确规定人大的预算修正权	

考点四：预算执行(见表7-7) ★★★

表7-7　预算执行

要点	主要内容
财政管理周期	一个完整的预算管理周期包括以下阶段：预算编制→预算授权管理→资金承付款项→支付及收入管理→现金管理→债务及援助管理→预算审核及财政报告→审计与评估
预算调整原则	①尽量减少预算变更。 ②须事先报立法机构审查批准才能变更的预算事项要明确规定
预算执行原则	①依法执行预算；②严格执行预算；③执行进度合理；④遵守规章制度；⑤严格依程序进行预算变更
预算执行问题	①人大批准预算前的问题，如政府预算尚未经过人大审批。 ②预算执行进度偏慢，导致大量的预算结转。 ③预算调整问题，如预算变更的随意性仍然比较大。 ④收支过程中仍存在违规行为，如超收、短收问题

【真题链接】我国预算执行存在的主要问题有哪些？[简答题，华南理工2017年研]

考点五：政府决算(见表7-8) ★★★

表7-8　政府决算

要点	主要内容
含义	指经法定程序批准的年度政府预算执行结果的会计报告，是国家经济活动在财政上的集中反映，反映年度政府预算收支的最终结果，也是下一年预算编制的重要依据
主要内容	①中央级决算；②地方总决算
编制程序	颁发编审国家决算的决定→进行年终的全面清理→制定和颁发决算表格→基层单位完成决算编制后，报主管部门汇总成部门决算，再由主管部门报财政部门→财政部门编制本级总决算
审查和批准	部门决算草案的审核、汇总及报送→各级政府决算草案的审核、编制→政府决策草案的审定、审查和批准→政府决算的批复及备案

7.2 考研真题

一、概念题

1. 公共预算[南京理工2023年研；中国地大2023年研；天津商大2021年研；东北大学2019年研；东北财大2017年研；山东师大2016年研；南昌大学2016年研]

相关试题：政府预算[中山大学2008年研；中财2008年研]

2. 复式预算[山东大学2017年研；中央民大2016年研]

3. 零基预算模式[华中师大2013年研]

相关试题：零基预算[杭州师大2018年研；东北财大2014年研；北邮2007年研]

4. 绩效预算与新绩效预算[南京大学2017年研]

相关试题：绩效预算[人大2019年研；华南理工2012年研；中央民大2010年研]

5. 预算周期[中国地大2014年研]

6. 政府决算[浙工商2021年研；华南理工2017年研；中财2014年研；中山大学2010年研]

相关试题：预算编制与政府决算[山东师大2017年研]

二、辨析题

1. 我国公共预算周期为12个月，即从每年的1月1日起至同年的12月31日止。[电子科大2016年研]

2. 公共预算的最终目标是提高财政资金的配置效率，是将稀缺资源有效率地配置去实现公共利益，增进人民福利。[电子科大2012年研]

三、简答题

1. 简述公共预算管理的主要模式。[浙江财大2018年研]

2. 公共预算的特点及其作用。[南开大学2009年研]

相关试题：公共预算的基本功能。[武汉科大2015年研]

3. 简述公共预算的基本职能和目标。[中山大学2009年研]

相关试题：

(1)简述公共预算的目标及实现途径。[福州大学2016年研]

(2)简述公共预算的目标。[南京大学2015年研；华南理工2015年研]

(3)简述公共预算的功能目标。[中山大学2011年研]

4. 政府预算编制的原则。[广工大2020年研；人大2015年研]

相关试题：我国政府预算编制的原则是什么？[中财2009年研]

四、论述题

1. 如何理解公共预算中的政治特性？[南京大学2017年研]

2. 请简述各级人民代表大会、人大常委会和政府作为财政预算参与者的各自职责。[电子科大2013年研]

相关试题：结合实际，谈谈人民代表大会在预算过程中应发挥怎样的作用。[暨南大学2016年研]

3. 请详细论述我国政府部门预算编制的主要方法，以及当前我国政府预算执行存在的主要问题。[电子科大2014年研]

相关试题：

(1)我国预算执行存在的主要问题有哪些？[简答题，华南理工2017年研]

(2)我国预算执行存在的主要问题。[简答题，山东师大2014年研]

7.3 考研真题详解

一、概念题

1. 公共预算[南京理工2023年研；中国地大2023年研；天津商大2021年研；东北大学2019年研；东北财大2017年研；山东师大2016年研；南昌大学2016年研]

相关试题：政府预算[中山大学2008年研；中财2008年研]

答：公共预算(public budget)又称政府预算，是指预算职能部门编制的经各级国家权力机关审批的某一年度内政府的收支计划，是对政府在该年度内全部活动的较为全面、准确的安排，是一个具有法律效力的文件。公共预算具有统一性、权威性和公开性的特征。公共预算包括三种基本功能：控制、计划、管理，其目标是：总额控制、配置效率、运作效率和财政问责。

2. 复式预算[山东大学2017年研；中央民大2016年研]

答：复式预算是指在预算年度内将全部政府预算收支按经济性质归类，分别在两个或两个以上的计划表格中加以反映和计算的预算编制方式，通常分为经费预算、资本预算和专项基金预算。复式预算的意义在于：①推动国家资本积累；②便于考核与投资；③视经济情况发挥调节作用；④增强预算与发展计划的联系性。但复式预算也可能会导致投资结构、资本支出过度膨胀、增加日后财政负担等问题。

3. 零基预算模式[华中师大2013年研]

相关试题：零基预算[杭州师大2018年研；东北财大2014年研；北邮2007年研]

答：零基预算模式是指不考虑过去的预算项目和收支水平，以零为基点编制的预算模式。零基预算的基本特征是不受以往预算安排和预算执行情况的影响，一切预算收支都建立在成本效益分析的基础上，根据需要和可能来编制预算。零基预算是一种政府预算的技术组织形式，起源于美国，其编制过程是：确定预算所要达到的目的，然后按不同的预算目标订立几个不同预算方案，并进行成本效益分析，说明其成本、效益同风险程度；再进一步根据组织效益递减的顺序，把这些方案排列起来，由此确定对有限资源和资金的最佳分配，最后编制详细的行政预算。其优点是可以对非优先项目删减，以利于控制支出和提高效益，但需要较好的经济技术条件和管理制度。

4. 绩效预算与新绩效预算[南京大学2017年研]

相关试题：绩效预算[人大2019年研；华南理工2012年研；中央民大2010年研]

答：(1)绩效预算是按照运作和方案来组织，并把运作和方案的绩效水平与具体的预算数额联系起来的预算制度。绩效预算是基于政府的职能、业务与计划所编制的预算。绩效预算的目的是便利政府在会计年度内，完成各项工作计划与所列举的具体建议，其编制是以政府应做的工作或应提供的服务事项为基础，并总汇表示每一工作与服务的事项所需的成本。其特征有：①注重最后的产出而非投入；②强调各种产出或计划所需投入时间的关系；③尽量使计划包罗无遗，并关注于活动所具有的全部贡献及其发生的全部成本。

(2)新绩效预算又称“结果预算”“企业家预算”，其思路是，与政府绩效相关的是社会目标和结果，而并非机构的直接产出或者活动。新改革的根本目的是提高公共支出的货币价值，即同各国重新构造公共预算和财政管理体制使得纳税人缴纳给政府的税收在使用后能够创造出更大的货币价值。新绩效预算有以下特征：①目标和总额上的集中控制；②放松对预算投入的控制；③实施多年期预算规划；④预算透明与沟通改进。新绩效预算的范围与绩效预算一样，基本上限于输入和输出，但后者对输出质量的重视较前者要高。在新绩效预算中，预算署的首要任务是保证职责的完成，而绩效预算关注的首要问题是预算机构的效率。

5. 预算周期[中国地大2014年研]

答：预算周期又称“预算循环”，是指从预算编制开始到决算完成形成一个周期。一般而言，预算周期包括预算编制、批准、执行和监督等四个阶段。其基本内容为：①预算编制一般由行政机关负责，具体由财政部或特设预算机关主持。预算草案编出后，须经内阁或总统核定。②预算的批准权属议会，其批准的一般程序为，先由议会全体大会讨论，经核定的预算草案，再由常务委员会审查，后交由议会辩论，最后予以表决。③预算批准后，有关主管机关执行支出预算，税收机关和其他收入机关执行收入预算，中央银行代理国库。④审计机关对有关机关提交的收支报告进行审查，并提交审查报告，议会根据审查报告批准年度收支报告。

6. 政府决算[浙工商2021年研；华南理工2017年研；中财2014年研；中山大学2010年研]

相关试题：预算编制与政府决算[山东师大2017年研]

答：政府决算是指经法定程序批准的年度预算执行结果的会计报告。政府决算包括中央级决算和地方总决算两部分，中央级决算，由中央各主管部门的行政事业单位决算、企业财务决算、基本建设决算和金库年报、税收年报等汇总组成。根据预算法规定，各级政府、各部门、各单位在每一预算年度终了后，应按国务院规定的时间编制决算，以便及时对预算执行情况进行总结。各级财政机关是具体负责组织政府预算执行的机关，也是政府决算的编制机关。中央决算草案和地方各级政府的决算草案具体由各级财政机关的预算部门负责编制。

二、辨析题

1. 我国公共预算周期为12个月，即从每年的1月1日起至同年的12月31日止。[电子科大2016年研]

答：这种说法是错误的。我国的财政年度为12个月，从每年的1月1日起至同年的12

月31日止。但这个时间指的是年度预算的执行周期。预算周期包括预计的编制、批准、执行和监督四个阶段，预算周期一般是跨越这个财政年度的。

2. 公共预算的最终目标是提高财政资金的配置效率，是将稀缺资源有效率地配置去实现公共利益，增进人民福利。［电子科大2012年研］

答：这种说法是错误的。公共预算的最终目标是财政问责，即通过一系列制度确保财政资金的吸收和使用，履行对公民的责任，实现财政问责。

三、简答题

1. 简述公共预算管理的主要模式。［浙江财大2018年研］

答：公共预算管理，是指政府依据法律对预算计划进行编制、执行和决策的管理活动，是公共财政管理的主要组成部分。从管理或方法的角度看，公共预算管理主要有五种基本模式：

(1)分项排列预算模式。作为一种产生较早、管理较为简单的模式，分项排列预算模式的核心是以预算支出的种种特定目标，并采用分项排列的方法依次列出特定目标的预算资金，由拨款机构加以拨付。

(2)规划—计划—预算制度(PPBS)。它是以计划为中心，利用成本—收益分析方法，把目标规划、计划制订与预算编制融为一体，成为一种旨在增进政府预算执行效果的"方案导向型"预算管理模式。规划—计划—预算模式由三个部分构成：①规划，主要是确定综合性的战略目标和研制规划，据此制订实现这些目标和规划的若干备选方案，并对这些备选方案进行费用效益分析，最终制定出资源分配的最佳方案；②计划，把战略目标分成多个具体目标考虑，制订出实施这些目标的相关方案，并把规划中的任务和需求制订出五年计划和年度计划，对所需的各种资源正确估算，申报后通过上级批准；③预算，以计划为依据制订每年的预算，分配资金。对计划与预算制定相同的结构目的是在工作中形成密切的结合性，即计划中每一项目中的任务必须在对应的预算项目中支取经费。根据每个项目的费用水平进行财务检查，不允许超支，除非经过特别批准才可追加预算。

(3)目标管理预算模式(MBO)。它是一种注重预算项目执行的效率而不是主项目与各备选项目间的选择的管理模式，最早在1971年由美国尼克松政府首先倡导。目标管理预算模式的要点包括四个方面：①说明单位的基本任务；②确定预算主次目标；③设定可供考核的指标，管理者与下级交换意见以确保可行性；④列出具体时间进度以供监督。目标管理预算模式使具体解决问题的人具有某种灵活性，同时又能以上层决策者制定的目标来衡量他们的工作，它不仅是一种有效的预算工具，也是一种高效的行政工具。

(4)零基预算模式(ZBB)。即一切预算"重新开始"，不是按上年度的"渐进增量"来考虑预算，而是对原有项目进行重新审核，在要求划分项目优先顺序等方面，它与规划计划预算模式相似，但比规划计划预算模式更为彻底。零基预算模式的要点包括四个方面：

①由高层管理者提出预算原则和决策框架。

②对所有现成或提议的项目在上述决策框架的文件中加以描述和分析，并确定备选方案。

③对备选方案分别进行排序，确定优先项目，排列的顺序依次为终止、保持最低限度、

缩减、维持、扩充。

④由高层管理者选定方案，并将财政资金按上述顺序进行分配。

(5)绩效预算模式。即按照运作和方案来组织，并把运作和方案的“绩效水平与具体的预算数额联系起来”的预算管理方式。绩效预算的要点包括：

①公布绩效报告，系统地向公众发布有关政府服务的信息。

②明确绩效目标，目的主要是影响政府活动。

③将绩效报告提交审计师审核。

④预算机构与支出管理机构或某个机构与其管理者之间订立绩效合同，详细规定机构在可使用资源的条件下应取得的绩效。

⑤编制绩效预算，一方面列出支出，另一方面列出此投入相应的预期绩效，绩效预算体现了绩效合同的内容。

2. 公共预算的特点及其作用。［南开大学 2009 年研］

相关试题：公共预算的基本功能。［武汉科大 2015 年研］

答：公共预算又称国家预算、政府预算、财政预算，是指具有法律规定和制度保证，经法定程序审核批准的国家财政收支计划，是国家财政实现计划管理的重要工具。

(1)公共预算的特点：

①预测性。在编制预算时，要根据对社会经济发展的预计，预测能收取多少收入，根据社会管理和发展的需要安排支出。当客观经济形势发生意想不到的变化，原来预计能取得的收入和安排的支出已不可能实现时，就要及时对预算进行调整。

②法定性。政府编制的预算只能称草案，只有经过权力机关批准后，预算才得以成立。预算一经权力机关批准，即成为具有法律效力的文件，执行机关必须照此执行，非经法定程序，不得改变。

③完整性。国家预算是政府的基本财政收支计划，一般地说，政府所有的收入和支出都必须纳入进来。我国由于历史的原因和管理的需要，目前还有相当一部分政府收支没有纳入预算。

④时段性。政府预算必须是未来一段时期内的计划，不能随意地向权力机关报批。只要国家存续，就需要不停地进行收支活动，以维持其正常运转，实现其职能。但为了方便核算和管理，往往要设定一定的时段，这种时段一般以一年为界。

⑤公开性。由于国家预算的收入和支出都与人民群众的关系极为密切，因此一般要求其公开透明。无论是权力机关的审查批准过程，还是批准以后的预算，以及预算的执行情况都应当向社会公开。

⑥责任性。政府对预算的执行负责，预算的执行结果必须向权力机关报告并得到权力机关的认可。

(2)公共预算的作用：

①控制功能。控制是指为确保有效实施特定工作任务而对具体人、财、物的控制，它常常建立在对预算支出详细分类的基础上。19 世纪形成的现代公共预算就是这种预算体系，其控制性集中体现在已形成的分项列支预算。它以详细收支科目体系为基础编制政府预算，罗列了详细收入信息，方便于控制。

②管理功能。管理是指确定了组织目标后，项目管理者确保有效获得和利用资源以实现组织目标的过程，是解决“怎么做”的问题，它非常关注管理绩效。

③计划功能。计划是指确定组织目标、测算为实现组织目标需要的资源，以及决定怎样获取、使用这些资源等一系列决策过程，主要回答“做什么”的问题。20世纪60年代出现的计划项目预算最集中地体现了公共预算这一功能，它极其强调根据中期战略计划设计和选择项目，然后再用项目去推动资金分配；当然，预算体系也可以侧重两种以上的功能。

3. 简述公共预算的基本职能和目标。[中山大学2009年研]

相关试题：

(1)简述公共预算的目标及实现途径。[福州大学2016年研]

(2)简述公共预算的目标。[南京大学2015年研；华南理工2015年研]

(3)简述公共预算的功能目标。[中山大学2011年研]

答：预算本质上是一个分配稀有资源的活动，因此它意味着在不同的潜在支出目标之间作出选择。公共预算是指一国政府在一定时期内为达成政治、经济和社会目标，依据国家之施政方针，以国家整体资源与国民负担能力为评估基础，所预定的公共财政的收支计划，也即经过政治程序所为之的国家资源配置。

(1)公共预算的基本职能：

①预算是政府机关赖以存在的经济基础，是政府完成行政任务、实现政府职能的物质保障。

②预算是立法机关控制行政活动的重要工具，也是政府事先控制财政收支的有效办法，有利于政府节约使用财政资金，提高工作效率。

③预算是整个财务行政的基础，是分析、考核、评价行政单位财务活动的主要准则和根据，也为实行财务民主和财务监督创造了条件。

④预算可以保证政府机关更好地贯彻执行国家的路线、方针、政策和法律，从而控制行政活动的方向。

(2)公共预算的目标：

①总额控制。如果在预算过程中缺乏总额控制，毫无节制地满足各种支出请求，那么最后将导致巨额的财政赤字，引发财政危机，直接影响经济的发展和社会的稳定。总额控制不只是支出总额的控制，还必须考虑收入与支出的互动关系，即政府的支出增加，应当与收入的正常增加相称，满足财政可持续性。

②配置效率。其内涵为：当社会稀缺资源的配置达到了这样一种状态，改变这种状态已不可能使一个人的福利增加而不损害其他任何人的福利，那么就达到了最优配置。国家预算对资源的配置主要是处理社会有限资源在公共用途(提供公共商品、满足公共需要)和私人用途(提供私人商品、满足私人需要)之间以及不同的公共用途之间的关系。提高预算配置效率的关键是使预算决策符合社会成员的公共需求偏好以及相应的承受能力，因此，预算决策程序和方法的安排要有民主性和科学性，以充分体现公共意愿并有客观的计量依据。

③运作效率。即在预算执行过程中，政府机构所花费的资源与产出或用这些资源购得的产出之间的比率。资源可以用钱的形式来衡量，或者用工作小时或工作年等其他投入的

形式来衡量。从传统角度来说，产出是用数量的形式来衡量的，但是也可以质量为标准进行衡量，其中包括支付(或其他交易)的准确性、服务的及时性、提供这些服务时的殷勤程度以及服务接受者的满意程度。在衡量运作效率的过程中，可以将这些质量方面的指标与资源或其他投入的数量联系起来。

公共预算的最终目标是财政问责，它强调负责管理财政资金的官员必须就资金的使用向资金的所有者履行的一种责任，只有财政问责，才能确保公共资金的分配和使用真正做到“取之于民，用之于民”。在明确支出绩效的前提下，赋予部门及具体项目管理者灵活使用资金的自由。这使财政问责的重点从防止资金被用于私人目的转变到有绩效地使用资金，解决公民希望政府解决的问题。财政问责是建立责任政府的关键。

4. 政府预算编制的原则。[广工大2020年研；人大2015年研]

相关试题：我国政府预算编制的原则是什么？[中财2009年研]

答：政府预算编制的原则有：

(1)合法性原则。

部门预算的编制要符合《预算法》和国家其他法律、法规的要求，充分体现党和国家的方针政策，并在法律赋予部门的职能范围内进行。具体来讲：

①收入方面。组织基金收入要符合国家法律、法规的规定；行政事业性收费要按财政部、国家发展改革委核定的收费项目和标准测算等。

②支出方面。支出预算要结合本部门的事业发展计划、职责和任务测算；对预算年度收支增减因素的预测要充分体现与国民经济和社会发展计划的一致性，要与经济增长速度相匹配；项目和投资支出方向要符合国家产业政策；支出的安排要体现厉行节约、反对浪费、勤俭办事的方针；人员经费支出要严格执行国家工资和社会保障的有关政策、规定及开支标准；日常公用经费支出要按国家、部门或单位规定的支出标准测算；部门预算需求不得超出法律赋予部门的职能。

(2)真实性原则。

部门预算收支要做到真实性，即要做到实事求是，不得虚报数字。机构、编制、人员、资产等基础数据资料要按实际情况填报；各项收入预算要结合近几年实际取得的收入并考虑增收减收因素测算，不能随意夸大或隐瞒收入；支出要按规定的标准，结合近几年实际支出情况测算，不得随意虚增或虚列支出；各项收支要符合部门的实际情况，测算时要有真实可靠的依据，不能凭主观印象或人为提高开支标准编制预算。

(3)完整性原则。

部门预算的编制要体现综合预算思想。各种预算外资金要严格执行“收支两条线”管理，应将所有收入和支出全部纳入部门预算，改变预算内外资金“两张皮”的状况，取消收支挂钩的预算核定方法，对单位的预算内、外各项财政资金和其他收入，统一管理，统筹安排，统一编制综合财政预算。编制预算时，要将部门依法取得的包括所有财政性资金在内的各项收入以及相应的支出作为一个有机整体进行管理，对各项收入、支出预算的编制做到不重不漏，不得在部门预算之外保留其他收支项目。

(4)科学性原则。

部门预算编制要具有科学性，主要体现在：

①预算收入的预测和安排预算支出的方向要科学，要与国民经济社会发展状况相适应，要有利于促进国民经济协调健康、可持续发展。

②预算编制的程序设置要科学，合理安排预算编制每个阶段的时间，既要以充裕的时间保证预算编制的质量，也要注重提高预算编制的效率。

③预算编制的方法要科学，预算的编制要制定科学规范的方法，测算的过程要有理有据。

④预算的核定要科学，基本支出预算定额要依照科学的方法制定，项目支出预算编制中要对项目进行遴选，分轻重缓急排序，科学合理地选择项目。

(5)稳妥性原则。

部门预算编制要做到稳妥可靠，收支平衡，量入为出，而且不得编制赤字预算。收入预算要留有余地，没有把握的收入项目和数额，不要列入预算，以免收入不能实现时，造成收小于支；预算要先保证基本工资、离退休费和日常办公经费等基本支出，以免预算在执行过程中被不断调整。项目预算的编制要量力而行，有多少钱办多少事。

(6)重点性原则。

部门预算编制要做到合理安排各项资金，本着“一要吃饭，二要建设”的方针，在兼顾一般的同时，优先保证重点支出。根据重点性原则，首先要保证基本支出，然后安排项目支出；先重点、急需项目，后一般项目。基本支出是维持部门正常运转所必需的开支，因此要优先安排预算，不能留有缺口；项目支出根据财力情况，按轻重缓急，优先安排党中央、国务院交办的事项，符合国民经济和社会发展计划、符合国家财政宏观调控和产业政策的项目。

(7)透明性原则。

部门预算要体现公开、透明原则。对于单位的经常性支出，要通过建立科学的定员定额体系，以实现预算分配的标准化。对于部门为完成特定行政工作任务或事业发展而发生的各类项目支出，要通过填报项目文本、建立项目库、科学论证、采用择优排序的方法确定必保项目和备选项目，结合当年的财力状况与财政支出重点，优先安排急需、可行的项目，从而减少预算分配中存在的主观随意性与“暗箱操作”，使预算分配更加规范、透明。

(8)绩效性原则。

部门预算应建立健全绩效考评制度，追踪监测预算的执行过程和完成结果，不断提高预算资金的使用效益。在项目申报阶段，要对申报项目进行充分的可行性论证，以保障项目确实必需、可行；在项目执行阶段，要建立严格的内部审核制度和重大项目建设成果报告制度，以对项目进程和资金使用情况进行监督，对阶段性成果进行考核评价；在项目完成阶段，项目单位要及时组织验收和总结，并将项目完成情况报中央部门，中央部门要将项目完成情况汇总报财政部。中央部门和财政部要将项目完成情况和绩效考评结果分别记入中央部门项目库和财政部项目库，并作为财政部以后年度审批立项的参考依据，以强化对部门预算资金使用过程的监督和使用效益的考核分析，促使预算资金的安排由“重分配”向“重管理”转变。

四、论述题

1. 如何理解公共预算中的政治特性？［南京大学2017年研］

答：马骏、叶娟丽指出："预算权力是各种政治权力中非常重要的一种，预算政治也是政治活动中非常重要的组成部分，各种预算制度是政治制度的重要组成部分。"艾伦·鲁宾也认为："公共预算不仅仅是技术性的，它在本质上是政治性的。"具体而言，对公共预算中的政治特性可理解如下：

（1）公共预算反映政府做什么和不做什么的选择。它反映了公众的普遍共识，即政府应该提供何种服务以及何种公民有资格享用这些服务。V. O. Key曾经将公共预算的核心问题表述为一个资源配置问题："根据什么将一定数量的资金配置给活动A而不是活动B?"这不仅是一个预算问题，也是一个政治层面上的政策选择问题。而且，无论资金的分配结果如何，对于这一问题的回答都是与政治有联系的。在不同的政治安排格局下，对于这一问题的回答是不同的。此外，政治过程最后输出的政策选择有助于回答这一预算问题。要理解预算资金为何这样分配而不是那样分配，这就需要联系政策选择。公共政策是"用来满足被感知的国家需要"的，它的目标是实现公共利益、满足公共需求。因此，每个政策领域都反映了特定的社会问题，如环境、就业、医疗、教育，这就为预算资金的分配提供了一个可以参考的依据。

（2）公共预算反映了公共支出上的优先次序。预算过程在对政府有着不同需求的集团和个人之间进行调节，并最终决定由谁来获得。在这个意义上，公共预算实质上是一个规范性的过程，涉及价值判断与选择。由于资源总是有限的，政府必须要在不同领域和不同的公共问题间建立价值优先顺序，进而为资源分配提供一个战略指导和政策指导。一旦某个社会领域被确认为国家在一段时期内的中心工作时，稀缺的财政资源就应首先投放到该领域当中。只有这样，政府才能恰当地履行其对公民的财政责任，减少不同主体的矛盾冲突。

（3）公共预算向公民提供了一个强有力的可靠性工具，使得公民能够知道政府是如何进行支出的，政府是否遵循他们的偏好。预算将公民的偏好与政府产出联系起来。公共预算形式上是政府的公共资源，即公共财力资源的配置。但其核心价值是公共性问题。即公共财政和财力资源配置是围绕着公民主体展开的。因此，权为民所用、利为民所谋，这就构成了公共预算的重要原则。

综上，表面上是政府关于未来某个时期收支测算的政府预算，实质上从多个方面反映了政治层面上形成的政策选择以及相应的政策成本测算。

2. 请简述各级人民代表大会、人大常委会和政府作为财政预算参与者的各自职责。［电子科大2013年研］

相关试题：结合实际，谈谈人民代表大会在预算过程中应发挥怎样的作用。［暨南大学2016年研］

答：财政预算参与者的职责具体如下：

（1）中央层面：

①全国人民代表大会：a. 审查中央和地方预算草案及中央和地方预算执行情况的报告；b. 批准中央预算和中央预算执行情况的报告；c. 改变或撤销全国人民代表大会常务

委员会关于预算、决算的不适当的决议。

②全国人民代表大会常委会：a. 监督中央和地方预算的执行；b. 审查和批准中央预算的调整方案；c. 审查和批准中央决算；d. 撤销国务院制定的同宪法、法律相抵触的关于预算、决算的行政法规、决定和命令；e. 撤销省、自治区、直辖市人民代表大会及其常务委员会制定的同宪法、法律和行政法规相抵触的关于预算、决算的地方性法规和决议。

③全国人大相关专门委员会及工作委员会：对中央预算草案初步方案及上一年预算执行情况、中央预算调整初步方案和中央决算草案进行初步审查，提出初步审查意见。

④国务院：a. 编制中央预算、决算草案；b. 向全国人民代表大会报告关于中央和地方预算草案的内容；c. 将省、自治区、直辖市政府报送备案的预算汇总后报全国人民代表大会常务委员会备案；d. 组织中央和地方预算的执行；e. 决定中央预算预备费的动用；f. 编制中央预算调整方案；g. 监督中央各部门和地方政府的预算执行；h. 改变或者撤销中央各部门和地方政府关于预算、决算的不适当的决定、命令；i. 向全国人民代表大会、全国人民代表大会常务委员会报告中央和地方预算的执行情况。

(2)地方层面：

①县级以上地方各级人民代表大会：a. 审查本级总预算草案及其执行情况的报告；b. 批准本级预算和本级预算执行情况的报告；c. 改变或者撤销本级人民代表大会常务委员会关于预算、决算的不适当的决议；d. 撤销本级政府关于预算、决算的不适当的决定和命令。

②县级以上地方各级人民代表大会常务委员会：a. 监督本级总预算的执行；b. 审查和批准本级预算的调整方案；c. 审查和批准本级决算；d. 撤销本级政府和下一级人民代表大会及其常务委员会关于预算、决算的不适当的决定、命令和决议。

③乡、民族乡、镇的人民代表大会：a. 审查和批准本级预算和本级预算执行情况的报告；b. 监督本级预算的执行；c. 审查和批准本级预算的调整方案；d. 审查和批准本级决算；e. 撤销本级政府关于预算、决算的不适当的决定和命令。

④县级以上地方各级人大相关专门委员会及工作委员会：对本级预算草案初步方案及上一年预算执行情况、本级预算调整初步方案和本级决算草案进行初步审查，提出初步审查意见。

⑤县级以上地方各级政府：a. 编制本级预算、决算草案；b. 向本级人民代表大会作关于本级总预算草案的报告；c. 将下一级政府报送备案的预算汇总后报本级人民代表大会常务委员会备案；d. 组织本级总预算的执行；e. 决定本级预算预备费的动用；f. 编制本级预算的调整方案；g. 监督本级各部门和下级政府的预算执行；h. 改变或者撤销本级各部门和下级政府关于预算、决算的不适当的决定、命令；i. 向本级人民代表大会、本级人民代表大会常务委员作关于本级总预算执行情况的报告。

⑥乡、民族乡、镇政府：a. 编制本级预算、决算草案；b. 向本级人民代表大会报告关于本级预算草案的有关内容；c. 组织本级预算的执行；d. 决定本级预算预备费的动用；e. 编制本级预算的调整方案；f. 向本级人民代表大会报告本级预算的执行情况。

3. 请详细论述我国政府部门预算编制的主要方法，以及当前我国政府预算执行存在的主要问题。［电子科大2014年研］

相关试题：

(1)我国预算执行存在的主要问题有哪些？[简答题，华南理工2017年研]

(2)我国预算执行存在的主要问题。[简答题，山东师大2014年研]

答：(1)我国政府部门预算编制的主要方法：

预算编制过程即资金分配过程。目前，我国政府部门预算编制仍处于起步阶段，结合我国的现实情况，现阶段衍生出来一套具有中国特色的预算编制方法。我国部门的预算支出分为公用支出、人员支出和项目支出三个方面，每部分支出又采用了不同的方法进行编制。具体而言，包括：

①人员支出：据实核算。决定部门人员支出有两大关键因素，分别是单位的编制人数和实有人数以及公务人员的工资福利标准。部门无权决定人员支出的总额，而是基于现行的相关政策标准和实有人数进行核算支出。因此，“公式预算”是人员支出的预算编制的一大特征。

②公用支出：定额管理。公用支出通常采用定员定额的方法进行编制。定员是指根据单位的业务性质和工作量确定的所需人员的编制数；定额是指各单位履行职能及开展工作所需的公用经费的人均额度标准。所以，和人员支出一样，公用支出的预算编制实际上也具有“公式预算”的特征，即根据核算测定的人员数和固定的业务标准，并按特定的公式计算，即：公用经费 = 定额 × 定员。

③项目支出。即政府部门为完成特定的任务或发展目标，在基本支出预算之外的年度支出计划。按照部门预算编报要求，可以将中央部门的项目分为经常性专项业务费项目、跨年度支出项目、国务院已研究确定项目和其他项目四类。项目支出预算编制的基本原则有：①综合预算；②科学论证、合理排序；③追踪问效。与此同时，部门预算编制也包括项目的申报、审核和批复等重要环节。

(2)我国预算执行存在的主要问题包括：

①预算执行经常超支。近年来，随着国家经济的发展和各种有利于地方发展政策的实施，地方财政收入随之也逐年增加，但在进行地方财政预算执行工作后发现，预算执行超支问题仍普遍存在。多年的数据显示，在我国的一些县区级地方，预算实际支出和预算支出都会存在着差异，几乎每年的预算实际支出都不同程度地超出预算支出。财政支出的经常超支，一方面表明了在编制预算时考虑支出需要不够充分；另一方面则说明预算执行受到的政策性、突发性因素的影响多，预算执行中存在着不确定性大。

②潜在的负债风险加大。当前，很多地方政府为了大力发展经济，不断完善城市基础设施，吸引投资，都纷纷增加了政府投入力度。而很多地方政府的工业、农业发展水平较低，财政收入有限，转而采取出让土地、政府举债等方式筹措资金发展地方经济，造成了政府债务的增加。政府债务的累积影响了预算的正常进行和资金的正常调度。

③预算到位不及时。财政部门经过人大批准预算，然后再下达具体的部门预算。在这一过程中，传统预算安排思想及财政收支年初的不确定性影响着预算的下达进度。预算并非按人大批准的预算年初一次下达到位，而是分两次下达给预算执行部门。财政部门在预算执行时还要把一部分精力投入到追加预算上，人大批准的预算失去了刚性约束，导致许多部门在预算执行中只想着如何争取财政资金，而不重视有效使用预算资金，造成了追加

预算不透明和财政资金使用上分配不公平。

④少列预算收入，随意变动预算支出。地方财政往往为了自己的利益，让自己在今后的财政改革中处于有利地位，常常是隐瞒信息，不肯向上级财政全盘上报自身的财政收支信息，导致相当大的财政收入在一般预算和基金预算之外游离。具体表现有：依照相关规定应该纳入预算管理的多种行政事业收费只上缴部分或不缴入国库，它们仍储存于地方预算外的资金专户中；对国有土地使用权转让得到的出让金收入，国有资产的投资、经营收入收益不按相关规定上缴；地方政府将征收的契税、罚没收入等部分税款收入存放于银行开设的账户上，不按规定及时准确地上缴国库。而在财政支出预算执行中又随意变动，造成资金使用效益、支出结构不合理。

⑤财务监督不到位。现行的会计集中核算执行实际上仍是会计代办制，这使得日常会计核算在空间和时间上与会计监督脱节而将会计核算变成单纯记账的行为。当会计的责任主体不明确时，一旦出现财政管理上的问题，会计集中核算中心与具体的经济行为单位间会相互推诿。其次，日常财务管理不参与单位的具体经济业务，这容易出现财务监督管理盲区。许多政府部门认为自身不负责财务收支管理，与自身部门关系不大，因而没有主观能动性做好财务管理监督工作。此外，会计集中核算的业务量大，工作人员任务重，工作人员对被核算部门的专项资金的用途和工作性质了解不多，客观上造成了预算执行工作中不能正确反映财务收支、结余等实际状况的困难。

第八章　行政信息

8.1　复习笔记

【知识框架(庖丁解牛)】

- 行政信息
  - 行政信息概述
    - 行政信息的内涵
      - 信息资源与行政信息
      - 信息资源管理
      - 行政信息管理
    - 行政信息管理的产生、发展阶段和研究视角
    - 行政信息管理标准化
      - 标准化概述
      - 基础标准
      - 中国行政信息管理标准化
  - 行政信息管理的内容
    - 行政信息管理体制
    - 行政信息采集管理
    - 行政信息存储
      - 含义
      - 数据仓库
      - 行政信息库的构建
    - 行政信息分级分类
      - 行政信息分级
      - 行政信息分类
    - 行政信息公开
      - 含义
      - 原则
      - 公开制度
    - 行政信息交换共享
  - 行政信息开发利用
    - 行政信息开发利用概述
    - 行政信息法制建设

【通关提要(提纲挈领)】

本章主要介绍行政信息的相关知识。学习时，需掌握行政信息管理的目标和标准化、行政信息的分级分类及公开、行政信息开发利用等，熟悉行政信息的内涵、行政信息管理体制、行政信息交换共享等内容。本章主要考查概念题和简答题，要从管理角度来理解行政信息的本质，理解记忆。

【考点难点归纳(厚积薄发)】

考点一：行政信息概述

1. 行政信息的内涵(见表8－1) ★★

表8－1 行政信息的内涵

要点	主要内容		
行政信息	含义	指影响行政管理活动的各类信息的集合	
	作用	①行政信息是行政决策的基础。 ②行政信息是行政沟通的脉络和纽带。 ③行政信息是行政监督、行政控制的依据。 ④行政信息是提高行政效率的一个关键性因素	
信息资源管理	含义	指行政主体为了有效利用信息资源，以现代信息技术为手段对信息资源进行计划、预算、组织、控制、协调的管理活动	
	层次	①微观[最基层]；②中观；③宏观[战略管理]	
	要素	①架构，关键是总体架构的设计；②基础：组织；③环境；④服务；⑤支撑平台：技术	
行政信息管理	含义	指行政部门为实现管理目标，以现代信息技术为手段，采集、加工、存储、交换共享、开发利用和服务有关信息，对信息活动各要素进行管理的过程	
	目标	基础目标	科学管理行政信息
		根本目标	有效利用行政信息
		直接目标	合理开发行政信息
		终极目标	确保行政管理正常运转、经济良性运行、社会和谐发展

【真题链接】行政信息管理的目标。[简答题，山东师大2013年研]

2. 行政信息管理标准化(见表8－2) ★★

表8－2 行政信息管理标准化

要点	主要内容	
标准化概念	指在社会生活中，通过制定、发布和实施统一标准来整合重复性的事物和概念，以期获得最佳的秩序和社会效益	
标准的分类与分级	①分类方法：层次分类法、性质分类法、对象分类法。 ②分级：我国分为国家、行业、地方和企业标准四级	
内容	①信息技术标准化；②标准化设施；③标准化术语；④标准化管理过程	
方法	①简化法；②统一法；③组合法；④综合法；⑤程序化法	
基础标准	数据元素标准	最小不可分
	信息分类编码标准	对象是数据元素
	用户视图标准	反映最终用户看法

续表

要点	主要内容	
基础标准	概念数据库标准	看法合集
	逻辑数据库标准	规范化的基本表
中国行政信息管理标准化	①我国的信息化发展采取技术优先路径。 ②标准化建设问题在于行政信息化建设和行政信息管理的开展。 ③注重制定符合国情的行政信息标准化战略	

【真题链接】简述行政信息管理标准化。[简答题，中国地大2016年研]

考点二：行政信息管理的内容

1. 行政信息管理体制与采集管理（见表8-3）★★

表8-3　行政信息管理体制与采集管理

要点		主要内容
管理体制	管理机构	自上而下、由政府主要领导牵头和各相关部门负责人共同参与的信息化管理机构
	管理职能	①宏观管理职能：统筹规划、组织协调、业务指导和监督控制职能。 ②微观管理职能：各部门内部管理机构的管理和开发利用
	管理人员	信息技术专才、信息管理专才
采集管理	含义	指各政务部门在职责范围内根据用户需求，从有关信息源或载体内选择、采出、提取并加以聚合和集中信息的过程
	过程	准备阶段→实施阶段→评估阶段
	渠道	行文渠道、媒体渠道、机构渠道、制度性渠道、政府部门交流渠道和个人渠道
	方法	观察法、调查法、阅读法、检索法、与会法等

2. 行政信息存储与分级分类（见表8-4）★★★★

表8-4　行政信息存储与分级分类

要点		主要内容
存储	含义	指将行政信息加工处理后按一定的规定记录在信息载体上，并按一定的特征和内容性质将其系统化组织成检索体系的过程
	数据仓库	指一个面向主题的、集成的、随时间变化但信息本身相对稳定的数据集合，用于支持管理决策过程
	信息库的构建	①健全并完善行政信息管理的统一标准和规范。 ②遵循分步实施、由易到难的原则，建立灵活的政务处理系统。 ③规范行政信息库的系统运行管理。 ④建立高效、可操作的行政信息质量评价体系
分级	含义	指依据行政信息的性质确定行政信息的公开与保密级别
	三级	社会公开类、部门共享类和依法专用类行政信息
分类	主题类、行业类、服务类、资源形态类行政信息	

【**真题链接**】简述行政信息的分级。[简答题，中国地大2015年研]

3. 行政信息公开、交换共享(见表8－5)★★★

表8－5 行政信息公开、交换共享

<table>
<tr><th>要点</th><th colspan="3">主要内容</th></tr>
<tr><td rowspan="4">公开</td><td>含义</td><td colspan="2">指行政部门和法律法规授权的相关公共组织主动或根据公众申请公开行政信息的各种活动与制度的总称</td></tr>
<tr><td>原则</td><td colspan="2">①合法性原则；②真实性原则；③及时性原则；④利益平衡原则；⑤不收费原则；⑥责任原则</td></tr>
<tr><td rowspan="2">公开制度</td><td>内容</td><td>①确立并强化行政信息公开是政务部门的义务和责任。
②确定行政信息公开的范围。
③确立行政信息公开的监督和保障制度</td></tr>
<tr><td>措施</td><td>①及时、准确地公开政府信息。
②要建立健全行政信息协调发布机制。
③利用大众传播媒介公开行政信息。
④配备相应的设施、设备，方便公众查阅、获取行政信息。
⑤设立公共查阅室、资料索取点、信息公告栏等公开信息。
⑥行政信息公开目录和指南要及时编制、公布和更新</td></tr>
<tr><td rowspan="2">交换共享</td><td>含义</td><td colspan="2">指部门间相互交换所需行政信息的行为</td></tr>
<tr><td>措施</td><td colspan="2">①编制行政信息交换共享目录体系。
②建立健全行政信息交换共享标准规范、管理制度。
③建设行政信息交换共享平台和共享库</td></tr>
</table>

【**真题链接**】简述我国行政信息公开的意义及措施。[简答题，武汉科大2017年研]

考点三：行政信息开发利用及法制建设(见表8－6)★★★

表8－6 行政信息开发利用概述及法制建设

<table>
<tr><th>要点</th><th colspan="2">主要内容</th></tr>
<tr><td rowspan="3">开发利用概述</td><td>开发</td><td>①狭义：指对行政信息内容资源的开发。
②广义：除狭义内容外，还包括信息系统建设、信息机构和管理体制的建立、信息规则设定、信息环境维护、信息人员培养等活动。
③评价：从开发广度、数量等方面对行政信息的开发成果进行评价</td></tr>
<tr><td>利用</td><td>指政府部门、企业、其他社会组织和公民主动利用行政信息解决问题、满足需求的过程</td></tr>
<tr><td>关系</td><td>①开发是手段，利用是目的，二者相辅相成、互相促进。
②开发是利用的前提，利用为开发提供动力和方向</td></tr>
<tr><td>法制建设内容框架</td><td colspan="2">①行政信息管理法律制度；②行政信息机构组织管理法律制度；③行政信息安全、保密法律制度；④国际信息合作与交流法律制度</td></tr>
</table>

8.2　考研真题

一、概念题

1. 行政信息[华南理工2018年研；广东海大2016年研；山东师大2014年研；中财2007年研]

2. 行政信息管理[华南理工2012年研]

3. 信息分类[中山大学2011年研]

4. 行政信息公开[北邮2020年研；中财2012年研]

二、简答题

1. 什么是行政信息管理？其进入成熟发展阶段的特点是什么？[武汉科大2015年研]

相关试题：行政信息管理的具体内涵。[东财2010年研]

2. 行政信息管理的目标。[山东师大2013年研]

3. 简述行政信息管理标准化。[中国地大2016年研]

4. 行政信息管理体制的内容有哪些？[中财2010年研]

5. 简述行政信息的分级。[中国地大2015年研；中山大学2010年研]

相关试题：我国行政信息根据公开与保密分级标准，可分为社会公开类行政信息、部门共享类行政信息和依法专用类行政信息。其中，社会公开类行政信息按政府信息公开原则应完全向公众公开，部门共享类行政信息根据申请可向特定公众对象公开，依法专用类行政信息则只在本部门内部专用而不得对外公开。[辨析题，电子科大2014年研]

6. 简述我国行政信息公开的意义及措施。[武汉科大2017年研]

三、论述题

结合实际论述社会信息化的发展对行政信息管理与咨询的影响。[华南理工2013年研]

四、案例分析题

全国政府信息公开工作电视电话会议召开

2012年5月24日，国务院在北京召开全国政府信息公开工作电视电话会议，国务委员兼国务院秘书长马凯在会上强调，各地区各部门要深入贯彻党中央、国务院关于政府信息公开工作的决策部署，突出重点，抓好落实，保障人民群众对政府工作的知情权、参与权、表达权和监督权，提高政府的公信力和执行力。

会议指出，推进政府信息公开，是人民政府的本质要求，是建设法治政府和服务政府的重要内容，是加强反腐倡廉建设的重要举措。各地区、各部门要认真贯彻落实国务院办公厅印发的《2012年政府信息公开重点工作安排》，重点做好以下五方面工作：一是着力推进公共财政资金管理与使用的政府信息公开，继续抓好预算决算、“三公”经费和行政经费的公开，力争取得更大进展。二是着力推进民生领域的政府信息公开工作。要把保障性住房的规划、建设、分配、管理等各环节和全过程向社会公开；继续加大生产安全事故应对、处置、调查、处理信息的公开力度；所有征地拆迁项目，都要严格依法履行公告、告知、论证和听取意见等程序，全面公布补偿方案、补偿标准和补偿结果等各环节信息；推进食品安全和环境保护信息公开。三是着力推进招投标信息公开。政府投资项目以及国有资金占控股或者主导地位、依法必须进行招标的项目，其招投标信息、投标单位及从业人员信用信息等都要向社会公开。四是着力推进价格和收费信息公开。政府制定的价格和收费标准调整时，要公开调整的原因、标准、执行期限等，依法举行听证，严格执行经营服务性收费、行政事业性收费公示制度。五是着力推进政府信息公开制度和公开渠道建设。健全依法申请公开工作机制，充分发挥政府网站、广播电视、报纸杂志等信息渠道的作用，方便社会公众及时获取政府信息。

公安部“打四黑除四害”微博开通

自2011年8月28日公安部“打四黑除四害”专项行动办公室开通公安部首个官方微博——“公安部打四黑除四害”以来，持续得到广大网友高度关注和积极参与。截至2012年1月31日，“公安部打四黑除四害”微博粉丝总数已超过200万人。

“公安部打四黑除四害”微博开通以来，通过连续发布权威消息、开展“微访谈”活动、开设热点讨论话题等方式，大力宣传“打四黑除四害”专项行动的法律政策和工作成效，认真倾听网友意见，加强与网友交流互动，发动网友积极举报“四黑四害”违法犯罪活动线索，有力地推动了专项行动的深入开展。截至2012年2月，该微博发布的937条博文共被转发、评论41.5万条次。网友通过微博私信举报了一大批案件线索，各地公安机关已据此查办了一批大要案件。

“北京微博发布厅”扩容

2011年12月22日，“北京微博发布厅”扩容，丰台区等15个区县以及国市委等6个市级单位成为第二批成员。至此，“北京微博发布厅”的成员从原来的21个变为42个，16个区县已全部开通政务微博。

“北京微博发布厅”于2011年11月17日在新浪网上线运行，首批20个北京市政府组成部门和西城区政府开通政务微博，7个部门的新闻发言人开通个人微博。据北京市政府新闻办主任王惠介绍，上线以来，各成员单位积极发布信息，回应网友关切，解决网民提出的问题。截至2011年底，21个成员单位总粉丝量已接近400万，7位新闻发言人的总粉丝量超过30万，共发布信息4000余条，回复网友各类问题5000余个。

政务微博“上海发布”首日粉丝31万

2011年11月28日上午8时40分，“上海发布”微博平台，在新浪网、腾讯网、东方网、新民网同时上线，这是上海市人民政府新闻办公室实名认证的政务微博。为更好地运用新媒体联系群众、服务群众、改进工作，上海市委、市政府大力推进政务微博平台建设。上线的“上海发布”，旨在及时发布权威的上海政务信息，努力提供涉沪实用资讯，积极与网友开展互动，回应群众关切。

与此同时，“上海发布”微博平台链接上海政务微博群。首批亮相的是与市民生活工作密切相关的委办局、区县政府、社会团体、公共服务机构的官方微博。其中包括公安、交通、旅游、环保、民政、工商、教育、共青团，高校青年组织、志愿者团体、剧院、剧团，以及金山、虹口、杨浦、长宁、徐汇等部分区县政府官方认证微博。随着上海政务微博群建设的加快，更多政务机构实名认证微博将亮相“上海发布”微博平台。“上海发布”每天将在醒目位置滚动推荐新上线的政务机构微博，以及群内活跃度高、互动性强的政务机构及公共服务微博。

据统计，在新浪、腾讯、东方、新民网，共有实名认证的上海各级政务机构微博近600个、各级政府官员微博近300个。其中，“上海地铁 shmetro”在新浪微博拥有粉丝超过114万，在全国政务机构微博影响力排行榜上位居前列。上海市公安局名警、名队、名所系列微博，上海共青团“上海12355”、市旅游局“乐游上海”、上海市防汛指挥部办公室“上海防汛”、市交通港口局“交通港航”、市政工程管理处“乐行上海”、上海教育考试院“上海国子监”，以及金山、虹口、杨浦、长宁、徐汇区的政府微博，在网友中拥有良好口碑。近期，上海大剧院、上海交响乐团、文化广场等文化单位纷纷加入官方认证微博行列，成为上海微博群建设的新亮点。

“陕西发布”政务微博开通

2012年11月7日上午，陕西省首个省级政务微博平台“陕西发布”在腾讯网和新浪网同时开通。“陕西发布”政务微博以省政府门户网站名义开办，与陕西省政府各部门微博共同组成“陕西发布”政务微博群。“陕西发布”围绕全省工作大局，重点发布与民生相关的各项重要信息、各部门的重要工作动态、突发公共事件的准确信息，并回应有关陕西的热点问题。

与民生密切相关的陕西省教育厅、公安厅、民政厅、人社厅、住建厅、商务厅、卫生厅、食品药品监督管理局、文物局、旅游局、知识产权局、气象局这12个政府部门同步加入“陕西发布”政务微博群。省发改委、物价局、国土厅、环保厅、交通运输厅、农业厅、扶贫办、文化厅、工商局等部门将于2012年底前完成开通入驻。[电子科大2013年研]

请回答：

1. 什么是行政信息公开？行政信息公开的具体措施有哪些？

2. 结合如上案例，分析行政信息公开的必要性，以及互联网技术背景下政府行政信息公开工作所面临的机遇和挑战。

3. 结合如上案例，分析各地政府开通政务微博对行政信息公开和政府建设的意义。

8.3　考研真题详解

一、概念题

1. 行政信息[华南理工2018年研；广东海大2016年研；山东师大2014年研；中财2007年研]

答：行政信息是指反映整个行政管理活动的各种资料、情报、数据、指令、密码、符号、文字、语言、讯号等的总称。其特征在于：①层次性。行政信息系统是依据行政管理系统的层次性特点来建立的。②严密性。为了保障各项政令的有效贯彻执行，政府系统是一个组织严密、结构完整的指挥系统。③独立性。各级政府是国家权力的执行机关，它行使宪法规定的行政权，具有相对独立性。④整体性。政府工作涉及社会生活和各个方面、千头万绪，但各项工作和各个部门又组成一个密不可分的整体。⑤技术性。行政信息管理是一项科学性、技术性较强的工作，从系统的分析、设立到运行都需要借助科学的方法与技术。

2. 行政信息管理[华南理工2012年研]

答：参见本章简答题第1题答案。

3. 信息分类[中山大学2011年研]

答：信息分类是指遵循约定的分类原则和方法，按照信息的内涵、性质及管理的要求，将所有信息按一定的结构体系分门别类地加以集合，从而使得每个信息在相应的分类体系中都有一个对应位置。信息分类的基本原则有：科学性、系统性、可延性和兼容性，分类的要求是归类正确且一致、充分揭示和方便检索等。行政信息分类要方便行政信息的组织和管理，符合政府部门业务和信息资源的特点。

4. 行政信息公开[北邮2020年研；中财2012年研]

答：行政信息公开是指国家行政机关和法律法规以及规章授权和委托的组织，在行使国家行政管理职权的过程中，通过法定形式和程序，主动将政府信息向社会公众或依申请而向特定的个人或组织公开的制度。政府信息公开需要行政权力的运行。信息的产生离不开行政权力，信息的公开同样离不开行政权力。有时信息公开的过程也就是信息产生的过程，行政性贯穿始终。行政信息公开必须按照一定的原则来进行，概括起来，包括六个方面：①合法性原则；②及时性原则；③真实性原则；④利益平衡原则；⑤不收费原则；⑥责任原则。

二、简答题

1. 什么是行政信息管理？其进入成熟发展阶段的特点是什么？[武汉科大2015年研]

相关试题：行政信息管理的具体内涵。[东财2010年研]

答：(1)行政信息管理是指政府部门为了有效地开发和利用信息资源，以现代信息技术为手段，对信息资源进行计划、组织、领导和控制的社会活动。其含义包括三个方面：①管理覆盖行政信息开发和利用等环节的全过程；②行政信息内容是行政信息管理的核心对象；③行政信息管理是一种集成性和综合性的管理。行政信息管理的过程包括信息收集、信息传输、信息加工和信息储存。

(2)行政信息管理进入成熟发展阶段的特点：

20世纪90年代，行政信息资源管理开始进入成熟发展阶段，并开始在公共部门中设立信息主管职位负责信息资源的管理。这一时期的特点主要表现为：

①行政信息资源管理由美国蔓延到世界各国，发展成为一种世界性的潮流和世界各国普遍重视并推行的一项管理活动，显示了全球化的特点。

②在现代信息技术发展的推动下，各国延伸和扩展了20世纪70～80年代产生和应用的“办公自动化”，实现了现代信息技术的应用与公共部门组织结构、管理方式、管理体制和服务方式变革的一体化融合。

③行政信息资源管理开始向电子化政府迈进，逐步形成了面向社会的“一站式”互动服务、面向公共部门的跨部门“一体化”业务集成和“流程化”的协同办公、面向业务应用的“统一平台”信息交换与资源共享、面向数字化管理的“可持续发展”公共管理体制和运行机制。

④以移动互联网、云计算、大数据和“互联网 +”为时代特征的行政信息资源高度整合和集中。

2．行政信息管理的目标。［山东师大 2013 年研］

答：参见本章考点难点归纳相关内容。

3．简述行政信息管理标准化。［中国地大 2016 年研］

答：（1）行政信息管理标准化是指在社会实践中，通过制定、发布和实施统一的标准来整合重复性事物和概念，从而获得最佳的秩序和社会效益。

①标准的分类与分级。常见的标准分类方法包括层次分类法、性质分类法和对象分类法三种。从世界范围来看，标准层次可分为国际标准、区域性标准、国家标准、行业标准、地方标准与企业标准。我国将标准分为国家标准、行业标准、地方标准和企业标准四级。

②行政信息管理标准化的内容：

a．信息技术标准化。即围绕信息技术开发、信息产品的研制和信息系统建设、运行与管理而开展的一系列标准化工作。

b．标准化设施。这是行政信息活动的物质基础。

c．标准化术语。即术语的标准化，统一信息活动中某一事务或过程的称谓或代号，采用标准化或国内术语，从而避免二义性。

d．标准化管理过程。包括学习和贯彻标准，制定标准、工作流程等。

③行政信息管理标准化的方法：

a．简化法，是在一定范围内缩减对象事物的类型，使之在既定时间内满足一定领域需要的标准化方法。

b．统一法，是把同类事物的不同表现形态归并为一种的标准化方法。

c．组合法，是将两个以上具有特定信息资源功能的单元，按预定要求有选择地结合起来，形成具有新功能的单元或系统的标准化方法。

d．综合法，是对系统标准化对象的整体及其相关要素进行有目的、有计划地制定和贯彻某一标准系统的标准化方法。

e．程序化法，是将信息资源管理工作的全过程按照严格的逻辑关系形成规范化程序的标准化方法。

（2）行政信息管理基础标准，是指决定信息系统质量、进行信息资源开发利用最基本的标准，包括：

①数据元素标准。统一数据元素标准，可以在很大程度上减少数据处理系统中使用的数据元素的总数，并大大简化了其结构。主要包括：数据元素命名标准、标识标准和一致性标准。

②信息分类编码标准。其对象是某些重要的数据元素，这些数据元素决定着信息自动化处理、检索和传输的质量与效率。它是信息标准中最为基础的标准。

③用户视图标准。用户视图是用户所能见到的数据或信息的表现形式，是一些数据的集合。

④概念数据库标准。概念数据库是最终用户对数据存储的看法，反映了用户对信息的

综合性需求。

⑤逻辑数据库标准。逻辑数据库是一组规范化的基本表。

4. 行政信息管理体制的内容有哪些?［中财2010年研］

答:行政信息管理体制的内容包括:

(1)行政信息管理的机构。为实现对政务信息资源的宏观和微观管理，我国建立了相应的组织机构，基本形成了自上而下的信息化管理机构，由机构统一领导和协调政务信息资源管理工作，这种机构由政府主要领导牵头，各相关部门负责人共同参与。

①在国务院和地方各级政府成立领导小组，国务院总理和各级政府最高行政领导担任组长。

②在国务院成立负责行政信息化建设的专门管理部门——国务院信息化办公室及与信息化推进有关的信息产业部和属于事业单位性质的信息中心;与此相适应，地方各级政府都成立了信息产业厅(局)、信息中心。

③在各政府部门内成立行政信息管理的工作部门或机构，一般是部门内部的信息中心、信息部或情报中心。

④目前我国行政信息管理还存在着问题。有些地方政府为了适应信息化发展的需求，将信息中心改为信息化办公室，但只是名称的变化，有的还是属于事业编制单位;有的虽然是政府部门，但在统筹规划、组织协调、监督控制方面缺乏相应的能力和具体措施。

(2)行政信息管理职能:

①宏观信息资源管理，是指国际、国家和政府所开展的信息管理活动，主要是运用法规、政策等来指导、组织、协调信息资源的开发利用，以促进信息事业的发展。它是一种战略管理。

②微观信息资源管理，是指行政部门内部管理机构对自身政务信息进行具体管理和开发利用的职能。它是最基层的信息管理，体现了环节管理。

(3)行政信息管理人员。政府优质的行政信息管理依赖于一支高素质的行政信息管理人员队伍。政府要进行有效的技术培训，促使每一位公务员具备基本的电脑操作及应用能力，并且根据其专业性质和业务需要培训其信息网络应用到工作业务的相关能力。政府还要建立和完善公务员的培训制度，引导公务员树立终身学习的观念，并通过合理的制度安排激励公务员不断学习、互相学习。

总之，只有在健全行政信息管理机构的基础上，逐步明确行政信息管理的职能，提高行政信息管理人才的素质，才能实现我国行政信息管理的目标。

5. 简述行政信息的分级。［中国地大2015年研;中山大学2010年研］

相关试题:我国行政信息根据公开与保密分级标准，可分为社会公开类行政信息、部门共享类行政信息和依法专用类行政信息。其中，社会公开类行政信息按政府信息公开原则应完全向公众公开，部门共享类行政信息根据申请可向特定公众对象公开，依法专用类行政信息则只在本部门内部专用而不得对外公开。［辨析题，电子科大2014年研］

答:行政信息分级，是指根据行政信息资源性质的不同来确定行政信息资源的公开与保密级别。要确定哪些信息可以向社会公众公开、哪些信息只在公共部门之间进行共享、哪些信息仅仅局限在部门内部用，这是政务信息资源分级的重要内容。具体来说，行政信息分级包括：

(1)社会公开类行政信息。即根据相关法律法规的要求，应向社会进行公开的一些行政信息。根据公开程度的不同，社会公开类行政信息可分为完全向社会公开的行政信息和依申请向特定对象公开的信息，前者是指没有任何密级可以向整个社会进行公开的行政信息，后者是指只能向某些特定用户进行公开的行政信息。

(2)部门共享类行政信息。即根据相关法律法规的要求，只能在行政部门之间进行交换共享使用的一些行政信息。这些行政信息仅供内部部门使用来履行职能。未经有关信息部门的批准许可，不能私自转给公众和第三方，严禁用于商业目的。

(3)依法专用类行政信息。即按照相关法律的规定，仅能供本部门使用而不能供外部人员使用、与本部门有关职能相关联的一些行政信息。

根据行政信息的分级，各部门应编制本部门行政信息目录体系和本部门行政信息需求体系，并对本部门行政信息目录内容及时更新和维护。对社会公开类行政信息应面向社会及时、准确地公开，对部门共享类行政信息应集中到公共数据中心进行交换共享。

6. 简述我国行政信息公开的意义及措施。[武汉科大 2017 年研]

答：(1)我国行政信息公开的意义：

①行政信息公开是提高科学执政、民主执政、依法执政的能力和水平，深化行政体制改革，健全权力运行制约和监督体系的必然要求。

②行政信息公开是推进社会主义民主，建设法治政府的重要举措，是人民知情权、参与权、表达权、监督权和公共权力正确运行的重要保证。

③行政信息公开是建立行为规范、运转协调、公正透明、廉洁高效的行政管理体制的重要内容。

(2)行政信息公开的措施：

①及时、准确地公开政府信息。政务部门要及时发现影响或可能影响社会稳定、社会秩序的虚假、不完整信息，同时也要及时发布准确的信息进行更正和澄清。行政机关公开政府信息，应当坚持以公开为常态、不公开为例外，遵循公正、公平、合法、便民的原则。各级人民政府应当积极推进政府信息公开工作，逐步增加政府信息公开的内容。

②建立健全行政信息发布协调机制。行政信息在发布时若涉及其他部门，要与相关部门沟通、确认，以便准确一致地发布行政信息。行政机关发布政府信息依照国家有关规定需要批准的，未经批准不得发布。

③通过网站、新闻发布会以及报刊、广播、电视等方式或大众传媒进行行政信息的公开。大众传媒是政府信息的传播者、解释者、监督者和反馈者，同时还承担着代言公众寻求政府信息、建构政府形象、塑造传媒公信力的功能。

④在国家档案馆、公共图书馆等公共场所设置行政信息查阅区，同时配备相应的设施、设备，以使行政信息可以更便捷地为公众所查阅、获取。

⑤根据需要设立公共查阅室、资料索取点、信息公告栏、电子信息屏等，用来实施行政信息公开。各级人民政府应当加强政府信息资源的规范化、标准化、信息化管理，加强互联网政府信息公开平台建设，推进政府信息公开平台与政务服务平台融合，提高政府信

息公开在线办理水平。

⑥为保障公民、法人和其他组织依法获取政府信息，应编制、公布行政信息公开目录和行政信息公开指南，并及时更新。

三、论述题

结合实际论述社会信息化的发展对行政信息管理与咨询的影响。[华南理工2013年研]

答：社会信息化是指以计算机信息处理技术和传输手段的广泛应用为基础和标志的新技术革命，影响和改造社会生活方式与管理方式的过程。

(1)社会信息化对行政信息管理的影响：

社会信息化带来行政信息工作数量、质量、种类、速度等方面的重大变化，对行政信息的管理产生深刻影响，这主要体现在以下方面：

①管理技术的要求。必须采用先进的现代化的管理技术，以完成行政信息管理所担负的任务。从技术进步角度看，行政信息管理的新的技术要求包括：电子计算机技术、通信技术和多媒体技术。

②管理制度的要求。社会信息化尤其是互联网的形成与应用，对行政信息的管理提出了更高的要求，如国家行政信息主权性、保密性的要求，国家信息网络安全性的要求，国际信息获取竞争性的要求等。

③管理机构和组织的要求。各种区域性、多国性、国际性互联网络的出现，绝非意味着信息网络的无政府状态。网络的管理机构不仅应担负协调的责任，更要加强技术和行政上的管理。前者如制定技术与网络使用标准，以及资源分配；后者如网络及其使用的监管、安全制度的执行等。在网络化逐步实现的过程中，离不开管理机构的指导、协调功能，实现网络化后，更需要有专门的管理机构负责整个信息管理工作。社会信息化向信息管理提出信息用户组织的新要求，在行政活动中利用行政信息的个人或团体，都是行政信息系统的用户。

④管理观念的要求。对行政信息的管理者来说，应在新的信息环境和管理任务的条件下，增强依法管理观念、信息道德观念和信息竞争观念等。

(2)社会信息化对行政咨询的影响：

行政咨询具有整理、传输信息的服务功能，又是集知识、技术、信息于一体的智能再生产过程，社会信息化对行政信息的影响必然会反映到咨询活动上来。

①专业咨询机构的数量急剧增加。

②决策咨询的地位日益重要。从世界范围来看，决策咨询在信息咨询活动中的地位日益重要。

③咨询手段的现代化和科学化。

④信息意识的社会化。社会化的信息意识有助于提高人们对咨询重要性的认识，有助于人们掌握咨询手段和利用咨询功能，从而形成咨询业走向社会化、产业化的社会条件。

⑤咨询管理的法制化，实质上是对信息再生产、知识产权、信息安全、接受与提供咨询服务者的利益保护等方面的社会规范，是依法行政的新内涵。

四、案例分析题

全国政府信息公开工作电视电话会议召开

请回答：［电子科大 2013 年研］

1. 什么是行政信息公开？行政信息公开的具体措施有哪些？

答：(1)行政信息公开的含义，参见本章概念题第 4 题答案。

(2)行政信息公开的具体措施，参见本章简答题第 6 题答案。

2. 结合如上案例，分析行政信息公开的必要性，以及互联网技术背景下政府行政信息公开工作所面临的机遇和挑战。

答：(1)行政信息公开的必要性：

推进权力运行公开化、规范化，完善党务公开、政务公开、司法公开和各领域办事公开制度，是深化行政体制改革、健全权力运行制约和监督体系的必然要求，是人民知情权、参与权、表达权、监督权和公共权力正确运行的重要保证。因此，强调行政信息公开具有非常重要的意义。行政信息公开的必要性主要体现在：

①保障公民的知情权、参与权、表达权、监督权，有利于提高政府的公信力和执行力。

②监督政府运行和公共政策的制定。

③优化政府决策，提高决策质量。

④实现权力监督和防止腐败。

⑤体现人民政府的本质要求，是建设服务型政府、提高政府合法性的需要。

(2)在互联网背景下政府行政信息公开工作所面临的机遇：

①促进了行政运作改革。信息技术的发展促进了传统行政组织的重构：

a. 缩减以致取消中间管理层。

b. 增宽管理幅度，管理者和下属都可以利用信息技术随时了解对方的状态和意图，且占用较少的时间和精力。

c. 改进行政组织绩效，极大地提高了行政效率。

②提高了行政运作效率。政府部门应用信息技术，加快了信息传递速度，这不仅减少信息的传递时间，并且大大降低了信息的传递成本。

③提高了政府服务水平。政府部门应用信息技术，可以将政务更加公开，可以将更多的信息向公众公开。政府在制定政策、作出重大决策时，可以通过网络让公众参与，让公众发表意见。公众也可以通过信息网络监督政府的运作，从而对政府作出比较准确的评价，达到改进政府的目的。

④政府信息化的发展，不仅会促使政府工作人员观念的转变，同时会带动社会的全面创新。

(3)在互联网背景下政府行政信息公开工作所面临的挑战：

①民众获取信息的方便与快捷进一步要求政府要提高行政信息公开的速度、效率和质量。

②互联网背景下民众参政意识的加强可能会造成行政信息公开在一定时期内难以满足民众需求而酿成民怨。

③双向信息互动为政府信息公开的反馈性和应急性带来新的要求。

④“数字鸿沟”的存在。虽然我国网络已覆盖多个省市，但由于经济发展的不平衡，一些落后地区的公众仍然无法通过网络来参与政治事务。

⑤政府信息安全存在严重的隐患，制约政府信息化进程。大量网络黑客甚至黑客组织出于不同目的，对各大政府网站攻击并篡改页面的事件层出不穷。各大政府网站发布的一些重要新闻、重大方针政策、法规具有权威性，如果一旦被黑客篡改，将影响政府形象甚至造成重大的政治经济损失。

3. 结合如上案例，分析各地政府开通政务微博对行政信息公开和政府建设的意义。

答：各地政府开通政务微博对行政信息公开和政府建设的意义主要有：

(1)为行政信息公开寻找到了一个民众喜闻乐见、参与感强、传播面广、传播迅速的信息渠道。

(2)强化了政府主动公开行政信息的责任意识和行动，搭建了政府、民众信息交流的新兴信息平台。

(3)强化了民众对政府政策和政府运行的监督。

(4)可以完善政府工作，推动阳光型政府和服务型政府的建设，提高民众对政府的信任，强化政府的合法性基础。

第九章　政策过程与政策分析方法

9.1　复习笔记

【知识框架(庖丁解牛)】

- 政策过程与政策分析方法
  - 政策过程
    - 政策议程建立
      - 政策问题的确认
      - 建立议程的途径
    - 政策方案的形成
    - 政策决定
      - 决策者及其权力的合法化
      - 政策决策程序的合法化
      - 政策内容的合法化
      - 政策内容法律化
    - 政策执行
      - 政策执行的主体及其对象
      - 影响政策执行的因素
    - 政策评估
      - 政策评估的主体和标准
      - 政策评估的类型
  - 政策分析方法
    - 定性分析与定量分析
    - 专门的分析方法

【通关提要(提纲挈领)】

本章主要介绍政策过程和政策分析方法，属于重点章节。学习时，要重点掌握政策议程的建立途径、政策执行的影响因素、政策评估的具体标准，以及政策分析的主要方法及其在实际生活中的运用。本章各种题型都有可能考查，可结合实例理解掌握，切忌死记硬背。

【考点难点归纳(厚积薄发)】

考点一：政策过程(见表9－1)　★★★★

表9－1　政策过程

过程	主要内容	
政策议程建立	政策问题的界定	政策所要确认的问题主要是指普遍性和共性的社会问题或公共问题，是政策制定过程的开端。 主要特征：相互依赖性、主观性、历史性和动态性等

续表

<table>
<tr><th>过程</th><th colspan="3">主要内容</th></tr>
<tr><td rowspan="3">政策议程建立</td><td rowspan="3">建立议程途径</td><td>外在发动型</td><td>即某些因重大突发事件引发的急迫问题先到公众关注、引起舆情后，被政府列入正式议程</td></tr>
<tr><td>政治动员型</td><td>指由政治领袖提出政策意向，再向外动员，使社会公众接受并认可</td></tr>
<tr><td>内在发动型</td><td>指政府机构内部人员或部门在调查研究基础上提出问题，并经过相应的批准程序被采纳为政府的正式议程</td></tr>
<tr><td rowspan="3">政策方案形成</td><td>含义</td><td colspan="2">理解政策问题，搜集信息，形成政策方案</td></tr>
<tr><td>原则</td><td colspan="2">①信息性原则；②系统性原则；③预见性原则；④灵活性原则；⑤可行性原则；⑥科学民主原则</td></tr>
<tr><td>好政策方案的特征</td><td colspan="2">①清晰陈述政策目标；②提供充分信息；③设计关键步骤与策略；④确定相关部门的职责与权限；⑤计算政策资源；⑥预测风险与代价</td></tr>
<tr><td rowspan="3">政策决定</td><td>含义</td><td colspan="2">指经政策规划得到的政策方案上升为法律或获得合法地位的过程，主要是指政治上和程序上具有正当性和合法性</td></tr>
<tr><td>方法</td><td colspan="2">①理性决策；②有限理性决策；③渐进决策</td></tr>
<tr><td>政策合法化过程</td><td colspan="2">决策者及其权力的合法化→政策决策程序合法化→政策内容合法化→政策内容法律化</td></tr>
<tr><td rowspan="4">政策执行</td><td>主体</td><td colspan="2">①政党及其各级组织；②政府行政部门；③立法与司法机构；④共产党领导的群众团体；⑤社区组织</td></tr>
<tr><td rowspan="3">影响因素</td><td>政策决定</td><td>政策的合法性、合理性和可行性直接影响政策执行效果</td></tr>
<tr><td>政策资源</td><td>指政策执行过程需要获得各种支持和条件。
主要包括：执行经费、执行人员、执行机构、执行保障等</td></tr>
<tr><td>政策环境</td><td>指除政策执行机构自身外的社会和自然因素的总和</td></tr>
<tr><td rowspan="5">政策评估</td><td rowspan="2">主体</td><td>内部评估者</td><td>指政府或公共管理部门内部具备政策能力和权力资源的政府官员</td></tr>
<tr><td>外部评估者</td><td>指政策的目标对象或受政策影响的对象，包括公众、利益集团、参政政党、社区团体、企业等</td></tr>
<tr><td>类型</td><td colspan="2">①按评估组织的活动形式分：正式评估、非正式评估。
②按评估机构所处地位分：内部评估、外部评估。
③按政策评估在政策过程中的阶段分：事前评估[预评估]、事后评估</td></tr>
<tr><td>困难</td><td colspan="2">①政策评估、政策效果的不确定性。
②政策资源的混合和政策行为的重叠。
③政策行动与环境改变的因果关系难以确定。
④有关机构和人员的抵制。
⑤评估经费缺乏</td></tr>
<tr><td>我国现状</td><td colspan="2">①评估者缺乏对政策评估的科学认识和认真态度。
②评估方法以定性分析为主。
③缺乏独立的政策评估组织。
④公众未能广泛参与政策评估。
⑤缺乏评估信息和经费</td></tr>
</table>

【真题链接】

(1)政策过程的划分阶段。[简答题，青岛大学2016年研]

(2)政策议程的建立过程。[简答题，中国地大2014年研]

(3)政策合法化的途径。[简答题，首经贸2017年研]

(4)简述政策评估的类型，解释其基本含义。[简答题，东北财大2017年研]

考点二：政策分析方法(见表9-2)　★★★

表9-2　政策分析方法

要点	主要内容	
定性分析与定量分析	①由于价值、意识偏向等主观因素很难量化，因此要着重定性分析方法。 ②定量分析是定性分析的基础，包括经济效益和投入产出计算	
专门的分析方法	过程方法	把公共政策的制定、决策及实施各阶段看作循环过程
	实体方法	将具体的政策实体作为研究对象，具有针对性和客观性
	逻辑实证方法	主要运用理论演绎、模型、假设验证、客观数据、比较方法和严谨统计分析等进行政策分析
	计量经济学方法	即公共选择理论
	后实证主义方法	强调以价值为基础，要审视价值观、信仰、情感等因素对政策制定整个过程的影响
	意识形态方法	基于意识形态的指导去分析政策好坏
	历史方法	将政策过程视为一个动态过程，结合时间因素分析政策

【真题链接】政策分析的专门分析方法。[简答题，广工大2020年研]

9.2　考研真题

一、概念题

1. 公共政策[华南理工2023年研；郑州大学2023年研；福建师大2023年研；江苏大学2019年研；大连理工2018年研；湖南师大2016年研；首经贸2015年研；湖南农大2013年研；武大2012年研；中财2011年研]

2. 政策议程[河南大学2023年研；首经贸2016年研；中山大学2011年研]

3. 政策合法化[华中农大2023年研；天津商大2018年研；东北财大2017年研；东华大学2011年研]

4. 公共政策执行[中南财大2021年研；对外经贸2017年研]、政策执行[人大2020年研]

5. 政策评估[中央民大2023年研；北邮2021年研；人大2019年研；南航2018年研]

6. 政策的内部评估与外部评估[中山大学2009年研]

7. 公共选择理论[河南大学2023年研；天津商大2022年研；中国地大2012年研]

8. 政策评估的顾客导向模式[华中农大2017年研]

9. 政策终结[河南大学2023年研；华中农大2017年研；厦门大学2013年研]

二、简答题

1. 简述建立政策议程的途径。[首经贸2007年研]

相关试题：政策议程的建立过程。[中国地大2014年研]

2. 简述政策问题的特征和结构。[对外经贸2017年研]

3. 公共政策的功能。[首经贸2017年研]

4. 简述公共政策系统的构成。[南航2017年研]

相关试题：执行子系统[概念题，厦门大学2018年研]

5. 公共政策过程包括哪些环节？[首经贸2015年研]

相关试题：公共政策运行的环节。[厦门大学2018年研]

6. 联系实际论述公共政策的内涵、本质及功能。[华中农大2017年研]

7. 简述政策方案制定的原则。[电子科大2015年研]

8. 简述政策评估的类型，解释其基本含义。[东北财大2017年研]

相关试题：政策评估的类型有哪些？[中财2009年研]

9. 政策分析的基本理论的类型。[厦门大学2015年研]

10. 政策评估的标准。[中国政法大学2020年研]

相关试题：

(1)请简述公共政策评估的标准与方法。[对外经贸2020年研]

(2)简述政策评估的标准。[对外经贸2017年研]

11. 政策分析的专门分析方法。[广工大2020年研]

相关试题：

(1)政策分析的专用方法。[中国地大2012年研]

(2)政策分析的参与主义路径。[山东师大2017年研]

12. 简述公共政策分析方法中“逻辑实证法”的含义、基本要求及缺陷。[电子科大2016年研]

13. 公共政策分析要回答哪些基本问题？[南航2017年研]

14. 简要分析政策合法化包括的主要内容。[中财2013年研]

相关试题：

(1)政策合法化的途径。[首经贸2017年研]

(2)简述政策合法化及其主要途径。[首经贸2016年研]

(3)简述政策合法化的主要内容。[华南理工2014年研]

15. 政策过程的划分阶段。[青岛大学2016年研]

相关试题：

(1)一个完整的政策过程包括哪些阶段？各阶段的主要任务是什么？[中财2014年研]

(2)政策过程分几个阶段？[上海交大2012年研]

三、论述题

1. 公共政策在公共管理中的地位和作用。[南航2020年研]

2. 结合实际谈谈影响政策执行的主要因素。[中山大学2010年研]

相关试题：

(1)结合实际谈谈影响政策执行的因素有哪些。[简答题，中山大学2018年研]

(2)简述影响政策执行的因素。[简答题，华南理工2015年研]

(3)影响政策执行力的主要因素。[简答题，北邮2014年研]

3. 政策执行的手段有哪些？[人大2018年研]

4. 请结合实例，论述政策分析的主要方法。[电子科大2013年研]

四、案例分析题

案例一

我国许多大中城市街头的小广告屡禁不止，特别是在人行道、过街天桥、公交车站等处，许多小广告粘贴在公共设施上极难清除，严重影响市容市貌。[北理2007年研]

如果你是负责处理小广告问题的城市管理官员，请问你采用何种方法或程序来制定解决问题的相关政策(特别注意：不是要求列出具体的政策措施，而是要求给出分析解决问题的方法或程序)。

案例二

材料(1)：《第一财经日报》发自上海的报道：《上有政策下有对策煤矿官股撤资遭遇明退暗持》。此前国务院清理煤矿官股的决心很大，政策规定严查煤矿官员持股问题并规定在限期内退股，政策执行中发现有一些人是依照规定撤资了，但是一定有人在变通，明退暗持到最后。

材料(2)：中央一号文件被农民称为“英明决策”，按此文件精神农民企盼真正的减负，但在很多基层农村，政府虽然对农民进行了补贴，也减免了农民的税收，但是农民的负担并没有减少，这边“减负”，那边又通过别的渠道去收费，因此农民增收就难以实现，这种现象是典型的“上有政策，下有对策”的表现。[首经贸2007年研]

材料(1)与材料(2)反映了我国政策执行中的实际状况，试分析以下问题：

1. “上有政策，下有对策”的危害。

2. 此现象的成因和治理对策。

9.3　考研真题详解

一、概念题

1. 公共政策[华南理工2023年研；郑州大学2023年研；福建师大2023年研；江苏大学2019年研；大连理工2018年研；湖南师大2016年研；首经贸2015年研；湖南农大2013年研；武大2012年研；中财2011年研]

答：公共政策是指政府为处理社会公共事务而制定的行为规范，其本质体现了政府对全社会公共利益所作的权威性分配。公共政策包括公共问题认定、政策方案制定、政策分析、政策执行、政策效果分析等步骤。公共政策的内涵可以从六个方面来理解：

(1)公共政策是决定、决策的一种特殊形态，具有决定、决策的一般特征。

(2)公共政策是公共权力机关的基本的活动方式或活动过程，是公共权力机关的权力意志的表现。

(3)公共政策是经由政治过程而进行方案初拟、优化和择定的结果，主导这一过程的基轴是公共权力机关与公民的关系。

(4)公共问题、公共目标和公共利益是公共政策的三大要素。

(5)公共政策是一种权威性的价值分配方案，涉及人们的利益关系。

(6)公共政策在形式上可以是积极的，也可以是消极的。

2. 政策议程[河南大学2023年研；首经贸2016年研；中山大学2011年研]

答：政策议程又称政策日程，是指某一引起公共政策决定者深切关注并确认必须解决的公共问题被正式提起政策讨论，决定政府是否需要对其采取行动、何时采取行动、采取什么行动的政策过程。

(1)政策议程的基本形式包括：①系统议程又称公众议程，主要是指社会政治系统成员普遍认为值得公众注意，同时又与现存政府的法定职权内的事务直接相关的一切问题。②政府议程又称正式议程，是指那些引起了政府官员的深切关注并在政府议程过程中被提起的政策问题。政府议程包括界定问题议程、规划议程、议价议程和循环议程。

(2)政策议程创立的条件有：①要使社会问题进入政策议程就必须有问题察觉机制；②社会问题必须经过一定的政治过程才能进入政策议程。政治组织是形成政策议程的基本条件。国家的民主制度是形成政策议程的基本途径。

(3)政策决定的准则是：个人价值观、党派认同、选区或地区的利益、公共舆论、听取意见、传统或惯例。

3. 政策合法化[华中农大2023年研；天津商大2018年研；东北财大2017年研；东华大学2011年研]

答：参见本章简答题第14题答案。

4. 公共政策执行[中南财大2021年研；对外经贸2017年研]**、政策执行**[人大2020年研]

答：公共政策执行是指政策执行者在政策目标的引导下作出的一系列组织化的行动，这种行动是政策执行者与其他有关行动主体利益博弈的结果。其特点有：①目标的导向性。公共政策是以公共政策目标为行动方向的，政策目标是政策执行的出发点和归宿点。②内容的务实性。公共政策执行要面对具体的公共问题，因此其计划、步骤、措施、手段等必须务实，必须具有可操作性和实践性。③行为的能动性。执行者必须在全面领会政策内容的前提下，面对外部环境的复杂情况能动地执行公共政策。④手段的权威性。公共政策不同于一般的道德规范，其执行具有强制性。公共政策有效执行的原则有：忠实原则、民主原则、法治原则和创新原则。

5. 政策评估[中央民大2023年研；北邮2021年研；人大2019年研；南航2018年研]

答：政策评估是指通过选择科学的评估模型、标准及方法，对政策制定和政策实施全过程进行全面、综合的考察，分析后给予评价、判断、反馈及总结，通过调整和优化政策措施最终实现提高政策执行质量，为寻求未来政策方向提供决策参考和依据。政策评估的目的是通过将这些信息直接或间接地反馈给政策制定者和政策执行人员，促使他们适时作出政策反应、选择好的政策方案、适时调整不当的政策、废除无效的政策、改善政策执行行为，从而提高政策制定的质量。

6. 政策的内部评估与外部评估[中山大学 2009 年研]

答：参见本章简答题第 8 题答案。

7. 公共选择理论[河南大学 2023 年研；天津商大 2022 年研；中国地大 2012 年研]

答：公共选择理论是一门介于经济学和政治学之间的新兴交叉学科，是运用经济学的分析方法来研究政治决策机制如何运作的理论。它把经济学的研究对象拓展到以往被经济学家视为外部因素而由政治学研究的传统领域，把人类的经济行为和政治行为作为统一的研究对象，从实证分析的角度出发，以经济人为基本假定和前提，运用微观经济学的成本—效益分析方法，解释个人偏好与政府公共选择的关系，研究作为投票者的消费者如何对公共物品或服务供给的决定表达意愿。

8. 政策评估的顾客导向模式[华中农大 2017 年研]

答：政策评估的顾客导向模式，是指“顾客导向的政府”向顾客提供选择，“把各种资源直接交到顾客手中，让他们选择服务的提供者，从而开始让顾客坐到驾驶的座位上”，并且“为顾客建立后果负责机制”。顾客导向模式将政策干预对象的目标、期望、关心甚至需要作为评估的组织原则和价值准则。顾客导向评估的核心是项目是否使顾客的关心、需要和期望得到满足。

9. 政策终结[河南大学 2023 年研；华中农大 2017 年研；厦门大学 2013 年研]

答：政策终结是指政策决策者通过对政策或项目进行慎重的评估后，采取必要的措施以终止那些过时的、多余的、不必要的或无效的政策或项目的一种政治(或政策)行为。政策终结在政策过程中占有重要的地位，终结不只是对一项政策的了结，而且意味着修正或调整。其特征有：强制性、更替性、灵活性。

二、简答题

1. 简述建立政策议程的途径。[首经贸 2007 年研]

相关试题：政策议程的建立过程。[中国地大 2014 年研]

答：政策议程的建立是复杂的过程，各种问题能否进入正式的政策议程，取决于各种力量的交互影响力。一般来说，公众关心和讨论的各种问题称为公众议程，进入决策程序并被正式提出来讨论的各种问题则是制度议程或政府议程。综观各国情况，建立政策议程的途径大致有三种：

(1)外在发动型。外在发动型强调发挥人民群众、社会团体的力量以影响政策议程。以我国为例，2008 年的“范跑跑事件”引起了社会对教师职业道德的热议，政府也加大了相关投入，并在《中小学教师职业道德规范(征求稿)》中特意增加了保护学生安全和维护学生合法权益的相关要求。

(2)政治动员型。政治动员型是由政治领袖提出政策意向，并使其进入政府议程。新中国成立初期，开展了很多大规模运动，并借助多种宣传形式进行政治动员以达到政策预期，这些都是先由政治领导人提出，并由政策集团完善后进入政府议程。

(3)内在发动型。其政策诉求源于政府机构内部人员或部门，其扩散对象仅限于体制内的相关团体或个人，此类政策议程一般排除大众参与。如公务员工资调整，由体制内的相关部门提出诉求，并逐渐对政府施压，最后使政策诉求转化为政策议程。在此阶段中，公众几乎无法参与到议程的制定中，甚至不了解政策的具体内容。

2. 简述政策问题的特征和结构。[对外经贸2017年研]

答：政策问题泛指实际状态与社会期望之间的差距，这种差距往往是产生社会紧张状态的原因。

(1)政策问题的特征：

①公共性。公共性是政策问题的基本特征。它超越了个人特定的环境和范畴，而与人类整个的社会生活、制度和全部历史有关，同时也与既定社会中大众的价值、观念和利益相关。

②选择性。公共问题不等于公共政策问题，公共政策问题只是诸多公共问题中的一部分。政策问题是通过公共活动可以实现的但尚未实现的需要、价值或改进的机会。从这个意义上说，政策问题具有选择性。

③相互关联性。公共政策问题的提出与社会中一定的政策资源、政策要素密切相关。同时，同一领域中或不同领域之间的政策问题常常相互联系，因此在进行政策分析时，需要将政策问题放在整个社会系统中考察，用系统思维的方式寻求解决问题的途径。

④动态性。公共政策问题的动态性来源于问题的性质与解决方案的变化。一方面，在某一时段上突出的社会问题有可能发展成为政策问题，而政策问题的状态在政策过程中会发生变化，它既可能趋于缓和以至于得到解决，也可能因处理不当而激化；另一方面，由于政策环境与政策条件的变化以及人们对政策问题认识的深化，人们对于政策问题性质和状态的界定和评估也会发生相应的变化，从而修正原有的政策，提出新的解决方案。

⑤时效性。政策制定者必须善于体察民情、审时度势，对那些民意要求及时处置的公共问题应当以政策措施迅速、有效地予以回应和解决，不可错失时机，否则这样的公共问题就有可能酿成难以治理的社会矛盾甚至成为社会动荡的根源。

(2)政策问题的结构：

邓恩按照决策者、备选方案、价值、结果、概率等要素将政策问题分为三类：

①结构优良的问题，涉及一位或数位决策者，在少数几个备选方案中选择，政策制定者的价值取向趋于一致，政策结果确定，不存在多大风险，而且风险可事先测量或计算。公共机构中较低层面的部分操作性问题可被视为结构优良的问题。

②结构适度的问题，涉及一位或数位决策者，在数量相对有限的备选方案中选择，政策制定者的价值取向也趋于一致，但政策结果既不确定又无法在可接受的误差范围内计算风险。这类问题的原型是类似于“囚徒困境”的政策模拟或博弈。

③结构不良的问题，涉及许多不同的决策者，由于其价值取向不可知，所要实现的目标之间存在争议或冲突，政策结果有风险、不确定且无法进行评估，因此，这类问题难以选出一个最优方案。

3. 公共政策的功能。[首经贸 2017 年研]

答：公共政策的功能包括：

(1)引导功能：

①公共政策的引导功能主要通过两种途径表现出来：a. 借助目标要素，规范人们的行为方式；b. 借助价值要素，规范人们的行为方向。

②公共政策发挥的规范作用可以分为直接导向和间接导向，在一定条件下，二者可以相互转变。公共政策的导向功能，从作用的结果来衡量，可以有正向的导向，也可以有负向的导向。

(2)调控功能：

①社会之所以需要运用公共政策进行调控，主要有两个原因：

a. 现实社会中存在着各种不同的利益群体，它们之间不可避免地会有摩擦、冲突甚至对抗，政府必须使用公共政策这一有效的工具来对各种利益群体的矛盾进行调控。

b. 这种调控具有可能性，社会之所以能够运用公共政策进行调控，乃是因为现代社会的运行不是一个自发的、无序的过程，而是一个依据客观规律的、有序的、按比例的过程。

②公共政策的调控活动有直接和间接两大类型；公共政策还可分为平衡调控和非平衡调控两种方式；就调控结果来说，则有积极调控和消极调控两类。

(3)分配功能：

①一般来说，政府公共政策所体现的分配原则主要有三种：

a. 为追求效率而鼓励扩大差别的原则。

b. 为消灭差别而牺牲效率的原则(计划经济体制下)。

c. 效率与公平相统一的原则(市场经济体制下)。

②能从政府的公共政策中获益的社会公众通常有以下几类：

a. 与政府的主观偏好相一致的公众。

b. 能代表社会发展方向的公众。

c. 在社会中成为大多数者的公众。

(4)管制功能：

①积极性管制。政策条文的规定突出激励原则，即对某种行为加以物质或精神方面的奖励，以刺激这种行为重复出现的频率，从而达到减少其反向行为的目的。

②消极性管制。政策条文的规定突出负奖励原则，即对某种行为加以物质或精神方面的惩罚，以抑制这种行为重复出现的可能，从而达到有效管制的目的。

4. 简述公共政策系统的构成。[南航 2017 年研]

相关试题：执行子系统[概念题，厦门大学 2018 年研]

答：公共政策系统是由政策主体、政策客体和政策环境三种因素及其相互作用所构成的社会政治系统，它可以划分为若干子系统。一般而言，现代化、科学化的公共政策系统是由信息、咨询(参谋)、决断、执行和监控等子系统所构成的大系统。政策过程及其各项功能活动是由这些子系统共同完成的，这些子系统各有分工、相互独立，又密切配合、协同一致，促使政策大系统的运行得以顺利地展开。

(1)信息子系统。信息子系统由掌握信息技术的专门人才所组成，从事信息的收集、整理、贮存和传递等活动，为公共决策提供信息资料。从某种意义上说，公共决策过程也是信息的流动与转换的过程。信息子系统在公共决策活动中的主要作用有：①信息的收集；②信息的加工处理；③信息的传递。

(2)咨询子系统。又称参谋子系统或智囊子系统，它是由现代政策研究组织以及各种专家、学者所组成的子系统。它集中专家们的集体智慧，运用科学的方法和技术，为公共决策提供方案和其他方面的咨询服务。咨询子系统在政策制定活动中的主要作用有：①政策问题分析。咨询子系统的成员运用现代科学知识、方法及技术，对政策的有关问题进行分析。②政策未来预测。③方案设计及论证。④其他政策相关问题的咨询。⑤参与政策评估并反馈信息。

(3)决断子系统。又称中枢子系统，它由拥有决策权力的高层领导者所组成。决断子系统在整个公共决策系统中居于核心地位。它是公共决策活动的组织者，是政策的最终决定者，领导公共决策活动的全过程。决断子系统具有权威性和主导性两个特点。决断子系统在公共决策过程中的主要作用有：①提出有关的政策问题；②考虑政策目标；③组织政策方案的设计；④负责政策的最终决定。

(4)执行子系统。执行子系统由政策执行组织及其人员特别是政府行政机关和行政人员所构成。它是政策系统的有机组成部分，其主要职责是将政策方案转变为政策效果。执行子系统具有现实性、综合性、具体性和灵活性的特点。执行子系统在公共决策活动中的作用有：

①为政策方案或项目的执行做好准备。

②从事指挥、沟通、协调等方面的活动。

③分析和总结执行情况。

(5)监控子系统。指体制内外的有关部门、单位和个人所组成的一个子系统。其相对独立于信息、咨询、决断、执行等子系统，地位较为特殊。其目的是使政策目标得以顺利实施，避免政策的变形走样，保持政策的权威性和严肃性。监控子系统在政策执行过程中的主要作用有：

①确立政策执行的准绳和规则，提供检查执行情况的依据。

②监控政策执行情况。

③反馈政策执行情况。

5. 公共政策过程包括哪些环节?［首经贸2015年研］

相关试题：公共政策运行的环节。［厦门大学2018年研］

答：政策分析过程的基本步骤如下：

(1)问题界定。在问题界定的过程中，要注意被分析问题与其他问题的关联，把所有问题看作一个整体，把被分析的问题看作所有问题总体的一个组成部分，放在问题系统中加以考察。

(2)标准设立。为了比较、测量和选择备选方案，必须设立相关的评估标准。通常使用的标准有：成本、净收益、效果、效率、公平、合法性和政治上的可接受性等。

(3)方案搜寻。尽可能考虑备选方案的广泛范围非常重要。一系列备选方案包括作为基本案例的现行政策，通过将其他政策与现行的政策进行比较，就有可能决定一个新的政策是否更好，并估计可以期待的改善有多大。

(4)结果预测。政策未来或政策结果的预测是政策分析过程的一个关键环节，是政策方案的评估、比较与抉择的基础。通过预测，可以获得有关政策方案的前景及结果的信息，加深对政策问题、目标和方案的认识。

(5)方案抉择。根据预测的结果，对备选方案加以比较分析并作出抉择。必须对备选方案的技术可行性、经济可行性和政治—行政可行性加以比较。根据分析者与当事人的不同关系，评估结果可以表述为一系列的备选方案。

(6)政策执行与监测。政策执行是介于政策规划和政策评估(结果评估)之间的中介环节，是将政策理想变为现实的过程。而在政策执行过程中，常常由于信息不充分、有限理性、既得利益偏好、意外事件等因素，使得政策方案被误解、曲解、滥用或执行不力，直接影响了政策执行结果。因此，必须对政策执行过程加以监测，以保证正确的政策能得到贯彻实施，并及时发现和纠正政策偏差。

(7)结果评估。即使一项政策被执行之后，仍然会产生诸如政策问题是否已被恰当解决以及被选中的方案是否被恰当执行这一类的问题。这要求在政策执行中必须对政策及项目加以监控，以保证它们不被任意改变和偏离原来的目标；必须测量它们现有的效果，看看是否取得预期的结果，以决定它们是否继续、修正或终止。

6. 联系实际论述公共政策的内涵、本质及功能。[华中农大2017年研]

答：公共政策是指国家(政府)、执政党及其他政治团体在特定时期为实现一定的社会政治、经济和文化目标所采取的政治行动或所规定的行为准则，它是一系列谋略、法令、措施、办法、方法、条例等的总称。

(1)公共政策的内涵：

①公共政策由特定的主体，即由国家或政府、执政党及其他政治团体所制定及执行，政策体现了主体的意志，它与个人、企业等所作出的决定不同，具有法定的权威性。

②公共政策具有特定的价值取向，要实现特定目标或目的。政策不是无意识或偶然性的行为，总是要实现特定的目标，具有明确的方向性。同时，政策又在特定的历史时期内起作用，具有时效性。

③公共政策表现为由一系列行为所构成的行动过程，是政府为解决特定社会问题以及调整相关利益关系而采取的政治行动过程。

④公共政策是一种行为准则或行为规范。政策总有具体的作用对象或客体，它规定对象应做什么和不应做什么；规定哪些行为受鼓励，哪些行为被禁止。政策规定常带有强制性，它必须为政策对象所遵守。

(2)公共政策的本质和功能：

①公共政策作为政治控制或阶级统治的工具。政策集中反映或体现统治阶级的意志和愿望，是执政党、国家或政府进行政治控制或阶级统治的工具或手段。

②公共政策作为公共管理的手段。政策作为执政党、国家或政府的公共管理的工具或手段，服务于社会经济的发展和文化的进步。

③公共政策作为利益关系的调节器。政策作为分配或调整各种利益关系的工具或手段，是各种利益关系的调节器(所有政策最终都表现为对利益关系的处理)。

7．简述政策方案制定的原则。[电子科大 2015 年研]

答：任何一项政策的正确、科学与否，直接影响政策实施和执行过程的正确性、科学性和有效性。因此，在制定政策方案过程中，必须要遵循政策方案制定过程中的原则。政策方案制定的原则具体如下：

(1)公正性原则。它是公共政策制定的最基本原则。公共问题的解决，只有依据一定时代的人们所公认的公正性，才能够为社会大众所接受。

(2)有效性原则。政府所制定的公共政策必须能够有效地解决公共问题。这种有效性，一是指时间上要有效，就是要在恰当的时间内解决公共问题；二是在政策范围方面要有效；三是在政策标准方面要有效。

(3)连续性原则。政策要有连续性，公共政策更是如此。在公共政策的制定过程中强调连续性，注意发挥传统政策的优势，可能会取得更大的社会效果。

(4)周密性原则。这主要是指要照顾到方方面面的利益和矛盾，周到细致地将一项公共政策制定出来并贯彻下去。这种周密性，既要详尽地分析所面对特定的社会问题的内容和表现形式，同时又要注意不同的政策设计所带来的不同的社会后果，特别是不同的政策选择所需要运用的各类资源。

(5)可行性原则。这主要是指制定出来的公共政策要切实可行，特别是公共政策在政治上的可行性。一项公共政策必须能够获得政策执行者和政策对象的接受和配合。

8．简述政策评估的类型，解释其基本含义。[东北财大 2017 年研]

相关试题：政策评估的类型有哪些？[中财 2009 年研]

答：作为政策过程的最后一个阶段，政策评估有两个很重要的任务：①确认政策到底产生了什么样的影响，并对其进行描述；②用一系列衡量标准和方式去评估政策的效果。政策评估的类型及其含义如下：

(1)从评估组织的活动形式上看，可将政策评估分为：

①正式评估。指事先制定完整的评估方案，由专门的机构与人员按严格的程序和规范所进行的政策评估。正式评估在政策法规评估中占据主导地位，其结论是政府部门考察政策法规的主要依据。

正式评估具有评估过程标准化、评估方案科学化、评估结论比较客观全面的优点。缺点是要求的条件苛刻，不仅要有足够的评估经费和系统地掌握相关信息，而且要求评估者自身具备较高的素质。

②非正式评估。又称非标准化评估，是指那种对评估者、评估程序、评估方法、评估资料都未作严格要求而进行的局部的、分散的政策评估。非正式评估虽然结论不一定非常可靠、完整，但其形式灵活、简单易行，有广泛的适用性。

非正式评估具有方式灵活、简便易行的优点。通过非正式评估，不但可以全面了解政策法规的实际效果，还能够吸引社会各阶层的人士参与评估活动，增强公众的参与意识。非正式评估的缺点是往往由于评估者掌握的信息有限，又加上缺乏科学的程序和方式，因而得出的结果难免粗糙，容易犯以偏概全的错误，同时它具有随意性，结论也难以收集、整理。

(2)从评估机构所处的地位上看，可以将政策评估分为：

①内部评估。内部评估的主体是公共部门内部机构的评估者。内部评估的优点是：评估的主体对政策全过程具有全面的了解，掌握了第一手材料，这有利于评估活动的展开；同时，评估者可以根据评估结论，对公共政策的目标与实现方案迅速地作出调整，使评估活动真正地发挥作用。其缺点在于难以作出客观公正的评估：

a. 出于对自己声誉和前途的考虑，评估者往往会自觉不自觉地夸大成绩，掩饰失误，存在报喜不报忧的倾向。

b. 评估结论往往代表着某一具体机构的局部利益，这使得公共政策评估容易走向片面性并带有浓厚的主观色彩。

②外部评估。外部评估的主体是非政府部门，诸如专业的学术研究机构、营利性或非营利性的咨询机构、专家学者等。外部评估的优点是评估人员与管理当局不存在行政上的依附关系，不须看企业的眼色行事，只需对国家、社会和法律负责，因而可能保证政策的独立性和公正性。其缺点在于外来的评估人员不了解内部的组织结构、生产流程和经营特点，在对具体业务的评估过程中可能产生困难。此外，处于被评估地位的内部组织成员可能产生抵触情绪，不愿积极配合，这也可能增加评估的难度。

(3)从政策评估在政策过程中所处的阶段来划分，则可将政策评估分为：

①事前评估，又称预评估，是在政策活动进行之前，从价值管理的角度进行不同方案的选择、可行性研究以及对效益的评价。具有典型意义的事前评估包括预测评估和预算评估。在实际活动前制定绩效标准及偏差预警系统，在问题发生前进行控制，以防患未来可能发生的困难为导向。

②事后评估，是政策活动在控制运行告一段落时，通过取得有关的资料测定实际结果完成数据，并与控制标准进行对比，检查考核其执行情况的过程。待问题偏差发生之后，才采取控制程序、改正问题，因此又称为回馈性评估。

政策评估主要包括以上这些形式，不同的评估形式具有不同的优缺点，在实践中应该注重各种评估形式的综合运用，充分发挥不同政策评估形式的优点。

9. 政策分析的基本理论的类型。[厦门大学2015年研]

答：经过长期的发展，政策分析形成了种种不同的理论。根据奈格尔和米尔斯的观点，公共政策分析或政策评估的理论可以由政策分析过程中涉及的基本理论问题来加以概括，这些基本问题涉及相关概念、知识获得、原因和规范四个方面。相应地，政策分析有以下四种基本理论类型：

(1)概念理论。在概念理论中，涉及的一个关键问题与如何界定政策分析或公共政策评估相关。主要因素是处理一系列所要取得的社会目标，为取得这些目标的备选政策方案以及为了选择或解释最好政策，结合、配置或预见性的决策规则，有关目标和政策之间的关系。概念化这个领域也包括界定什么是构成好的政策分析或政策评估的因素，包括有效性、重要性、有用性、创新性和可行性等。

(2)认知理论，又称知识获得理论。这一理论认为，政策分析或政策评估从权威、统计观察分析、演绎推理和敏感性分析等方面获得目标政策和各种关系。一个要获得好政策建议的好系统必须能够处理认识过程中的各种障碍，这些障碍主要包括五方面：①有关多元目标的多个方面；②多元错失的信息；③过多的、不能确定每一个效果的多元备选方案；

④多元的和可能冲突着的限制或约束；⑤不管所有这些多元性，对推导和表述结论中的简单性的需要。这五个方面构成决策中的五个方法论问题。

(3)因果理论。因果理论主要关心为什么一些政策建议被采纳，而另一些政策建议不被采纳。有的答案与下列因素有关：较少的反对与较多支持的结合；交给了合适的决策者，转向预定的目标方向和取得好的效果。因果理论也关心为什么一些被采纳的政策取得成功，而另一些却遭受失败。相关因素包括原初目标的高低；提供什么样的诱因来保证服从；在遇到问题之前，是如何规划和执行分析的。

(4)规范理论。规范理论部分地关心某些政策分析的职业化伦理学问题，如：谁的目标被最大化了？对于有效性和其他好的分析的标准应承担多少义务？如何处理好人们冒险地置于政策实验中的问题？以及在何种程度上分析者应当规范而不是仅仅描述。规范理论也关心澄清全社会的价值(观)，这些价值(观)有：为最大多数人的最大幸福，社会底层的教养，做事情要使每个人过得更好或至少不能更糟，以及展开公共政策的其他新的全社会价值观。

10．政策评估的标准。[中国政法大学2020年研]

相关试题：

(1)请简述公共政策评估的标准与方法。[对外经贸2020年研]

(2)简述政策评估的标准。[对外经贸2017年研]

答：政策评估是指依据一定的标准和程序，对政策的效益、效率及价值进行判断的一种政治行为，目的在于取得有关这些方面的信息，作为决定政策变化、政策改进和制定新政策的依据。政策评估从本质上看是一种价值判断，然而判断必须建立在客观事实的基础上，所以事实判断是必不可少的。政策评估要坚持价值与事实的有机结合，坚持客观、公正、全面的评价标准。综合国内外学者的看法，公共政策评价标准大致有八个方面：

(1)投入工作量，即在公共政策执行过程中所投入的各项资源的质与量以及分配状况。

(2)绩效，即依据具体明确的目标，分析公共政策对客观事物与公共政策环境所造成的实际影响。绩效既包括公共政策推动的结果，又包含民众心目中认定的满意程度。

(3)效率，即投入工作量与绩效之间的一种比例关系，通常表现为政策投入与政策效果的比率。

(4)充分性，即满足人们需要、价值或机会的有效程度，它反映了绩效的高低。

(5)公平性，即公共政策所投入的工作量，以及产生的绩效在社会不同群体之间公平分配的程度。公共政策的类型不一样，所反映的公平性的角度与观点也不一样。

(6)适当性，即公共政策目标和所表现出的价值偏好以及所依据的假设是否合适。具体地说，公共政策追求的目标是否是社会期望的，公共政策的成本与利益分配是否公平、公正。

(7)执行力，即探求影响公共政策成败的原因，进而导致因果模型的构建。

(8)社会发展总指标，即对社会状态与发展的数量进行描述与分析，既反映过去的动向，又可作为社会现状的说明，其特征是以描述性指针为主。

11．政策分析的专门分析方法。［广工大 2020 年研］

相关试题：

（1）政策分析的专用方法。［中国地大 2012 年研］

（2）政策分析的参与主义路径。［山东师大 2017 年研］

答：政策分析的专门分析方法包括：

（1）过程方法。过程方法是把公共政策的形成、决策及实施各阶段看作循环过程，既要看到各个阶段的联系，也要分析它们的独立地位。

（2）实体方法。实体研究方法将具体的政策实体作为研究对象，具有针对性和客观性，由于研究对象非常明确，因而更能提供直接全面的信息，在政策科学领域应用广泛。

（3）逻辑实证方法。逻辑实证方法借助现代逻辑对语言进行形式分析，并试图建立起一个形式化的人工语言以及系统理论，以便更好地进行科学概念和科学陈述的重新构造。主要运用理论演绎、模型、假设验证、客观数据、比较方法和严谨统计分析等方法。逻辑实证方法要求对关键的概念有清晰的定义和划分，要重视研究的前提假设，必须在符合条件的情况下运用各种理论和模型，避免导致自相矛盾或者循环论证的研究结论，以及运用客观数据和严谨的统计手段一定要具有解释的作用。

（4）计量经济学方法。即公共选择理论，这种方法认可“理性人”假设，认为每一个体都会追求自身利益的最大化，无视整体利益，因而它首先计算个体利益，以此制定政策，最后判断对整体的影响。

（5）后实证主义方法。该方法认为经验事实具有主观性，客观实在只能部分地认识，故自然科学方法不是唯一科学的方法，强调以价值为基础，强调价值观、信仰、情感等因素对于政策制定的整个过程有非常重要的影响，要重新审视这些因素，并将其作为分析的基础。他们并不绝对地排斥实证方法，只是对主宰行为的价值因素重新重视，是反思后的进步。

（6）参与主义路径。参与主义试图把既懂得利益又有价值偏好的利益涉及者都纳入政策制定过程中，通过扩大参与，允许受政策影响者参与政策过程，从而实现拉斯韦尔所提出的政策科学的民主。参与主义要求为个体、利益集团、官僚们提供更宽阔的讨论空间和进谏途径，以便让他们参与到政策设计和再设计当中。

（7）规范性描述方法。规范性描述方法要求我们吸取两个道理：对事物整体把握的重要性；每个人对数据的选择不同，理解也不同。

（8）意识形态方法。由于政策是在意识形态的指引下制定的，意识形态的好坏直接影响到整个政策过程。如果政策制定违背主流意识形态，那么政策执行便会受到阻力，很难推行下去甚至被撤销。如国家的意识形态是政策制定的一种导向。

（9）历史方法。历史方法将政策过程看作是一个动态过程，综合了时间因素去分析政策，认为政策的各个阶段之间都是有联系的，只有把政策置于一个长时期、大范围的过程中才能看到其变化。

12．简述公共政策分析方法中“逻辑实证法”的含义、基本要求及缺陷。［电子科大 2016 年研］

答：（1）逻辑实证法是以经验为根据，以逻辑为工具进行推理，用概率论来修正结论的一套管理方法。科学的方法是研究人类行为的唯一正确的方法，因此，它虽然以感性的经验为依据，却否认了感性认识的积极作用，它是不折不扣的理性主义。许多研究者们从经验角度认为外部客观世界是可以被认识、量化的。

(2)基本要求：

①把哲学的任务归结为对知识进行逻辑分析，特别是对科学语言进行分析。

②坚持分析命题和综合命题的区分，强调通过对语言的逻辑分析以消灭形而上学。

③强调一切综合命题都以经验为基础，提出可证实性或可检验性和可确认性原则。

④主张物理语言是科学的普遍语言，试图把一切经验科学还原为物理科学，实现科学的统一。

(3)缺点。逻辑实证法后来导致后实证主义、后行为主义的发生。虽然资料数据客观存在，但由于数据搜集的方法、取样以及分析数据的过程都需要人的参与，人们不可避免地在这些过程中带有主观性，所以逻辑实证法也不是完全的“价值中立”，进而对价值规范和意识影响的关注又回归到研究当中。

13. 公共政策分析要回答哪些基本问题?［南航2017年研］

答：公共政策分析是对政府为解决各类公共政策问题所选择的政策的本质、产生原因及实施效果的研究。公共政策分析的基本框架简述如下：

(1)公共政策问题的构建。社会现实中的某个问题怎样成为公众在政治上注意的对象?社会问题或公共问题如何进入政策议程成为政策问题?政策问题是什么?不同的政策问题主要采用哪些分析方法?建立政策议程的基本条件有哪些?政策问题的构建与界定往往是公共政策分析最为关键的一环。

(2)公共政策方案的制定与通过。建立政策方案的基本原则是什么?实现政策方案的目标是什么?可供选择的方案是如何制定的?怎样对所选择的政策方案优化?什么利益群体直接或间接地影响了政策方案的制定过程?政策方案是怎样被正式通过和颁布的?正式通过的政策的基本内容是什么?

(3)公共政策内容的实施。有效的政策实施必须具备哪些条件?在政策实施中采取了哪些具体的行动措施?这些行动措施对政策内容产生了何种影响?为了确保政策目标得以实现，必须制定合理有效的执行策略，防止出现执行偏差。

(4)公共政策效果的评价。按照什么样的标准去评价政策的实施效果与影响?由谁去评价政策结果?政策评价的结果是什么?政策是继续执行、发展还是终止?

14. 简要分析政策合法化包括的主要内容。［中财2013年研］

相关试题：

(1)政策合法化的途径。［首经贸2017年研］

(2)简述政策合法化及其主要途径。［首经贸2016年研］

(3)简述政策合法化的主要内容。［华南理工2014年研］

答：(1)政策合法化是指所选择的优化的政策方案上升为法律或获得合法地位的过程。政策的合法化是保障政策具有合法性和主要依靠法律机制来贯彻执行的重要环节，由国家有关的政策机关依据法定权限和程序所实施的一系列政策立法活动与审查活动所构成。其内涵可以从广义和狭义两个角度来理解：

①从广义角度来说，一般认为，能够被公众认可、接受、遵从和推行的政策就是具有合法性的政策，而使政策能够被公众认可、接受、遵从和推行的过程就是公共政策的合法化过程。

②从狭义角度来讲，主要偏重从法律角度来解释公共政策合法化这一概念，它包括决策主体合法、决策程序合法、政策内容合法等内容。

(2)政策合法化包括的主要内容：

①决策者及其权力的合法化。这是政策合法化的前提，只有决策主体是合法的，其在权限范围内颁布的政策才有可能是合法的。深化法律信仰，决策者必须做到在法治之下而不是在法治之外，更不是在法治之上想问题、作决策、办事情。法律信仰不会自发生成，必须依赖体制创新和制度保障，通过一系列考核、运作、监督机制的共同作用，使决策活动具有合法的程序、手段和目的，促进决策者形成自觉自主、成熟的法治理念。

②政策决策程序的合法化。政策决策过程应合乎法定的程序要求。公正的程序强化了决策的内在化、社会化效果，人们很难抗拒程序所带来的后果。在当代中国，行政决策一般实行的是行政首长负责制，这项制度把决策权赋予了行政首长，但是他必须在集体讨论的基础上决策。具体的程序是：法制部门的审查、领导会议的讨论决定、行政首长签署发布。需要说明的是，有些政策如政府工作报告、某些行政性立法等，经过行政首长的决策后还不能完成整个决策程序，还要进入人大或其他权力机关的决策程序。

③政策内容的合法化。在现代民主与法制社会里，政策的制定都必须时时体现民主与法制精神，政策内容的合法化是政策制定过程的重要环节。决策的政策方案必须与国家的宪法和现行法律保持一致，符合有关的立法精神和法律原则，以及相关的司法解释。随着中国日渐融入全球化，政策决策有时还要考虑国际条约、国际惯例的相关规定。这就需要在决策过程中，注意把备选方案与相关法律法规进行对照，必要时要向法律性政策机构甚至立法机关进行咨询，或者设立专门的法律审查程序。

④政策内容法律化。由拥有立法权的国家机关依立法权限和程序，把经实践检验后证明是成功的、成熟稳定的、存在立法必要的政策转化为法律的过程就是政策内容法律化。从政策制定过程本身来看，政策内容法律化是政策合法化的一种极其重要的形式。

15. 政策过程的划分阶段。［青岛大学 2016 年研］

相关试题：

(1)一个完整的政策过程包括哪些阶段？各阶段的主要任务是什么？［中财 2014 年研］

(2)政策过程分几个阶段？［上海交大 2012 年研］

答：一般认为，公共政策过程主要包括：

(1)政策议程建立。这是公共政策过程的第一阶段。一般认为，这一阶段的任务包括：

①政策问题的界定，其主要包括思考问题、勾勒问题边界、寻求事实依据、列举目的和目标、明确政策范围、显示潜在损益、重新审视问题表述等七个方面。

②构建政策议程，其主要途径有：政治领导人、公共组织、利益集团、大众传媒、公众突发事件、技术创新和变革、政治运动、原有的政策、专家学者、社会公众等。

③政策方案规划，主要指决策者为处理政策问题而制定相应的解决方法、对策和措施

的过程，具体涉及确定目标、拟订方案、预测方案后果、抉择方案的目的。

④政策合法化，主要包括法制工作机构的审查、领导决策会议的讨论决定、行政首长签署发布政策。

(2)政策方案形成。政策方案形成一般可分为两个步骤：①政策方案的轮廓勾画，从不同角度、不同途径提出多种多样的方案设想。②政策方案的细化设计，即政策方案具体化，确定实现政策目标的各种措施。轮廓设想需要的是创新精神和丰富想象，而细节设计需要的则是冷静的头脑和求实的精神，就方案的各个细节进行严格的论证、反复的计算和细致的推敲。这一阶段的工作，通常是由专家学者和咨询机构辅佐完成。

(3)政策决定。在对各备选方案进行后果预测后，要对各方案作出决定，以抉择出或综合出一个最佳方案或满意方案。由于决策信息的不完备、方案的不周全以及选优标准的多样性与相对性等，要达到最优目标是困难的，因而比较适宜采用西蒙提出的满意标准，遵循“有限合理性”原则，选择一种在现实条件下比较可行的方案。

(4)政策执行。指在政策制定完成之后，将政策由理论变为现实的过程。其形成过程主要包括以下六点：①设置政策执行机构；②政策执行资源配置；③政策宣传；④政策分解；⑤政策试验；⑥政策实施。影响政策执行的因素主要包括政策问题的特性、政策本身因素、政策之外因素三方面。政策执行手段包括政治手段、法律手段、经济手段等，使用时应多样化、交叉化，结合实际情况运用相应手段。

(5)政策评估。政策评估是公共政策运行的重要阶段。加强公共政策评估，对检验公共政策效果、决定公共政策的存废都具有十分重要的意义。一般认为，政策评估是指依据一定的标准、程序和方法，对公共政策的效率、效益和价值进行测量、评价的过程，其主旨在于获取公共政策实行的相关信息，以作为政策维持、调整、终结、创新的依据。

三、论述题

1. 公共政策在公共管理中的地位和作用。[南航2020年研]

答：公共政策在公共管理中的地位与作用/功能具体如下：

公共政策与公共管理具有密切的相关性。公共政策功能的实现既受制于特定时空范围内的政治、经济、文化等环境要素，也能对这样的环境要素起到重要的反作用。公共部门在建构公共生活的制度框架、进行宏观经济调控、保障和促进良性的市场竞争、协调和解决社会矛盾和群体冲突的过程中，离不开制定和实施相应公共政策这一重要途径。此外，在当今的时代背景之下，公共政策的制定实施不再是以往的强制性的国家控制手段，而是以政府为核心的社会多元主体互动合作的结果。当前公共政策制定与实施的方法必须与时俱进，变革创新，以回应时代需要，实现现代公共管理的目标和价值。从根本上说，公共政策的发展在现代公共管理中主要发挥以下几方面功能：

(1)公共政策的行为引导功能。

公共政策是在公共领域中以社会、群体和个人为对象制定并实施的具有约束引导性的规范和准则。公共政策是现实社会条件与环境的产物，是公众利益的体现，同时公共政策目标也指出整个社会生活的发展方向。公共政策针对特定的公共问题，通过政治的、道德的、文化的和法律的等诸多公共管理途径或以这些方式为载体，逐步推进和实现对社会价值的引导和社会行为的规范。

(2)公共政策的利益协调与分配功能。

随着现代社会中利益多元化和分层化的加剧，利益冲突与矛盾日益尖锐复杂，公共政策的发展需要在建构于良好制度之上的、透明公正的公共平台上对社会利益进行合理的区分与协调，并通过一定的分配与再分配手段实现效率与公平，维护社会正义。从公共管理的视角看，公共政策过程也是以公共价值为导向协调相关公共管理机构运行的过程。政府通过既定公共政策的实施，公正、有序地实现对社会利益的分配、协调和整合。

(3)公共政策的调控和规制功能。

公共政策过程以公共问题为起点，而公共问题则是社会公共生活领域(包括政治、经济、社会、文化和宗教等各个领域)中的非平衡状态。在不同的时期，这种非平衡状态有可能出现在上述某个领域中或某一领域中的某些方面。公共政策过程就是要通过对局部或整个社会发展局势的调控使特定领域或范围的非平衡状态得以调整或控制在一定程度之内，或逐步缓和达到平衡，实现社会机体的协调和社会运行的稳定与和谐发展。

2. 结合实际谈谈影响政策执行的主要因素。[中山大学 2010 年研]

相关试题：

(1)结合实际谈谈影响政策执行的因素有哪些。[简答题，中山大学 2018 年研]

(2)简述影响政策执行的因素。[简答题，华南理工 2015 年研]

(3)影响政策执行力的主要因素。[简答题，北邮 2014 年研]

答：政策执行是政策方案付诸实践、解决实际政策问题的过程，也就是将政策理想变为政策现实的过程，包括组织和物质准备、政策分解、政策宣传、政策实验以及指挥、沟通、协调等功能环节的一系列活动。影响政策有效执行的因素有：

(1)政策问题的特性。政策问题的性质、政策对象行为的多样性、政策对象人数及其行为需要调适量都直接影响政策的有效执行。

(2)政策本身的因素：

①政策的正确性。政策的正确性是政策有效执行的根本前提。政策的正确性首先要求内容和方向正确；其次要求政策制定具有科学的理论基础、严密的逻辑关系、科学的规划程序。

②政策目标的具体明确性。这是政策执行有效的关键所在，是政策执行者行动的依据，也是对政策执行进行评估和控制的基础。

③政策资源的充足性。一般来说，政策资源主要有经费资源、人力资源、信息资源和权威资源。

(3)政策以外的因素：

①目标团体对政策执行的影响。目标团体是指政策直接作用、影响的对象。目标团体对政策顺从和接受的程度是影响政策能否有效执行的关键性因素之一。

②执行人员的素质和工作态度。执行人员对政策的认同、对政策执行行为的投入、创新精神、对工作的负责、较高的政策水平和管理水平是政策得以有效执行的重要条件。

③执行机构组织间的沟通与协调。沟通是政策执行过程中各级组织人员进行信息交流、传递的过程，是对于政策目标及其相关问题获得统一认识的方法和程序；政策协调是管理

组织为了顺利实现政策目标，而谋求自身统一和谐，谋求自身各相关要素匹配调剂、协作分工的一种行为方式。

④政策环境。影响政策执行的环境因素主要有政治、经济、社会、文化和心理环境等方面。

3. 政策执行的手段有哪些？［人大2018年研］

答：政策执行的手段主要包括：

(1)行政手段。指依靠行政组织的权威，采用行政命令、指示、规定及规章制度等方式，按照行政系统、行政层次和行政区划来实施政策的方法。行政手段具有权威性、强制性、直接性、无偿性、时效性等特点。行政手段因其强制性等特点而比其他手段发挥作用快，有利于对付突发性的问题，有利于政策运行中的急转弯、急刹车，以迅速扭转有害的倾向和比例局面。但行政手段也存在局限性：

①运用行政手段容易只从行政角度考虑问题，忽视经济规律、经济效益、经济责任和各方面的经济利益，容易产生“一刀切”的瞎指挥。

②运用行政手段容易影响下级组织的积极性。

(2)经济手段。指根据客观经济规律和物质利益原则，利用各种经济杠杆调节政策执行过程中的各种不同经济利益之间的关系，以促进政策顺利实施的方法。其具有间接性、有偿性、关联性的特点。具体来说，经济手段包括运用价格、工资、利润、利息、税收、资金、罚款等经济杠杆和价值工具，以及经济责任制、经济合同等。经济手段还具有更有利于从实际出发，按经济规律办事的优越性。

(3)法律手段。指通过各种法律、法令、法规、司法、仲裁工作，特别是通过行政立法和司法方式来调整政策执行活动中的各种关系的方法。其具有权威性、强制性、稳定性、规范性的特点。在处理特殊的、个别的问题时，还需要与行政手段配合使用。

(4)思想教育手段。思想教育手段是通过制造舆论、说服教育、协商对话、批评表扬等引导人们贯彻政策的方法，具有引导性、人本性的特点。

4. 请结合实例，论述政策分析的主要方法。［电子科大2013年研］

答：政策分析的主要方法有：

(1)定性分析与定量分析：

①定性分析是从质的方面研究事物，即从事物的构成要素及其相互关系中把握事物的质的规定性。

②定量分析是定性分析的基础。定量分析是用数学方法从量的分析中把握事物的质的方法。

(2)专门的分析方法，参见本章简答题第11题答案。

四、案例分析题

案例一

如果你是负责处理小广告问题的城市管理官员，请问你采用何种方法或程序来制定解决问题的相关政策(特别注意：不是要求列出具体的政策措施，而是要求给出分析解决问题

的方法或程序)。[北理 2007 年研]

答:(1)公共政策问题的提出:

公共政策问题是指客观存在的，对社会上大多数人的利益、生存、发展条件和价值规范等产生重大不良影响，并经过一定的渠道和途径反映到政府有关部门，列入政府的政策议程并为政策制定者所分析和研究，等待解决的社会公共问题。

此题中所反映的问题就是政府所面临的一个公共社会问题，它关系到整个生活在这个城市的所有人的生活环境，既然是一个公共问题，对于政府而言就是一个公共政策问题，所以，要通过制定一项好的、切实可行的公共政策来予以解决。

(2)公共政策的制定的基本内容:

公共政策制定一般是指针对某个政策问题提出、论证并抉择解决方案的整个过程。公共政策制定是一个动态过程，一般包括确定政策目标、设计政策方案、论证评估方案、抉择方案等几个相对独立又密切联系的环节。政策目标的性质和特点有:①目标的具体明确性;②目标的现实可能性;③目标的前瞻性;④目标的协调性;⑤目标的规范性。

从以上原理内容可以看出，针对要解决的小广告影响市容市貌的问题，其目标性质是明确的，它就是政府如何制定一项有效政策以从根本上解决城市中的小广告问题。这项政策一定要切实可行，要能很好地执行下去，发挥实际的效应。而且在制定这个政策目标时，此项政策要跟其他相关的政策和规章制度相配套，即考虑到政策目标的协调性和操作性。

(3)设计政策方案:

从实质上讲，政策方案的设计是在寻求解决政策问题的途径和方法。

①设计政策方案的要求:a. 从实际出发，实事求是;b. 解放思想，大胆创新;c. 独立思考，集思广益;d. 设计出尽可能多的政策方案。

②科学地设计政策方案，一般包括两个步骤:

a. 政策方案的轮廓设计。主要是指对政策方案的粗线条勾勒和构想。这一步骤的主要内容至少应该包括政策的指导方针、行动策略和原则、基本措施和政策的发展阶段等。

b. 政策方案的细节设计。根据政策方案的轮廓来确定实现政策目标的具体途径、措施和手段，包括相关的执行机关、人员配备、财力保障等各种资源的准备。设计细节时要做到:细致性、实用性、可操作性。

针对城市中小广告问题，政府在设计解决方案时，要尽可能多且全面。先进行方案的轮廓设计，然后从方案的细节入手，加以详细化，尽可能地做到具体到位。

第一种方案:从立法上予以设计，加快立法，政府相关部门应尽快出台一部整治市容市貌的地方性法规或者是政府部门规章制度和条例，然后付诸实施，把责任具体规定到部门的责任人，强化责任意识。

第二种方案:公安部门联合相关部门开展一项专门整治小广告的行动，加大执法力度，对情节严重者或者是影响恶劣的情形予以严惩。从小广告的粘贴入手，直捣粘贴小广告的源头，从根本上杜绝这些影响市容市貌的行为。

第三种方案:加大宣传力度，倡导市民爱护身边的环境，不要乱粘贴小广告，形成一种爱干净、搞好市容的强烈意识，人人都行动起来。每个人都参与监督这些粘贴小广告的行为，让他们没地方粘贴。

③设计方案过程中各种不同主体的参与。政策方案的产生不是独立的个人思维的结果，而是多方主体的集体思维智慧的结晶和集思广益的过程，所以各方主体的参与具有重要作用。要重视决策者、咨询者、利益相关团体、公众等各方参与主体的出谋划策，综合权衡各方的意见和建议，这样才能设计出较高质量的、切实可行的政策方案。由于小广告问题影响市容市貌，关系到生活在这个城市的每个市民，所以，在设计方案时可请专家来参加，因为他们的方案比较专业，也可以有社会中的市民、企业公司的人员，还可以有学校的学者等。政策的制定要求有广泛的参与者，这样的政策才有可能最大化地被接受，被很好地执行，最后才有可能收到最好的效果。

(4)评估、论证政策方案。对政策方案进行评估是方案设计的理论升华。一般来说，政策方案评估包括价值评估、可行性评估、效果评估、风险评估等。而政策方案评估必须遵循一定标准，否则就失去了评价的依据和准绳。主要标准有：政治价值标准、成本—效益标准、伦理道德标准。因为政策方案的多样性，所以为了最后能很好地解决问题，就需要对各种方案进行评估，以选出最好的那种方案，而这个评估工作可以由专业的评估机构来做，也可以共同参与评估。

(5)抉择政策方案：

①在公共政策方案分析、论证之后，进入了最后的抉择阶段——政策方案的评估。它是选择方案的前提，抉择方案则是方案评估的结果。政策方案的比较可包括：a. 政策预期收益的对比；b. 政策方案成本的对比；c. 风险程度的对比。总之，要选择那些相对来说收益较大、成本较低、风险较小、比较及时的方案，根据具体情况作出最后抉择。

②科学的抉择必须遵守一定规则，通常的抉择规则有：a. 全体一致同意规则；b. 多数抉择规则；c. 赞成投票规则；d. 淘汰投票规则。

总之，抉择最佳政策方案的过程也是一个综合创造的过程，即以一个较好的政策方案为蓝本，吸取其他方案的长处，综合出一个新的、较为满意的政策方案。针对这个小广告社会问题，可以选择其中两个方案同时进行，既要从立法上提高其解决的力度，同时又要由专门的政府机关开展专项整治行动。在这个过程中可以加大宣传力度，提高市民自觉爱护环境、保护环境的意识。

案例二

材料(1)与材料(2)反映了我国政策执行中的实际状况，试分析以下问题：[首经贸2007年研]

1. “上有政策，下有对策”的危害。

答：“上有政策，下有对策”通常是指上级部门出台了一项政策，下级部门在执行过程中不严格执行，而是用钻空子、搞文字游戏等方法对该项政策阳奉阴违。“上有政策，下有对策”现象，从地方局部利益来看也许是有利的，但从国家整体利益来看是弊大于利，是有害的。

(1)“上有政策，下有对策”是政策变通的一种表现形式。

①如果地方政府能够抓住中央政策的精神实质，遵循政策的要求，结合当地实际制定切实可行的实施对策，这样的“对策”是合理的、合法的，它有助于用足、用活中央政策，有助于完善政策，使中央政策发挥更大的效益。

②如果地方政府夸大政策的灵活性、否定政策的原则性，以地方利益为标准，符合本地利益的政策就“用足用活”，反之就“变通”政策，肢解、曲解、抵制中央政策，制定“土政策”，实行地方保护主义，执行的结果出现了与既定政策相悖的情况。这样的“对策”不合理，更不合法，其危害极大。当前，这种“上有政策，下有对策”的现象更普遍。

(2)作为相对独立的地方利益，地方政府在既定的界限范围内，为了促进本地经济发展，提高人民生活福利，为了减少因宏观经济环境恶化所导致的恶果，控制其他地方政府不合作给自己造成的损失而采取“上有政策，下有对策”的办法，有助于调动地方的积极性和创造性。

(3)但与此同时，政策执行中的地方主义、本位主义开始抬头。

①一些地区部门为了本地区、本部门的局部利益和小集团利益，置国家、集体的整体和长远利益于不顾，对中央和上级的政策按需取舍，符合本地区、本单位利益的坚决执行，不符合就消极执行，甚至阳奉阴违，使中央和上级政策成为一纸空文。“上有政策，下有对策”的分散主义倾向成为影响中国政策执行有效性锐减的重要因素。调整产业结构和利税包干后出现的“投资项目争着上，利税基数往下压”等现象就是例证。

②地方政府之间互相攀比，盲目争投资、铺摊子、上项目的热情不减；消费基金过快增长的局面遏制无方，乱涨价、乱集资、乱摊派屡禁不止；地方政府行为短期化，采取地方保护主义手段，实施地区经济封锁，人为割裂市场，阻碍了全国统一市场的形成。如果长此下去，国民经济总量的平衡就难以维持，改革和发展的好势头就有可能受到损害。“上有政策，下有对策”更严重的后果是中央政策权威性、严肃性正在受到来自国家机器内部的更具自我利益、自我意识、自治权力日益增大的地方政府及其领导者的挑战，长此下去，就有可能形成“诸侯割据”的局面，危及国家和民族的稳定和统一。

总之，“上有政策，下有对策”是弊大于利的。过多的此种现象会造成我国政策执行信度和效度的下降，同时也不利于我国中央政府权威的树立。所以，各级政府应当从各方面作出努力，尽量避免此种现象的发生。

2. 此现象的成因和治理对策。

答：“上有政策，下有对策”现象产生的主要原因，无非是“利益”的驱动。因此，要分析“上有政策，下有对策”现象的成因，就得分析政策执行中的中央与地方、上级与下级的利益关系机制。

(1)“上有政策，下有对策”现象的成因：

①中央利益与地方利益间的矛盾。当地方的利益和中央的利益之间有冲突的时候，某些地方为了维护本地的利益，就不惜牺牲国家和当地人民的利益，不执行上级政策或者选择于自己有利的执行。

②政策本身的缺陷。由于政策本身的缺陷，很多政策在制定的时候对某些地方因素考虑得不够，或者政策制定的不严谨，留有漏洞，这就给了地方钻空子的机会。而地方政府利用这些机会把自己的对策加到上级或中央政策中去，结果是以执行上级或中央政策为名实施自己地方的对策。

③政策执行主体的本位主义和地方利益的驱使。地方保护主义一直以来都是政策执行过程中所面临的问题，由于政策最终的执行主体是地方，所以政策最后的效果也取决于地

方政府，而地方保护主义、本位主义的存在，直接导致了“上有政策，下有对策”情况的出现。

④政策执行的监控不力。政策过程中很重要的一个环节是政策监控，有力的政策监控将使地方政府在实行政策时尽心尽力。而不力的政策监控只会助长地方政府按自己方式办事的不良风气。而现阶段很多地方之所以敢“上有政策，下有对策”，和政策监控不力有直接的关系。

(2)“上有政策，下有对策”现象的治理对策：

①从制度上解决合理划分中央和地方事权的问题：

a. 在决策问题上，应明确宏观决策中央独统，微观决策地方自主。宏观决策的内容、实施时机与步骤由中央政府作出。宏观决策由于涉及面广，有些条文不太具体和比较抽象，对这样的条文，地方不应随意解释，解释权在中央。在宏观决策实施中，会遇到一些特殊问题，对这样的问题如何解决，最后的裁定权在中央，地方无权自行裁定。

b. 微观的决策是从宏观决策中衍生出来的，它决不能与宏观决策对立。在这之外，只要是宏观决策没有否定或反对的，微观决策都可以实施。这不同于与上边的政策对着干的“上有政策，下有对策。”“微观决策地方自主”要求地方在遵循宏观决策的前提下，发挥决策的主动性、创造性。同时，中央和地方都应做到职责权相对应，要改变过去那种中央权力偏重或地方权力偏重的倾向，做到中央权力与地方权力对称。

②加强政策研究，建立科学合理的政策体系：

a. 应该对现存的所有法律、法规和政策进行一次全面清理，凡是政策规定之间相互矛盾、扯皮的都必须及时纠正；所有部门或地方的政策规定都必须严格与中央、国务院的政策规定相一致；对各个领域的工作进行全面调查，哪些需要立法定策的，哪些政策需要完善修改的，全国应实行统一规划。

b. 制定政策方案时，既要有主体方案，又要有配套方案；既要有整体方案，又要有分类方案。对政策的制定和实施要通盘考虑，总体规划，有计划、有步骤、循序渐进地推进政策。要坚持一切从实际出发，克服政策过程中指导思想超越社会历史条件和客观规律而方式措施上却落后于社会进步的矛盾。

③摆正局部和全局的关系，树立“全国一盘棋”思想：

a. “上有政策，下有对策”实质上是颠倒了局部与全局的关系，缺乏“一盘棋”的思想。只要处理好局部与全局关系，“上有政策，下有对策”就失去了立足之地。

b. 地方绝对服从中央的观念是解决“上有政策，下有对策”的思想基础。处理好局部与全局的关系，必须维护中央的权威，反对分散主义和地方主义。只有切实维护中央的权威，令行禁止，步调一致，才能保证国民经济既生机勃勃又协调有序地向前发展。

④加强监督，从严治政。一个地方执行政策的好坏受内外两个方面的影响，内部主要是其愿不愿意、有没有能力执行上级的政策，而外部则是对于地方的监督机制。有了监督机制，地方在执行政策时必然会尽心尽力，而缺乏监督很可能使很好的政策在地方流于形式。因此，应做到：

a. 必须进一步加强监察监督工作。除了政党的监督、国家权力机关的监督、政策执行机关内部的监督外，还要让各阶层公民、社会团体、大众传播媒介等社会力量都来参与监督活动，形成强大的社会舆论，发挥重要的监督作用。

b．必须建立和健全相对独立的监督体系。在监督体系中，党的监督是保障，群众监督是基础，专门机构的监督是关键。在中国这样一个庞大的国家机器中，机构多种多样，人员素质参差不齐，如果仅仅靠人们的觉悟和自觉性去执行政策是远远不够的，靠主管部门去督促，实践证明也难以产生效果，有时反而会出现包庇或蒙混过关等现象。

c．必须实行有法必依，执法必严，违法必究的监督原则。

总之，“上有政策，下有对策”已经成为我国政策执行中的一大难题，只有在对其原因进行分析的基础上，不断找出解决此现象的途径，才有利于我国政策的有效执行，才能将政策执行落到实处，实现良好的政策效果。

第十章　行政沟通

10.1　复习笔记

【知识框架(庖丁解牛)】

- 行政沟通
  - 行政沟通概述：概念、作用
  - 行政沟通的要素
    - 沟通主体
      - 作为传播源的缺陷
      - 行政沟通把关人
    - 沟通内容
      - 沟通内容与行政活动
      - 对行政过程的影响
    - 沟通渠道：质量与选择
      - 容量与长度
      - 沟通渠道选择
    - 沟通对象：受众心理与状态分析
      - 信任度与认同感
      - 主动性和积极性
    - 沟通效果：微观、宏观角度
  - 政府对外传播
    - 概念：本质是信息互动和精神交往
    - 外部环境：硬环境、软环境
    - 两种表现形态：政府行为、非政府组织
    - “软销”与“硬销”
  - 新媒体下的政府传播
    - 新媒体的概念：以互联网为核心
    - 新媒体对政府传播方式的影响
    - 应用：网络问政、政务微博

【通关提要(提纲挈领)】

本章主要介绍行政沟通，比较简单。学习时，要掌握行政沟通各要素的具体内容，熟悉行政沟通的概念，了解政府对外传播及新媒体对政府对外传播的影响。本章主要考查概念题和简答题，可在理解基础上掌握重点内容。

【考点难点归纳(厚积薄发)】

考点一：行政沟通概述(见表 10－1)　★★

表 10－1　行政沟通概述

要点	主要内容	
概念	指行政过程中各部门及人员间行政信息的传递、交流与联系	
原则	①准确性原则；②针对性原则；③主动性原则；④全面性原则	
作用	①有利于提高行政决策的科学化。 ②有利于团结行政人员，发挥行政体系整体合力的作用。 ③有利于上下级之间相互了解，克服官僚主义。 ④有利于改进行政机关处理业务的方法，提高工作效率	
要素	沟通主体	行政组织和个人
	沟通内容	行政信息
	沟通渠道	质量与选择
	沟通对象	受众心理与状态分析
	沟通效果	对行政过程的影响
克服障碍的途径	①全面提高行政人员素质。 ②使行政沟通渠道顺畅。 ③健全行政沟通体制。 ④采用先进的沟通手段，提高行政沟通质量	

考点二：行政沟通要素（见表 10－2）★★★★

表 10－2　行政沟通要素

要素	主要内容		
沟通主体	缺陷	根据沟通规律，从低层到高层间的反馈，由于层级差异，明显动力不足	
	行政沟通把关人	在沟通过程中，行政机关工作人员负责收集、整理、选择、处理、加工和传递信息，是把关人［既是传播源，又是接受者］	
沟通内容	与行政活动	①行政信息是行政活动的基本元素。［软资源］ ②行政信息能为科学决策提供依据。 ③行政信息是行政执行得以顺利进行的前提	
	信息类型	上层信息	多具指令性、指导性［命令、报告］，沟通内容应清晰明了、目的准确
		中层信息	具有执行性、可操作性
		基层信息	作为决策依据，必须真实、全面且有理有据，影响决策质量、信息可信度
沟通渠道	容量	指渠道能传递的信息量或传播源发出信息的能力	
	长度	指传播源到对象间的距离［沟通时间×速度］	
	渠道选择	应以组织沟通渠道为主	

续表

要素	主要内容	
沟通对象	信任度与认同感	①一般受众是指与政府行政管理活动有关的组织和个人。 ②影响受众接受行政信息的因素：受众心理[对传播者的信任度、对传播内容的认同]和传播内容[能否支持其信念和价值观]
	主动性和积极性	①行政机关工作人员是特殊受众[既是一级受众，又是传播者]，其言行直接影响公众对政府的看法和评价。 ②行政信息自上而下沟通时，多是以说服为主的不对称模式
沟通效果	微观角度	行政沟通是多级沟通、劝服性沟通。从微观来看，行政沟通效果有限
	宏观角度	思想观念、行政体制与传播手段直接影响沟通效果

10.2 考研真题

一、概念题

1. 行政沟通[黑龙江大学2023年研；安徽师大2021年研；广西民大2018年研；中财2009年研]

2. 行政协调[中南大学2017年研；广东海大2017年研；南航2016年研；南昌大学2015年研；中国地大2013年研；华南理工2013年研]

3. 政府公共关系[福州大学2016年研；北邮2012年研；首经贸2009年研]

二、简答题

1. 简述行政沟通的理论基础。[武汉科大2010年研]

2. 行政沟通与行政协调及其相互关系。[南开大学2008年研；山东大学2005年研]

3. 政府公共关系的特征是什么？[北邮2016年研；中财2010年研]

三、案例分析题

“6.5”公交车燃烧事件

2009年6月5日，在成都市的街头爆发了一起具有突发和恶性特征的公交车燃烧事件。一时间，有关它的所有观察、描述、臆测、推断、注解、反应，都由无数传播者迅速传开，成为社会舆论和人们关注的焦点。据统计分析，“6.5”事件在舆论热度、媒体关注度、网民关注度等方面都高居排行榜前位。

但是，“6.5”事件发生后，四川省、成都市人民政府高度重视，召开了一连串的新闻发布会，保持了信息透明度，有效引导和回应舆论。6月5日事发仅2小时，成都市政府抢在第一时间召开首场新闻发布会，并且当天连开三场发布会，不断公布伤亡、救治、现场等情况。6日的第四场发布会主动回应市民有关疑问，使质疑声音减弱。7日的第五场发布会公布调查的结果，认定“有人带油上车”，网民转而追查纵火者，民众的思路和情绪与政府逐渐合拍。

因此，成都“6.5”事件在市民惊悚之余，并没有诱发重大不满和社会群体性事件，一度出现的谣言和猜疑也迅速消退，“6.5”事件平稳落幕。[中山大学2011年研]

请回答：

1. 请结合本案例，具体分析政府公共关系的任务。

相关试题：

(1)政府公共关系的主要任务。[简答题，中国地大 2016 年研]

(2)政府公共关系的任务。[简答题，山东师大 2018 年研]

2. 请运用政府公共关系的有关知识分析成都"6.5"事件成功处置的经验。

10.3 考研真题详解

一、概念题

1. 行政沟通[黑龙江大学 2023 年研；安徽师大 2021 年研；广西民大 2018 年研；中财 2009 年研]

答：行政沟通是指行政过程中各部门以及人员间行政信息的传递、交流与联系。即行政组织中单位与单位之间、工作人员之间为了达成组织目标，用语言、文字、图片、动作等交换有关问题的内心感受、观念、意见、事实与信息等，以期获得相互的了解并产生一致行为的过程。简言之，行政沟通是开展行政工作所需要的信息传递和了解的过程。行政沟通的基本要素包括：沟通的主体(信息源)、内容、渠道、对象和效果。

2. 行政协调[中南大学 2017 年研；广东海大 2017 年研；南航 2016 年研；南昌大学 2015 年研；中国地大 2013 年研；华南理工 2013 年研]

答：行政协调是行政主体为了顺利实现行政决策目标而谋求自身统一和谐，谋求自身各相关要素匹配得当、协作分工的一种行为。它有广义和狭义之分，广义的行政协调包括行政系统自身的协调以及行政系统与行政环境之间的协调；狭义的行政协调仅指行政系统内部各方面的协调。行政协调是一个动态过程，在这个过程中，行政机构及其人员，尤其是政府的办事机构和政府综合部门作为行政协调的主体，亦即行政协调行为的承担者，是行政协调活动的核心。

3. 政府公共关系[福州大学 2016 年研；北邮 2012 年研；首经贸 2009 年研]

答：政府公共关系是指政府同广大公众之间的信息沟通与传播关系。在我国，政府公共关系是指政府机构为了更好地行使其职能，增进社会公众对政府工作的了解、支持、监督，以协调内部和外部关系的社会活动。其特征主要表现在：①主体具有一定的权威，特别需要开展"全员公关"；②客体构成复杂多样，最紧要的是处理政府与人民群众的关系、政府各部门及国家公务员之间的关系；③目标独特，即提高政府的美誉度；④多种传播手段并举，既有分工，又有配合补充。

二、简答题

1. 简述行政沟通的理论基础。[武汉科大 2010 年研]

答：行政沟通是指行政过程中各部门以及人员间行政信息的传递、交流与联系。其理论基础包括：

(1)民主参与理论。现代管理民主参与理论的提出者(如巴纳德、西蒙及梅亮等人)认为，组织属于全体人员，所有员工都拥有平等的发言权，这是获得员工支持与合作的主要因素。人人享有参与决策的权利与机会，就会把组织视为与他们休戚相关、荣辱与共的共同体，就会愿意为组织作出贡献。

(2)决策制定理论。组织是一个提供合理决策的有机体，而合理决策所借助的手段就是沟通。西蒙曾说明决策制定的三个主要活动：

①情报活动，即探究问题之所在与收集有关资料。

②设计活动，即基于情报活动的结果，再进一步研究问题，提出并估量各种解决问题的可能方法以及方法中的各种细节。

③选择活动，即基于设计活动所提出并经研判后的各种可能解决的方法，最后选择一种予以实施。

从这三项活动中，可以很清楚地看出沟通在其中所扮演的重要角色。

(3)组织动能理论。美国学者巴纳德认为，人是组织中最基本的元素，因此，组织必须以人为中心而不是以结构和规范为中心。然而，人作为一种社会动物，在组织中会有交往、互动行为，这就是沟通。沟通使组织动态、有活力，因而组织的主管人员要成为沟通的中心，发挥其协调职能。

(4)人格尊重理论。民主社会的一个重要特征是人的尊严能得到维护。如果在管理上能够尊重人格，这个组织必然会生产较高的效率。尽管尊重人格的方式很多，但尊重其言论权是其中重要的一项，因而保障组织中每个人员交往沟通的自由是组织民主管理的基本内涵。

2. 行政沟通与行政协调及其相互关系。[南开大学2008年研；山东大学2005年研]

答：(1)行政沟通是指行政过程中各部门以及人员间行政信息的传递、交流与联系。沟通是与行政过程紧密相连的行为，是行政管理活动中最具共性的东西。

①政治学家们指出，发挥信息传播作用的沟通网络，又称“政府的神经”。行政沟通应当是双向的，信息发出后只有接受者做出了反应，才能构成一个完整的行政沟通过程。沟通主要是信息沟通，信息沟通是人类进行各种活动的基本条件。行政沟通的基本要素包括沟通的主体(信息源)、内容、渠道、对象和效果。

②行政沟通的主体是行政组织和组织化了的个人，沟通信息是行政信息。行政沟通渠道对行政过程的影响主要体现在渠道质量——渠道容量和长度上。当质量一定时，渠道形态的选择也重要。

(2)行政协调是指行政管理过程中的协调，是行政主体为达到一定行政目标而引导行政组织、部门、人员间建立良好协作与配合关系，以实现共同目标的行为。

①协调不是在非此即彼相互排斥的两极做选择，而是在有关各方存在不同程度共同点的基础上对差异进行融和调整，以实现关系的和谐与整体功能的最大化。

②行政协调关键在于政府各方面关系的平衡，如输入信息与输出信息的平衡、履行社会职能与自身有效管理的平衡、专业化分工与全局管理的平衡、职权责的平衡等。在这一点上，行政协调与行政公关通过双向传播与沟通达到政府与公众间的平衡具有高度一致性。

(3)行政沟通与行政协调的关系：

①行政沟通是行政协调的前提。行政不协调即处于无序状态，重要原因是组织之间、人员之间缺乏对事务的共识，从而不能步调一致。行政沟通的目的在于谋求行政系统中思想上、感情上的共识和理解，促进关系和谐，以便能顺利实现行动上的协调统一。通过行政沟通，促使行政机关中部门之间、部门与人员之间、人员与人员之间交流情况，从而加强了相互理解，有利于意见分歧和利益冲突的消除和化解，从而改变态度。通过及时沟通获得信息，促使有关部门、单位都能明确共同的目标、方向、道路，获得有关外部环境变化信息，就可促使行政组织与之保持平衡状态。

②行政沟通有利于推进行政协调发展。例如，当居民在沟通时，他们在街道办事处组织的小区联欢会上，谈笑风生，唠唠家常，情感沟通，互相谦让，消除了一些居民间多年因卫生、水电费负担分配而造成的隔阂。意见通通引向思想深层，可增强合作的愿望达到协调。工作中有不同意见长期积压而互不通气，会出现相互埋怨、猜疑或流言蜚语，造成混乱。由上级作裁决，只能改变双方表面行为，不能影响其内在态度，达不到真正协调。如果能通过定期对话等形式，倾吐苦衷，交换意见，共同寻找解决途径，增强彼此合作愿望，就能自觉维护协调关系。文化沟通可增强凝聚力，达到协调。在单位内部或平行单位之间开展一些文娱体育等交流活动，增加相互间直接接触的机会，展示各自的长处，容易产生相互间的吸引力，自觉地统一行动步伐。

3. 政府公共关系的特征是什么？［北邮 2016 年研；中财 2010 年研］

答：政府公共关系是公共关系的一个分支，二者都是组织通过与公众之间的双向沟通，争取公众的信任与支持，从而树立良好组织的组织形象的一个过程。但政府公共关系作为公共关系的一个分支具有其一定的特殊性：

(1) 主体的权威性。政府是独立分化出来的又居于社会之上的特殊社会权威管理组织。其区别于其他社会组织的突出特征就在于它拥有极大的权力，具有权威性。在一般情况下，同一个国家或同一个地区只有一个政府，它往往处于独一无二的位置。

(2) 客体的复杂性。政府公共关系客体不仅数量庞大，而且还显现出极为复杂的结构。以一定的利益关系为基础而结合在一起的社会公众，又可划分为不同的利益群体，这些利益群体，既有共同的社会利益，又有各自的特殊利益。因此，政府必须有针对性地开展公关活动，重视各类公众的呼声，及时向公众报告政府在怎样满足这种期望，正确周详地解释政府出台的政策之后作出的行政行为，根据公众的需求不断改善政府的各项工作，树立全心全意为人民服务的良好形象。

(3) 目标的独特性。政府公共关系目标的独特性主要表现在三个方面：

①促进公众的认知是政府公关的首要目标。政府通过宣传可以让公众了解政府的路线、方针及政策。

②政府开展公关活动的另一目标是提高政府的知名度和美誉度。

③政府开展公关活动的最终目标是提高社会效益。

(4) 传播的优越性。与其他社会组织相比，政府公共关系的传播条件最为优越，主要体现在两个方面：

①政府掌握了大量的大众传播工具。在我国，主要新闻、出版单位和广播、电影、报纸等大众传播媒介都受政府管理。

②政府的组织传播严密有效。

三、案例分析题

“6.5”公交车燃烧事件

请回答：[中山大学2011年研]

1．请结合本案例，具体分析政府公共关系的任务。

相关试题：

(1)政府公共关系的主要任务。[简答题，中国地大2016年研]

(2)政府公共关系的任务。[简答题，山东师大2018年研]

答：政府公共关系特指政府在施政过程中运用传播沟通方法，促进政府与公众间相互了解、理解、信任与合作的管理活动。政府公共关系的任务有：

(1)把握公众舆论，为政府决策提供依据。舆论是社会上相当数量的人对社会问题所发表的意见总和。为把握舆论动向，避免舆论的自发性和盲目性，引导舆论健康发展，政府公关部门需做大量的工作。

①了解舆论。政府公关部门要了解舆论产生的全过程，把群众的意见、愿望和呼声集中，从中发现问题，作为决策依据。

②引导舆论。舆论导向是对某些舆论成分加以疏导，分析产生的背景，消除成为隐患的原因，使舆论朝正确方向发展。

③回应舆论。最好的舆论回应方式是行动，只有认真地纠正错误政策或行为，扎扎实实为群众排忧解难，才能在群众中重新建立良好的政府形象。

④完善舆论。完善舆论是政府有了好形象和声誉后，注意完善自身行为，创立更高美誉度。

(2)政务公开和信息公开，满足公众知情权。要让公众正确地了解政府，减少隔阂与猜忌，就必须做到政务公开和信息公开，提高行政管理的透明度。政府公关首先要加强政府机构的对外信息发布工作。政府要通过公开、制度化的传播渠道，尽可能及时、准确地将有关政策、措施公之于众。

(3)开展社会沟通，建立完善有效的渠道。缩短公众与政府的距离，从思想层次看，社会越开放，政府与人民群众的沟通越显得重要，只有树立强烈的沟通意识，才会有自觉沟通行为；从行为层次看，要坚持开展一些卓有成效的社会沟通活动。

(4)多办实事。协调内部外部关系，创造“人和”的行政环境。政府要创造“人和”的行政环境，从外部来讲，关键是多为人民办实事，兴利除害，使群众满意。政府公关理所当然要做到：

①要有群众观念，时刻注意把群众意见最大、最迫切需要解决的问题作为办实事的重点，限期解决，取信于民。

②改进政府某些不合理、不适当的行为模式，坚决杜绝推诿扯皮现象，尽可能完善各种为公众服务的设施，采用方便群众的工作方法，如现场办公、提供某些项目审批的一条龙服务等。

③经常深入实际，及时捕捉典型事例，对那些代表未来发展倾向的苗头，要做超前研究，把握公众需要的脉搏。

2. 请运用政府公共关系的有关知识分析成都“6.5”事件成功处置的经验。

答：成都“6.5”事件成功处置的经验主要有：

(1)实行信息公开制度。信息公开制度是政府公众信息传播机制的基础，其宗旨是保障公众的知情权，增加行政活动的透明度，监督政府机关依法行使职权。政府信息公开的原则是合法、及时、真实和公正，“以公开为原则，不公开为例外”，在事件发生之后及时进行信息公开。

(2)新闻发布。通过记者向公众传达政府采取的重大政策、措施和工作情况，加强与公众的联系。在遇到重大问题或在必要时，行政首长不能回避公众，要直接出面应对公众舆论，解答公众的问题。在此次事件中，有关部门负责人应该及时召开新闻发布会回答公众的疑问。

(3)拓宽社会沟通渠道。开拓公众参与性强的社会沟通渠道，让公众意见能有比较充分的机会和有效的方式公开表达，不仅能使政府及时、广泛了解不同意见，为制定政府政策提供依据；同时能够使各种潜在社会摩擦与冲突能量在“微调”的状态中得到释放和缓解，避免长期压抑或积聚而引起爆发式冲突和震荡。

(4)公共危机事件处理。公共危机事件，是指在特定时间和地域内危及政府职能运行、社会生活和群众利益的重大事件。危机事件发生后，政府公关人员应迅速会同有关职能部门妥善处理，尽量减轻其危害。处理危机事件时主要的公关步骤有：

①尽快掌握事实真相的全貌。政府公关人员应及时调查分析，迅速了解事件全貌，判断危机事件性质与来源，并尽量弄清事故原因、影响程度、发展趋势、外界与内部对事件的反应、现有的控制和处理措施是否有效等。

②确定对外发言人及统一新闻发布口径。一旦发生紧急事件，政府就会成为新闻界和其他媒体关注的焦点。为掌握舆论的主动权，政府发言人要及时提供真实信息，主动澄清不实的新闻报道和社会传言，向公众报告政府采取的对策、措施和效果。

③加强信息交流，寻求公众支持。危机发生后，各种社会关系空前紧张，政府公关部门必须加强沟通，协调各方关系。

④做好善后处理。危机事件的善后处理往往非常复杂，需要精心组织。如重大自然灾害、武装暴乱事件等，给公众的生命财产造成极大损失，也给公众造成强烈的心理创伤。这些后果不是马上能够清除的，因而需要提供有关事实真相、赔偿损失、责任者处理以及预防措施等信息，通过处理危机事件来宣传政府机构的政策和行动，尽快恢复其良好的形象和声誉。

第十一章　行政伦理

11.1　复习笔记

【知识框架（庖丁解牛）】

- 行政伦理
  - 行政伦理概述
    - 兴起背景与发展态势
    - 概念、特点、构成
    - 功能、原则
  - 行政伦理的结构与内容
    - 行政组织伦理
    - 行政个体伦理
  - 行政伦理的基本问题：责任及其履行
    - 主观责任与客观责任
    - 内部控制与外部控制
  - 当代中国行政伦理规范的内容

【通关提要（提纲挈领）】

本章主要介绍行政伦理的相关内容，比较简单。学习时，要重点掌握行政伦理的功能和结构、当代中国行政伦理规范的内容，熟悉行政伦理的概念、基本问题等。本章主要考查概念题和简答题，复习时应整体把握，理清脉络，理解记忆。

【考点难点归纳（厚积薄发）】

考点一：行政伦理概述（见表11－1）★★★

表11－1　行政伦理概述

要点	主要内容
概念	指执政党、国家机构、公共管理部门和国家公务员在社会生活领域特别是公共行政领域所应遵循的行为规范的总和
特点	①系统性；②政治性；③非营利性；④一定的强制性
构成	①行政伦理意识；②行政伦理行为；③行政伦理规范
功能	①中介功能；②规范与约束功能；③教育与塑造功能；④保证与激励功能；⑤引导与示范功能；⑥维系功能；⑦选择功能；⑧国家认同和民心凝聚功能
原则	①正义原则；②公共服务原则；③依法行政原则；④公共利益原则；⑤效率原则

续表

要点	主要内容
发展趋势	①从控制导向转化为服务导向。 ②从效率导向转化为公正导向。 ③在工具研究中引入价值视角。 ④创立新型整合机制[合作与信任]。 ⑤在治理变革上讲求德治与法治相结合

【真题链接】

(1)行政伦理的功能。[论述题,山东师大 2017 年研]

(2)简述行政伦理的功能。[简答题,广东海大 2017 年研;上海交大 2012 年研]

考点二:行政伦理的结构与内容(见表 11－2) ★★★★

表 11－2 行政伦理的结构和内容

要点	主要内容		
结构	组织伦理	含义	行政机构的伦理规范
		内涵	①公共伦理的核心是程序公正。 ②民主责任的伦理导向:现代政府是责任政府。 ③行政组织信任:行政组织体系内部成员之间的信任关系
	个体伦理	概念	指公务员的行为规范[关键组成部分]
		本质特征	①主客观统一;②美德与公德统一;③自律与他律统一
当代中国行政伦理规范的内容	①从私德转变为公德主导[优先、主动性]。 ②从为民众服务到为公民尽责[为人民服务]。 ③从信念责任转变为职业责任。 ④从清廉的理念转为实际行为		

考点三:行政伦理的基本问题:责任及其履行(见表 11－3) ★★★

表 11－3 行政伦理的基本问题:责任及其履行

问题	主要内容		
责任	客观责任	含义	指由制度和职业关系所客观决定的责任
		层次	①公共行政人员最直接的责任是对上级负责。 ②公共行政人员要对法律、公共政策负责。 ③公共行政人员要对公民负责
	主观责任	含义	指行政人员因心中的忠诚、良知及信仰而产生的伦理信念
		层次	①政治意识形态层次[核心]。 ②价值观层次[价值观念及行为模式]。 ③心理层次[对行政事务的具体态度]

续表

问题	主要内容		
控制	外部控制：制度化伦理	含义	指运用法律法规来认定政府的职责，以责任制约权力，并强化对行政权力的制约和监督[强调法治]
		优点	为公共行政人员的行为确立刚性标准[底线]
		缺点	作用有限，要结合内部控制
	内部控制：制度伦理化	含义	重视伦理道德的作用，加强对公务人员的道德教育、约束和考核
		优点	不论法律制度是否缺位，都能发挥作用
		缺点	①公共行政价值观会因自身角色不同出现冲突。 ②与外部控制相比，见效速度慢

11.2 考研真题

一、概念题

1. 行政伦理[北邮2022年研；安徽师大2021年研；中国地大2019年研；华南理工2019年研；武汉科大2017年研；中财2015年研；山东师大2012年研]

2. 行政组织伦理[中国地大2014年研]

二、简答题

1. 20世纪后期发生了对行政伦理具有助推作用的公共行政实践，简述之。[中国地大2015年研]

2. 行政组织伦理与行政个人伦理的内涵。[中国地大2013年研]

3. 行政伦理下行政人员的主客观责任。[中国地大2016年研]

相关试题：

(1)简述行政客观责任的层次。[山东大学2013年研]

(2)简述主观责任的三个层次。[东华大学2011年研]

4. 行政伦理的内部控制是：制度伦理化。[辨析题，中国地大2013年研]

5. 简述当代中国行政伦理规范的基本内容。[华南理工2015年研；山东师大2015年研]

相关试题：

(1)全面从严治党是党的十八大以来党中央抓党的建设的鲜明主题，2015年10月中共中央印发了《中国共产党廉洁自律准则》，党的十八届六中全会专题研究全面从严治党重大问题，审议通过了《关于新形势下党内政治生活的若干准则》，坚持思想建党和制度治党相结合，制度伦理与美德伦理同时着手。试结合党的十八届六中全会精神，分析阐述当代中国行政伦理规范的内容。[青岛大学2017年研]

(2)联系我国政府反腐败斗争的实际，论述当代中国行政伦理规范的内容。[中财2009年研]

三、论述题

1. 行政伦理的功能。[山东师大 2017 年研]

相关试题：简述行政伦理的功能。[广东海大 2017 年研；上海交大 2012 年研]

2. 结合当前我国作风建设实践，论述行政人员的伦理要求及其实现途径。[南航 2016 年研]

3. 试述行政管理中的伦理困境及破解策略。[湘潭大学 2017 年研]

4. 试述行政责任的意义及我国行政责任法制化程度较低的主要原因。[湘潭大学 2017 年研]

相关试题：简述我国行政责任法制化程度较低的原因。[北科 2011 年研]

11.3　考研真题详解

一、概念题

1. 行政伦理[北邮 2022 年研；安徽师大 2021 年研；中国地大 2019 年研；华南理工 2019 年研；武汉科大 2017 年研；中财 2015 年研；山东师大 2012 年研]

答：行政伦理是指公共行政领域中的伦理，是关于调整国家公务员与社会、行政机构、国家公务员之间，以及行政机构之间相互关系的行政行为规范的总和。即公务人员对如何达到公共行政的合法性和合理性道德的追求。其含义包括：①行政伦理在本质上是一种政治伦理；②行政伦理的主体由行政组织伦理和行政人员伦理构成；③行政伦理的规范表现形式由主观伦理意识、习俗化的伦理规则和制度化伦理法则等构成；④行政伦理层次性包括社会主义道德和共产主义道德两个层次的内涵；⑤行政伦理的核心内涵是全心全意为人民服务。

2. 行政组织伦理[中国地大 2014 年研]

答：参见本章简答题第 2 题答案。

二、简答题

1. 20 世纪后期发生了对行政伦理具有助推作用的公共行政实践，简述之。[中国地大 2015 年研]

答：从 20 世纪后期至今，行政伦理研究显示出越来越重要的意义。公共行政实践中出现的新迹象，对于行政伦理研究具有直接的推进作用。

(1) 从控制导向转化为服务导向。行政类型可区分为“统治行政”与“公共行政”两类。统治行政是为了秩序目标而实施对整个社会的控制，因此统治行政是“完全的”控制导向的行政。公共行政活动中至关重要的问题最终都涉及价值选择和道德选择。公共行政从控制导向转向服务导向，实际上是在科学化、技术化的基础上增加了伦理化的含义，服务导向注定的“关系”格局是这种转变最强有力和直接的动力。

(2) 从效率导向转化为公正导向。管理行政基本上是效率导向的行政。19 世纪 80 年代以来，随着效率导向的不断发展，公平、自由、民主等趋向于公共利益的要素被忽视，人们逐渐重新认识到公正的重要性。公正导向逐步引导着公共行政倾向“公共性”的本质。

(3)在工具研究中引入价值视角。公共行政的作用对象是由人构成的社会，公共行政的主体是理性与情感兼具的行政人员，他们的思想观念、认识能力、个人处境与道德素质等，都是在公共行政实践中发挥不同作用的重要影响因素。在遵循工具理性的同时，我们也需要兼顾价值理性，致力于对民主、公正等因素的追求，才能确保公共行政实践朝着合理化的方向前进。

(4)确立合作和信任的新型整合机制。公共行政需要确立合理的合作和信任的整合机制。一方面，行政体系中需要相关主体建立合作机制，确保公共行政实践的前进发展；另一方面，各个公共行政主体彼此基于自身信任关系对各自拥有的资源进行整合，同时促进公共行政的重要发展。

(5)在治理变革上谋求德治与法治相结合。使法治和德治在治理变革中相互补充、相互促进、相得益彰，推动行政伦理体系建设，推进治理体系和治理能力现代化。法安天下，德润人心。法律有效实施有赖于道德支持，道德践行也离不开法律约束，二者相辅相成、相互促进。一方面，用法治作为硬性手段给予公共机构人员威慑作用；另一方面，德治使公共行政人员自觉地保持行政伦理的良好精神。

总之，公共行政实践从20世纪后期至今发生了重大变化，随着公共行政实践的变化和发展，行政伦理的重要性日益体现出来，对行政伦理也提出了更高的要求，行政伦理的研究也显得迫切起来。

2. 行政组织伦理与行政个人伦理的内涵。[中国地大2013年研]

答：(1)行政组织伦理即行政组织的伦理规范，其基本内涵有：

①程序公正的基本准则。程序公正是公共道德的基石和公共伦理的核心组成部分之一；程序设计的目的是为公众服务，而非为官员服务。

②民主责任的伦理导向。民主的责任包括在不同社会价值之间的协调与整合以及对社会可持续发展价值的体现等，这些都是行政组织伦理的应有之义。

③行政组织信任。行政组织是一个在分工基础上进行合作的整体，这不仅需要正式权力的指挥系统，也同样需要高度信任的道德支柱。从理论上讲，组织的信任应该存在于行政伦理关系的各个层面。

(2)行政个体伦理。行政人员的个体伦理是公务员的行为规范，是行政伦理的关键组成部分。行政个体伦理主要包含以下几个方面：

①主观与客观的统一：

a. 公务员的行为规范是一种客观的规定，是客观规律的统一。所以，行政个体伦理是客观的，不以人的主观意志为转移。

b. 公务员行为规范作为客观的社会关系的反映形式，又必然包含公务员作为伦理主体的抽象、概括等主观思维活动，并需要以主观形式(伦理概念、伦理判断等)固定下来。

②美德与公德的统一：

a. 行政伦理首先是公权公用的保障性规范，行政人员必须在公共道德的制约范畴内，将个人的行为规范约束在公德要求的水平上。

b. 公务员的公共道德不是绝对外在于公务员内在道德诉求的外部规范，只有内化于公务员的道德规范，才足以保证个人美德与公共道德的积极呼应状态。

③自律与他律的统一。自律与他律其实共存于一体，互通共融。

a. 公务员行为规范的自律性，是公务员主体基于自身内在的道德精神，自觉主动地进行道德的自我规范与约束。

b. 道德的他律，指客观的社会道德关系和客观的道德要求，对进行道德实践活动的人们的一种基本节制和约束。这种节制和约束对道德主体来说具有必然性力量，是道德主体无法摆脱的。

3. 行政伦理下行政人员的主客观责任。［中国地大 2016 年研］

相关试题：

(1)简述行政客观责任的层次。［山东大学 2013 年研］

(2)简述主观责任的三个层次。［东华大学 2011 年研］

答：行政伦理下行政人员的主客观责任如下：

(1)客观责任是指由制度和职业关系所客观决定的责任，具体形式是与职责相关且应尽的义务。客观责任可概括为三个层次：

①公共行政人员对上级负责。听从上级的指令，按照上级的要求去完成自己分内的工作，在行政体制内按照上下级的关系进行相应的行政实践活动。

②公共行政人员要对法律、公共政策都负责。公共行政人员必须对所执行的政策议程中的公共政策的执行负起责任，按照法律和相关的制度分步骤执行。

③公共行政人员要对公民负责。公共行政人员秉承着全心全意为人民服务的精神，自觉承担社会责任、政治责任、主动对公民关心的事务进行处理。

(2)主观责任是行政人员因心中的忠诚、良知及信仰而产生的伦理信念，包含三个层次：

①政治意识形态。政治意识形态的抉择居于主观责任的核心地位，制约行政人员对国家政治生活的基本看法和价值界定。在公共行政实践中，公务员趋向“公共”和“公共利益”的意识形态理念。

②价值观层次。即行政主体人员对政治问题或社会问题的价值观念和思想观念，是基于行政主体人员的一定的思维感官之上而作出的认知、理解、判断或抉择，也即认定事物、辨定是非的一种思维或取向，从而体现出人、事、物一定的价值或作用。

③心理层次。即行政人员对问题的心理的认知、看法和态度。

4. 行政伦理的内部控制是：制度伦理化。［辨析题，中国地大 2013 年研］

答：这一观点是正确的，具体分析如下：

(1)行政伦理内部控制的特质：

行政伦理的内部控制机制是行政伦理的责任认同机制、习惯养成机制或行政良心的调控机制。与外部控制方法相比，内部控制机制不是通过硬性的法律、制度规定，甚至设立专门机构来约束和控制公务人员的伦理水平，而是通过各种教育、培训活动，或是通过职业的社会化过程，使行政人员从内心逐步接受并确立良好的行政伦理准则。

(2)内部控制的利弊：

①优点。不论法律制度是否存在或缺位，都能发挥其应有的作用。

a. 在法律制度不完善或缺位时，行政人员可以通过内心的伦理规则来使内部控制发挥作用。

b. 在法律制度比较完善时，内部控制可以促使官僚制更负责任、更有创新性。

②弊端：由于社会具有多元性，价值观取向也非常多元，行政人员应坚持怎样的价值观很难达成共识。且价值观之间也可能存在冲突。由于社会价值观的相对性，内部控制得到的结果并不可靠。如行政人员坚持了某种价值观，很难确定其是否是为了私利，因为价值观比较隐秘，难以确定。

5. 简述当代中国行政伦理规范的基本内容。［华南理工2015年研；山东师大2015年研］

相关试题：

(1)全面从严治党是党的十八大以来党中央抓党的建设的鲜明主题，2015年10月中共中央印发了《中国共产党廉洁自律准则》，党的十八届六中全会专题研究全面从严治党重大问题，审议通过了《关于新形势下党内政治生活的若干准则》，坚持思想建党和制度治党相结合，制度伦理与美德伦理同时着手。试结合党的十八届六中全会精神，分析阐述当代中国行政伦理规范的内容。［青岛大学2017年研］

(2)联系我国政府反腐败斗争的实际，论述当代中国行政伦理规范的内容。［中财2009年研］

答：当代中国行政伦理规范的基本内容如下：

(1)公德至上。

要从私德转变为以公德为主。行政伦理的核心价值是公平正义。公务员要信守公德至上的准则：

①要坚持法治原则，依法行政。

②要为人民服务，对公众负责并承担社会责任。

(2)为人民服务。

要从为民服务转成为民尽责，即要忠于人民利益，为人民服务。其内涵主要体现在：关心人民疾苦，尊重人民权利，注重并维护人民利益。要筑牢宗旨意识，强化为民服务。始终做到心中有党、心中有民、心中有责、心中有戒，始终牢记全心全意为人民服务的宗旨。坚持走群众路线，真正把人民群众放在心上，成为人民群众信得过的公职人员。

(3)强调职业责任。

要从信念责任转变为职业责任。其道德特质表现有：诚实守信，开拓进取，恪守职责；坚持真理，解放思想，即以实践为本，重事实，守原则；等等。在实际工作中，要立足本职岗位，重实际、说实话、办实事、创实效，以积极的态度和无限的热情投入工作；要勤于躬身践行，脚踏实地，勇于担当落实。用好的作风来办实事、求实效，多做暖人心、稳人心、得人心的实事。

(4)恪守廉洁自律。

即要把清廉理念落实为清廉行为。清正廉洁的核心是清除腐败。在现代，为官清廉是维持权力公信力的基础。根据《中国共产党廉洁自律准则》，党员及党员干部必须谨守的廉洁自律规范有：

①坚持公私分明，先公后私，克己奉公。

②坚持崇廉拒腐，清白做人，干净做事。

③坚持尚俭戒奢，艰苦朴素，勤俭节约。

④坚持吃苦在前，享受在后，甘于奉献。

⑤廉洁从政，自觉保持人民公仆本色。

⑥廉洁用权，自觉维护人民根本利益。

⑦廉洁修身，自觉提升思想道德境界。

⑧廉洁齐家，自觉带头树立良好家风。

三、论述题

1．行政伦理的功能。［山东师大2017年研］

相关试题：简述行政伦理的功能。［广东海大2017年研；上海交大2012年研］

答：行政伦理是指行政人员的职业伦理，也是公共行政活动的道德规范，是调整国家公务员与社会、行政机构、国家公务员之间，以及行政机构之间相互关系的行政行为规范的总和。它的功能主要体现在中介、规范、约束、教育、激励、凝聚等方面。

（1）中介功能。行政伦理是硬性法律法规与行政伦理对象的中间环节。经过行政伦理的内化功能，严格的法律制度和规范能更好地作用于行政主体，更好地激发行政人员自身内在的心理的状态，使之成为约束行政主体的“软性”精神。

（2）规范与约束功能。权力制约是保证行政目标实现的基本手段，而有效的约束既需要自律，也需要他律。行政伦理属于行政权力的自律机制，是行政权力主体内在的约束机制，它体现了行政伦理的主要和基本的功能。作为一种约束机制，行政伦理不仅可以加强对行政权力的制约，而且更为重要的是，它还可以提高行政权力的合法性地位。

（3）教育与塑造功能。行政伦理有社会层面的公共性和道德实践的示范性。行政伦理的教育塑造功能有着多样的原因和不同的表现。这些差异共同指向行政主体人员的存在和发展这个终极性目标，同时人的存在和发展也是行政主体人员文化及其教育塑造功能的准绳。

（4）保证与激励功能。行政伦理为行政人员追求自身价值的实现提供了根本的保证。要提高行政办公的效益，保持成本与收益的平衡，就必须要有一定适宜的行政伦理。行政伦理通过激发人的主动性和积极性，鼓励行政主体不断发展、完善，以达到道德追求与行政目标相一致。行政伦理的激励功能有两种基本方式：

①外在的道德激励，由行政伦理的理想、榜样、批评三要素构成。

②内在的道德激励，包含行政伦理上的成就感、认同感、尊严感、荣誉感等因素。

（5）国家认同和民心凝聚功能。行政伦理是国民共同的价值认同和追求，是民族凝聚力的集中表现，有社会道德示范作用。从某种程度上来讲，行政伦理是国家公务员普遍遵守的伦理道德规范，是公务员主体执行公务的道德准则。

（6）引导与示范功能。与一般的社会道德不同，行政伦理是社会中起主导作用的道德体系，其内容具有公共性和示范性。行政伦理的公共性对社会公众发挥着引导和示范作用。

（7）维系功能。行政伦理维系着行政系统与社会公众之间的沟通以及行政系统自身的稳定与发展。

(8)选择功能。行政伦理根据特定的伦理标准和原则，在不同的价值取向之间作出的主动选择。

2. 结合当前我国作风建设实践，论述行政人员的伦理要求及其实现途径。[南航2016年研]

答：(1)行政人员的伦理要求：

①行政人员的个体伦理，参见本章简答题第2题答案。

②行政人员的伦理规范通过法律、法规加以明确化、固定化。《公务员法》将公务员应履行的伦理道德义务归纳为：

a. 模范遵守宪法和法律。

b. 按照规定的权限和程序认真履行职责，努力提高工作效率。

c. 全心全意为人民服务，接受人民监督。

d. 维护国家的安全、荣誉和利益。

e. 忠于职守，勤勉尽责，服从和执行上级依法作出的决定和命令。

f. 保守国家秘密和工作秘密。

g. 遵守纪律，恪守职业道德，模范遵守社会公德。

h. 清正廉洁，公道正派。

i. 法律规定的其他义务。

(2)行政人员伦理的实现途径：

①必须确立合理、实用的行政伦理标准：

a. 必须确立合理、实用的行政伦理标准，改变以往制定标准不切实际、过于空泛的倾向。

b. 将社会主义核心价值体系、荣辱观的有关要求具体化。

c. 制定出一套符合我国社会转型期政府的实际伦理标准，明确政府和公务员必须遵守的道德准则。

②要推动行政伦理立法：

a. 要推动行政伦理立法，为规范权力运行、实施行政伦理监督提供依据。

b. 从美、韩等国的立法经验和我国的现实情况看，当前亟须制定行政伦理法，确立行政伦理的基本精神。

c. 用法律的形式将公务员应当遵守的伦理准则和规范固定下来，使公务员遵守和执行、相关部门开展监督都能够有法可依。

d. 健全各项配套的法律法规，形成完善的法律体系，从而推动行政伦理建设规范发展。

③要完善多种形式的行政伦理监督：

a. 对政府和公务员的行政伦理实践情况建立多层次、多形式的监督机制，如在现行述职报告制度内融入行政伦理情况的内容。

b. 建立道德审议制度，将政府和公务员的道德品行作为述职评议的重要内容。

c. 进一步发挥群众监督和新闻监督作用，及时曝光政府和公务员不作为、乱作为的情况，对失范行为形成强大的社会舆论压力。

d. 将行政伦理失范行为纳入行政问责制的范围，对行为不检者严格实行责任追究，加大惩治力度，使各级政府和全体公务员引以为戒，自觉预防和纠正失范行为。

3. 试述行政管理中的伦理困境及破解策略。［湘潭大学2017年研］

答：(1)行政管理中的伦理困境，使得行政伦理失范在所有国家的各种历史条件下都有可能发生。行政管理中的伦理困境主要有：

①行政管理人员的角色冲突。行政伦理的根本问题就是公私关系问题。历史地看，公共管理职位自从与社会相脱离之后，就产生了角色冲突问题。担任公职的人员在公私利益面前时刻都面临着道德选择，即行政主体在履行自己道德义务时往往碰到矛盾的情况，每个人在履行行政道德义务的同时也承担着多种道德义务。

②集体行动与个人选择的冲突。集体是由个人组成的，集体中的个人面临着集体利益与个人利益的冲突。按照行政组织集体行动的逻辑，个体的成员只有服从命令的义务。然而，组织所作出的决定、命令等并不总是正确的，可能有背离普遍伦理的时候，也可能有决策失误的时候，还可能有命令互相冲突的时候。当某一个公务员个体从普遍主义的道德责任出发去反对错误的集体行动时，这便发生了集体行动与个人选择之间的冲突。

③公共机构的代表性和自主性之间的冲突。公共组织的自主利益和公共机构作为社会利益代表者之间关系的正确处理是非常重要的。在一定条件下，行政权力的自主性与其应该所具有的代表性之间存在着深刻的矛盾冲突。行政权力代表性与自主性的冲突隐含着政治与伦理之间的冲突。政治是一个权力王国，充满了实在的方案；而伦理是一个纯粹原则的王国，由道德责任所支配。政治与伦理之间的冲突实际上意味着伦理对政治的双重要求：既需要实在的方案，又需要普遍的原则，这就构成一个困境。要理解此困境，需要进一步进行目的手段关系的分析。

④公共管理目的与手段之间的冲突。实现公共目的是公共管理的根本任务，也是公共管理者(包括公共管理机构和公共管理人员)的职责所在。然而，公共管理中却存在着大量的不道德手段，甚至还冠以追求公共目的之美名。这种在公共管理活动中使用不道德手段的情况，被人们形象地称作"肮脏之手"。"肮脏之手"的出现说明政治目标远远高于道德考量。在这里，本应成为目的的公民自由可能变得微不足道，而本来属于行政手段的自由裁量权可能变得压倒一切。正是由于以上冲突，"肮脏之手"才在公共管理历史的一定时期和一定范围出现了。

归根结底，行政管理中的伦理困境是在各种利益冲突的条件下发生的，克服困境的出路只有在协调利益关系的机制中去寻找。

(2)伦理困境的破解策略。行政伦理的困境需要通过制度化来打破。制度安排是道德秩序得以维持和发展的基本保证。行政伦理立法的基本内容有：

①行政职业道德规范的界定。具体而言，这些规定包括一些详细的措施，以防止伦理规范流于形式。具体措施主要包括：

a. 必须申报财产，将个人财务公开。这是正确处理公务人员公私利益关系的前提。行政伦理法典对于申报的对象、种类、时限、名称、程序、审查和处罚等都有明确的规定。

b. 限制公职以外的活动。这些活动包括兼职、营利、募捐、收费等方面的详细规定，尤其是经商办企业的活动。

c. 不得利用公职牟取私利，包括各种直接的和间接的假公济私的行为。

d. 禁止不正当使用国家财产和政府未公开的信息，主要指的是公职人员因执行公务而获得的、未向公众公开的、与官方有关的信息。

e. 严禁在公务活动中收受礼品。收受礼品是公务人员最常见的失范行为。各国对于礼品的定义不尽相同，但一般不包括按价付款所获得的物品。

f. 回避，包括任职回避和公务回避等具体内容。

g. 离职限制，包括离职后的再就业、活动和信息使用等方面。

②行政组织伦理的保证机制。建立行政组织伦理的保证机制是一项复杂的系统工程，具体措施如下：

a. 发挥领导者的示范倡导作用。行政领导必须对行政组织担负具体的伦理责任。

第一，为履行伦理职责，行政领导首先必须对自己的品行负责。自己必须是道德高尚者，是受人尊敬、品行优良的楷模，做到自身清正，起表率作用。即“其身正，不令而行”。

第二，为履行伦理职责，行政领导还必须对组织的伦理观念负责。要在伦理方面培养下属的观念和意识，使组织价值观与必须完成的任务联系起来，并让全体行政人员掌握分析伦理问题的方法。

第三，为履行伦理职责，行政领导又必须对组织的伦理氛围负责。要创造并保持组织相应的伦理氛围，强化组织成员的信任感与归属感，以形成相互信任、自觉履行义务的工作环境。

b. 建立一种道德组织制度。就一般意义而言，行政组织伦理的管理实际上就是要建立一种道德组织。建立道德组织必须做到：

第一，培育一种组织良心，把组织视为一个有道德的“人”，它同样需要负责任。

第二，改变组织分工和权力分配，通过权力下放和责任下放扩大道德容量。

第三，保护那些为坚持伦理标准而违反组织政策和程序的有道德的个人。

第四，展开组织讨论，把它作为组织活动的有机组成部分，提高道德讨论的水平。

c. 确保监督和惩处机制的功用。从行政伦理立法的角度看，组织道德的建立离不开有关惩处与监督的规定。这里要注意两个问题：

第一，道德惩处的“纽伦堡原则”，即被告遵照其政府或某一长官之命而行动的事实，不能使其免除责任。依此原则，在服从命令和道德良知冲突的情况下，在权力和道德的两难选择面前，放弃道德良知就意味着其后承担责任。

第二，道德监督的检举揭发机制，即对于具有道德良心和正义感而违背组织政策去坚持伦理标准的组织成员的保护。

道德惩处的纽伦堡原则和道德监督的揭发机制这两个问题紧密相关，二者又都是行政伦理困境在组织层面的具体体现，因而也是行政伦理管理不可忽视的核心内容。

4. 试述行政责任的意义及我国行政责任法制化程度较低的主要原因。[湘潭大学2017年研]

相关试题：简述我国行政责任法制化程度较低的原因。[北科2011年研]

答：(1)行政责任的意义：

行政责任作为人类历史上一定发展阶段的产物，有其生成和发展的必然性和条件。在现代社会中，行政责任愈加成为国家政治生活的一个重要方面，从而使确立和确保行政责任产生了不同于以往的重要意义，这可以从两个方面来看：

①行政权能的扩展。19世纪末20世纪初，政府的地位得到加强，政府的权力、职能和活动范围大大扩展，以至于在国家和社会生活中发挥越来越大的作用。这具体表现为三个方面：

a. 政府通过各种形式的行政委员会从立法和司法机关接受相当多的委任立法权和委任司法权，并扩大了行政立法和司法行政的范围及种类。

b. 政府利用宪法对政府职权的抽象规定，进一步扩大了政府的行政性自由裁量权。

c. 政府通过加强对国家经济及社会生活的干预，在扩大国家社会职能的名义下，扩大了自身的权能。

②政府自身的变化。进入20世纪以来，特别是两次世界大战以来，对国家行政管理的方式、内容和范围提出了新的要求，要求政府通过自身调整以适应不断的变化；而政府为了有效地实施行政管理，开展行政活动，也不得不进行自身的变化。

a. 变化形成现代国家行政组织的特征，集中表现为政府权力和职能明显扩展，行政管理内容和方式日趋繁多。

b. 政府组织结构和行政权力的再分配更为复杂，政府公务人员的数量和种类大为增加。

c. 通过行政组织内部具体化的责任制度，以保证行政行为的规范化、克服随意性、减少行政失误、提高积极性和工作效率，使行政机关和行政公务人员既分工又合作、既严肃又灵活，从而建立职位、职务、职权、职责相一致的工作责任制度，从基本的工作层次上，确立和确保行政责任。

(2)我国行政责任法制化程度较低的原因：

①在法律制度上，缺乏完整的确立和确保行政责任的体系，包括国家责任、国家工作人员责任、国家赔偿、行政诉讼、行诉程序、追究行政责任的法律主管部门和行政主管部门及其职权等内容在内的行政责任制度。宪法之下既没有配套的具体法律法规，也没有统一的法典。这在一定程度上造成了现实生活中的行政责任难以确保、宪法原则在一定意义上停留于形式的状况。

②在理论研究上，缺乏完整、清晰、正确的概念和较长远的理论规划。清晰的理论规划对建立和完善社会主义行政责任制度的指导意义，缺乏清晰的理论规划是我国行政法制化较低的原因。

③在体制结构上，国家政治体制的各个组成部分的相互关系不够清楚，尤其是党政关系不够清楚。由于执政党在国家政治体制中居于领导地位，这就容易造成党比法大、党纪比国法和政纪重要、用党纪制裁代替国法追究行政责任的现象，失去政府及其工作人员对宪法、民法、刑法和行政法所承担的法律责任。在这方面，应当在确保中国共产党的政治领导的前提下，通过进一步立法来确立我国的行政责任体制。

④在政府内部，机关各部门之间、工作人员之间缺乏明确、细致、稳定、长期的职位、

职务、职权、职责相一致的工作责任制度。权大责小造成胆大妄为、专横跋扈，权小责大则造成谨小慎微、缩手缩脚以至于具体的行政责任主体常常模糊不清，使某些因侵权、损害、失职行为而产生的行政责任问题因责任主体不清而无法追究，不仅破坏公民的合法的民主权利，而且伤害行政机关和行政工作人员的工作积极性，同时妨碍行政纪律的执行以及行政效率的提高。

第十二章　行政法治

12.1　复习笔记

【知识框架(庖丁解牛)】

- 行政法治
  - 行政法治概述
    - 行政法治的含义、构成
    - 公共行政的法律逻辑
      - 行政权力需要法的约束与规范
      - 公共行政研究的法律途径
    - 西方国家法治行政的历史演进
  - 行政立法
    - 行政立法的含义
      - 行政立法的概念
      - 我国行政立法的类型
    - 行政立法的权力配置
      - 立法权
      - 国家机关与政府行政机关立法权力配置
      - 中央与地方政府行政立法权力配置
    - 行政立法监督
      - 权力机关的监督
      - 行政主体自身的监督
      - 司法机关的监督
  - 我国行政管理的法治化
    - 我国法治行政建设的必要性、目标与具体措施
    - 我国行政管理法治化的主要内容

【通关提要(提纲挈领)】

本章主要介绍行政法治，学习时要熟悉行政法治的含义、行政立法的权力配置，以及我国法治行政建设的目标与具体措施；重点掌握行政法治的内容、我国行政管理法治化的主要内容。本章主要考查概念题和论述题，可把行政立法、法治等结合起来理解记忆。

【考点难点归纳(厚积薄发)】

考点一：行政法治概述(见表12－1)　★★★

表 12-1 行政法治概述

要点	主要内容	
含义	指行政机关的活动都要受到法律的控制，包括三个要点： ①行政权力来源于法律。 ②行政机关必须依法行使行政权力。 ③行政机关对其违法行为应承担法律责任	
构成	①行政组织结构法治；②行政职权法治[职权法定]；③行政行为法治[依法行政]	
基本原则	行政法定原则	职权法定、法律优先、法律保留
	行政均衡原则	平等对待、禁止过度、信赖保护原则
	行政正当原则	避免偏私、行政参与、行政公开原则
功能	①有利于保障行政权力的正确行使，防止和纠正行政权力滥用。 ②有利于保护公民、法人等行政相对人的合法权利不受行政权力侵害。 ③有利于保障法律得到正确实施，充分发挥法律应有的作用	

考点二：行政立法(见表 12-2) ★★★

表 12-2 行政立法

要点	主要内容	
行政立法的含义	指行政机关依法在职权范围内制定、修改、废止有关国家行政管理法律规范文件的行为[行政行为+准立法行为]	
行政立法的原则	①合法性原则；②民主性原则；③统一性原则；④科学性原则	
我国行政立法的类型	职权立法	指行政机关依据宪法所赋予的立法权在职权范围内进行的立法活动
	授权立法	指政府行政机关依据法律授权或有立法权的国家机关的专门授权所进行的立法活动
行政立法的权力配置	①立法权。 ②权力机关与行政机关立法权力配置。 ③中央与地方政府立法权力配置。国务院可进行一般、特别授权立法和职权立法，其所属各部主要是授权立法和一般执行性立法	
行政立法监督	权力机关监督	①在西方，由议会或国会监督权力机关。 ②在我国，行政立法监督机关是全国人大常委会，它有权撤销国务院制定的与宪法、法律相抵触的行政法规、决定和命令
	行政主体监督	主要指行政层级监督，即上级机关审查下级机关的行政立法活动
	司法机关监督	即司法审查

考点三：我国行政管理的法治化(见表 12-3) ★★★★

表 12－3　我国行政管理的法治化

<table>
<tr><th>要点</th><th colspan="2">主要内容</th></tr>
<tr><td rowspan="3">我国法治行政建设的必要性、目标与具体措施</td><td>必要性</td><td>①坚持法治行政有利于建设法治国家。
②坚持法治行政有利于促进市场经济运行。
③坚持法治行政有利于保障公共利益</td></tr>
<tr><td>目标</td><td>法治政府建设的总目标：经过坚持不懈的努力，到 2020 年基本建成职能科学、权责法定、执法严明、公开公正、廉洁高效、守法诚信的法治政府</td></tr>
<tr><td>任务和措施</td><td>①依法全面履行政府职能。
②完善依法行政制度体系。
③不断推进行政决策科学化、民主化和法治化。
④坚持严格规范公正文明执法。
⑤依法有效化解社会矛盾纠纷。
⑥强化对行政权力的制约和监督。
⑦全面提高政府工作人员的法治思维及法治能力。
⑧强化组织保障和实施机制建设</td></tr>
<tr><td rowspan="4">我国行政管理法治化的主要内容</td><td>法治行政意识培养</td><td>①法律至上意识；②服务意识；③责任意识</td></tr>
<tr><td>行政组织法治</td><td>即行政机构的设立、职能和职权配置、行政编制和管理幅度等必须依法管理</td></tr>
<tr><td>行政职权法治</td><td>①职权立法；②执行管理；③行政监督</td></tr>
<tr><td>行政程序法治</td><td>即行政行为程序、行政组织程序和行政诉讼程序要合法</td></tr>
</table>

【真题链接】结合实际论述法治行政建设的目标及行政管理法治化的主要内容。［论述题，北邮 2020 年研］

12.2　考研真题

一、概念题

1. 法治行政［湖南农大 2017 年研］

相关试题：行政法治［北邮 2020 年研；中国地大 2019 年研；青岛大学 2016 年研；北邮 2016 年研］

2. 法治（政府）［北邮 2016 年研］

相关试题：法治政府［青岛大学 2017 年研；人大 2015 年研］

3. 行政立法［山东师大 2017 年研；广东海大 2016 年研；中财 2014 年研；华南理工 2011 年研；东华大学 2011 年研］

4. 行政立法体制［山东师大 2010 年研；中财 2008 年研］

5. 政府职权立法与授权立法［中山大学 2009 年研］

6. 行政立法权限［上海财大 2007 年研］

二、简答题

1. 行政立法的程序。［西南财大 2016 年研］

2. 行政立法的要求。[上海交大2006年研]

3. 法治行政的必要性。[中国地大2013年研]

4. 简述职权立法和授权立法。[重庆大学2014年研]

三、论述题

1. 试述行政法治的基本内容及其相互关系。[南开大学2006年研]

2. 结合我国六十年来行政法制建设的实际,论述行政管理法治化的主要内容。[中财2010年研]

相关试题:

(1)结合实际论述法治行政建设的目标及行政管理法治化的主要内容。[北邮2020年研]

(2)我国行政法治化的主要内容。[简答题,暨南大学2017年研;中国地大2015年研]

(3)论述我国行政管理法治化的主要内容。[山东师大2016年研]

(4)试述我国行政管理法治化的目标与内容。[中财2015年研]

(5)试述我国行政管理的法治化。[山东大学2014年研]

(6)怎样实现公共行政的法治化?[简答题,南航2014年研]

(7)论述中国的行政管理法治化。[上海交大2012年研]

四、案例分析题

地方立法何以不再"雷人"?

2013年9月1日起施行的《深圳市公共厕所管理办法》规定,对在"便器外便溺"等不文明使用公共厕所的行为处以100元罚款。这一被戏称为"尿歪罚款"的规定,因其不可操作引发了网友各种调侃和讽刺——"该在便池装电子监视器取证,还是取号方便,对号查验?""是不是要招一批公务员专门监督处罚公厕'尿歪'"?

实际上,这类注定无法执行的"空头规定"并非个案。2012年,北京市出台《北京市主要行业公共厕所管理服务工作标准》,要求公共厕所苍蝇数不得多于2只,成为笑谈,遭到公众的批评。近年,北京市还出台过购买刀具"实名制"规定,要求购买刀具需要登记身份信息,引起广泛争议。2013年7月22日,北京市西城区马连道家乐福超市发生一起持刀伤人事件,造成1死3伤。有关部门事后要求超市禁止出售刀具,招致质疑。

除了"雷人",一些地方性法规、规章在实践中碍于执行力度不够,处罚往往流于形式,变成了形同虚设的"僵尸条文"。近期,广州市法学会对近年来广州市颁布的地方性法规的落实情况进行调研发现,备受争议的《广州市控制吸烟条例》从2010年9月1日起正式施行以来,15个管理部门只开出19张罚单,而广州市城管委12319服务专线一年内接到的控烟投诉就有1000多宗。

一些多年前出台的地方性法规,由于只颁布不执行,只印刷不宣传,已逐渐被人遗忘。出租车司机拒载醉酒者和精神病患者,公共汽车、电力车内温度高于26摄氏度时必须开启空调设施降低温度,因未开足通道而造成其他通道车辆堵塞的公路收费站,应当免费放行并开足通道……许多市民和司机表示,对这些法规条文闻所未闻。

——改编自2013年9月16日《瞭望周刊》文章

问题：［华南理工 2014 年研］

1. 上述案例反映了地方立法什么方面的问题？是何原因造成的？

2. 如何从根本上解决地方立法“雷人”的问题？

12.3　考研真题详解

一、概念题

1. 法治行政［湖南农大 2017 年研］

相关试题：行政法治［北邮 2020 年研；中国地大 2019 年研；青岛大学 2016 年研；北邮 2016 年研］

答：法治行政是指政府的一切权力来源于法律，法律优于行政，行政受制于法律，政府受法律支配，并严格按照法的规定以及法的宗旨和原则行事。法治行政的特点主要包括：①职权法定。行政机关的职权，即中央政府及其所属部门和地方各级政府的职权，必须由法律规定。②法律保留。凡属宪法、法律规定应由法律规定的事项，只能由法律规定，或者必须在法律明确授权的情况下，行政机关才能在相关领域内制定行政规范。③法律优先。其含义包括两个方面：a. 在已有法律规定的情况下，任何其他法律规范，包括行政法规、地方性法规和规章，都不得与法律相抵触，凡有抵触，都以法律为准；b. 在法律尚无规定，其他法律规范作了规定时，一旦法律就此事项作出规定，其他法律规范的规定都必须服从法律。④依据法律。行政机关的行为必须有法律依据，即体现为制定规范的抽象行政行为和体现为作出处理决定的具体行政行为都必须依据法律。⑤职权与职责统一。职权，即法、法律授予行政机关管理经济和社会的权力。职责即职务上应尽的责任。行使权力是为了更好地履行职责，故二者要结合统一，否则可能导致权力滥用。

2. 法治（政府）［北邮 2016 年研］

相关试题：法治政府［青岛大学 2017 年研；人大 2015 年研］

答：法治即法律的统治，是指在社会中，法律是社会最高的规则，具有凌驾一切的地位，不得轻慢。法治有广义和狭义之分，狭义的法治认为法治本身并不包含“公正”，但为人们提供一个寻求公正的法律框架和程序，依据法律处理事情；广义的法治扩展了狭义的概念，内涵包括保障人权及各种自由等基于法治的个人实质权利。法治是一种治国方略，是依法办事的原则。法治的前提和目标是民主，原则是法律至上，核心是严格依法办事，关键是制约权力，是一种国家治理方式、社会治理机制、社会活动方式和社会秩序状态。

法治政府是指用现代民主法律制度进行治理的政府，是从立体的、多维的角度实践现代民主与法治精神的政府。其特点是法律在国家生活中占绝对权威，政府依法治国，讲究程序公正和权力的制衡；但依法治国不能要求人人知法、人人懂法。法治政府是集为民政府、有限政府、阳光政府、诚信政府、程序政府、责任政府于一体的政府。法治政府是法治国家的关键环节和法治社会的主导。

3. 行政立法［山东师大 2017 年研；广东海大 2016 年研；中财 2014 年研；华南理工 2011 年研；东华大学 2011 年研］

答：行政立法，是指行政机关有权依照法定程序，在自己的职权范围内制定并颁行有关行政管理事项普遍应用的规则的活动，是国家行政机关制定行政法规和规章的活动。其特征为：①行政立法的主体是国家行政机关；②行政立法权只能由一定范围内的国家行政机关行使；③行政立法在性质上是一种具有法的地位和效力的抽象行政行为；④行政立法由国家公务员作出并遵循首长负责制的原则；⑤行政立法在程序上相对简便、快捷和灵活；⑥行政立法的法定表现形式是行政法规和规章并且在名称上不冠以"法"的称谓。

4. 行政立法体制[山东师大2010年研；中财2008年研]

答：行政立法体制是指国家行政立法主体的设置及其权限划分。一个国家的立法体制，通常是由该国的宪法及有关组织法规定的，因此，行政立法必须严格在各自的职权范围内进行，充分注意权限合法和程序符合规定，以维护法制的统一性。我国的行政立法体制是一个多层次的、分等有序的、严密统一的系统。根据宪法和组织法的有关规定，我国依法确认的行政立法系统包括：国务院立法(制定行政法规)、国务院各部委立法(制定部门规章)和地方行政机关立法(制定地方行政规章)，形成了三级立法体制。

5. 政府职权立法与授权立法[中山大学2009年研]

答：参见本章简答题第4题答案。

6. 行政立法权限[上海财大2007年研]

答：行政立法权限是指一个国家中现行全部有关需要由立法加以调整和控制的事项的权力范围，包括国家权力机关(立法机关)与国家行政机关之间的立法权限划分和享有行政立法权的国家行政机关之间，主要是指国务院与国务院各部委之间、国务院与地方政府之间的立法权限划分，亦即哪些事项应由哪级机关制定、颁布法规。换言之，哪些事项应由法律来规定，哪些事项应由其他形式的法规、规章来规定。目前我国法规(包括行政法规、地方性法规)、规章与法律区别的标准是颁布的机关不同，因而它们在调整对象和范围上应当有所区别。应当由法律规定的事项必须经国家立法机关制定法律，而不得由行政机关或其他机关制定法规或规章；应当由行政机关的规章来规定的事项也不应由立法机关以法律形式来规定。

二、简答题

1. 行政立法的程序。[西南财大2016年研]

答：行政立法程序是指行政机关依法制定、修改和废止行政法规或规章的步骤和过程。以我国为例，行政立法的程序主要由以下几个步骤构成：

(1)立项。立项是行政立法的准备阶段。立项由三个过程组成：

①立法提议。拥有立法提议权的主体主要是一级政府行政部门和行政机构，以及其他机构，至于各党派、社会团体、法人和公民是否拥有立法提议权，《行政法规制定程序条例》和《规章制定程序条例》都没有规定，从行政立法的实践来看，他们也是可以建议立法的。

②立法计划。政府法制部门对立法申请进行汇总研究，突出重点，统筹兼顾，拟定本级政府和部门的年度立法工作计划。

③审批立项。国务院审批行政法规的年度立法计划，有立法权的国务院部门和地方人民政府审批规章的年度立法计划，审批立项的年度立法计划要明确行政法规或规章的名称、起草单位、完成时间等事项，立法工作计划在执行中可以根据实际情况予以调整。

(2)起草。即列入立法计划的法规和规章，由行政立法主体组织拟写法律文件草案的过程的总称。行政法规由国务院组织起草，部门规章由国务院部门组织起草，地方政府规章由省、自治区、直辖市和较大的市的人民政府组织起草；较为重要的行政法规和规章的起草，尤其是其内容涉及几个行政部门的管理事项，一般由法制机构负责，由机关部门参加的起草小组承担具体工作；其他行政法规和规章的起草，尤其是其内容只涉及某一部门管理事项，则由该主管部门负责起草。

(3)审查。政府法制机构负责对行政法规、规章送审稿的审查，审查功效在于进一步确定立法内容的必要性、可行性、合理性与合法性，认为不符合条件的送审稿可以决定缓办或退回原起草单位。政府法制机构应该对送审稿涉及的主要问题进行调查研究，广泛听取并协调各方面的意见，必要时，可以举行论证会、听证会，或者向全社会公布。政府法制机构认真研究各方面意见，与起草单位协商后，对送审稿进行修改，形成行政法规、规章的草案和对草案的说明，并由主要负责人签署，提出提请审议的建议。

(4)决定公布。行政法规草案由国务院常务会议审议。调整范围单一，各方面意见一致或者依据法律制定的配套行政法规草案，可以采取传批方式，由国务院法制机构直接提请国务院审批。国务院法制机构根据国务院对行政法规草案的审议意见，对行政法规草案进行修改，形成草案修改稿，报请总理签署国务院令公布实施，并及时在国务院公报和全国范围内发行的报纸上刊登。

2. 行政立法的要求。[上海交大2006年研]

答：行政立法，是指行政机关有权依照法定程序，在自己的职权范围内制定并颁行有关行政管理事项普遍应用的规则的活动。根据立法权高于行政权的原则，尽管大多数法律规范都由政府依职权制定，或是立法机关授权行政机关制定，但行政机关毕竟不是立法机关，不能凌驾于权力机关之上，其行政活动(包括行政立法活动)不能置法律于不顾。同时，还要根据行政立法的预测功能，注意其稳定性和适应性、计划性和科学性。所以，行政立法必须遵守下列要求：

(1)制定行政管理规范必须依据宪法和法律并旨在执行宪法、法律。宪法、法律是较原则的规定，行政法规、规章是宪法、法律的直接延续和具体化，以便于执行。行政法规不得与宪法、法律相抵触，行政规章不得与法律、行政法规和地方性法规相抵触。否则，是无效的，应予撤销。这表明行政机关的活动是以法律为准绳的。

(2)行政立法不仅应符合法律的字面含义，而且要符合法律的目的。这是国家法律对一切行政活动的要求。我们是社会主义国家，人民是国家的主人，法律是以工人阶级为领导的广大人民共同意志的反映，符合人民大众的利益是社会主义法制的本质和内容，行政法规、规章不能违背国家法律这个基本宗旨。

(3)享有行政立法权的行政机关立法必须在各自的权限内进行。超越法定权限立法不具有合法的效力和约束力。

(4)行政法规、规章的制定必须遵守法定程序和形式。行政立法必须遵循法定程序规则进行，在形式上必须采取特别规范的文件形式，否则也会失去法律效力和引起法制上的混乱。

(5)坚持稳定性和适应性的统一。这是事物发展的辩证法，对立法工作有重要指导作用。法的稳定性是指一个法律文件一经制定生效，就不能轻率改变。法律作为评判人们行为合法与否的标准，是明确的、肯定的，应当适用于一段较长的时期，不能朝令夕改。法的适应性是指要根据客观发展的需要，从立法上对法律作及时的制定、修改或废止，以适应其调整的社会关系的变化。行政管理规范调整的社会关系广泛、复杂、发展快、变动大，其适应性要求更为严格。

(6)坚持计划性与科学性相结合。行政立法坚持计划性与科学性的原则，集中体现在立法规划的制定上。

①立法规划期限的确定，要尽可能与国民经济和社会发展规划相一致，这样有利于充分发挥法规规章对管理经济和社会生活各个领域的作用。

②行政立法既要有长远规划，又要有近期计划。长远规划宜定得概括一些，近期计划可细一些；同时，立法计划的科学性，要求符合客观规律、客观需要，使之切实可行。

上述行政立法要求，是保证行政法律规范具有法律效力，符合国家的国民经济和社会发展的需要，适应社会主义市场经济发展、社会全面进步的新形势。

3. 法治行政的必要性。[中国地大2013年研]

答：法治行政是指政府的一切权力源自法律，法律高于行政，政府要受到法律的支配，并要严格依据法的规定、宗旨和原则行事。法治行政的必要性在于：

(1)法治不等于"用法来治"，法治首先是依法治权、治官，依法规范政府机关及其公职人员的行为，而不是仅仅依法治民、治事，只用法律规范和约束行政相对人的行为。法治行政的核心是用法律控制政府，防止政府越位、错位与缺位，避免行政机关失职、越权和滥用职权，从权力源头上最大限度地控制行政权的唯我独尊，切断行政权的无处不在，限制行政权的无事不管，转化行政权的无所不能。法治行政是法治国家的基本要求，也是现代公共行政的必然要求。行政是否依法进行，直接关系到行政管理体制是否正常运转，关系到国家法治的实现情况。法治行政是法治国家的重要标志。

(2)法治行政是市场经济运行的基石，有利于维护自由开放竞争有序的市场环境。市场经济从本质上来说是一种法制经济，没有法治，市场经济也就无法正常运行。因此，公共行政必然要为市场经济的健康有序发展提供公平合理的法律规则，同时要通过有效执行相关公共政策来维护合理的市场交易规则。

(3)法治行政是实现公共利益的保障，有利于提高行政管理水平和政府形象。法治行政作为公共治理的基本要求，是实现公共利益的重要保证。从公共性方面来看，公共行政之所以存在就是为了提供公共服务、实现公共利益。如果没有法治行政作保障，公共利益很难不被私人利益所侵蚀，公共目标也会被"经济人"的自私所扭曲，甚至最终会降低公共行政的合法性。

4. 简述职权立法和授权立法。[重庆大学2014年研]

答：(1)政府职权立法与授权立法的含义：

①职权立法是指行政机关依据宪法赋予的立法权，在宪法和法律规定的职权范围内进行的立法活动。职权立法的效力层次低于权力机关立法，与其相抵触，则职权立法无效。

②授权立法是行政机关根据特定的法律授权或有立法权的国家机关的专门授权所进行的立法。通常把特定的法律、法规的授权称为一般授权，把有权机关的授权称为特别授权。

(2)职权立法和授权立法的区别：

①权力来源不同。职权立法的权力来源是宪法或组织法规定的固定职权；授权立法的权力来源是宪法和组织法以外的其他法律、法规授权或权力机关的授权。

②立法权的效力不同。职权立法的立法权可以经常反复地运用，在宪法和有关组织法的有效期间内一直有效；授权立法的立法权只能行使一次，不得反复运用，其效力是一次性的。

③立法范围不同。职权立法的立法范围广泛；授权立法只能在授权范围内进行，立法范围很小。

④制定的法律规范不同。依据职权立法可以制定自主性的行政法律规范；依据授权立法可以制定执行性的行政法律规范和补充性的法律规范。

三、论述题

1. 试述行政法治的基本内容及其相互关系。［南开大学2006年研］

答：(1)行政法治的基本内容包括：

①行政组织法治。即政府行政机构的设置、职能和职权配置等必须依照法律法规来管理。行政组织必须依法设立、变更及撤销，未经过法律程序设立的行政组织不能成为行政主体，也不享有行政权。行政组织法治是提高行政效率、反对官僚主义的有效途径。行政组织如果设置不当和不规范，权责不清、人浮于事、互相扯皮、官僚主义等问题就显著，就会导致效率低下。因此，实现行政组织法治能够在行政组织中有效地克服官僚主义，提高效率。

②行政职权法治。即法律要明确授予和界定行政主体的行政权及管辖权。行政职权法治体现了有限政府的思想。行政职权与职能紧密相关：行政职能是行政职权的基础，政府只有拥有某项职能，才能拥有相应的职权；行政职权是行政职能的结果，要赋予职权，就要先赋予职能。

③行政行为法治。行政行为是法定行政主体行使行政权力并产生一定法律效果的行为，其核心内容是行政权的行使。行政权作为一种权力，仍然摆脱不了权力的固有性格，即一种超越自身的倾向，必须要用法律的锁链来约束它，使行政行为在法律范围内正常运行，实现行政行为的法治。行政行为的法治化是建立法治国家所必须思考的首要课题。

(2)三者的相互关系：

①行政组织法治是行政法治的基础。只有政府行政机构以及各级政府之间和各政府部门之间的设置、职能和职权设置比较明确才能给行政法治提供良好的基础。

②行政职权法治是行政法治的核心，要求行政权力都要依据法律来行使，政府的各项职权都要有法律明文规定，防止行政职权的滥用。

③行政行为法治是行政法治的保障。要运用正当的法律程序行政，违法行政必须承担

法律责任。行政行为必须依据法律，行政机关不能自由采取行动，只能在法律授权的范围内活动，权限以外的行为无效。

2. 结合我国六十年来行政法制建设的实际，论述行政管理法治化的主要内容。［中财2010年研］

相关试题：

(1)结合实际论述法治行政建设的目标及行政管理法治化的主要内容。［北邮2020年研］

(2)我国行政法治化的主要内容。［简答题，暨南大学2017年研；中国地大2015年研］

(3)论述我国行政管理法治化的主要内容。［山东师大2016年研］

(4)试述我国行政管理法治化的目标与内容。［中财2015年研］

(5)试述我国行政管理的法治化。［山东大学2014年研］

(6)怎样实现公共行政的法治化？［简答题，南航2014年研］

(7)论述中国的行政管理法治化。［上海交大2012年研］

答：我国已把“依法治国，建设社会主义法治国家”确立为治国方略与目标，“依法治国必先依法行政”已在行政管理领域达成广泛的共识。总的来说，我国公共行政法治化包括以下内容：

(1)培养和提升法治意识。法治意识包含三方面的内容：

①法律至上意识。在我国，法是人民意志、利益的体现，法律至上即人民利益至上，其中法律至上是形式，人民利益至上是内容。我国的法律都是由代表人民利益的国家权力机关所制定的，其内容反映了人民的长远、整体利益，任何行政行为都不能超越法律。

②服务意识。当代政府要转变政府职能，深化简政放权，创新监管方式，增强政府公信力和执行力，建设人民满意的服务型政府，从而提高政府服务水平，让人民群众有更多获得感。

③责任意识。强化政府责任意识，全力打造责任型政府。为人民群众提供方便、快捷、优质、高效的服务，是当前政府的一项重要工作。

培养和提升法治意识，就必须在观念上实现三个转变：a. 在人民和政府的关系认识上，注意向公民权利和政府责任转变；b. 在法治理念上，注重向依法规范和制约行政权转变；c. 在责任意识上，注意向强化政府责任转变。

(2)行政组织法治。行政组织是行政行为的载体和基本构架，因此，强化行政组织法制建设、实行行政组织法治具有影响全局的关键作用。行政组织法治是指政府行政机构的设置、职能和职权配置等必须依照法律法规来管理。行政组织必须依法设立(包括确定名称、地位、性质等)、变更和撤销，不依据法律规定而设立的行政组织不能成为行政主体，也不能享有行政权。行政组织法治是提高行政效率、反对官僚主义的有效途径。行政组织法治是实现法治的重要内容，是人民主权的要求和体现。行政组织法定化的目的在于建立合法的行政主体。行政组织是行使国家权力的组织，合法性行政主体是国家法治的重要内容。

(3)行政职权法治。即行政主体的权力和权限要以法律法规为准绳。行政职权与职能紧密相连，行政职能作为行政职权的基础，必须先让政府拥有某项职能，然后才赋予相应的职权；行政职权则是行政职能的结果，要想赋予职权，必须先赋予职能。行政职权法治，要从立法、执法和监督三个方面进行规范：

①职权立法。行政职权只有经过立法机关通过法律来设定才具有合法性，才能成为一项合法的“行政权力”。行政主体不能自己给自己授权。

②执行管理。执法者要增强守法意识，坚决维护法律权威，领导干部要严格遵守法律，严格按照法定的权限行使权力、履行义务。加强依法办事能力建设，坚持在法治的框架内处理和解决各种问题，做到“法无授权不可为、法定职责必须为”，让权力和责任在法治的阳光下运行。

③行政监督。行政人员作为社会的一个特殊的利益集团，如果没有有效的行政监督机制，当行政目标与行政人员的个人利益相冲突时，实际的情况往往是，保护个人利益成为第一位的考虑。鉴于这种情况，必须对行政机关及其工作人员实施行政监督。

(4)行政程序法治。行政程序是指行政机关在行使行政职权过程中所遵循的一系列前后衔接的步骤、顺序、时间、方式等的总称。行政程序法治是指将那些符合公民利益的行政程序上升为法律，以法律的形式固定下来，以避免行政权力的滥用和侵权行为的发生。行政程序法治具有重要的意义：

①行政程序法治体现了正义原则。没有行政程序，实体正义就得不到保证。同样，行政主体的权力在行使过程中，如果没有行政程序，也不能确保行政权力运用得正确和得当。

②行政程序法治能够有效地规范和控制行政权。行政程序法规定行政权使用的程序，规定行政相对人参与行政行为程序，使行政主体行使行政权能够依法进行，受到制约，保证行政权的行使符合实体法律规范，符合法律授权的目的。

③行政程序法治有利于增进公民对政府管理的了解和参与。行政程序法一般都规定行政法规、政府规章、重大计划、重大行政决策等涉及公民重要权利义务的抽象行政行为的公众参与程序，以保证这些抽象行政行为更能符合社会公共利益。

四、案例分析题

地方立法何以不再“雷人”？

问题：［华南理工 2014 年研］

1. 上述案例反映了地方立法什么方面的问题？是何原因造成的？

答：(1)地方立法在贯彻实施法律、行政法规，规范调整地方重要事务，促进区域经济社会发展，推进地方民主法制建设进程等方面作出了重要贡献，但是由于立法理念、立法力量、立法技术、立法条件与环境等多种因素的制约和影响，地方立法还存在不少需要进一步改进的问题。本案例中反映了地方立法中主要存在以下几方面的问题：

①地方立法缺乏科学性。某些地方政府针对地方管理中出现的问题，不是经过科学取证、科学立法、民主决议的科学程序，而是照搬其他省市地方的规章，盲目立法，从不考虑颁布的法律、法规和规章是否具有实际操作性，这导致很多地方性法规成为无法执行的“空头文件”。如《深圳市公共厕所管理办法》中关于“尿歪罚款”的规定，北京市出台的关于要求公共厕所苍蝇数不得多于 2 只的规定以及购买刀具“实名制”的规定，这些都是由于在制定文件的过程中缺乏科学性所导致的结果。

②地方立法缺乏可执行性。地方政府制定法律规章，针对当时出现的问题提出一些看

似合乎实际但却无法执行的文件，这些法律规章缺乏执行的标准以及执行的可操作性，注定会因为操作困难而无法执行。如深圳市出台的关于“尿歪罚款”的规定，由于在实际执行文件的过程中存在操作困难等问题，所以根本无法实施。

③一些地方性法规、规章在实践中执行力度不够。一些政策法规，有些是由于缺乏具体的可操作性而导致政策法规无法执行，有些则是由于执行不到位而导致失败。前者是由于立法主体的原因造成的，后者则是由立法主体以及目标客体多方面因素在内的因素造成的。

④立法文本的内在质量不高。这主要是指立法文本在技术性、规范性、语言运用的科学性等方面存在问题。例如，案例中提到的《深圳市公共厕所管理办法》对在“便器外便溺”等不文明使用公共厕所的行为处以100元罚款的规定，北京市出台的关于公厕里苍蝇不得多于2只的规定，不仅由于立法缺乏科学性和可执行性而失败，更是由于文件的不严肃性和语言的规范性问题而遭到大众的调侃，受到批评。

⑤处罚往往流于形式。有些已经颁布的法规，在执行过程中由于执法主体执法意识缺乏，执法力度不够，针对违反法律法规的行为处罚力度不够，所以导致这些法律法规流于形式，而无法起到实际的作用。

⑥宣传力度不够。有些法律法规由于只颁布而未进行宣传，所以公众对其熟知度不够，以致出现政策搁浅，甚至有些已经颁布好多年的法规仍然无法被公众熟知的情况。

⑦立法过程中缺乏公众参与。地方立法工作过程中，公众参与度不够高。地方立法者对立法的必要性、可行性、可操作性等方面研究不够深入、不具体，而且立法听证会、论证会制度的贯彻实施也不够完善。

综上，地方政府在颁布相关政策法规之前应当充分听取公众的意见，如案例中提到的深圳市出台的《深圳市公共厕所管理办法》规定及北京市政府出台的《北京市主要行业公共厕所管理服务工作标准》，如果在颁布之前充分听取公众的意见，或许就不会遭到公众批评了。

(2)地方立法存在问题的主要原因：

①立法主体方面存在问题：

a. 地方政府立法过程中，调研宣传不够，立法缺乏科学性和民主性。

b. 地方立法缺乏创新性。地方特色不明显，针对性、创新性、实际可操作性不强，不少地方立法主体，片面追求体例的完整，立法文本贪大求全，以致普遍存在小法抄大法，新法抄成法，地方抄中央，本省抄外省的形式主义立法现象。这种现象不但偏离了地方立法的正常轨道，严重浪费了有限的立法资源，而且在很大程度上损害或者削弱了立法的权威性、严肃性及社会公信力。

c. 地方立法工作中计划性、预测性和主动性不够，缺乏前瞻性。

d. 地方立法监督不到位。权力的制约和监督是保障权力良性运转的基础，缺乏监督与制约机制容易导致权力腐败与权力寻租。相应地，国家机关怠于履行立法监督职责是地方立法存在问题的重要原因之一。

②对象客体方面存在的问题，包括：a. 遵守和利用法律法规的意识不够；b. 缺乏参与政策制定的热情。

③立法技术的欠缺。立法技术主要是指在整个立法过程中产生和利用的经验、知识和操作技巧，包括立法体制确立和运行技术、立法程序形成和进行技术、立法表达技术等。在我国当前的地方立法体制中，地方立法往往是由地方人大或政府将本应属于地方人大或政府法制部门的立法起草职权，委托给相关行业或政府主管部门，由其来直接担任地方立法的起草主体，这些立法人员是一般的公务员，立法的专业知识和技能并不高。地方人大代表也非专业人员，其审查通过法律草案时的能力和水平非常有限，因此立法技术的缺陷始终制约着地方立法的良性发展。

2. 如何从根本上解决地方立法“雷人”的问题？

答：要解决地方立法“雷人”的问题，主要应从以下几个方面入手：

（1）立法过程中应遵循的基本原则：

①宪法原则。宪法是我国的根本大法，任何法律的制定都不得同宪法相抵触，地方政府在立法时应当遵循这一原则。

②法治原则。要从国家的整体利益出发，就要充分考虑和维护人民的根本利益和长远利益，就要拒绝只强调本部门、本地方利益的狭隘的部门保护主义和地方保护主义。立法坚持法制统一原则，就要保持法律体系内部的和谐一致，不同层次或不同层级的法律、法规、规章之间应当保持在遵循宪法原则和精神的前提下的和谐一致，下位法不得同上位法相抵触。

③民主原则。这主要是指在立法过程和立法程序方面，应当注意使立法面向社会公众，使公众能有效参与和监督立法。立法所反映的意志和利益应当客观，把各方面的矛盾、问题、意见都摆出来，多方征求意见，集思广益，在高度民主的基础上尽可能把正确的意见集中起来，使立法真正代表最广大人民的最大利益。如在颁布某一项法律规章制度之前，举行公众听证会等形式，应当充分听取公众的意见，以便作出科学决策。

④科学原则。立法遵循科学原则，有助于提升立法质量和产生良法，有益于尊重立法规律、克服立法中的主观随意性和盲目性，也有利于在立法中避免或减少错误和失误，降低成本，提高立法效益。

（2）强化地方立法专业性。地方性法规、规章的清理、修改、废止要求立法工作人员不仅要有立法为民的负责态度，还要有丰富的法律知识和较高的立法技术，有良好的法律素养。立法质量说到底是立法者的素质问题，提高立法工作人员的素质，最直接、最快的方式是引进人才。其次，要组织地方立法的工作人员参加法律专业知识讲座、坚持业务学习和研讨，使立法工作人员及时更新法律知识，了解相关领域的前沿理论动态，提高立法水平。

（3）强化立法监督机关责任。鉴于地方立法存在诸多问题，有必要强化立法机关的监督责任，建立相应的地方立法审查制度，有可能的话扩大行政诉讼受案范围，建立抽象行政行为审查制度，通过多方立法审查制度启动立法审查，确保地方立法“良法”的实现。

（4）建立地方立法“良法”标准。地方立法“良法”标准是指评价、检测地方立法机关制定的地方性法规、规章是否是“良法”的基本准则。提高地方立法质量包括提高地方立法机关的立法行为的质量及其立法成果的质量两个方面的内容。具体来讲，提高地方立法质量要做到以下三点：

①提高地方立法的特色。地方立法必须与本民族、本地方的具体情况和实际需要相结合，不断提高立法的自主性、科学性和适应性，满足本地方经济、政治、文化及地方事务不断发展的需求。

②提高地方立法的现代化水平。提高地方立法的现代化水平包括不断提高立法观念、立法内容和立法程序等方面的现代化程度。

③把地方立法质量问题与国家整个法治建设的进程相联系。

(5)提高执法意识。立法目的在于解决面临的问题，而立法的关键在于执法。执行法律的主体一方面包括执法者，另一方面也包括公众在内的目标客体。执法是否顺利进行的要求：

①要求有明确的执法规范，即制定的规章具有明确的标准和实际可操作性。

②要求执法人员严格地遵循法律规范，认真地依据规范执法，对违反规章的行为予以处罚。

③需要广大公众的广泛参与，公众也应提高自己遵守法律的意识。

第十三章　行政监督

13.1　复习笔记

【知识框架(庖丁解牛)】

- 行政监督
  - 行政监督的基本理论
    - 分权制衡理论：以权力制约权力
    - 人民主权理论：以权利制约权力
    - 社会契约论：以道德制约权力
  - 行政监督体系
    - 行政监督的内容
    - 行政管理内部监督体系
      - 一般监督
      - 专门监督
      - 行政复议
      - 特种监督
    - 行政管理外部监督体系
      - 权力机关监督
      - 司法机关监督
      - 政党监督
      - 社会监督
    - 构建权威高效的监督体系
  - 我国行政监督机制的完善
    - 存在的问题
    - 完善的措施

【通关提要(提纲挈领)】

本章主要介绍行政监督的相关知识。学习时，需熟悉行政权力制约的基本理论——分权制衡理论、人民主权理论和社会契约论，行政监督的含义和内容；重点掌握行政监督内外部监督体系的构成及特点，我国行政监督机制存在的问题和完善措施。本章知识点虽多，但理解起来较为容易，易考查概念题和简答题，复习时要注意对比各种监督方式的不同之处，理解记忆。

【考点难点归纳(厚积薄发)】

考点一：行政监督概述(见表 13－1)　★★★

表 13-1 行政监督概述

要点	主要内容
含义	指各种政治力量和社会力量对政府及其公务员的行政行为所实施的监察和督导活动
必要性	①制约公共权力的需要。以权力、权利制约权力。 ②制约人性弱点的需要。以道德制约权力。 ③民主政治建设的需要
特点	①监督主体的全民性、多元性、层次性；②监督内容的广泛性、双向性；③监督手段的多样性；④监督过程的及时性；⑤监督性质的法制性
功能	①预防作用；②惩戒作用；③保障作用；④评价作用
原则	①民主化原则；②公开化原则；③合法性原则；④有效性原则；⑤协调性原则；⑥相对独立性原则
内容	①监督行政行为的合法性[决策、行政管理行为]。 ②监督行政活动的合理性[行政管理行为]。 ③监督各级各类公务员是否遵纪守法、恪守职业道德[廉洁勤政、不滥用权力]。 ④监督自由裁量权[是否滥用]
作用	①能有效强化和改善公共行政，提高行政效能，促进行政机关廉政建设。 ②能健全社会主义法治，进一步保障公民、法人和其他组织的合法权益。 ③是经济建设顺利进行的重要保障

【真题链接】简述行政监督的主要内容。[简答题，华南理工2018年研]

考点二：行政监督的基本理论(见表13-2) ★★★

表 13-2 行政监督的基本理论

要点		主要内容
分权制衡理论	观点	为防止政府权力滥用及腐败，政府权力必须被合理分割和制约监督
	表现	西方国家的立法、行政和司法三权独立，又相互制约、均衡
	评价	以权力制约权力，最直接有效，但不能解决所有的权力滥用问题
人民主权理论	观点	①政府权力由拥有主权的人民赋予，代表人民行使权利。 ②人民对国家有天然监督权，有权监督政府，制约政府权力
	评价	以权利制约权力，但人民处于弱势，很难有效制约公共权力
社会契约论	观点	政府权力的产生是公民与政府间订立契约的结果，其直接动力和目的是维护社会公共利益
	评价	以道德制约权力，缺乏刚性，效果不理想

【真题链接】

(1)分权制衡理论。[简答题，青岛大学2017年研]

(2)人民主权理论。[简答题，青岛大学2016年研]

考点三：行政监督体系(见表 13－3) ★★★★

表 13－3 行政监督体系

要点	主要内容		
内部监督	含义	指行政体系内部各机关、部门、成员间的监督 [上级监督下级、专门监督一般、部门监督成员]	
	特点	①监督内容全面；②监督方式多样；③监督程序更有时效	
	基本形式[我国]	一般监督	指依据行政隶属关系和机关协作关系而产生的监督
		专门监督	指政府内部设立的专职监督机构对行政组织及公务人员的行政行为进行监督
		行政复议	指行政机关的行为对个人或单位造成侵权行为时，个人或单位可向上级行政机关提出复查申请的一种行政行为
		特种监督	除主管监督外的各种专业性监督[如审计监督]
外部监督	立法监督	又称权力机关监督，最具权威性、最有法律效力	
	司法监督	审判机关监督＋检察机关监督	
	政党监督	我国以共产党监督为主，各民主党派监督为辅	
	社会监督	①社会团体监督[工会、共青团、妇联等]；②公民监督；③社会舆论监督	

【真题链接】

(1)简述行政管理内部监督的特点。[简答题，北邮 2020 年研]

(2)我国行政机关的外部监督体系包括哪些方面？[简答题，南航 2018 年研]

考点四：我国行政监督机制的完善(见表 13－4) ★★★★

表 13－4 我国行政监督机制的完善

要点	主要内容
存在问题	①监督机构的内在动力不足。 ②监督体系的设置不合理。 ③监督法规不完善，法律制度不健全，监督缺乏可操作性。 ④权力机关监督不到位。 ⑤新闻舆论和公民的监督实际效力小。 ⑥行政监督主体的整体素质还有待提高
完善措施	①强化监督机构的动力机制[全面提高监督人员素质、明确监督责任]。 ②建立并完善行政监督协调机制。 ③建立健全行政监督法律机制。 ④强化人大监督机制，完善其他监督主体。 ⑤完善新闻舆论和公民监督的制约机制[充分发挥新闻舆论和人民监督作用]。 ⑥深化国家监察体制改革

【真题链接】我国行政监督机制存在的问题。[论述题，山东师大 2018 年研]

13.2 考研真题

一、概念题

1. 分权制衡理论[山东师大2013年研]
2. 人民主权理论[中国地大2013年研]
3. 行政监督[黑龙江大学2023年研；北大2022年研；南航2016年研；燕山大学2016年研；南昌大学2016年研]

相关试题：行政法制监督[电子科大2016年研]

4. 行政监督体系[中财2010年研]

相关试题：行政监督机制[武汉科大2017年研]

5. 行政管理内部监督[中国地大2014年研；东财2010年研]

相关试题：行政内部监督[首经贸2016年研]

6. 专门监督[首经贸2009年研]
7. 行政复议[中国地大2019年研；华南理工2016年研；山东大学2014年研]
8. 社会监督[燕山大学2011年研]
9. 行政监督机制[北邮2021年研；武汉科大2017年研]
10. 效能监察[东财2011年研]

二、辨析题

1. 从监督的目的和方法来看，行政监督分为积极性监督和消极性监督。[中财2006年研]
2. 行政外部监督是指来自行政监察机关和行政审计机关的监督。[中财2006年研]
3. 社会监督是社会舆论监督和公民网络批评。[北大2016年研]

三、简答题

1. 分权制衡理论。[青岛大学2017年研]
2. 人民主权理论。[青岛大学2016年研]
3. 我国行政机关的内部监督体系包括哪些方面？[南航2014年研]

相关试题：

(1)简述行政管理内部监督的特点。[北邮2020年研]

(2)我国行政管理内部监督中的特种监督是指什么？[华南理工2017年研]

(3)简述行政管理内部监督。[中国地大2014年研]

4. 我国行政机关的外部监督体系包括哪些方面？[南航2018年研]
5. 国家权力机关的行政监督具有哪些法律特征？[华南理工2013年研]
6. 简述国家权力机关实施行政监督的主要形式。[山东大学2017年研]
7. 你如何理解通过“将权力关进制度的笼子”，加强对权力运行的制约和监督加强反腐倡廉建设？反腐倡廉的关键是什么？[中山大学2017年研]

相关试题：如何把行政权力有效地关进制度的笼子里？[广工大2020年研]

8. 简述行政监督的主要内容。[华南理工2018年研]

四、论述题

1. 理论联系实际，论述行政监督的作用和意义。[中财2007年研]

相关试题：为什么要加强行政监督？[简答题，南航2013年研]

2. 如何进一步加强党内监督？[南航2017年研]

3. 党的十八大明确提出：健全权力运行制约和监督体系，加强党内监督、民主监督、法律监督、舆论监督，让人民监督权力，让权力在阳光下运行。加强对行政管理过程的监督和控制，对保证行政管理的公正、稳定、高效具有重要意义。试分析目前我国行政监督机制存在的问题及相关完善措施。[青岛大学2017年研]

相关试题：

(1)我国行政监督机制存在的问题。[山东师大2018年研]

(2)就当前我国公共权力监控中存在的问题谈谈你自己的看法。[安徽师大2018年研]

(3)论述我国公共管理监督机制的完善。[暨南大学2017年研]

(4)从哪些方面完善我国的行政监督制度？[简答题，南航2016年研]

(5)我国行政监督机制存在的问题及完善我国行政监督机制的措施。[武汉科大2015年研]

(6)完善我国行政监督机制的措施。[简答题，山东师大2014年研]

(7)如何加强和完善我国的行政监督？[上海交大2007年研]

五、案例分析题

案例一

前不久，国务院办公厅发布《国务院工作规则》，要求国务院及各部门改革和规范公务接待工作，不得违反规定用公款送礼和宴请，不得接受地方的送礼和宴请。几乎同一天，某媒体曝出另外一条新闻并被广为转载：《为逃避打击铺张宴请，官员转入地下》，文中官员们表现言行各异。为何中央出台各种措施禁止后，仍有公款吃喝？公务宴请转入地下是否有办法解决？[首经贸2013年研]

请根据中央的规定和新闻报道的内容，结合公共政策过程理论与行政监督理论等相关知识加以分析。

附：香港《南华早报》3月27日报道《为逃避打击铺张宴请，官员转入地下》

中央遏制铺张宴请的号召在地方似乎遇见阻碍。来自四个不同地区的官员曾表示，宴请行为只不过转入地下，而且排场更加奢侈。

两名福建官员说，自从共产党领导人号召反腐倡廉和勤俭节约以来，在外宴请遭到禁止，许多政府部门便将自己的食堂重新装修，并从当地最好的餐厅聘请厨师。一名官员说："这种做法不仅发生在福建，全国许多省份均是如此。各地方有很多办法避开上面的规定。"这名官员说，经过装修的食堂豪华程度堪比五星级酒店，配备了单间和高级厨师，"官员们不用在众目睽睽之下外出赴宴，一切都能在政府大楼内部搞定"。另一名福建官员表示："勤俭节约的要求太苛刻了……我们被迫转入地下。只要不被大众媒体或老百姓抓到，上级就不会惩治我们。"

与广州工商行政管理局有关的一名人士说，造成这种地下行为的另一个原因是，如果政府部门没能把年度预算花光，那么来年得到的资金就会减少。他说，既然不能在政府部门以外消费，也不能外出宴请，那么重新装修就是确保年度预算被用光的一个好办法。

除了将宴请地点从公共餐厅改到政府食堂，还有人把会面地点设在商人家中。曾受邀赴私人宴会的官员描述了住宅如何被改造成可供官员就餐和桑拿的场所。吉林一家食品厂老板的住宅看似一座朴实无华的农家院，却有着一流的内部装修。房子主人只允许交往密切的熟人进入，还聘请当地顶级餐厅的主厨。房子里还有设备齐全的浴室，客人可以洗桑拿和淋浴。

一名官员说，自从反腐运动开展以来，很多官员都愿意在私人家里吃饭，因为这不仅让他们感到安全，而且所有的食物和服务都是免费的。

一名全国人大代表在两会期间曾表示，豪华宴会是个长期传统，需要假以时日方可根除。他说："这不是短时间内能改正的问题。"

案例二

LW原是A市国税局的一名公务员，在工作中她发现A市国税局存在人为地少征国家巨额税款等五项违法和违规行为，她本着对国家对人民高度负责任的态度，向国家税务总局等有关单位进行了实名举报，并要求为其保密。但她却遭到了严重的打击报复和无止境的灾难：两次被辞退工作，还被A市公安局刑事拘留，最后又被劳动教养一年，工作也丢了，还害得老母差点丧命，儿子也不敢上学。

下面是摘自某个"专题新闻调查"栏目的部分报道。

解说：LW在A市国税局已经工作了23年，丈夫也是事业单位的职员，两个人的工资收入在当地都属于较高的水平，而且在LW举报的那一年，他们的儿子只有4岁。

LW(原A市国税局公务员)：我举报不是因为对生活的满意与不满意，我看到在市场上，那些下岗的工人还有农民，他们卖一些菜，被那个收税的人从这头儿追到那头儿，就是为了逃避那一元一元的税款，我觉得他们这么贫穷，还要被人家追着一元一元地交税，而同时我发现我们单位竟然一个月人为调节增值税就达到了几千万，我觉得这两种现象对比反差太大了，我觉得气愤，我不管呢，我的心好像就忍受不了，我就必须得管。

解说：虽然有了举报的想法，但是LW前后还是犹豫了5个多月。

LW：也是思想经过反复的斗争。

记者：为什么斗争？斗争在什么地方？

LW：斗争就是在考虑如果我被打击报复，我个人将会怎么样的一个后果，又考虑如果我不举报，这种现象永远被掩盖下去。

记者：举报这件事、举报这两个字对你来说是什么概念？

LW：就是反映问题嘛。

记者：但是举报的后果，你知道吗？

LW：我没想到会这么严重，我只是想到我们单位的领导会在工作当中刁难我。

记者：但对于一个普通职工，对于一个已经拥有幸福家庭、稳定生活的人来说，这还不够多吗？

LW：我刚才不是讲了吗，我就在这种斗争当中最后考虑，如果大伙都这么想着自己的话，这个问题不举报，这种现象不揭露，这个年复一年，损失也无法弥补。我当时真是就这么想的，曾经有个人要和我一起去举报，但是后来他放弃了，这个事情总得有人去做。

……

记者：如果再让你选择遇到的，你看到的这一切，你是举报还是不举报，你会再怎么选择呢？

LW：我不会举报了，因为举报以后呢，在保护举报人这方面的措施实施和被打击报复认定方面，国家在实际操作中很难，甚至说状告无门。[暨南大学 2016 年研]

问题：

1. 本案例反映 A 市在公共管理监督中存在着怎样的问题。

2. 根据案例反映的问题，为 A 市提出完善公共管理监督的具体对策。

13.3 考研真题详解

一、概念题

1. 分权制衡理论[山东师大 2013 年研]

答：参见本章简答题第 1 题答案。

2. 人民主权理论[中国地大 2013 年研]

答：参见本章简答题第 2 题答案。

3. 行政监督[黑龙江大学 2023 年研；北大 2022 年研；南航 2016 年研；燕山大学 2016 年研；南昌大学 2016 年研]

相关试题：行政法制监督[电子科大 2016 年研]

答：参见本章论述题第 1 题答案。

4. 行政监督体系[中财 2010 年研]

相关试题：行政监督机制[武汉科大 2017 年研]

答：行政监督体系是指由国家行政机关内外部相互间的各种监督所形成的有机统一的体系。根据不同的监督主体划分，行政监督可分为：①外部监督，是指行政机关以外的主体对行政机关及其工作人员所实施的监督，主要包括：政党监督、权力机关监督、司法机关监督、公民和社会团体监督以及社会舆论监督；②内部监督，是指行政体系内部部门、成员所实施的监督，也是管理意义上的监督，主要有自我监督、行政监察和审计监督等。

5. 行政管理内部监督[中国地大 2014 年研；东财 2010 年研]

相关试题：行政内部监督[首经贸 2016 年研]

答：参见本章简答题第 3 题答案。

6. 专门监督[首经贸 2009 年研]

答：专门监督是指专门行政机关根据法律法规和纪律，在一定的权限范围内，对行政机关及其工作人员的行政行为实施的监督。在我国，主要有：①行政监察机构的专门监督。行政监察是指政府内部设立专门行使行政监督权的监察机关，对所有行政部门的行政管理工作及公务员的行政行为进行全面的监督。②审计监督。它是一项有关财政经济方面的专门监督制度，它通过依法对国家行政机关和企事业单位的财务收支以及有关经济业务活动的检查和监督，来实现政府管理经济、维护行政领域的法制秩序的基本职能。

7. 行政复议[中国地大2019年研；华南理工2016年研；山东大学2014年研]

答：参见本章简答题第3题答案。

8. 社会监督[燕山大学2011年研]

答：参见本章简答题第4题答案。

9. 行政监督机制[北邮2021年研；武汉科大2017年研]

答：行政监督机制，是指公共行政各监督主体、客体及各要素之间的结构关系和运行方式。完善行政监督机制，是一项艰巨的任务，需要有效推动各类监督有机贯通、相互协调，以增强监督合力，继续一体推进党的纪律检查体制改革、国家监察体制改革和纪检监察机构改革，持续释放体制机制活力，推动形成纪律监督、监察监督、派驻监督、巡视监督"四个全覆盖"权力监督格局。

10. 效能监察[东财2011年研]

答：效能监察是指对被监察对象是否遵守和执行法律、法规及人民政府的决定、命令的情况进行监督。它是在权利人充分授权下对各级管理者及其领导组织的勤政和廉政情况进行考察和整改的行政监察，包含了对管理过程的严谨性、科学性、民主性的管理学及理论应用的行为监察，包含了对管理效力及利益实现情况的目标监察，是以取得经济、社会、技术、管理进步为目标的效能监察。

二、辨析题

1. 从监督的目的和方法来看，行政监督分为积极性监督和消极性监督。[中财2006年研]

答：这种说法是正确的。根据监督的目的和方法，行政监督可以分为积极性监督和消极性监督。前者是指为促进行政机关完成某项任务、达成某项目标而实施的监督，多采用检查督促的方法；后者指为防止和纠正违法行政而实施的监督，多采用申诉、诉讼等方法。

2. 行政外部监督是指来自行政监察机关和行政审计机关的监督。[中财2006年研]

答：这种说法是错误的。行政监察机关和审计机关的监督属于行政内部监督。而行政外部监督是指国家行政机关外部监督主体对行政机关及其工作人员实施的监督，主要包括权力机关监督、司法机关监督、政党监督、社会监督等，参见本章简答题第4题答案。

3. 社会监督是社会舆论监督和公民网络批评。[北大2016年研]

答：这种说法是错误的。社会监督是指凭借国家宪法和法律赋予的权利，社会团体、新闻机构及公民个人对行政机关的监督，主要包括：社会团体、公民和社会舆论的监督等。题中的说法缩小了社会监督的主体范围，社会监督的主体还应包括社会团体等的监督；且这种说法不全面，公民监督还可以采取拨打市长热线等方式。

三、简答题

1. 分权制衡理论。［青岛大学 2017 年研］

答：(1)分权制衡理论的内涵。分权制衡理论主张国家的立法、行政、司法三项权力应当分别由三个不同的国家机关去行使，形成三项权力间相互牵制和相互约束的格局，以保持国家权力间的平衡状态，防止某个机关或某个人的独断专行。分权制衡论对后世产生了极大影响，现代西方民主国家的政治框架大多是根据“三权分立”原则来设计的。

(2)分权制衡理论的重要性。分权制衡理论是早期资产阶级革命思想家针对封建专制主义提出来的，它对于反对封建专制，调节资产阶级内部各集团的利益，维持资本主义民主制度，有积极作用。分权制衡理论作为西方民主政治制度的基本架构和最重要的运行机制，普遍存在于所有的资本主义国家。同时要看到，分权制衡机制同样是为作为统治阶级的整个资产阶级利益服务的。从本质上讲，分权只是资产阶级内部的分权，而不是资产阶级与其他阶级的分权。三权分立是资本主义国家政治制度的共同特点，实质是资产阶级对国家权力的垄断。

(3)分权制衡理论的局限性。分权制衡理论的根本缺陷在于：

①影响国家权力的统一，特别在一些重大问题上，往往造成几个权力机关各说一套，多个声音，造成社会上人们的思想混乱，无所适从。这是西方国家普通民众对政治冷漠的一个重要原因。

②由于三权之间的互相牵扯，往往导致议而不决、决而不行的现象发生。

2. 人民主权理论。［青岛大学 2016 年研］

答：(1)人民主权理论的内涵：

人民主权理论认为国家主权应当属于人民，并为人民的“公意”所指导。卢梭指出国家是民众的结合体，是一个公共的人格，民主国家是在社会契约的基础上产生的，每一个缔约者都毫无例外地向它交出了自己的全部的权利，普遍的强制性的力量才能按照最有利于全体成员的方式来安排生活。“主权”便是这样一种力量，它是一种强制性的统治权力，在民主国家中，主权属于全体人民，并以“公意”作为自己的行动指导。

(2)人民主权理论的现实意义：

18 世纪的启蒙运动是人类思想文化史上的一个重大的转折点，而产生在当时的人民主权理论作为新兴资产阶级革命的理论依据，在当时社会产生了极其深远的影响。不可否认，其思想本身存在一定的局限性，但是却不能否认卢梭的思想所产生的重大的进步意义。卢梭的思想赋予“公意”以至高无上的权力，为以后人民主权思想的进一步发展奠定了基础；而且对于当时的反封建的资产阶级斗争有重要的作用。在今天研究卢梭的人民主权思想，一方面要借鉴其进步的思想，另一方面要注意其思想中的缺陷，才能有利于我国社会主义民主法治的建设。总的来看，卢梭的“人民主权”学说在本意上是真诚的，具有人民性。尽管这一学说在实践过程中有功有过，但这些其实都是后人的得与失，而不是卢梭本人能够左右的。

3. 我国行政机关的内部监督体系包括哪些方面?[南航2014年研]

相关试题:

(1)简述行政管理内部监督的特点。[北邮2020年研]

(2)我国行政管理内部监督中的特种监督是指什么?[华南理工2017年研]

(3)简述行政管理内部监督。[中国地大2014年研]

答:(1)行政管理内部监督,是指行政机关本身所进行的监督,也就是管理意义上的监督,主要有行政机关内部的自我监督、行政监察等。内部监督以提高行政效率为中心任务,侧重于保证行政目标的实现,能更有效地保证行政活动的正常进行,有利于加强行政人员的法治观念和政治责任感,防止和克服官僚主义。

(2)我国行政管理内部监督体系的基本形式:

①一般监督,是指各行政机关相互之间按照直接隶属关系自上而下和自下而上的监督。属于一般监督的有国务院对所属各部、委和地方各级国家行政机关的监督,地方各级人民政府对所属各工作部门及其下级人民政府进行的监督以及下级行政机关对上级行政机关及其工作人员的监督。

②专门监督,是指政府内设立专门的监督机构对行政组织及工作人员的行政行为实施的监督。专门监督在我国主要有行政监察机关的专门监督。

a. 行政监察体制。中央纪律检查委员会和国家监察委员会合署办公,一套工作机构,对外两块牌子,履行党的纪律检查和行政监察两项职能。

b. 行政监察形式。它包括:报告工作;执法监督检查;审查批准;备案;行政复议;惩戒。

c. 行政监察权限。包括:检查权,即对监察对象贯彻执行国家法律、法规和政策的情况,以及违反政纪的行为进行检查;调查权,即对监察对象违反国家法律、法规和政策的行为,以及违反政纪的行为进行调查;建议权,即监察机关可以对国家行政机关违反国家法律、法规和政策的行为,向有处理权的机关提出处理建议;行政处分权,即在监察对象违反国家法律、法规、政策和违反政纪时,监察机关可给予警告、记过、记大过、降级、撤职、开除等行政处分。

③行政复议,是指与行政行为具有法律上利害关系的人认为行政机关所作出的行政行为侵犯其合法权益,依法向具有法定权限的行政机关申请复议,由复议机关依法对被申请行政行为合法性和合理性进行审查并作出决定的活动和制度。行政复议是行政机关实施的被动行政行为,它兼具行政监督、行政救济和行政司法行为的特征和属性。它对于监督和维护行政主体依法行使行政职权,保护相对人的合法权益等均具有重要的意义和作用。

④特种监督,相对一般监督而言,指除主管监督以外的各种普遍适用的专业性行政监督,如审计监督、环境保护监督等。特种监督的专业技术性较强,通常以某一特定领域为监督对象,并以法律规定保障其监督权的行使。

4. 我国行政机关的外部监督体系包括哪些方面?[南航2018年研]

答:行政组织的外部监督体系是指国家行政机关外部监督主体对行政机关及其工作人员的监督。我国政权的民主性质决定了行政机关外部监督主体的广泛性。构成外部监督体系的各监督主体主要有政党、政权机关、司法机关、社会团体、公民等。

（1）权力机关的监督，是指国家立法机关对行政管理机构实施的监督。我国实行的是人民代表大会制度，全国和地方各级人民代表大会是国家权力机关，行政管理机构是权力机关的执行机关，由其产生，对其负责，并受其监督。人大监督具有最高的法律效力，具体包括两种：①法律监督是针对行政机关执行宪法、法律、行政法规和地方性法规情况的监督；②工作监督是针对行政机关执行人大决议、决定情况的监督。

（2）司法机关监督，是指国家司法机关依照司法程序以司法手段对国家行政机关及其工作人员的行政行为进行监督。西方国家的司法监督主要有司法审查、行政诉讼和行政裁判等方式；在我国，司法机关的监督包括人民检察院和人民法院对行政的监督，它主要针对行政机关及其工作人员的违法行为来进行。

（3）政党监督。政党监督在西方国家主要指在野党对执政党组织的政府的监督，主要途径有：一是通过舆论工具批评或反对政府的政策，揭露行政机关及其工作人员的违法违纪行为；二是通过议会等机构对政府进行调查、批评、质询、弹劾等，以约束政府活动。我国实行的是中国共产党领导的多党合作和协商的政治制度。政党监督主要包括：

①中国共产党对行政机关及公务员的监督。中国共产党作为执政党，是整个国家的领导力量，有权对政府执行党的方针、政策的情况进行监督，并有权对行政机关中的党员干部违反党纪的行为进行检查、审查和处理。

②中国民主党派对行政机关及公务员的监督。民主党派对行政部门的监督是我国行政监督体系的一个重要组成部分，民主党派在一定程度上代表了一定阶层一定范围的民众的利益要求。加强民主党派的监督，能在坚持国家利益和整体性的前提下，兼顾社会各集团、各阶层利益的特殊性。

（4）社会监督，是指各种社会主体依据宪法和法律赋予的权利，以法律和社会规范及职业道德规范为准绳，对执政党和政府的一切行为进行监督。社会主体主要是不具有国家权力的各政治党派、社会团体、群众组织、公民个人和大众传媒等社会力量。这是人民主权原则的直接体现。社会监督的方式主要有三种：

①社会团体的监督。即工会、共青团、妇联等人民团体，以及居委会、村委会等群众自治组织依法对国家行政机关及其工作人员的监督。

②公民的监督。我国《宪法》规定了公民个人对政府的监督权，它不仅包括公民可对侵犯其人身权益的行政侵权行为和自己不满意的行政决定提出申诉、控告或要求复议的权利，而且包括对自己确知的行政违纪、违法现象进行检举，对政府的工作提出意见、建议等权利。

③社会舆论的监督。报纸、刊物、广播、电视等新闻媒介具有信息量大、传播速度快、覆盖面广和反应敏感等特点，具有广泛的社会影响和巨大的冲击力，是人民群众了解政情和表达观点的有效途径，能与其他机构的监督相配合、相补充，对国家行政机关及其工作人员形成广泛的监督和强大的威慑。

5．国家权力机关的行政监督具有哪些法律特征？［华南理工 2013 年研］

答：（1）权力机关的监督，是指国家立法机关对行政管理机构实施的监督。我国实行的是人民代表大会制度，全国和地方各级人民代表大会是国家权力机关，行政管理机构是权力机关的执行机关，由其产生，对其负责，并受其监督。

(2)国家权力机关的行政监督具有以下特征：

①其所享有的监督权由国家宪法规定，享有法律效力。在实行三权分立、宪法原则的国家中，国家权力被分为立法、行政、司法三个部分，分别由三个国家机关独立行使。三者之间保持一种互相牵制、互相约束的制衡关系，国家立法机关、司法机关对行政机关起着监督、制约作用。

②国家权力机关在各项监督权中享有最高的法律效力和法律地位。在“议行合一”国家，国家权力机关掌握国家主权具有的最高法律地位，处于国家体系的核心，任何机关都不能对其形成制约。如人民代表大会制度是中国人民民主专政的政权组织形式，是中国的根本政治制度。我国人民代表大会制度能够确保国家权力掌握在人民手中，符合人民当家作主的宗旨，适合我国的国情。在行政监督中，人大是通过中央和地方各级人大及其常委会来实施监督权。由于其他国家机关、社会组织和公民对国家行政组织实施监督的权力或权利以及国家行政组织的内部监督机制从根本上说是由国家立法机关通过立法程序规定的，所以立法监督在行政监督过程中起着主导性的作用，具有较高的权威性。

6. 简述国家权力机关实施行政监督的主要形式。[山东大学2017年研]

答：国家权力机关监督又称立法监督，是指国家权力机关对行政机关的监督，是具有高度法律效力的监督。在西方，是指议会对政府的施政、财政、人事及其他法定事项的监督检查；在我国，则指各级人民代表大会及其常务委员会监督政府工作的行为。行政监督的主要目的在于防止及矫正违法不当的行政行为，同时也兼具积极的作用，有助于责任的维护与实现。我国人大及其常务委员会进行行政监督的主要形式有：

(1)听取和审查人民政府的工作报告。这是最常见的方式。定期的有每年人代会开会期间，政府负责人向全体人大代表作政府工作报告，每两月一次的常委会开会期间，由政府负责人或政府部门负责人作专题报告。为加强人大及其常委会对政府的监督，七届全国人大常委会要求每年第三季度，国务院要向全国人大常委会报告计划、预算的执行情况。

(2)向本级政府及其所属各部门提出询问和质询。我国宪法和组织法规定，全国人大和地方各级人大开会期间，全国人大常委会开会期间，代表或委员有权依照法律规定的程序对本级人民政府及其所属各工作部门提出质询案。

(3)组织特定问题的调查委员会。全国人大及其常委会、县级以上地方人大及其常委会，认为必要的时候，可以组织关于特定问题的调查委员会，对国家重大问题和重大违宪违法事件进行调查。

(4)组织人民代表视察和检查政府工作。视察和检查政府工作是人民代表监督政府工作的一种重要形式。人民代表的监督是权力机关监督的重要组成部分，人民代表的职责是代表人民管理国家和地方事务。

(5)罢免或撤销政府工作人员的行政职务。全国人大及其常委会、地方人大及其常委会依照法律规定的权限决定国家机关工作人员的任免。凡是由人大选举、决定或人大常委会决定任命的政府组成人员，人大及其常委会有权对他们进行考核、撤换、罢免。

(6)受理人民群众对国家机关及其工作人员违宪违法行为的申诉、控告。对公民就国家机关工作人员违反宪法和法律，侵害公民合法权益等行为提出的申诉和控告，权力机关或亲自调查，或责成有关部门进行调查并报告处理结果，或由人大常委会组织有关部门共同调查处理。

(7)对政府组成人员和职能机关进行述职评议活动。这是目前人大监督工作中的一种新形式，这一形式从县乡人大开始，逐步扩展到市、省级人大，成为影响最大、效果最为明显的监督活动之一。

7. 你如何理解通过“将权力关进制度的笼子”，加强对权力运行的制约和监督加强反腐倡廉建设？反腐倡廉的关键是什么？［中山大学2017年研］

相关试题：如何把行政权力有效地关进制度的笼子里？［广工大2020年研］

答：(1)“将权力关进制度的笼子”意为用制度来对权力加以制约和监督，即用权力运行制约和监督体系来规范权力的运行。具体来说就是：

①加强行政监督：

行政监督，是指国家、政党和公民根据法律的规定，对国家行政机关及其工作人员在行政管理活动中执行法律、政策与遵守纪律的情况所进行的检查、督促、指导、纠错的活动。行政权力失去监督就容易产生腐败。行政监督的对象是一切行政机关及其所属工作人员和一切行政管理活动，其内容主要有：监督决策是否科学、合法；监督行政管理行为是否合法、合理；监督公共部门及其工作人员是否廉洁勤政、不滥用权力；监督自由裁量权是否被违规滥用。

党的十八大明确提出强化权力运行制约和监督体系的改革目标和任务，强调要坚持用制度管权管事管人，让人民监督权力，让权力在阳光下运行。习近平总书记强调，要把权力关进制度的笼子里。因此，加强对行政管理过程的监督和控制，对保证行政管理的公正、稳定、高效有重要意义。

②完善行政监督机制，需要理顺各监督主体间的关系，更好地整合各监督主体，因此可以建立一个综合性协调机构，对监督主体的目标、监督过程进行协调，使各监督主体在各司其职基础上，形成强大的监督合力，更好地发挥总体监督效能。同时要增强人大监督、新闻舆论和人民监督制约机制的作用，并完善监督的实体法规和监督程序法，促进监督法制化。

(2)反腐倡廉的关键在于完善行政监督机制：

①我国行政监督机制存在的问题有：a. 监督机构内在动力不足；b. 监督体系设置不合理；c. 法律制度不健全，监督缺乏可操作性；d. 权力机关监督的实际效力比较小；e. 新闻舆论和公民监督的实际效力弱。

②完善我国行政监督机制的措施，参见本章论述题第3题答案。

8. 简述行政监督的主要内容。［华南理工2018年研］

答：行政监督的主要内容包括：

(1)监督决策是否科学、合法。决策在行政管理过程中处于最重要的地位。决策规定了行政行为的基本方向，对行为效果有重要影响，因此监督主体需要认真监督决策目标、依据、方案，以及决策程序是否合法、科学、民主。

(2)监督行政管理行为是否具有合理、合法性。行政管理行为包括：

①抽象行政行为是指国家行政机关制定法规、规章和有普遍约束力的决定、命令等行

政规则的行为。当前对公共行政机关及其工作人员的抽象性监督主要有两方面：

a. 对公共行政机关颁布的行政法规、发布的行政命令、作出的行政决策、制订的计划等，是否符合国家的宪法和相关法律进行监督。

b. 对公共行政人员的行政执法行为是否符合国家的宪法、法律、行政法规、地方性法规，以及行政决策、行政命令等进行监督。

②具体行政行为是指行政主体针对特定的对象，就特定的事项所作出的处理决定。当前对公共行政机关及其工作人员的具体性监督主要有以下几方面：

a. 对公共行政机关及其工作人员的职务活动合理性的监督，即对其职务活动是否符合党的路线、方针、政策和本地区、本部门的实际情况，是否从大局出发，是否符合行政管理的基本原则等进行监督。其目的在于及时发现不合理现象，提出改进性措施。

b. 对公共行政机关从中央到地方的职务活动是否遵守社会公德和职业道德，是否有损国家公职人员的形象等进行监督。

(3)监督政府部门及其工作人员是否廉洁勤政、权力是否被滥用。腐败的本质是公共权力的滥用。目前很多公共部门及其工作人员利用手中的公共权力为自己谋取个人利益，其实质就是以权谋私。以权谋私是发生在党和国家肌体上的瘟疫，并且蔓延到社会生活的各个领域，产生了极其严重的危害，对党的领导和社会主义制度构成严重危害。因此必须以改革创新精神严格执行党风廉政建设各项制度，强化权力制约和监督，以反腐倡廉建设新成效取信于民，为改革发展稳定提供坚强保证。

(4)监督自由裁量权是否被滥用。自由裁量权，是指行政机关及其工作人员在法律事实要件确定的情况下，在法律授权范围内，依据立法目的和公正、合理原则，自行判断行为条件、自行选择行为方式和自由作出行政决定的权力，其实质是行政机关依据一定的制度标准和价值取向进行行为选择的一个过程。行政自由裁量权的存在既以其灵活的特点满足了现代社会迅猛发展和高效行政的需求，又带来了一定的负面效应和弊端，因此必须加强对自由裁量权的监督。

四、论述题

1. 理论联系实际，论述行政监督的作用和意义。[中财2007年研]

相关试题：为什么要加强行政监督？[简答题，南航2013年研]

答：(1)行政监督有狭义和广义之分。狭义的行政监督是指行政机关内部上下级之间，以及专设的行政监察、审计机关对行政机关及其公务人员的监督；广义的行政监督是指执政党、国家权力机关、司法机关和人民群众等多种社会力量对国家行政机关及其公务人员的监督。其内涵在于：

①监督对象是行政机关的行政行为和行政工作人员的职务行为。

②监督主体是国家权力机关、司法机关、国家特设的行政机关、政党、社团组织和人民群众等。

③监督性质是监督主体对行政机关及其工作人员的一种法制监督。

④监督的目的在于保障社会主义民主和法制，促进行政机关及其工作人员依法行政，合理行政，改善和强化行政管理，提高行政效率，推进廉政建设。

(2)行政监督的作用：

行政监督在本质上是对行政权力的运行进行制约、限制和检查。

①行政监督是贯彻执行党的方针、政策和法律法规的保证。行政管理是执法行政行为，行政监督就是按照党的方针政策和法律法规来检查行政管理活动，发现问题，纠正问题，保证不折不扣地贯彻执行党的方针政策和法律法规。

②行政监督能及时地发现和纠正问题，及时地采取改进措施和补救措施。行政管理涉及社会各个方面的事务，出现一些问题在所难免，这就需要行政监督及时发现并纠正这些问题。行政监督的这种作用是行政管理不可或缺的必要步骤，是民主行政和民主政治的重要内容。

③行政监督是行政管理提高行政效率的有力保证。行政组织的内部监督主要是行政效率的监督，行政效率问题是政府的核心问题之一。由于官僚制本身既是提高效率的途径，又是造成效率缺损的主要成因，所以行政监督是提高行政效率的重要保证。

④行政监督是为政清廉和加强政府合法性的保证。行政监督是确保任人唯贤，防止任人唯亲的主要手段，任人唯亲是腐败的关系网和保护伞。一个国家出现大规模的腐败现象，根源就是吏治腐败，腐败的行为必然危及政府的合法性。行政监督就是加强廉政建设，加强政府的合法性。

⑤加强行政监督可以造就一支高素质的国家公务员队伍。对国家公务员行政行为的合法性和有效性的监督是行政监督的重要内容，行政监督可以提高国家公务员的政策水平和法律意识，加强他们的执法水平和自律意识，提高其政治素质和业务素质。

(3)行政监督的意义：

鉴于我国行政管理活动中缺乏法制性，以及存在严重的以权谋私等腐败现象，加强行政监督就具有十分重要的作用和意义。

①加强和完善我国行政监督机制是实行行政管理法制化的有力措施和保证。行政管理法制化，要求行政机关和行政人员依法行政，依法设置行政机关和编制行政人员，依法行使行政权力和进行行政管理。加强对这些方面的监督，完善这方面的法律制度建设，是行政管理法制化的保证。

②加强和完善行政监督机制是实现行政机关和行政人员为政清廉的重要保证。加强监督，规范行政机关和行政人员的行为，对其违法违纪行为，进行严格监督，严格奖惩制度，查办公职人员违法乱纪案件，制裁违法违纪者，才能清除腐败现象，保持政府公职人员廉洁自律，改善行政管理，建立良好政风。

③加强和完善行政监督机制也是保护公民合法权益的重要保障。行政管理活动是国家行政机关和行政人员直接行使国家权力，把法律、政策实施于民。行政监督机关和监督法规的任务之一是，依法受理和处理行政机关和行政人员侵犯公民合法权益的案件，以保护公民的合法权益不受侵犯。

2. 如何进一步加强党内监督？［南航 2017 年研］

答：党内监督是指按照党章和党的有关规定，从思想、组织、纪律等方面，对党组织和党员是否贯彻执行党的路线、方针、政策，是否正确运用人民赋予的权力，是否严格遵守民主集中制的各项制度等情况的监察和督促。进一步加强党内监督，应做到以下几点：

(1)建立健全监督制约机制:

①逐步建立党政一把手负总责，分管领导各负其责的领导体制。

②建立目标责任制，制定工作目标、工作标准，形成责任分解、责任考核、责任追究三位一体的工作机制。

③完善奖惩机制，把党风廉政责任制的执行情况，同干部任用、评选、奖惩等挂钩。

(2)强化对领导班子特别是一把手的监督:

①开好党风廉政建设专题民主会议。会前，充分听取有关部门和群众的意见；会中，由被反映人对反映的问题逐个作出说明，对属实的问题进行严肃的自查自纠。

②建立一把手工作汇报制度，接受监督。加强党内监督，要发扬党内民主；健全党内民主生活，要从制度抓起，从“一把手”做起；要认真执行民主集中制的原则，在实际工作中要把民主集中制具体化、制度化，建立具体的规章制度，确保民主集中制的贯彻执行。

(3)加强对选拔任用干部的监督:

①坚持党管干部原则，发挥党组织的集体作用。

②在任用形式上坚持走群众路线，认真落实任前公示制度，接受群众监督。

③建立严格的用人失察责任追究制度。

(4)实行纪委一票否决制。充分发挥纪委在党内监督中的地位和作用。凡属干部任用，要由纪委参与考察，存在问题的干部不能任用。发挥纪委在党内监督中的牵头作用。加强党内监督涉及方方面面的工作，头绪多，任务重，必须由党的纪检组织牵头实施。

(5)加强廉政教育。思想是行动的先导，加强监督必须树立正确的监督和被监督的意识。要大力加强权力观教育，使党员干部尤其是领导干部真正明白，权力是人民给的，必须受到人民的监督。要经常性地开展反腐倡廉方针政策、法规制度的宣传教育，切实增强党员干部接受监督和行使监督权利的意识。

3. 党的十八大明确提出：健全权力运行制约和监督体系，加强党内监督、民主监督、法律监督、舆论监督，让人民监督权力，让权力在阳光下运行。加强对行政管理过程的监督和控制，对保证行政管理的公正、稳定、高效具有重要意义。试分析目前我国行政监督机制存在的问题及相关完善措施。[青岛大学2017年研]

相关试题:

(1)我国行政监督机制存在的问题。[山东师大2018年研]

(2)就当前我国公共权力监控中存在的问题谈谈你自己的看法。[安徽师大2018年研]

(3)论述我国公共管理监督机制的完善。[暨南大学2017年研]

(4)从哪些方面完善我国的行政监督制度?[简答题，南航2016年研]

(5)我国行政监督机制存在的问题及完善我国行政监督机制的措施。[武汉科大2015年研]

(6)完善我国行政监督机制的措施。[简答题，山东师大2014年研]

(7)如何加强和完善我国的行政监督?[上海交大2007年研]

答: 一般来说，行政监督可以划分为狭义的行政监督和广义的行政监督。狭义的行政监督是指上级行政机关对下级行政机关的行政管理活动进行的监管与督导；广义的行政监督是指一切行政机构的活动同时受到来自行政机构内部的监督以及整个政治体系的监督，包括立法机关、司法机关、公众舆论等。

(1)我国行政监督机制存在的问题：

①监督机构内在动力不足。行政监督工作主要依赖监督人员的道德自觉，缺乏考核、激励和追责机制，监督责任制建设不完善。

②监督主体不协调。虽然我国已经形成一个庞大的监督体系，但是各种监督主体的多元化难以形成合力，一方面因为部分行政人员监督意识淡薄或者业务素质不高，很难保证权力受到监督和约束；另一方面是监督主体隶属于不同系统，往往不能有效沟通，或者出现虚监、弱监、漏监现象，成为一种“内耗”造成行政监督的低效能。

③法律制度不完备。有法可依是执法必严、违法必究的前提，我国现行的行政监督法律还不完备，不能形成一个完整的体系，一定程度上成为监督行为规范化的障碍。

④权力机关监督不到位。我国的权力机关是人民代表大会，依据宪法拥有至高无上的权力，对行政机构及工作人员行政行为的监督最具有权威性。但在现行的监督体制中，监督机关通常都是受同级政府和上一级权力机关的双重领导，体制上的混乱给监督工作的展开带来困难。

⑤新闻舆论和公民监督的作用没有得到更好的发挥。新闻舆论和公民监督属于社会监督的范畴，反映了社会权利与政府权力之间的相互关系。当二者平衡时，社会权利能有效制约政府权力。但是我国目前正处于转型期，政府权力从过于集中到还权于社会还需要一个较长的过程。在这个过程中，仍会表现出社会权利依附政府权力的现象，社会权利的保持与发展只能是在政府控制下逐步进行。

(2)完善我国行政监督机制的措施：

①强化监督机构的动力机制：

a. 全面提高监督人员的素质。要严格录用制度，实行公开竞争、经考试录用的制度，并对现有监督人员进行专业知识和能力、职业伦理和道德等方面的培训，以确保其胜任本职工作，保证行政监督的客观公正。

b. 明确监督责任。要健全监督机关内部制约机制，制定监督机关、监督人员自身监督的有关制度，使监督机关和监督人员也置于监督之下，造成人人监督、监督人人的局面，以防止监督机关和监督人员不依法监督或滥用监督权的事情发生。

②建立健全行政监督协调机制。要加强公检法、审计、工商、海关等执法执纪部门之间的联系，形成查处案件的合力，做到有法必依，违法必究。要加强党政一体的纪检监察机关的组织建设，增强力量，完善运行机制，理顺关系，调动积极性，以查处违纪案件为纪检监察工作的中心环节，疏通信访渠道，强化举报工作。

③健全和完善行政监督法律机制。完善监督制度和法规是监督主体行使监督权的前提条件，是实现监督工作制度化、法律化的关键。依法行政不仅要实现行政权力行使的法治化，而且要实现对行使行政权力进行监督的法治化。

④强化人大监督机制：

a. 健全组织机构。如建立一些新机构或完善组织体系以促进监督落实。

b. 加强人大代表的质询权。加强人大代表的质询权，允许人大代表针对质询的答复进行自由辩论，可重复提出质询，可根据质询的答复或自由辩论的结果进行表决，表决的结果可以作为对政府工作的评议以及对个别政府官员进行批评、惩戒或罢免的依据。

c. 提高人大代表的素质。人大代表素质的高低，决定了权力机关监督能力的强弱。要进一步加强人民代表大会的建设，提高人大代表的素质，增强人大代表履行行政监督职权的自觉性。

⑤建立和完善新闻舆论和公民监督制约机制：

a. 充分发挥新闻舆论的监督作用，广开言路，扩大"对话"渠道，充分发挥舆论工具的作用。

b. 充分发挥人民监督作用。用法律保障人民的知政、议政、参政权，保障人民的管理权和监督权，明确规定运用这些权力的职责、活动范围和方式，充分发挥人民群众的监督作用。

c. 充分发挥社会团体、工会、妇联、共青团和各种基层群众组织的行政监督作用，真正实现人民当家作主，对国家行政机关及其工作人员进行切实有效的监督。

⑥深化国家监察体制改革。即要把增强对公权力和公职人员的监督全覆盖、有效性作为着力点，推进公权力运行法治化，消除权力监督的真空地带，压缩权力行使的任性空间，建立完善的监督管理机制、有效的权力制约机制和严肃的责任追究机制。

五、案例分析题

案例一

请根据中央的规定和新闻报道的内容，结合公共政策过程理论与行政监督理论等相关知识加以分析。［首经贸2013年研］

答：(1)案例中公款吃喝现象折射的问题：

①政策上的漏洞。政策制定的不科学，以及政策出台之后执行力差，使得一些政策沦为"烂尾政策"，从而导致有令不行、有禁不止现象的出现。

②监督不力。这主要表现为：

a. 人大监督缺位。在预算审议和批准过程中，缺乏对预算报告内容包括公务接待费的深入分析和讨论。预算执行监督方面，人大所发挥的实际作用也有限。

b. 行政监督乏力。由于公务接待的主体是领导干部和其他公务人员，加之信息和权力的不对称使公务接待中的问题带有一定的隐蔽性，难以界定和发现，易形成"上级不好监督、同级不愿监督、下级不敢监督"的局面，特别是对一把手和领导班子成员的监督更是如此。

c. 社会监督疲软，媒体等社会监督力量还没有得到更好的发挥。

③制度不完善。一方面，理性规范的公务接待机制没有真正建立起来，一些人对待"管住嘴""管住手""管住脚"等禁令施展"上有政策，下有对策"的伎俩。另一方面，我国公共财政体制存在缺陷，财政支出缺乏公开性和透明性，缺乏健全的行政问责制度。

(2)解决公款吃喝的措施：

①完善公共政策过程。公共政策过程主要包括政策制定、政策执行、政策评估、政策终结、政策监督五个方面。通过规范公共政策制定和执行的过程，实现决策科学化、民主化、法制化。具体包括：

a. 健全公务员接待制度，提高公务接待制度化水平。先将公务接待预算公开化、透明化，杜绝暗箱操作和做假账，主要领导必须承担责任。在公款招待问题上，合理界定公务接待范围，科学核定公务接待标准，以健全的制度、严格的制度、操作性强的制度有效制约违规违纪现象。

b. 必须建立结构合理、配置科学、程序严密、制约有效的权力运行机制，确保权力沿着正确的轨道运行。

c. 完善财务体制，公开费用支出。从易到难，逐步公开费用支出，直至所有能公开的费用全部公开。公开的形式能让普通老百姓看得到，让老百姓一看就能明白，主动接受群众的监督。

d. 加快"透明政府"建设，完善相关信息公开法，增大行政权力运行透明度，增大政府对公共资源配置决策过程中的公众参与力度。把各部门、各单位、各类项目的公务接待范围、条件、标准、总额等制度规范向社会公开，逐步实行公务接待公示制度，把各机关单位、各级领导及一般公务人员的各项具体公务接待费用数额、内容、地点、方式等细节向社会公开，让公款消费在阳光下运行，给予公众更多的知情权和监督权。

②完善监督系统。完善行政监督和社会监督，在建立健全专门监督机构的同时，把各种监督机制结合起来形成合力，关键在于加强对中共党员领导干部的监督，防止滥用权力。完善人民监督的有效方式，具体包括：

a. 强化行政监督的力度。这包括强化人大监督、政府内部监督和审计监督，主要是突出党内监督这个重点。加强党内监督，突出"一把手"的监督，一方面是要发扬党内民主，另一方面是要加强上级对下级组织的监督。在目前一些地方党内政治生活不够正常，同级监督很难到位的情况下，加强上级对下级的监督尤为重要。

b. 发挥网络媒体等社会监督的作用。不仅要利用行政部门的内部力量反腐，还要把更多监督的空间开放给媒体和公众。一方面，需要建立有效的渠道，让公众和媒体能够监督；另一方面，也需要对监督者的权利给予充分的保障，让公众和媒体敢于监督；同时，更有赖于纪检机构对社会监督的及时回应。

c. 在宏观上建立健全公共财政支出制约监督制度。这主要是落实各级人大基于宪法行使的财政决定权与监督权。同时在微观上实行财务公开制度，硬性规定各单位各部门与公务接待、公款消费有关的所有信息都要向所在单位和部门的全体员工进行公开公告公示，接受群众监督。

案例二

问题：［暨南大学2016年研］

1. 本案例反映A市在公共管理监督中存在着怎样的问题。

答：本案例反映A市在公共管理监督中对举报人的保护方面存在许多问题，同时也存在公共管理监督机制缺失和监督法律制度不完善等问题。具体情况如下：

(1)监督机构内部动力不足。监督工作主要是由监督人员完成的，公职人员有对机关行为进行监督的权利，这一途径没有很好地被运用主要是因为两方面：

①A市在公共管理监督中缺乏有效的激励机制和责任机制。

②公职人员的监督意识不强，内在动力不足。监督主体之间的相互推诿或重复监督现象严重。

这两方面的原因导致公职人员对于腐败贪污等案件不敢举报、无举报意识，甚至想举报也半途而废。

(2)监督体系设置不合理。虽然我国行政监督系统已然形成，但在主体多元的情况下，并未形成一个明确的核心，行政监督力量缺乏整合效力。内外监督各不相属，国家、社会监督相脱节，极大影响了监督效力的发挥。这种分工不明确、不合理往往造成监督主体越权监督、滥用监督权，或者造成主体间的相互推诿塞责，对某些问题避重就轻，形成监督的盲区，导致“虚监”“漏监”现象，既影响了监督的力度和效率，又使违法分子逍遥法外，降低了监督的实效。例如，法律规定公检法三机关都要保障举报人或者证人的安全，但在诉讼过程中，这三机关实际有一个衔接的问题，法律并没有明确规定究竟三机关中哪个机关要负责来保护，在实践中就可能形成互相推诿、责任不明，都应该保护，实际上谁也没有保护。这就使行政监督工作难以真正落实，影响了行政监督的权威性和有效性。

(3)新闻舆论和公民监督的实际效力弱：

①由于基层民主监督渠道不畅，群众的意见和建议难以真实地反映到最高层组织和领导之中。

②目前我国的新闻媒介要发挥舆论监督的作用，在很大程度上取决于各级政府是否支持媒介的工作，是否能为媒介创造一个民主、求实的舆论环境，但在实际情况中，由于公共部门权威大，往往运用暗箱操作或者各种非法手段打击公民和新闻媒体，公民往往慑于官威而不敢举报、揭发、控告，对于行使自身的监督权利，维护自身利益并没有足够的信心，新闻媒体囿于对权威的屈服也往往不敢真实披露，影响监督效果。

(4)法律制度不完备。行政监督相关法律法规既是对行政监督权力及其行使的规范，也是对这种权力及其行使的保障。有法可依是执法必严、违法必究的前提，但目前我国还未出台统一的行政监督法。

近年的立法中，管理性的立法占多数，监督性的立法比较少；有关行政权的立法过多，规定公民权利的立法相对较少。这种立法上的不平衡直接导致了行政权与监督权的严重失衡。立法的缺位会使行政监督无法可依，无法行使监督权力，同时又会造成对监督权力缺乏有效约束的现象，导致行政监督的盲目性和随意性，带来负面效应。

A市的公共管理监督存在以上问题，因为对被举报人的行为认定的操作上难以完成，以及法律的不完善，导致状告无门，举报者还要受到打击和报复，导致公职人员不敢再举报。

2. 根据案例反映的问题，为A市提出完善公共管理监督的具体对策。

答：举报违法犯罪行为，是宪法赋予每个公民的权利，但如何有效保护举报人免遭报复，需要一整套保护制度。针对本案例的问题，具体对策如下：

(1)强化监督机构的动力机制：

①要全面提高监督人员的素质。加强道德自律的教育，形成道德内在约束机制，不断增强监督工作的自身动力资源，即使在制度力量薄弱的情况下，也能自觉、自愿地积极开展监督工作。

②要明确监督责任。建立健全激励和追责制度，完善监督责任制。

(2)建立监督体系的协调机制：

①加强总体协调，充分发挥整体监督效能。应建立一个专司行政监督协调的权威机构，有必要在全国人大设立监督委员会，专门行使监督权，以加强对抽象行政行为的审查。

②为了使整个行政监督体制坚强有力，必须明确规定各种监督体系之间的职能和层次关系，加强监督的总体规划和避免不同监督机制间的重叠、冲突和掣肘，增强和突出行政监督的整体合力和效能，从而使行政机关及其公务员的行政行为和职务行为切实受到上下左右各方面的有效监督，使监督指向与权力指向相一致，形成自上而下制约、平行制约与自下而上制约的有机统一，平衡配置，使不同主体的监督体系各司其职，各负其责。

(3)完善新闻监督和公民监督制约机制：

①制定专门的法律，明确群众参与监督的程序和权限，使其受到法律的保护。

②努力创造自由讨论的宽松环境。允许不同意见、多种声音的存在，使广大人民群众及时地、无所顾忌地批评政府工作中的错误和缺点，通过增强政务的公开性，让人民群众知政、知情，为强化人民民主监督创造条件。

③应通过新闻法、记者法等增强和保障新闻媒体的自主性和独立性，使其免于受被监督者的控制。

(4)加强监督法治化：

①要确立监督立法的基本框架：

a. 在宪法中增加有关宪法监督的内容和条款。

b. 对全国和地方各级人大组织法、全国人大和人大常委会议事规则进行修改完善，明确规定对行政机关监督的职权范围、方式方法、程序规范等内容。

c. 制定统一的监督法，或按行政监督的特征单独立法，如对财政预算的制定和执行、预算内资金的管理、政府工作报告的审议等内容分别作出规定。

d. 通过立法推进社会监督的发展。

②实行政务公开化。除了涉及国家安全的机密之外，凡是能公开的一律公开；建立各级领导干部个人财产和重大事项公开申报制度，使其个人收入公开化。这些制度建设对以法控权、依法行政将起到不可替代的作用。

第十四章　公共危机管理

14.1　复习笔记

【知识框架(庖丁解牛)】

- 公共危机管理
  - 公共危机管理概述
    - 公共危机管理的基本概念
      - 危机
      - 公共危机与突发公共事件
      - 公共危机管理
    - 公共危机的分类、分级与分期
    - 公共危机管理的重要性和必要性
  - 公共危机管理的体制
    - 公共危机管理的领导体制
      - 统一指挥体制
      - 政府职权划分
      - 责任制度
      - 监督制度
    - 公共危机管理的职能与机构
      - 基本职能
      - 机构设置
  - 公共危机管理的机制
    - 公共危机的预警机制
    - 公共危机的决策机制
      - 含义
      - 原则
      - 基本内容
    - 公共危机的应对机制
      - 工作流程
      - 基本内容
    - 公共危机的新闻发布机制
    - 公共危机的善后机制
      - 含义
      - 基本内容

【通关提要(提纲挈领)】

本章主要介绍公共危机管理的相关知识，比较重要。学习时，要熟悉公共危机、公共危机管理的含义及其重要性和必要性，掌握公共危机的分类、分级和分期，重点掌握公共危机管理的体制和五大机制。本章各种题型都有可能考查，复习时应全面掌握，可联系社会热点来理解记忆。

【考点难点归纳（厚积薄发）】

考点一：公共危机管理概述（见表 14-1）★★★

表 14-1　公共危机管理概述

要点	主要内容	
含义	指公共部门运用公共权力、公共政策和公共资源，预防、处理和消除公共危机的动态的、全方位的管理过程。包括预警管理、应急处理及善后处理	
特点	①不确定性；②应急性；③预防性；④系统性	
原则	①预防为主，防救结合；②系统整合，分类分级；③政府引导，社会参与	
价值	①治疗文化创伤，促进组织文化创新。 ②察悉管理漏洞，升级政府形象。 ③履行政府职能，增强合作治理	
重要性和必要性	公共危机频发	①社会发展角度，中国进入危机频发期。 ②自然灾害种类多、发生频度高、损失严重。 ③安全生产形势严峻，事故频发。 ④公共卫生形势严峻
	公共危机管理有待完善	①管理体制有待进一步完善。 ②管理机制不够完善。 ③公众的危机意识、风险承受能力、自救能力都需要加强

【真题链接】简述我国公共危机管理的重要性和必要性。［简答题，武汉科大 2017 年研］

考点二：公共危机的分类、分级与分期（见表 14-2）★★★

表 14-2　公共危机的分类、分级与分期

要点	主要内容		
分类	分类	产生诱因	外生型、内生型、内外双生型危机
		发生领域	政治性、社会性、宏观经济性、生产性、自然性危机
		利益主体	利益一致型、利益冲突型
		复杂程度、性质等	结构良好、结构不良的公共危机
	作用和意义	①为相关部门提供具体依据，便于开展公共危机管理。 ②构建公共危机管理研究的框架	
分级	特别重大［Ⅰ级］	红色，事件后果极其严重，需要国务院统一领导、协调处置	
	重大［Ⅱ级］	橙色，事件发生规模大，后果特别严重，需要省政府控制	
	较大［Ⅲ级］	黄色，事件后果严重，影响范围大，需要地级市政府控制	
	一般［Ⅳ级］	蓝色，事件影响在社区和基层，可被县级政府控制	

续表

要点	主要内容	
分期	四阶段论 [斯蒂文·芬克]	①危机潜伏期[预防]；②危机突发期[应对]；③危机蔓延期[控制]；④危机恢复期[解决]
	4R模型 [罗伯特·希斯]	①缩减阶段；②预备阶段；③反应阶段；④恢复阶段
	五阶段模型 [米特罗夫]	①信号侦测阶段；②准备和预防阶段；③损失控制阶段；④恢复阶段；⑤学习阶段
	四阶段说 [薛澜等]	①预警期；②爆发期；③缓解期；④善后期

考点三：公共危机管理的体制(见表14-3) ★★★

表14-3　公共危机管理的体制

要点	主要内容	
领导体制	①统一指挥体制，实行首长负责制；②政府职权划分；③责任制度；④监督制度	
职能与机构	基本职能	①协调、促进相关立法。 ②建立预警机制、决策机制、应急处理机制、信息管理与新闻发布机制、善后机制
	机构设置	①最高行政领导机构是国务院。 ②县级以上地方各级人民政府按分级负责、属地管理的原则建立行政领导机关。 ③专门设立的综合管理办事机构是应急管理办公室

【真题链接】公共危机管理的领导体制。[简答题，山东师大2017年研]

考点四：公共危机管理的机制(见表14-4) ★★★★

表14-4　公共危机管理的机制

要点	主要内容	
预警机制	含义	指公共部门根据相关数据、情报和资料，科学地对危机现象作出估计与推断，发出警示，以便及时应对，减少损失
	原则	①及时性原则；②准确性原则；③全面性原则
	内容	①制定并健全相关法律法规；②制定并健全预案体系；③信息监测与分析；④完善各项基本资源储备；⑤加强公共危机应对培训
决策机制	含义	指当组织遇到紧急事件或处于紧急态势时，在有限的时间、信息、人力资源等条件下，打破常规，快速反应
	原则	①权力集中原则；②结果优先原则；③短期目标优先原则；④强制原则；⑤风险承担原则
	内容	①危机决策三要素：问题确认、目标排序、方案评估与选择。 ②危机决策主体：a. 特定的个人和政府机构；b. 专业咨询专家或政策研究机构；c. 资源协调系统

续表

要点	主要内容	
应对机制	工作流程	①建立应急处理小组；②调查情况、收集信息；③综合分析、决策应对、控制和隔离
	内容	①信息报告；②先期处置；③应急响应；④指挥与协调；⑤应急结束
新闻发布机制	重要性	①信息化社会的必然要求；②妥善处理公共危机的必然要求；③公众知情权的满足
	原则	①3T原则；②信息梯度发布原则
	方式	①新闻通稿；②新闻发布会；③电视、电话、网络连线采访；④官方网站；⑤电话回复
	内容	①危机潜伏期：完善新闻发布制度。 ②危机爆发期与延缓期：启动预案，发布信息。 ③危机善后期：发布调查评估报告，引导舆论，重塑形象
善后机制	含义	指公共危机被控制后，公共部门尽快消除损害，恢复社会正常秩序等
	内容	①恢复与重建；②调查与评估；③学习与改进

【真题链接】

(1)简述公共危机预警机制的基本内容。[简答题，武汉科大2016年研；华南理工2013年研]

(2)简述公共危机决策的原则。[简答题，华南理工2017年研]

14.2　考研真题

一、概念题

1. 公共危机[青岛大学2017年研；山东师大2012年研；中山大学2010年研；中财2009年研]

2. 公共危机管理[华东政法2023年研；天津商大2022年研；华侨大学2018年研；山东师大2013年研；河海大学2013年研]

相关试题：突发性公共危机管理[东北财大2014年研]

二、简答题

1. 简析突发事件与公共危机的关系。[山东大学2013年研]

2. 什么是公共危机管理？公共危机管理包含哪四个阶段？[中财2010年研]

相关试题：

(1)简述公共危机管理的基本阶段和程序。[杭州师大2019年研]

(2)简述公共危机管理的主要环节。[天津商大2018年研]

(3)危机管理的四个阶段。[青岛大学2015年研]

3. 公共危机管理的领导体制。[山东师大2017年研]

4. 简述公共危机预警机制的基本内容。[武汉科大2016年研；华南理工2013年研]

相关试题：危机预警机制的内容。[东华大学2014年研]

5. 简答公共危机预警机制的功能。[江苏大学2018年研；贵州财大2017年研]

6. 简述公共危机预案一般应包括的要素内容。[电子科大2016年研]

7. 简述公共危机决策的原则。[华南理工2017年研]

相关试题:

(1)请简述与常规行政决策相比,公共危机决策应遵循的基本原则。[电子科大2013年研]

(2)公共危机决策的原则是什么?[中财2010年研]

8. 公共危机管理应对机制包括哪些内容?[华南理工2011年研]

三、论述题

1. 请结合2006年国务院颁布的《国家突发公共事件总体应急预案》,论述公共危机分类、分级与分期理论,以及我国当前对于特别重大突发公共事件的应急处置工作流程。[电子科大2014年研]

相关试题:结合某个具体的案例论述公共危机事件中公共关系处理的步骤。[华南理工2016年研]

2. 结合我国当前实际,阐述公共危机管理的重要性、必要性。如何强化公共危机的管理机制?[北邮2012年研]

相关试题:

(1)简述我国公共危机管理的重要性和必要性。[简答题,武汉科大2017年研]

(2)我国公共危机频发的体现。[简答题,山东师大2015年研]

(3)简述公共危机的特征与公共危机管理的机制构成。[简答题,山东大学2012年研]

(4)论述公共危机的新闻发布机制内容。[上海交大2012年研]

(5)论述政府加强公共危机管理的紧迫性。[南京师大2012年研]

四、案例分析题

2008年6月28日位于兰州市的解放军第一医院收治了首例患“肾结石”病症的婴幼儿,据家长们反映,孩子从出生起就一直食用河北石家庄三鹿集团所产的三鹿婴幼儿奶粉。7月中旬,甘肃省卫生厅接到医院婴儿泌尿结石病例报告后,随即展开了调查,并报告卫生部。随后短短两个多月,该医院收治的患病婴儿人数就迅速扩大到14名。9月11日,除甘肃省外,陕西、宁夏、湖南、湖北、山东、安徽、江西、江苏等地都有类似案例发生。经相关部门调查,高度怀疑石家庄三鹿集团股份有限公司生产的三鹿牌婴幼儿配方奶粉受到三聚氰胺污染。9月11日晚,石家庄三鹿集团股份有限公司发布产品召回声明称,经公司自检发现2008年8月6日前出厂的部分批次三鹿牌婴幼儿奶粉受到三聚氰胺的污染,市场上大约有700吨。9月13日,党中央、国务院对严肃处理三鹿牌婴幼儿奶粉事件作出部署,立即启动国家重大食品安全事故Ⅰ级响应,并成立应急处置领导小组。近年来,公共危机已成为我国政府行政管理面临的常态环境,能否迅速、有力、有效地在危难中寻找契机,谋求更大的发展已成为检验政府应对危机能力和执政能力的试金石。[中山大学2011年研]

请以上述案例为背景,回答并分析下列问题:

1. 什么是公共危机?

2. 我国政府的危机管理存在哪些问题?

3. 你对完善我国危机管理应对机制的建议。

14.3 考研真题详解

一、概念题

1. 公共危机[青岛大学2017年研；山东师大2012年研；中山大学2010年研；中财2009年研]

答：公共危机是指一种危险境况和非常事态，它会威胁与危害社会公共利益，引发社会混乱和公众恐慌，需要公共部门运用公共权力、公共政策和公共资源来应对和处理。公共危机的发生对公众的生命、健康与财产安全构成了严重的威胁，对社会的安定造成了极大冲击。它需要政府在尽可能短的时间内有效地调集全社会所蕴藏的人力、物力与财力资源及时地加以应对，以遏制、消除公共危机的后果。它具有公共性、突发性、紧迫性、不确定性、易扩散性、破坏性、全球性等特点。

2. 公共危机管理[华东政法2023年研；天津商大2022年研；华侨大学2018年研；山东师大2013年研；河海大学2013年研]

相关试题：突发性公共危机管理[东北财大2014年研]

答：公共危机管理是指公共部门运用公共权力、整合公共资源，预防、处理和消弭公共危机的一种动态的、全方位的管理过程。它包括预警管理、应急处理以及善后处理。就公共危机管理的主体来说，它以公共部门为主，同时非政府组织、企业和个人等共同参与；就客体来说，它涵盖了自然灾害、事故灾难、公共卫生事件和社会安全事件四大类危机；就危机管理的过程来说，包括预防、准备、响应、恢复等阶段。公共危机管理要实现常态与非常态的结合。在常态下，要做好公共危机的预防与准备工作；在非常态下，要有效地进行处置、妥善地进行恢复。在公共危机管理过程中，要坚持的原则有：①预防为主，防救结合；②系统整合，分类分级；③政府引导，社会参与。

二、简答题

1. 简析突发事件与公共危机的关系。[山东大学2013年研]

答：(1)公共危机是一种危险境况和非常事态，它会威胁与危害社会公共利益，引发社会混乱和公众恐慌，需要公共部门运用公共权力、公共政策和公共资源来应对和处理。公共危机具有公共性、突发性、紧迫性、不确定性、易扩散性、破坏性、全球性等特点。

(2)突发公共事件。“事件”是指“历史上或社会上发生的不平常的大事情”。“突发”二字意味着时间上的紧迫性和后果的严重性。

①根据《国家突发公共事件总体应急预案》的定义，突发公共事件是指突然发生，造成或可能造成重大人员伤亡、财产损失、生态环境破坏和严重社会危害，危及公共安全的紧急事件。

②根据《中华人民共和国突发事件应对法》的定义，突发事件是指突然发生，造成或者可能造成严重社会危害，需要采取应急处置措施予以应对的自然灾害、事故灾难、公共卫生事件和社会安全事件。

(3)公共危机与突发公共事件的联系：

①二者都强调公共性，内涵基本一致，专指公共领域的突发危机事件。

②二者相互交织。突发公共事件可能是公共危机开始的标志，当危机因素积聚到一定的程度后，可能引爆突发事件，如果危机因素能够被遏制，突发事件就不会发生；突发公共事件可能是公共危机开始的诱因，一个突发事件也可能会引发一场危机。此时，突发事件如果能得到有效的控制，危机就不会爆发。

③二者相互作用。一场公共危机中可能会出现多个突发公共事件，突发公共事件也可能会对公共危机起到推波助澜的作用。

(4)公共危机与突发公共事件的区别。“突发公共事件”近似国外所说的“紧急事件”，可能是诱发危机的“事情”，是一个“点”，并且更突出一种不确定性；“公共危机”相对弱化了“突发性”的特征，它可以是一起突发事件，也可以是一种渐进的过程和态势，是某个系统所处的情景或状态，但“公共危机”的外延比“突发公共事件”的外延大。

2. 什么是公共危机管理？公共危机管理包含哪四个阶段？[中财2010年研]

相关试题：

(1)简述公共危机管理的基本阶段和程序。[杭州师大2019年研]

(2)简述公共危机管理的主要环节。[天津商大2018年研]

(3)危机管理的四个阶段。[青岛大学2015年研]

答：(1)公共危机管理是指公共部门运用公共权力、整合公共资源，预防、处理和消除公共危机的一种动态的、全方位的管理过程。它包括预警管理、应急处理以及善后处理。

(2)公共危机管理的四个阶段。危机管理是一个系统的连续循环过程，包括事前、事中、事后和后危机四个阶段的管理活动。

①公共危机的事前管理阶段。这一阶段的主要任务是建立和加强危机预警机制。政府有关部门加强常规管理，重视普及日常社会教育。例如在地震突发后，如何紧急避险；遇到抢劫时，如何自保和自救等。只有在平时做好宣传动员，组织公众进行危机教育培训和应急演练，相关部门做好隐患排查等工作，才能有助于从根本上避免社会公共危机的发生。

②公共危机的事中管理阶段。在这一阶段，要加强政府、社会团体和公众的内外部之间的协作互动，共同解决问题。危机管理中的处理事务涉及从交通、通讯、消防、信息、医疗卫生、商业、安全、环境到军事、能源等部门，几乎包括了所有政府职能部门。这就要求相关部门协同运作，快速有序地采取措施，尽快控制事态发展。

③公共危机的事后管理阶段。要明确中央与地方的责权关系，完善保障机制。我国现行的危机管理体系的权力过于集中于上级部门，直至中央政府。危机事件发生后，地方政府往往要求助于上级部门，而不是领导群众积极开展自救。国家要建立危机管理的保障机制，主要包括财政保障和资源保障。在财政保障方面，要将危机管理经费纳入国家预算，并建立专门的国家反危机基金。在资源保障方面，各地区要结合自身实际，人力、物力以及基础设施都要有所准备，并建立一个全国性的资源目录，真正做到有备无患。

④后公共危机管理阶段。要及时总结经验教训，形成科学的公共危机决策观，并以法律的形式加以制度化、规范化。同时，公共危机决策兼具程序化决策和非程序化决策的特点，其发生具有重复性(反复性)，因此也可以在一定程度上加以预防，减少并避免日后的损失。

3. 公共危机管理的领导体制。［山东师大 2017 年研］

答：公共危机管理的领导体制可分为：

（1）公共危机管理的统一指挥体制：

①公共危机管理面对的是突发性的紧急事件，需要迅速决策并调配大量人力物力应对。因此，要求有一个统一高效的指挥体制来快速反应与调动资源，节约成本，提高效率。

②集中统一的指挥体制要求由当地政府负责本行政区域内突发公共事件的应急管理，统一领导应急处置工作，实行首长负责制。根据授权，政府最高长官在公共危机发生时有权指挥各部门和各方力量统一行动，确立其与其他部门之间的权责关系，保障各联动单位的有效合作，确保跨警种、跨区域的协调处置。

（2）公共危机管理的政府职权划分：

①根据突发公共事件的发生过程、性质和机理，我国将突发公共事件分为自然灾害、事故灾难、公共卫生事件、社会安全事件四大类。在已建专项应急处置机构的基础上，分类建设自然灾害应急指挥中心、安全生产应急指挥中心、公共卫生应急指挥中心、社会安全应急指挥中心作为应急指挥系统的组成部分，承担相关专项突发公共事件的应急处置工作，为政府决策机构提供有价值的决策咨询和建议。

②不同级别的突发公共事件要启动不同的应急规模。一般而言，Ⅲ级（较大）和Ⅳ级（一般）的危机事件由地方政府负责，Ⅰ级（特别重大）和Ⅱ级（重大）的危机事件，则需要省级甚至中央政府统一领导和协调应急处置工作。

（3）公共危机管理的责任制度。为使统一指挥的公共危机管理体制能高效运转，要建立切实有效的责任制，其关键在于要将责任明确到每一个机构和人员，同时根据实践进一步明确、调整各项责任。

①需要加紧在公共危机管理领域的立法，明确相关岗位和人员的法律责任。

②加紧研究公共危机管理预案，深入分析每个环节、步骤和岗位应承担的责任。

（4）公共危机管理的监督制度。公共危机管理的监督工作分为领导检查监督、专门从事检查监督的督查部门检查监督两个方面，此外，还有媒体监督与公众监督。首先，媒体应与政府积极合作，争取更多的权威的公共信息。当发生公共危机事件时，新闻媒体要密切报道事件整个过程，利用自身具备的舆论监督作用，在社会中营造舆论氛围，从而加强舆论监督的力量。与此同时，媒体也要加强与政府以及民众之间的互动，也要积极地与学者加强合作。

4. 简述公共危机预警机制的基本内容。［武汉科大 2016 年研；华南理工 2013 年研］

相关试题：危机预警机制的内容。［东华大学 2014 年研］

答：公共危机的预警是指公共部门根据相关的数据、情报和资料科学地对危机现象作出估计与推断，及时告知政府和民众风险信息，发出警示信息，以便及时应对，做好准备，减少损失。构建预警机制应体现及时性原则、准确性原则和全面性原则。

（1）危机预警的三个主要研究取向包括：

①议题管理。以政府为主的公共危机应对主体通过监测公共舆论，分析环境中的哪些议题可能发展为公共危机，进而制定预防措施，或调整某项公共政策以限制议题的危害性影响。

②风险管理。公共危机管理的风险管理是把风险的管理与政府政策管理、计划和项目管理、资源的管理，即与政府日常公共管理的方方面面有机整合在一起。

③关系管理。对政府机构而言，危机前良好的关系管理对公共危机应对有不容忽视的重要意义。关系管理讲求的是组织与公众尤其是与利益关系人构建并维持良好的关系，这种良好关系状态对危机预防与危机应对有积极影响。

(2)具体而言，建立、完善公共危机预警机制包括以下内容：

①建立健全相关的法律法规，使政府的公共危机管理法制化，使紧急状态的认定、政府的紧急管理权、紧急状态的法律责任等都有法律依据。

②制定、健全预案体系：

a. 危机预案是指面对突发事件的应急指挥、管理、救援计划等，其目的是为危机发生时的应对提供行动上的指南。

b. 制订危机预案应坚持预见性、可行性、全面性的基本原则。

c. 公共危机预案的要素包括情境、主体、措施和目标。

d. 预案的内容包括编制的目的、原则、依据和适用范围，以及组织机构与职责、运行机制、应急响应、后期处置、信息管理、保障措施等。

③进行信息监测与分析：

a. 信息监测的内容。主要包括议题信息与风险信息。

b. 监测流程。包括：信息收集、信息分析或转化为指标体系；比较加工整理后的信息和指标与危机预警的临界点，从而决策是否发出警报；发出警报；启动危机应急预案。

④完善各项基本资源储备。这是公共危机预警和预防的物资保障。

a. 要保障应急处理所需的各种物资和器材。

b. 要保证平时应急演练所需的装备器材。

c. 交通运输部门要确保应急物资的及时运送。

d. 各级政府要对应急物资的购买、储备和更新作出财政安排。

e. 要明确应急用品的定点生产企业，并对其产品质量进行监督，严防假冒伪劣产品用于应急处理工作。

⑤加强公共危机应对的培训。公共危机预警需要对政府人员与公众进行培训。对公众来说，通过教育宣传、定期培训等方式增强其忧患意识、提升风险认知能力、提高自救与互救技能、增强批判力、塑造良好的心理素质；对于政府人员，最重要的是提高危机处理者的危机应对能力。

(3)公共危机预警机制的原则：

①及时性原则。预测预警机制如果不能及时发现潜在的风险并传递相关的警情，也就不能为提前采取相应措施赢得宝贵时间，其存在也就失去了意义和价值。

②准确性原则。要求危机预测预警机制必须从客观实际出发，尊重历史和现实资料，分析相关因素之间的本质联系以及突发事件的演化、发展趋势，进行准确的预测和报警。

③全面性原则。要求预警信息涵盖所有的利益相关者，不能挂一漏万、顾此失彼。

5. 简答公共危机预警机制的功能。［江苏大学2018年研；贵州财大2017年研］

答：公共危机预警机制具有的功能主要包括：

（1）信息收集与分析。公共危机预警机制通过一个多元化、全方位的信息收集网络将真实的信息以完整的形式收集、汇总起来，并加以分析、处理，去粗取精、去伪存真，并通过快捷、高效的信息网络将公共危机事件的信息和事态发展情况传送到公共危机指挥系统和相关部门，从而保证危机信息的时效性、准确性和全面性，为公共危机应对与处理提供可靠的信息基础。

（2）公共危机预报。在信息收集与分析的基础上，对得到的信息进行鉴别和分类，全面清晰地预测各种危机情况，捕捉危机征兆，对未来可能发生的危机类型、涉及范围及其危害程度作出估计，并在必要时向决策者建议发出危机警报，启动危机处置程序。

（3）危机监测。在确认公共危机发生后，对引起危机的各种因素和危机的发展进行严密的监测，及时搜集危机状态的有关信息，特别是要监控掌握能够表示危机严重程度和进展状态的特征性信息，对危机的演化方向和变化趋势作出分析判断，以便使危机处置指挥机构能够及时掌握危机动向，调整对策。

（4）信息发布与媒体管理。当公共危机发生时，在情况不明朗、信息不完整的情形下，人们极易凭主观猜测，从而导致种种传闻。信息发布与媒体管理要求恰当地选择媒体，尽量及时、准确、全面、客观地发布有关信息，即使在危机发生初期不能确切、全面地掌握情况，也应及时、客观地发布有关信息。

（5）信息沟通。公共危机管理中，与利益相关者及有关政府部门、社会团体及时有效地沟通信息是取得相关人员和机构理解、配合和支持的前提。在对抗性危机事件的处理中，信息沟通包括两个方面：

①建立冲突双方之间的谈判沟通渠道，增进交流沟通，减少误解。

②洞悉对方的动机、实力和决心，有针对性地拟订有效的危机处理方案。

6. 简述公共危机预案一般应包括的要素内容。［电子科大2016年研］

答：危机预案是指面对突发事件的应急指挥、管理、救援计划等，是危机管理者和相关社会公众在应急管理活动中的行动方案。应急危机预案可以分为综合预案、专项预案、现场预案及单项预案。其目的是为危机发生时的应对提供行动上的指南。制订危机预案应遵循预见性、可行性、全面性的基本原则。

（1）公共危机预案一般包括四个要素：

①情境，即预案编制和实施的有关危机情况与背景。

②主体，指应急预案的决策者、组织者和执行者，即制订和实施预案的组织和个人。

③措施，即各种应急措施、管理方法、控制手段和技术。

④目标，即应急预案所要达到的目的和效果。

（2）公共危机预案的基本内容包括：

①对紧急情况或事故灾害及其后果的预测、辨识、评价。

②应急各方的职责分配。

③应急救援行动的指挥与协调。

④应急救援中可用的人员、设备、设施、物资、经费保障和其他资源，包括社会和外

部援助资源等。

⑤在发生紧急情况或事故灾害时保护生命、财产和环境安全的措施。

⑥现场恢复。

⑦其他，如应急培训和演习规定、法律法规要求、预案管理等。

(3)编制应急预案的主要意义在于：

①明确公共危机管理相关主体的责任范围和角色期待与分工，保证公共危机管理活动有条不紊地进行。

②有助于辨识潜在风险，避免或防止公共危机扩大或升级，从而最大限度地减少危机给社会公众的生命、健康和财产造成的损失。

③有助于将公共危机处置与响应的步骤与措施“格式化”，提高应对效率。

④有利于培养全社会居安思危的忧患意识，塑造预防为主的安全文化氛围。当然，其前提是让社会公众参与预案的制定或向社会公众广泛宣传预案。

7. 简述公共危机决策的原则。[华南理工2017年研]

相关试题：

(1)请简述与常规行政决策相比，公共危机决策应遵循的基本原则。[电子科大2013年研]

(2)公共危机决策的原则是什么？[中财2010年研]

答：危机决策是指当组织遇到紧急事件或处于紧急态势时，在有限的时间、信息、人力资源等约束条件下，打破常规，快速反应。在危机状态下，政府需要设立特定的公共危机决策机制。与常规决策相比，公共危机决策具有以下特征：时间稀缺、信息稀缺、知识稀缺、理性稀缺、程序性稀缺、确定性稀缺。因此，需要遵循的原则有：

(1)权力集中原则。在紧急状态下，权力集中有利于全方位地调动人力、物力等应对危机，简化程序，提高决策效率。

(2)结果优先原则。指决策应以结果优先，即把决策结果放在更重要的位置。

(3)短期目标优先原则。为了有效地防范危机的恶化，最大限度地减少损失，在危机决策过程中必须做到快速、高效，在不违背长期目标的情况下，找到引发危机的直接原因以及可能导致局势恶化的因素，优先实现短期目标。

(4)强制原则。决策机关需要以相对强硬的姿态制定、推行相关决策。决策机关享有调度的合法性和权威。

(5)勇于承担风险原则。由于时间紧迫、信息不足、资源紧缺等不利因素的约束，决策中理性因素受到了很大程度的限制，更多依靠决策者的个人经验和直觉来作出判断，决策更多的是考验受众个体智慧、即时反应能力和决断能力，决策者在尽可能降低决策风险的同时，必须做好承担风险的思想和物质准备。

总之，只有在遵循危机决策原则的基础上，才能建立科学、合理的决策机制，决策才能更有效率。

8. 公共危机管理应对机制包括哪些内容？[华南理工2011年研]

答：公共危机的应急处理是政府公共危机管理的核心部分。应急管理是针对紧急状态进行紧急行动并由此形成应急形态的政府管理。公共危机应对的工作流程包括：①建立应急处理小组，作为突发公共事件处理的领导和协调机构；②迅速调查情况和收集信息，作为应对决策的基础；③综合分析、果断决策、有序应对、控制和隔离。

公共危机管理应对机制的内容包括：

(1)信息报告。重大公共危机一旦发生，各地区、各部门要立即报告，同时通报有关地区和部门，报告内容主要包括时间、地点、信息来源、事件性质、影响范围、事件发展趋势和已采取措施等。有关部门在接到报告后，应组织人员对危机的级别和管辖范围进行初步的研判。在危机超出自身管辖权范围时，应迅速向上级机关报告。应急处置过程中，要及时续报有关情况，同时保障公众的知情权，将处置的最新信息发布给社会公众，消除恐慌，凝聚民心，做好社会舆论的引导工作。

(2)先期处置。事发地人民政府和有关单位在公共危机发生后迅速赶往危机现场，核实、观察有关的情况和发展态势，并就近组织应急资源进行先期处置并启动相关的应急预案，最大限度地控制事态的恶化或级别上升。

(3)应急响应。危机的级别被确定后，按照分级响应的原则，根据预案启动相关应急响应措施，调集应急救援队伍、应急救援物资，派出应急协调人员和专家赶赴突发事件现场，并成立危机管理现场指挥部。交通运输部门应全力保障救援队伍和救援物资到达事发现场。应急响应主要有三项重要规定：

①明确相关应急指挥机构启动相关预案的条件是先期处置中未能有效控制事态的特别重大突发公共事件。

②贯彻属地管理的原则，即使是相关应急指挥机构启动相关预案，也不代替现场应急指挥机构开展现场应急处置工作。

③坚持业务主管部门牵头指挥的原则。对于需要多个相关部门共同参与处置的突发公共事件，由该类突发公共事件的业务主管部门牵头，其他部门予以协助。

(4)指挥与协调。现场指挥部应由有关部门、军地领导、专家学者联合组成，整合多方力量，统一指挥协调应急资源应对公共危机。指挥部选址应遵循安全、就近的原则。现场指挥部应根据危机的现状和趋势，科学、合理、果断地确定应急救援方案。现场指挥部一经确定，就必须赋予现场救援的完全管辖权。

(5)应急结束。当公共危机的威胁和危害得到控制或危机因素消除后，应急救援指挥机构关闭，应急预案关闭，应急结束。履行统一领导职责及组织处置工作的管理部门应当即刻停止已采取的应急处置和危机响应措施。

(6)调查评估。对公共危机的起因、性质、影响、责任、经验教训等进行调查评估，并依法追究相关责任人的责任。

三、论述题

1．请结合2006年国务院颁布的《国家突发公共事件总体应急预案》，论述公共危机分类、分级与分期理论，以及我国当前对于特别重大突发公共事件的应急处置工作流程。[电子科大2014年研]

相关试题：结合某个具体的案例论述公共危机事件中公共关系处理的步骤。[华南理工2016年研]

答：公共危机是一种危险境况和非常事态，会威胁与危害社会公共利益，引发社会混乱和公众恐慌，需要公共部门介入，运用公共权力、公共政策和公共资源紧急应对和处理。公共危机具有公共性、突发性、紧迫性、不确定性、易扩散性、破坏性、全球性等特点。作为管理的一种形式，公共危机管理要明确不同类别、级别的公共危机应对的责任主体，对公共危机进行分类、分级有助于划清责任主体，缓解在“以属地为主”的原则下由于府际协调不当而形成的部门分割、条块分割。公共危机事件通常遵循一个特定的生命周期，在不同的阶段应采取不同的措施，从而构建起综合性的公共危机管理体系。

(1)公共危机分类、分级与分期理论：

①公共危机的分类：

a. 按公共危机产生的诱因，可分为：外生型危机，即由于外部环境变化带来的危机；内生型危机，即由于内部原因所引发的危机；内外双生型危机，即由于外部环境与内部原因交互作用而产生的危机。

b. 按公共危机发生的领域，可分为：政治性危机，如战争、武装冲突、恐怖主义活动等；社会性危机，如社会骚乱、罢工等；宏观经济性危机，如恶性通货膨胀或通货紧缩、失业率居高不下、股票市场大幅变动等；生产性危机，如工作场所安全事故、产品安全事故等；自然性危机，如地震、火山、流行性疾病等。

c. 按公共危机中主体的态度，可分为：利益一致型，即在危机情境中，所有相关的利益主体具有同样的要求时，该危机就属于利益一致型危机，大部分天灾都属于这一类型，如印度洋大海啸；利益冲突型，即当危机中各相关利益主体有不同利益诉求时，或存在两个或两个以上不同要求的利益主体时，该危机就属于利益冲突型危机。

d. 按公共危机状态复杂程度、性质和控制的可能性等，可分为：结构良好的公共危机，即危机并非历史久远长期积累的问题，而且涉及核心的价值和根本原则程度较轻；结构不良的公共危机，即危机是历史久远长期积累的问题，较大程度上涉及核心的价值和根本原则。

②公共危机的分级。不同危机有不同的性质和特征，同一种类型的危机也会呈现出不同的状态和程度。按危机的严重程度对危机进行级别划分以明确危机处理的权限和责任主体，是危机管理的前提。根据《国家突发公共事件总体应急预案》，按各类突发公共事件的性质、严重程度、可控性和影响范围等因素，可分为四级，即Ⅰ级(特别重大)、Ⅱ级(重大)、Ⅲ级(较大)和Ⅳ级(一般)，依次用红色、橙色、黄色和蓝色来表示。根据“能力本位”和“重心下移”的分级管理原则，交由不同级别的政府领导协调应急处置工作。

a. Ⅳ级，表示影响局限在社区和基层范围内，可被县级政府所控制。

b. Ⅲ级，表示后果严重，影响范围大，需要动用市级有关部门力量方可控制。

c. Ⅱ级，表示其规模大，后果特别严重，需要动用省级有关部门力量方可控制。

d. Ⅰ级，表示后果极其严重，需要动用全省的力量甚至请求中央政府统一领导和协调应急处置工作。

③公共危机的分期：

a. 斯蒂文·芬克最早提出危机的四阶段论：

一是危机潜伏期。在此阶段，尽管危机很容易处理，但却很难被人们察觉。

二是危机突发期。这是四个阶段中时间最短但是感觉最长的阶段，对人们的心理冲击也是最严重的。在此阶段，事态逐渐升级到引起人们注意，事态引起众多媒体的集中报道，事态严重干扰人们的正常活动，事态影响组织的形象和团队声誉。

三是危机蔓延期。这是四个阶段中时间最长的一个阶段。在这个阶段，如果危机应对主体采取措施、应对得当，可以纠正危机突发期造成的损害。

四是危机解决阶段。此时，组织从危机影响中完全解脱出来，但仍要保持高度警惕，因为危机可能会去而复来，这提示了危机管理循环往复的过程性。

b. 罗伯特·希斯从应对策略的角度出发，将危机分四个阶段(4R)：

一是缩减阶段。这是危机管理的核心内容，因为降低风险、避免浪费时间、摊薄不善的资源管理可以预防危机的发生和减少危机发生后的冲击程度。

二是预备阶段。危机发生前，组织对成员培训演习响应和恢复计划，以保证危机发生时组织能将损失降到最低，并尽快恢复到常态。

三是反应阶段。危机爆发后，组织需要在最短时间内快速反应，处理危机，防止事态的进一步恶化。

四是恢复阶段。一是指危机发生并得到控制后着手于后续形象恢复和提升工作；二是指在危机管理结束后的总结阶段，对处理过程中的问题进行改进，为今后危机管理提供经验和支持。

c. 米特罗夫的五阶段模型：

一是信号侦测阶段，即通过已有的经验知识或理论知识对危机征兆系统地识别，并采取预防措施，预防危机发生。

二是准备和预防阶段，指组织成员为可能实施的危机管理做好准备，采取各种措施，搜索已知危机风险因素，尽力减少潜在损害。

三是损失控制阶段，指危机发生阶段，必须通过各种努力，避免或减少给组织或组织外部利益主体带来损失和灾难。

四是恢复阶段，指尽可能快地让组织从危机中复原、运作正常。

五是学习阶段，指组织成员回顾和审视所采取的危机管理措施，并进行整理，使之成为今后的运作基础。

d. 薛澜、钟开斌将突发公共事件在总体上分为四个阶段：

一是预警期。突发公共事件征兆已出现，这个时期的管理任务是防范和阻止事件的发生，或将其控制在特定的范围内。

二是爆发期。突发公共事件已发生并进入紧急阶段，此时管理任务是要快速反应，及时控制并防止其蔓延。

三是缓解期。突发公共事件进入相持阶段，仍有可能向坏的方向发展，此时的管理任务是保持应急措施有效，并尽快恢复正常秩序。

四是善后期。突发公共事件得到有效解决，这时要对整个事件处理过程进行回顾、审视、调查和评估，为今后危机管理提供经验和支持。

(2)我国当前特别重大突发公共事件的应急处置工作流程，参见本章简答题第8题。

2. 结合我国当前实际，阐述公共危机管理的重要性、必要性。如何强化公共危机的管理机制？［北邮2012年研］

相关试题：

(1)简述我国公共危机管理的重要性和必要性。［简答题，武汉科大2017年研］

(2)我国公共危机频发的体现。［简答题，山东师大2015年研］

(3)简述公共危机的特征与公共危机管理的机制构成。［简答题，山东大学2012年研］

(4)论述公共危机的新闻发布机制内容。［上海交大2012年研］

(5)论述政府加强公共危机管理的紧迫性。［南京师大2012年研］

答：(1)公共危机管理的重要性和必要性：

我国处于社会变革期，公共危机频发，政府决策的不确定因素增加，民众的风险承受心理也尚未成熟，网络、手机等新媒体技术为危机管理提出了挑战，多方面的原因使公共危机管理成为政府公共管理的重要职能。同时，我国公共危机管理机制不健全，使其重要性与必要性日益突显。

①我国目前公共危机频发。

我国正处于经济与社会双转型的过程，非稳定因素增加，政治经济等各项制度都在不断调整、完善，这增加了不同危机出现的可能，体现在以下几个方面：

a. 从社会发展角度看，随着我国改革开放的不断深入，现代化进程的步伐也在飞速地加快，加上网络、通信的迅速发展等诸多因素的影响，经济、社会、自然界都进入了一个各类突发事件快速增长的时期。突发的公共危机也日益增多，加上各种自然灾害与人为事故纠结在一起，使国家和企业遭受严重的损失，甚至阻碍了经济的发展。因此需要有效地预防和控制各种公共危机，强化应急管理能力。

b. 从自然的角度看，中国灾害种类多、发生频度高，每年因为自然灾害而造成的损失非常严重。

c. 从事故灾难的角度看，中国安全生产形势严峻，安全事故频繁，每年因为事故造成的非正常人口死亡严重。

d. 从公共卫生的角度看，近年来中国内地公共卫生形势依然严峻。在全球化国际环境下，某些新型流行疾病的传播和蔓延(如新冠肺炎疫情)对人们生产生活造成严重的影响以及巨大的社会恐慌和经济损失，迫使我国政府尽快建立应对公共危机的预警机制和制定危机预案。

构建社会主义和谐社会，建立并完善公共危机管理系统是当前形势的迫切要求，特别是新冠肺炎疫情后的反思，要求政府既要在常态条件下管理好社会公共事务，又要在紧急状态下妥善应对各类公共危机。

②我国公共危机管理有待完善。

尽管公共危机管理受到党和国家的高度重视，但在应急管理机制及法律方面还存在一些问题。

a. 公共危机管理体制有待完善。表现在：责任不够明确，尚未形成统一、协调、灵敏的应对体制。此外，目前我国的公共危机应对以政府管理为主，缺乏社会大众对公共危机管理的广泛参与。

b. 公共危机管理机制也有待进一步完善，一些政府官员的危机意识、应对危机的专业知识需要加强。另外，预警机制、决策机制、应对机制、新闻发布以及善后机制等制度不够完善，导致危机未能有效预防，引起的社会危害未能及时控制。公共危机由单一型向复合型转变、境外媒体的介入报道等问题也给公共危机应对提出了新的挑战。

c. 公众的危机意识、心理承受风险能力与自救和互救能力都需要加强。要通过教育宣传、定期培训等方式增强其忧患意识，提升风险认知能力，提高自救与互救技能，增强批判力，塑造良好的心理素质。同时，专家咨询队伍的建设还需加强。

综上，政府需要促进公共危机管理的体制建立与机制建设，有效提高危机管理和风险管理能力，从而强化应急管理能力。

(2)强化公共危机管理机制的建议。

面对复杂频繁的公共危机，政府需要依托危机领导体制，分析公共危机的类型、分级、分期，建立一套科学、高效的公共危机管理机制，包括：

①公共危机的预警机制，参见本章简答题第 4 题答案。

②公共危机的决策机制。公共危机决策必须坚持权力集中原则、结果优先原则、强制原则、短期目标优先原则和勇于承担风险原则。公共危机决策的三要素包括：确认问题、排列目标和评估并选择方案。公共危机决策的主体包括：特定的个人和政府机构；提供咨询意见的专家顾问和政策研究机构。

③公共危机的应对机制，参见本章简答题第 8 题答案。

④公共危机的新闻发布机制。政府在公共危机管理中要及时、有效地与各有关部门交流信息，向社会公众公布信息，防止危机因信息不对称而激化升级。这正是建立、完善公共危机新闻发布机制的重要意义。

a. 公共危机新闻发布机制的重要性。在资讯发达的现代社会，没有任何一个组织能回避传播而存在，包括政府组织。可见，新闻发布在公共危机应对中的重要性体现在以下方面：信息化社会的必然要求，妥善处理公共危机的必然要求，以及公众知情权的满足。

b. 公共危机新闻发布的原则：一是三 T 原则。由英国公关学家里杰斯特提出，是指要主动沟通、充分沟通、迅速沟通。二是信息梯度发布原则。梯度发布是指遵照公众心理需求，依照信息发布的“度”的原则，有计划、分步骤发布信息。在数量上，信息数量梯度发布；次序上，发言人级别由高到低；内容上，信息发布先主后次。

c. 公共危机新闻发布的方式。政府可根据公共危机的类型及发展情况选择各种媒体组合模式来进行新闻发布，以获得传播效果和收益的最大化。常见的新闻发布方式有以下几种：新闻通稿；新闻发布会；电视、电话、网络连线采访；官方网站；电话回复等。

d. 公共危机新闻发布机制的基本内容。公共危机的新闻发布机制可分为三个阶段：在危机潜伏期，最重要的内容在于完善新闻发布制度，一方面设专业新闻发布机构，如新闻处、新闻发言人办公室等，并逐步加入公共关系职能；另一方面培养专业新闻发言人，较理想的是具有在政府与媒体长期工作的双重经验的人员。在危机爆发期与延缓期，启动危机传播预案，选择合适的媒体组合方式，争取第一时间向媒体与公众发布公共危机的相关信息。在危机善后期，邀请专家调查研究，多侧面多层次分析事件的原因、过程与后果，发布公共危机管理调查与评估报告，向公众宣传此次危机管理的经验教训，并引导公众舆论，重塑政府良好形象。

⑤公共危机的善后机制。善后管理是公共危机管理机制中的重要环节。当公共危机初步得到解决后，公共组织要尽快消除危机对社会的损害，让社会各方面尽快恢复正常状态。公共危机善后机制的基本内容包括：

a. 恢复与重建。恢复与重建意味着让建筑物、系统和人都回到灾前的正常状态或更好的状态，不仅包括事后的物资重建，还应包括对相关利益损失方的救济和心理安抚等工作。对人的心理安抚可以通过社会支持系统、认知干预以及环境恢复实现，其目的在于尽快恢复社会秩序，并使公众重新树立信心。它具有很强的政府性，是政府执政危机的一道基本保障线，也是社会安全的最后一道防线。

b. 调查与评估。要对公共危机的起因、性质、影响、责任、经验教训等进行调查评估，确立评估指标体系、评估目的和任务、信息获取渠道、评估方法等，并依法追究相关责任人的责任。

c. 学习与改进。其目的在于提高素质。评估总结可以发现危机预警、危机处理中的不足，并及时改进完善，进而提高企业危机管理的能力。危机管理既要充分借鉴成功的经验，尤其要借助新技术、新信息和新思维，也要根据危机的实际情况进行大胆创新。企业要明白：养兵不在于用，而在于防和治。

四、案例分析题

请以上述案例为背景，回答并分析下列问题：[中山大学2011年研]

1. 什么是公共危机?

答：公共危机是一种突然发生的紧急事件或者非常态的社会情境，是指由不可抗力或突然发生的重大自然灾害事件、公共卫生事件、事故灾难事件和社会安全事件等引发的，给社会正常的生产与生活秩序以及人们的生命财产安全带来严重威胁的紧急事件或者紧急状态。公共危机通常都具有三个共同要素：①仓促爆发的一种意外或非常态的社会情境，人们未曾料到；②具有严重的危害与社会影响；③在情况急剧转变之前，可供反应的时间有限。材料中提及的三鹿牌婴幼儿奶粉事件，是一次典型的公共危机事件。

2. 我国政府的危机管理存在哪些问题?

答：参见本章论述题第3题答案。

3. 你对完善我国危机管理应对机制的建议。

答：公共危机的应急处理是政府公共危机管理的核心部分。由于公共危机具有突发性、紧急性和破坏性的特点，危机应对的关键是要迅速反应，尽最大努力控制局势，迅速查明原因，积极采取措施，防止损失扩大和事态升级。完善我国危机管理应对机制的建议如下：

(1)完善公共危机预警机制：

①培养危机意识。各级政府必须要有忧患意识，要能将危机管理融入日常的制度建设和管理之中，优化政府常态管理。在日常的公共决策中，以广大群众利益为先导，采取科学民主的决策方式，在源头上降低危机事件发生的可能性。

②进行危机监测。即对可能引起危机的各种因素和危机的表象进行严密的监测，收集

有关公共危机发生的信息，及时掌握公共危机变化的第一手资料。

③编制应急预案。针对引发公共危机的各种可能性因素，采取应对措施和制定各种危机预案，以有效避免危机的发生或尽量使损失减至最小。

④危机预警。对监测得到的信息进行鉴别、分类和分析，对未来可能发生的危机类型及其危害程度作出估计，并在必要时发出危机预警。

(2)完善公共危机处理机制：

①快速反应机制。即在最短的时间内对危机作出最有效的反应或行动的机制。政府对公共危机的反应越迅速，就越使自己处于有利地位。危机发生后，政府应针对具体问题果断采取措施，动用各种所需的社会资源，迅速确定危机处理对策，控制事态发展，尽快恢复正常秩序。

②高效沟通机制。政府应在第一时间向社会公众公开危机真相及相关信息，以官方的权威来稳定民心。

③高效信息管理机制。信息管理机制主要需要建立公共危机信息报告制度、信息分析制度和信息发布制度。

④科学危机决策机制。科学决策的重要前提之一是建构完善的法律体系。

(3)完善公共危机决策机制。公共危机决策需要遵循的原则有：权力集中原则、结果优先原则、短期目标优先原则、强制原则和勇于承担风险原则。

(4)完善公共危机善后机制：

①恢复与重建机制。政府部门要帮助相关人员及组织恢复正常的生产、生活秩序，做好受害群众及家属的身心抚慰工作。

②评估与反馈机制。在危机结束后，应全面对危机的产生原因及影响进行调查与评估，总结经验教训，反思危机管理过程中各种应对行为是否得当，并将之反馈到今后的危机管理中，以提供有效指导和改进。评估与反馈的重要内容之一是加强官员问责制度。

“三聚氰胺”事件的出现与爆发暴露了我国公共危机应急管理的短板，要反思政府应急管理过程中的失误，总结经验教训，以完善我国的危机管理应对机制。

第十五章　办公室管理与后勤管理

15.1　复习笔记

【知识框架(庖丁解牛)】

- 办公室管理与后勤管理
  - 办公室工作的性质与任务
    - 性质：政策性、协调性、业务性
    - 基本任务
      - 日常性工作
      - 综合协调工作
      - 辅助决策工作
  - 办公室管理的科学化和现代化
    - 科学化：规范化、制度化
    - 办公自动化
  - 后勤管理的重要意义与主要内容
  - 后勤管理体制改革：必要性、内容和目的

【通关提要(提纲挈领)】

本章主要介绍办公室管理与后勤管理，内容较为简单，整体难度不大，应掌握办公室工作的基本任务、办公自动化等知识。本章主要考查概念题和简答题，学习时要重点掌握，分点记忆。

【考点难点归纳(厚积薄发)】

考点一：办公室工作的性质与任务(见表15－1)　★★

表15－1　办公室工作的性质与任务

要点	主要内容	
性质	①政策性；②协调性；③业务性	
基本任务	日常性工作［程序化服务工作］	主要内容有：①公文处理；②会议工作；③信息处理；④机关事务管理；⑤印章管理；⑥文书档案工作；⑦信访工作；⑧机要保密工作
	综合协调工作	①从内容来说，包括：计划、制度、信息、事务等工作。 ②从总体来看，包括：内外、上下、左右协调
	辅助决策工作	作为参谋助手，工作内容有：①信息准备；②提供方案；③辅助决策；④实施督查服务

【真题链接】简述办公室工作的基本任务。［简答题，首经贸 2013 年研］

考点二：办公室管理的科学化和现代化（见表 15－2）★★★

表 15－2　办公室管理的科学化和现代化

要点	主要内容	
办公室管理的科学化	规范化	①公文撰写规范化；②公文处理规范化；③会议安排规范化；④工作接待规范化；⑤办事程序规范化
	制度化	①岗位责任制；②公文处理办法；③会议制度；④接待制度
办公自动化	系统	①构成：a. 事务型 OA 系统；b. 信息管理型 OA 系统；c. 决策支持型 OA 系统。 ②功能：文字/文件处理、图形/图像处理、声音处理、网络通信、信息查询、决策支持和行政管理功能
	要求	①人员素质；②管理媒体；③管理手段

考点三：后勤管理概述（见表 15－3）★★★

表 15－3　后勤管理概述

要点	主要内容	
性质	①保障性；②服务性；③社会性	
重要意义	①为其他部门工作提供基本条件；②促进行政效率提高；③维护职工利益的需要；④后勤管理改革的现实意义重大	
主要内容	①物资管理；②财务管理；③生活后勤管理；④服务后勤管理；⑤接待工作管理	
体制改革	必要性	①社会主义市场经济体制的要求；②行政体制的发展要求；③后勤发展需要
	内容	①规范后勤行政管理职能；②明确机关服务中心的性质和任务；③建立健全结算制度；④强化机关服务中心的资产与财务管理；⑤转换机关服务中心管理机制；⑥突破界限、推动联合
	目的	①后勤服务社会化；②后勤行政管理职能与服务职能相分离；③后勤管理科学化

15.2　考研真题

一、概念题

行政机关的后勤管理［中财 2010 年研］

二、简答题

简述办公室工作的基本任务。［首经贸 2013 年研］

15.3 考研真题详解

一、概念题

行政机关的后勤管理[中财2010年研]

答：行政机关的后勤管理，又称总务管理或机关事务管理，是指对本单位的物资和日常生活事务的管理，任务是为保障机关正常运转提供良好的工作和生活条件。后勤服务管理工作涉及的范围十分广泛，包括住房、交通、饮食、医疗、物资供应等方面，主要包括：物资管理、财务管理、生活后勤管理、服务后勤管理和接待工作管理。

二、简答题

简述办公室工作的基本任务。[首经贸2013年研]

答：办公室工作的范围广，任务杂，概括而言可分为三类：

(1)日常性工作又称程序化服务工作，其内容主要包括：

①公文处理。公文主要包括命令、决定、公告、通告、通知、通报、议案、报告、请示、批复、意见、函、会议纪要，以及发展规划、工作计划、总结等常用文书；级别较高的办公室还要负责起草领导的重要讲话。

②会议工作。办公室会议管理的主要任务是：会前做好会议通知、会议资料和会场布置等准备工作；会中组织好各项活动，搞好服务工作，做好会议材料的搜集和有关记录工作；会后整理记录、编写印发会议纪要、审核新闻稿件等事宜。

③信息处理。建立一套完善并且科学的信息工作制度，确保信息从收集、传递、处理到存储的高效和高质量；建立信息网络，保持上下、左右、内外信息渠道的畅通，包括保密工作、档案工作。

④机关事务管理。其基本任务是合理组织安排财力、物力资源，为机关工作提供必要和充分的物质保障和生活服务。这项活动的主要内容包括：物资管理、财务管理、食堂管理、环境管理、车辆管理、水电管理、医疗卫生管理、幼儿园管理等。

⑤印章管理。它包括印章的刻制、颁发、保管和使用等。印章管理和使用是很严肃的事，要严格遵循相关管理制度。

⑥文书档案工作。档案管理，简单来说就是用科学的原则和方法管理档案，为党和国家各项工作服务的工作。其基本内容包括档案的收集、整理、鉴定、保管、提供利用、统计等六个环节。

⑦信访工作。对人民群众的来信、来访进行登记、接待和处理。

⑧机要保密工作。保密工作包括文电保密制度、会议保密制度、印信保密制度、通信保密制度、高层领导活动保密制度等内容。它是机关管理工作的内在要求，是党政机关正常运行的正常条件。因此，要严格执行保密法规，做好保密工作。

(2)综合协调工作。办公室处在沟通上下、联系各方的枢纽位置，肩负着保证机关正常运转、保持上下左右联系畅通的重任。因此，办公室的一个很重要职能是沟通联系上级部门，协调机关内部科室，确保政令统一，形成工作合力。发挥好综合协调职能的关键在于要有全局观念和统率意识，通过综合协调全面推进机关的各项工作。办公室要把握好协调工作的原则性、系统性和艺术性，沟通各方面的信息，理顺各方面的关系，化解各方面的矛盾，处理好各方面的问题，力求做到上下左右都满意。

(3)辅助决策工作。办公室工作的性质决定了其必须为领导科学、民主决策提供服务。民主、科学决策是建立在调查研究、广泛听取群众意见的基础上的，因此，领导除了亲自调研、听取群众意见之外，还要靠办公室提供信息、综合情况，帮助决策，发挥办公室的参谋作用。它的主要任务是综合反映单位工作动态和发展状况，为领导决策提供情况和参考性意见，为机关各部门和本单位的领导及所属基层单位做好服务工作。辅助决策具体有以下任务：

①信息准备。协助领导掌握了解信息，确定目标。

②提供方案。设计提供多种方案，供领导者决策时参考选择。

③辅助决策。快速准确记录整理决策信息，及时公布决策信息。

④协助实施和检查。进行决策的制定、实施与检查。

第十六章　政府绩效管理

16.1　复习笔记

【知识框架（庖丁解牛）】

- 政府绩效
  - 政府绩效管理概述：概念、功能、意义、特征
  - 政府部门绩效计划与实施
    - 政府绩效管理的价值标准
    - 绩效计划、实施与过程管理
  - 政府绩效考核
    - 考核主体与考核对象
    - 绩效考核指标体系
      - 指标设置的原则
      - 指标体系的内容
    - 个体绩效考核技术
    - 系统绩效考核技术
  - 政府部门绩效反馈与改进
    - 绩效反馈
      - 绩效反馈的作用
      - 成功的绩效反馈的特征
    - 绩效改进和导入
  - 中国政府绩效管理实践
    - 我国政府绩效管理应用的类型
    - 我国政府绩效管理存在的主要问题及原因
    - 我国政府绩效管理的优化措施

【通关提要（提纲挈领）】

本章主要介绍政府绩效，属于重点章节。学习时，要熟悉政府绩效管理的概念、功能和特征，政府部门绩效反馈与改进；掌握各种个体和系统绩效考核技术；重点掌握我国绩效管理存在的主要问题、原因分析及完善措施。本章各种题型都有可能考查，可结合实例来理解记忆。

【考点难点归纳（厚积薄发）】

考点一：政府绩效管理（见表16－1）★★★

表 16－1　政府绩效管理

要点	主要内容	
概念	政府部门绩效	指政府在社会经济管理活动中的结果、效益及其管理工作效率、效能，是政府在行使其功能、实现其意志过程中体现出的管理能力。其内容包括： ①行政成本，指行政活动中消耗的各种资源［有形、无形］的总称。 ②行政产出，指公共行政活动所产生的直接结果。 ③行政效果，指政府部门的直接产出对社会的最终影响
	政府绩效管理	指用科学的方法、标准和程序，准确评价政府机关的业绩、成就和实际工作，并以此为基础对政府绩效进行改善和提高
原则	①外部评价原则；②结果导向原则；③效能导向原则	
功能	①绩效计划与实施；②绩效考核；③绩效反馈与改进	
特征	公共目标导向	政府绩效管理以提高政府效能、实现公共利益为目标
	以公民为本	强调外部评价，对全体公民负责
	指标多元性	要综合各方面要求设计一套符合大多数公民根本利益的考核指标，以塑造顾客导向型政府
	强调公民参与	政府绩效评估过程中要广泛吸引公民的参与
	控制过程＋保证结果	加强事前、事中监督，注重过程和结果
	兼顾组织和个人绩效	组织和个人绩效有机结合，以提高政府部门整体绩效
意义	①支撑行政管理新模式；②有助于政府部门间竞争机制的形成；③为资源配置提供了一种科学管理工具	

【真题链接】简述政府绩效管理的意义与特征。［简答题，南航 2015 年研］

考点二：政府的绩效计划与实施（见表 16－2）★★★

表 16－2　政府的绩效计划与实施

要点	主要内容	
价值标准	经济	指用尽可能少的成本去提供既定数量和质量的公共产品或服务
	效率	指投入与产出间的比例关系［货币方式］
	效能	指公共服务与政策目标相一致的程度，即比较实际成果与原定预期成果
	公平	主要关注接受服务的团体或个人是否得到了公平待遇，弱势群体是否得到更多的社会照顾
	民主	主要关注公民参与程度，政府是否接受民众监督，使行政过程体现公众意志和利益
绩效计划	含义	指将个人、部门或团队目标与组织目标相结合的目标确定过程
	内容	①政府部门战略目标的确定。 ②将战略目标具体到岗位分解为具体目标或任务。 ③绩效计划中的参与和沟通
绩效实施与过程管理	①持续的绩效沟通：追踪绩效进展情况并提升绩效。 ②绩效信息的收集和分析	

【真题链接】简述政府绩效管理的价值标准。［简答题，北邮 2020 年研］

考点三：政府绩效考核(见表16－3) ★★★

表16－3　政府绩效考核

要点			主要内容
考核主体	多元主体：上级、同事、下级、利益集团等		
考核对象	①公务员：分级分类考核；②各职能部门：分类设置不同的考核指标		
绩效考核指标体系	原则	“SMART”原则	
	内容	业绩指标	①公共服务的数量和质量；②目标实现状况；③政策制定水平和实施效果；④公共管理效益；⑤公民满意度
		效率指标	包括公共服务与产品的提供成本、公共政策执行成本等
		效能指标	①行为合理化水平；②政府机关效能
		成本指标	①政府部门占用的人力、物力与财力；②政府部门支出
考核技术	个体	①自我报告法；②业绩评定表法[广泛采用]；③因素考核法；④360度考核法；⑤面谈考核法；⑥个人绩效合约；⑦行为等级评定法；⑧工作标准法	
	系统	①关键绩效指标法(KPI)；②平衡计分卡法(BSC)。具体见表16－4	

表16－4　系统绩效考核技术

要点			主要内容
关键绩效指标法	关键绩效指标	①作为一个标准化体系，必须可量化。 ②基于对组织目标有增值作用的关键绩效指标进行绩效管理。 ③它是绩效沟通的基石，连接个体绩效与组织战略目标	
	应遵循的原则	①目标导向；②重视工作质量；③可操作性；④强调控制输入输出过程；⑤指标应较稳定；⑥关键指标应简单明了	
平衡计分卡法	概念	指从财务、客户、内部流程、学习与成长四个维度将组织战略落实为可操作的衡量指标和目标值的一种新型绩效管理体系	
	四个层面的绩效	财务	反映企业战略的制定、实施和执行情况，包括利润、投资回报率、净资产收益率、销售成本等指标
		顾客	五大核心指标：市场占有率、顾客延续率、顾客争取率、顾客满意度及顾客获利率
		企业内部流程	三大流程：创新、营运、售后服务
		学习与成长	①可分为三个范畴：员工能力；信息系统能力；激励、授权与协作。员工能力的核心衡量指标是：员工满意度、员工保持率、员工生产率。 ②为财务、客户、内部流程三个宏大目标提供基础框架，是前三个层面取得卓越成果的动因
	政府部门运用	①平衡计分卡符合政府部门赖以存在的基本原理。 ②应把对顾客层面的考核置于最上层，满足顾客或利益相关者的要求。 ③能结合政府部门的行为过程与战略目标，提升政府管理的有效性	

【真题链接】平衡计分卡四项控制指标的含义。[简答题，北航2012年研]

考点四：政府部门绩效反馈与改进（见表16－5）★★★

表16－5　政府部门绩效反馈与改进

要点		主要内容
绩效反馈	作用	①帮助员工了解绩效是否达成目标、行为态度是否合格，与管理者达成对考核结果一致的看法。 ②管理者和员工双方探讨绩效未合格的原因并制订绩效改进计划。 ③通过绩效反馈向员工传递组织期望。 ④帮助管理者和员工协商下一个绩效周期目标，达成个人绩效合约。
	成功特征	①绩效反馈应是经常性的。 ②"对事不对人"，绩效反馈应集中在行为或结果上，增强可信度，并强化员工行为
绩效改进和导入	改进过程	①分析组织绩效改进要素，确定期望绩效与实际绩效的差距及原因。 ②根据问题制定合理的改进方案，并确保有效实施。 ③评估绩效改进过程和产生的结果，分析绩效改进方案的实施效果
	导入意义	①导入焦点：绩效培训。 ②意义：使管理者和员工了解绩效管理，并掌握操作技能以保证其有效性
	主要内容	①绩效沟通：改进和导入的前提。 ②制定绩效改进目标。政府部门要对公众负责，增强公民满意度。 ③确定能力发展目标。 ④绩效改进和导入方案的制定与实施。绩效导入属于学习与成长层面

考点五：中国政府绩效管理实践（见表16－6）★★★★

表16－6　中国政府绩效管理实践

要点	主要内容
类型	①普适性的政府机关绩效管理；②具体行业的组织绩效评估；③专项绩效评估
存在的主要问题	①绩效目标制定问题；②绩效指标设定问题；③绩效考核过程中的问题[考核方法多为定性，较少采取定量方法、以官方为主、考核过程封闭，缺乏外界监督等]；④重评估、轻过程；⑤法律法规不完善
原因	①政府产出量化困难；②公共价值取向的多元性；③绩效管理项目的复杂性；④绩效指标难以制定；⑤政府部门信息收集和处理的困难性
优化措施	①建立完整的政府绩效管理体系；②强化绩效管理立法工作；③健全公民参与机制；④建立健全合理的评估体制；⑤建设电子政府

16.2　考研真题

一、概念题

1．政府绩效管理[中财2019年研；河北大学2017年研；青岛大学2016年研；华南理工2015年研；东北财大2013年研]

2．绩效管理[宁波大学2021年研；社科院2020年研；江苏大学2017年研；山东师大

2017年研；人大2016年研；华师2016年研]

3．政府绩效[中央民大2019年研；中财2017年研]

4．行政效率[首经贸2016年研；南航2014年研；中山大学2008年研]

5．360度考核法[中财2014年研；华南理工2011年研]

6．平衡计分卡[青岛大学2016年研；福州大学2015年研；中南财大2010年研]

7．关键绩效指标[东南大学2015年研]

二、简答题

1．简述绩效评估与绩效管理的主要区别。[杭州师大2018年研]

2．简述政府绩效管理的意义与特征。[南航2015年研]

相关试题：

(1)简述政府绩效管理的特征。[武汉科大2014年研]

(2)政府绩效管理的特征。[东北财大2010年研]

3．请简述政府部门绩效管理应恪守的主要价值标准。[电子科大2014年研]

相关试题：

(1)政府绩效管理的价值标准[概念题，广工大2020年研]

(2)简述政府绩效管理的价值标准。[北邮2020年研；中国地大2014年研；华南理工2013年研]

4．行政效率在我国现代行政管理中具有哪些意义？[南航2018年研]

相关试题：试述行政效率及其在行政管理中的地位。[湖南农大2017年研]

5．绩效指标设置的SMART原则是什么？[中山大学2010年研]

6．试从构建社会主义和谐社会的角度来谈谈你对改革我国领导干部绩效考评制度的看法。[中山大学2008年研]

7．平衡计分卡四项控制指标的含义。[北航2012年研]

8．政府部门绩效评估的功能有哪些？[山东大学2016年研]

三、论述题

1．我国政府绩效管理现存的主要问题及其原因为何？如何进行优化？[中财2014年研]

相关试题：

(1)政府绩效管理存在的问题和解决方法。[安徽大学2022年研]

(2)提高和改善政府绩效的方法和途径。[中央民大2021年研]

(3)简述改进政府绩效管理的基本举措。[简答题，安徽师大2018年研]

(4)中国政府绩效管理现状分析及优化。[武汉科大2017年研]

(5)结合实际论述中国政府绩效管理存在的主要问题及其优化策略。[华南理工2015年研]

(6)中国政府绩效管理存在的主要问题。[简答题，山东师大2015年研]

(7)请结合实际，论述政府绩效管理在政府效能建设中应发挥的作用，以及当代中国政府绩效管理存在的问题、原因以及优化的对策。[电子科大2013年研]

(8)结合我国实际，论述绩效管理在政府管理中的应用及难点。[山东大学2013年研]

(9)分析中国政府绩效管理问题的原因，论述中国政府绩效管理优化。[山东师大2013年研]

2．政府绩效评估是公共部门绩效评估的重要组成部分。在政府绩效评估中，评估者与被评估者(即行为者)之间，存在着内在的联系：评估者的需求、期望值是被评估者(即行为者)的行为导向。因此，在某种意义上，谁是评估者，谁就拥有了话语权，被评估者就对谁负责。在我国，在本质要求上，政府作为公共服务的提供者、公共事务的管理者，应该由公众来进行评估，给公众评估的话语权，请公众打分考评政府工作和干部业绩；同时，在客观实际上，政府管理与服务的质量如何，体会最深、体验最直接的是接受管理与服务的对象——公众，政府服务的满意程度如何，公众最有发言权。因此，广大公众作为评估者参与政府绩效评估、行使政府绩效评估的民主权利，属于情理之中的事。

但也有人认为，中国目前还只能是处在公众有限参与阶段，公众评估所占的权重不宜过大；把政府绩效评估、官员政绩考核的权力还给公众，扩大公众的话语权，这是一个巨大的进步，但要真正实现这一点还需要一个过程。[中山大学2011年研]

(1)请概括上述的观点，并运用公共部门绩效评估的有关知识进行分析评价。

(2)请结合我国现阶段的具体实际分析和论述如何确定政府绩效评估主体。

3．影响行政效率的因素有哪些？如何提高行政效率？[南航2016年研]

相关试题：影响行政效率的主要因素。[简答题，上海交大2007年研]

四、案例分析题

近期，新一年度Z市机关事业单位年终测评工作(即“万人评政府”)正式拉开帷幕。

测评将采取入户调研方式，抽样调查1万名居民、企业、社会组织、机关、媒体以及其他全市各个阶层的代表。今年的社会满意度测评主体新增了媒体记者代表一类，测评主体由去年的8类调整为9类。他们将代表Z市市民对政府部门打分。

测评对象包括实施政府部门责任白皮书制度单位、其他有社会服务职能的市属单位、中央和省驻Z市各单位、主要服务对象为机关内部的单位。评价内容包括服务态度、服务效率、措施便民和廉洁服务四方面。Z市机关作风办相关负责人称，今年的考评新增了进步奖励分，测评中各单位社会满意率与上一年相比较，根据进步和退步情况给予一定比例的加分和减分。测评将在1月底完成。考评结果经市委常委会审定后，将按照《Z市机关事业单位年终考评结果运用办法》使用。同时，各区“转作风提效能”考评得分将由市委组织部干部考核评价办公室作为各区党政领导班子落实科学发展观考评的参考。

2年前，Z市政府曾专门就“万人评政府”考评结果的运用出台《Z市机关事业单位年终考评结果运用办法》，根据《办法》，除了Z市中院、市检察院参加考评，结果仅供内部掌握，可不参加排名外，其他单位的考评结果运用均按照《办法》来使用。

《办法》规定，对在Z市机关事业单位年终考评中连续三年被评为先进单位的，领导班子成员中表现优秀的干部优先考虑提拔使用。对在考评中受到黄牌警告的领导班子和领导干部，要切实分析原因，进行整改。整改期间，班子成员一般不得提拔使用。对连续三年排名后10%的，单位主要领导干部可予以调整。

事实上，上一年度的“万人评政府”考核结果公布后，该市机关事业单位并没有任何一

位“一把手”因此被轮岗。[暨南大学2016年研]

问题:

1. 请归纳材料中所反映的主要现象。

2. 请结合上述案例,谈谈如何加强政府绩效评估的结果运用。

16.3 考研真题详解

一、概念题

1. 政府绩效管理[中财2019年研;河北大学2017年研;青岛大学2016年研;华南理工2015年研;东北财大2013年研]

答:政府绩效管理是指运用科学的方法、标准和程序,对政府机关的业绩、成就和实际工作作出尽可能准确的评价,在此基础上对政府绩效进行改善和提高。它既包括对政府绩效创造过程的管理,也包括对政府绩效结果的评估;既包括对公务员个人的考核,也包括对政府组织绩效的考核。政府绩效管理作为一种新的管理技术和管理工具,以政府机构或公共部门为关注对象,以经济、效率、效益、服务质量的提高和公民满意为目标,重点加强对组织效益的考察和改进,注重组织未来的发展。

2. 绩效管理[宁波大学2021年研;社科院2020年研;江苏大学2017年研;山东师大2017年研;人大2016年研;华师2016年研]

答:绩效管理是指收集绩效信息,进行绩效衡量,设计与执行有效管理,推动绩效不断持续改进的整体活动和过程。在公共管理活动中,绩效管理是指对公共服务或计划目标进行设定与实现,并对实现结果进行系统评估的过程。绩效管理过程一般包括三个最基本的功能活动,即绩效计划与实施、绩效考核、绩效反馈与改进。绩效管理的意义在于:①作为一种诱因机制将绩效与奖惩相联系。通过绩效评估,使组织的激励约束机制有了依据,建立在绩效评估基础上的奖惩,强化了组织的激励机制。②作为一种管理工具,在政府运作和管理上加上了成本—效益的考虑,改变政府机关的浪费。从某种角度上说,绩效管理是行政组织进行有效资源配置的一个重要手段。

3. 政府绩效[中央民大2019年研;中财2017年研]

答:政府绩效是指各级政府在管理社会公共事务、提供公共服务过程中所取得的成绩和效益。它包含了政治绩效、经济绩效、文化绩效和社会绩效四个方面。其中,经济绩效是政府绩效的核心,在整个体系中发挥着基础性的作用。社会绩效是政府绩效体系中的价值目标。实现经济绩效的目的,就是为了实现社会绩效,保证国家安全、社会稳定、居民安居乐业。政治绩效是整个政府绩效的中枢,为经济绩效和社会绩效的实现提供了法律和制度的保障。

4. 行政效率[首经贸2016年研;南航2014年研;中山大学2008年研]

答:行政效率是指行政机关和行政人员从事行政管理活动所得到的劳动效果、社会效益同所消耗的人力、物力、财力、时间的比率关系,是对国家行政机关和行政人员从事行政工作的质量和评价。其用公式表述为：行政效率 = 行政产出/行政投入。它包括效益要素、经济要素和时间要素。其重要性表现在：①提高行政效率是行政管理活动追求的目标；②提高行政效率是发挥社会主义制度优越性的重要保证；③行政效率高低关系到我国的现代化进程；④行政效率是检验行政改革成果的客观尺度。

5. 360 度考核法［中财 2014 年研；华南理工 2011 年研］

答：360 度考核法又称全方位考核法，是指一种通过多层次、多角度、多渠道、全方位的立体交叉方式来全面评价员工绩效的评估方法。凡是与被评估者存在工作关系的主体，包括上级、同事、下级、员工自身以及来自组织外部的服务对象，都可以被纳入绩效信息的评估和反馈的体系中来。其特点是评价维度多元化（通常是 4 个或 4 个以上），适用于对中层以上的人员进行考核。360 度考核法最早由英特尔公司提出并加以实施运用，是一种从不同角度获取组织成员工作行为表现的观察资料，然后对获得的资料进行分析评估的方法。这种方法的优点是：能够比较全面地进行评估，易于作出比较公正的评价，同时通过反馈可以促进工作能力，也有利于团队建设和沟通。其缺点在于：因为需要来自各方面的评估，工作量比较大；可能存在非正式组织影响评价的公正性；需要员工有一定的知识参与评估。

6. 平衡计分卡［青岛大学 2016 年研；福州大学 2015 年研；中南财大 2010 年研］

答：（1）平衡计分卡是由美国著名的管理大师罗伯特·卡普兰和复兴方案国际咨询企业总裁戴维·诺顿在总结了 12 家大型企业的业绩评价体系的成功经验的基础上，提出的具有划时代意义的战略管理业绩评价工具。平衡计分卡的内容主要包括四个方面，即财务方面、顾客方面、内部经营过程方面、学习和成长方面。

（2）平衡计分卡自身的特点决定了其可以作为政府绩效管理的工具。具体表现在：①平衡计分卡基于“平衡”的理念，对于企业绩效的衡量并不局限在财务指标上，又加入了非财务指标体系，更加注重企业在未来的发展能力。政府绩效管理在科学发展观和正确政绩观的指导下，也关注“平衡”，即短期政绩与长远政绩、发展与稳定等之间的平衡。二者评估理念的契合，决定了可以将平衡计分卡引入到政府绩效评估中。②平衡计分卡将总战略目标分解为四个方面的衡量指标，每个衡量指标又分别包括不同的具体指标，在战略实施中通过对具体指标的控制与衡量，促使组织绩效的提高。政府部门可以采纳这种方法，在战略制定和实施的同时进行绩效评估，既有利于政府绩效评估的顺利进行，又有利于政府进行战略管理。③平衡计分卡采用定量为主、定性为辅、二者结合的评估途径，迎合了政府的绩效评估方法。政府部门绩效评估是定性评估与定量评估的综合运用，将此科学算法引入到政府部门，给政府提供一种定量分析的途径，将极大地促进政府评估事业的发展。

7. 关键绩效指标［东南大学 2015 年研］

答：关键绩效指标是指可量化的、用于考核和管理被评估者绩效的标准体系，即通过对组织内部流程的输入端、输出端的关键参数进行设置、取样、计算、分析，衡量流程绩效的一种目标式量化管理指标。它是把企业的战略目标分解为可操作的工作目标的工具，是企业绩效管理的基础。其含义有三方面：①关键绩效指标是一个标准化的体系，因而必须可量化；②关键绩效指标体现了某些绩效指标对组织战略目标的增值作用，以此为基础对绩效进行管理；③关键绩效指标是绩效沟通的基石，也是连接个体绩效与组织战略目标的一个桥梁。

二、简答题

1. 简述绩效评估与绩效管理的主要区别。[杭州师大2018年研]

答：(1)绩效评估是一定的部门运用科学的方法和程序，对个体或组织的业绩、实现目标的程度和实际工作情况等进行尽可能准确评价的过程，包括一系列衡量、评价和影响组织成员工作表现的活动。

(2)绩效管理，是指利用绩效信息设定统一的组织目标，从而进行最优的资源配置以实现组织既定目标计划的一系列管理活动的总和。

(3)绩效管理与绩效评估的区别：

①从时间点上看，绩效评估反映的是过去的绩效，仅对员工一段时间内的绩效进行总结性评价；绩效管理主要是为了改进未来绩效而着眼于未来的管理过程。

②从性质上看，绩效管理包括绩效计划、绩效实施、绩效评估与反馈、绩效改进，它是以绩效评估为中心的一套完整的管理系统；绩效评估则是绩效管理的一个环节和手段。所以说，绩效评估是绩效管理中的核心与关键环节，对绩效管理的实施具有重要作用。

2. 简述政府绩效管理的意义与特征。[南航2015年研]

相关试题：

(1)简述政府绩效管理的特征。[武汉科大2014年研]

(2)政府绩效管理的特征。[东北财大2010年研]

答：政府绩效管理既是一种通过持续开放的沟通形成组织目标所预期的利益和产出，并推动团队和个人达成目标的管理行为，又是一个包含了绩效计划与实施、绩效考核、绩效反馈与改进等功能活动的系统过程。

(1)政府绩效管理的意义：

①绩效管理是资源配置的科学工具。绩效管理在政府运作和管理中加进“成本”和“效益”两个概念，促使政府部门的资金必须按正当的程序支出，资源必须有效率地利用，投资必须达到预期的效果，从而增强了政府机关人员的成本意识和责任感，减少了政府机关的浪费，因此，政府绩效管理成为政府进行有效资源配置的一个重要手段，也是市场经济发展的需要。

②有效促使政府进行流程再造。在当今经济全球化、信息化的浪潮中，各国政府已难以维持传统的官僚制模式，政府所面临的各种内外压力，使对政府部门进行再造成为必然的趋势，而在政府再造过程中所注入的各种新管理主义因素，如分权化改革、责任机制、顾客导向、结果为本等，都可以通过绩效管理的框架来加以体现，并通过绩效标准的检验来加以判断和衡量。

③绩效管理有利于政府部门间竞争机制的形成。这主要表现在两个方面：a. 测评并公布各政府部门的绩效结果，引导公民“用脚投票”来选择公共服务机构，从而对政府部门产生压力，促使其提高服务质量和效率；b. 通过绩效考核和绩效改进在政府部门内部营造竞争氛围，并将绩效与奖惩挂钩，以此激发人的工作热情和动力。

(2)政府部门绩效管理的特征：

①重视管理的价值取向和社会效应。政府绩效管理重视绩效管理的价值取向和社会效应，关注管理过程的环境因素和心理因素，以此来激发管理者的使命感和责任感，促进社会治理的公正性和客观性，进而获得更多的社会支持。

②强调多元服务主体。政府是社会公共产品的组织者，但不一定都是直接生产者，对于那些技术性、具体性的社会事务，应尽可能地交给社会组织承担。社会公共事务的主体，可以是政府，也可以是社会中介组织、非营利组织、公私合作组织，甚至是私人营利组织。

③致力于机制的创新。政府绩效管理以政府应该管什么和怎么管为中心，致力于寻求一个新的治理模式，创造一种新的管理机制，使政府能够更好地配置资源，全面理顺政府与社会、上级政府与下级政府、领导与部属、决策机构与执行机构的关系，把不该管的和管不好的公共事务移交出去，政府集中精力抓好宏观调控、市场监管和公共服务等工作。

3. 请简述政府部门绩效管理应恪守的主要价值标准。［电子科大 2014 年研］

相关试题：

（1）政府绩效管理的价值标准［概念题，广工大 2020 年研］

（2）简述政府绩效管理的价值标准。［北邮 2020 年研；中国地大 2014 年研；华南理工 2013 年研］

答：政府部门绩效管理应恪守的主要价值标准具体如下：

（1）经济。经济指标一般是指组织投入到管理项目中的资源量。它关心的是“投入”及其最经济的使用途径问题。它是从经济角度判断政府绩效，从以下三个方面进行度量：

①政府为自身干预经济活动所设立的各项宏观经济指标的完成程度。

②政府各部门投入的人力、物力、财力与产出的比率，注重节约成本，追求低投入、高产出。

③公众生活水平的提高程度。

（2）效率。效率回答的是“机关或组织在既定时间内的预算投入，究竟产生了什么样的结果”。因而效率可以理解为投入与产出之间的比例关系。效率导向是强调政府工作或服务之后所产生的效果，如政府部门供给服务之后社会环境和人们的需要是否得到了发展与改进等。效率导向的目标模式不仅关注政府工作是否完成任务，还关注政府工作的产出。按照产出或结果为评价目标，能够激励政府各部门注重提供公共服务的结果和绩效。

（3）效能。效能是指公共服务与政策目标的符合程度，通常是实际成果与原定的预期成果之间的比较。通过政府绩效管理减少政府管理人员的数量、降低行政管理的成本、改革行政管理系统、促使行政管理体制重新建立竞争机制，从而提高政府的工作效能。

（4）公平。公平作为衡量绩效的标准，主要关心“接受服务的团体或个人是否都受到了公平的待遇，需要特别照顾的弱势群体是否得到更多的社会照顾”的问题。公平指标主要强调政府在运用公共权力进行公共管理，提供公共产品和服务时要做到公平，政府的经济政策要使收入差距控制在一定范围内，而不是扩大收入差距。只有当政府的行政行为既实现了整体经济效益和社会效益，又实现了公平合理，政府的行政行为才算取得较好的绩效。

（5）民主。民主指标是衡量政府行政行为的透明度、公众民主参与程度的指标，是衡量政府绩效的重要标准。只有大力提高政府行为的透明度和公开性，扩大公众参与和公众监督，政府的行政行为才符合公众意愿，才算得是有效的。

4. 行政效率在我国现代行政管理中具有哪些意义?[南航2018年研]

相关试题:试述行政效率及其在行政管理中的地位。[湖南农大2017年研]

答:行政效率是指公共组织和行政工作人员从事公共行政管理工作所投入的各种资源与所取得的成果和效益之间的比例关系。行政效率在我国行政管理中的意义主要体现在以下几个方面:

(1)行政效率关系到政府良好形象的树立。随着市场经济的深入推进,社会主义政治文明程度的逐步提高,社会和公民对行政管理活动的要求也由原来的消极转为积极,参与行政管理的程度和范围也越来越大。因此,提高行政效率是提高党执政兴国能力的必然要求。提高政府及其工作人员在公众心目中的形象和地位,对于提高政府的权威、感召力、影响力、诚信度,实现政府与社会和公民的良性互动以及推动社会全方位发展和进步具有重要意义。

(2)行政效率是检查和衡量公共组织和公共行政活动的有效性的一个重要标准。效率意味着能否把握住机遇,能否快速适应环境变化,能否实现信息的相互沟通和快速协调。目前我国面临的国内和国际环境瞬息万变,各国都千方百计地提高政府的行政管理水平和效能,我国若不抓住机遇,加快科技发展和提高管理水平,就势必会在竞争中失败。

(3)行政效率关系到中国特色社会主义现代化进程。经济建设是我国一切工作的中心,经济问题是许多政治问题和社会问题的起因,因而行政效率的高低确实关系到我国的现代化进程;行政效率的提高,可以进一步提高国家的综合实力和竞争力。目前我国处于社会主义初级阶段,这就需要一个与之相适应的政府通过高效的管理工作来掌握全局、协调关系积极有效地推进各项改革的顺利进行,使经济和社会和谐发展。

5. 绩效指标设置的SMART原则是什么?[中山大学2010年研]

答:SMART原则是为了利于员工更加明确高效地工作,更是为管理者对员工实施绩效考核提供了考核目标和考核标准,使考核更加科学化、规范化,更能保证考核的公正、公开与公平。

(1)S代表具体(Specific),指绩效考核要切中特定的工作指标,不能笼统,即绩效指标应是“具体的”“明确的”“切中目标的”。

(2)M代表可度量(Measurable),要求绩效指标最终是“可衡量的”“可评价的”,即绩效指标是数量化或者行为化的,验证这些绩效指标的数据或者信息是可以获得的。

(3)A代表可实现(Attainable),指绩效指标在付出努力的情况下是“能够实现的”,避免设立过高或过低的目标。

(4)R代表现实性(Realistic),要求绩效指标是“现实的”,可以证明和观察。

(5)T代表有时限(Time bound),要求绩效指标具有“时效性”,注重完成绩效指标的特定期限。

6. 试从构建社会主义和谐社会的角度来谈谈你对改革我国领导干部绩效考评制度的看法。[中山大学2008年研]

答:(1)政府绩效是指各级政府在管理社会公共事务、提供公共服务过程中取得的成绩和效益。绩效考核是指考核主体依据工作目标和绩效标准,采用科学的考核方式,评定员工的工作任务完成情况、员工的工作职责履行程度和员工的发展情况，并且将评定结果反馈给员工的过程。绩效考核属于绩效管理整个大过程中的一个具体环节，是绩效反馈和改进的前提。

我们所要构建的社会主义和谐社会应该是民主法治、公平正义、诚信友爱、充满活力、安定有序、人与自然和谐相处的社会，是经济、政治、文化和社会建设全面发展的社会，因此构建社会主义和谐社会意味着单纯追求经济的快速发展而忽视其他社会问题的解决是偏离我们的发展目标的，所以要求统筹兼顾，正确处理好经济发展与社会建设的关系。

(2)长期以来，由于我国经济的落后，大力发展经济，迅速改善人民生活成为我国上至中央政府下至基层政府的最主要的任务，与之相伴随的是对各级政府及主要领导干部的考核片面地以经济增长速度为唯一依据，导致领导干部唯 GDP 论英雄，这种单一、狭隘的领导绩效考评制度在追求经济发展速度的一段时间内发挥了积极的作用，使得各级领导干部把最主要的精力放在经济发展上，保持了我国经济的快速发展。

但伴随着社会矛盾以及经济发展带来的环境污染和生态破坏等问题的增多，党中央提出了建设社会主义和谐社会的重大战略部署。在这样的新形势和背景下，如果继续以经济增长作为领导干部唯一的绩效考评标准，社会主义和谐社会建设将难以取得实效。因此，改革原有的领导干部绩效考评制度，加入环境保护、民生投入等新的考核指标，成为推进社会主义和谐社会建设的一个重要方面。

(3)作为社会主义现代化建设的领导者，对领导干部的考核标准将决定着他们如何带领广大人民群众进行现代化建设。要从党中央、国务院的宏观战略部署的大局出发，以围绕有利于国家战略目标的实现为中心，适时调整领导干部的绩效考核制度，使得这种考核制度的设计与国家战略部署保持一致。由此可以看出，根据战略的要求及时改革领导干部的考核制度不仅是必要的，而且是必需的。

7. 平衡计分卡四项控制指标的含义。[北航 2012 年研]

答：平衡计分卡的设计包括四个方面：财务角度、顾客角度、内部经营流程、学习和成长。其中每一个方面，都有其核心内容，具体阐释如下：

(1)财务层面。财务业绩指标可以显示企业战略及其实施和执行是否对改善企业盈利作出了贡献。财务目标通常与获利能力有关，其衡量指标有营业收入成长与组合、成本下降、生产力提高、资产利用投资策略等。

(2)顾客层面。在平衡计分卡的顾客层面，管理者确立了其业务单位将竞争的顾客和市场，以及业务单位在这些目标顾客和市场中的衡量指标。顾客层面的指标通常包括客户满意度、客户保持率、客户获得率、客户盈利率以及在目标市场中所占的份额等。顾客层面使业务单位的管理者能够阐明顾客和市场战略，从而创造出色的财务回报。

(3)内部经营流程层面。常用的内部流程层面的评估指标包括影响新产品引入、周转期、质量、雇员技能和生产率等因素。管理者要确认组织擅长的关键的内部流程，这些流程帮助业务单位提供价值主张，以吸引和留住目标细分市场的客户，并满足股东对卓越财务回报的期望。

(4)学习与成长层面。它确立了企业要创造长期的成长和改善就必须建立的基础框架，确立了未来成功的关键因素。平衡计分卡的前三个层面一般会揭示企业的实际能力与实现突破性业绩所必需的能力之间的差距，为了弥补这个差距，企业必须投资于员工技术的再造、组织程序和日常工作的理顺，这些都是平衡计分卡学习与成长层面追求的目标。

8. 政府部门绩效评估的功能有哪些?［山东大学2016年研］

答： 政府绩效评估作为政府再造的重要内容和根本性措施，在政府公共管理实践中的广泛应用，开创了当代公共部门吸收、借鉴私营部门管理方法与经验的先例，并在相当程度上带来了西方国家政府管理效率的提高和管理能力的增强，各种社会危机和矛盾得到了相对缓和。公共部门绩效评估的功能有：

(1)绩效评估是公共管理的必要手段。对公共项目实施的实际状况进行了解、考察，分析实际效果与预期目标的偏离程度，进行绩效评估，总结公共政策、项目实施的经验教训，反馈给有关公共管理部门，以便对公共管理项目作出调整、修正，弥补公共管理项目的缺陷，为未来的公共政策实施积累经验，完善和提高公共管理水平。

(2)绩效评估是提高公共部门绩效的动力机制。作为技术层面的绩效评估本身不是目的，它只是为获得更高的业绩水平而使用的手段，是有效提高政府绩效的动力工具。绩效评估有助于实现和落实政府的责任，有助于提高公共服务供给的质量和效率，有助于改善政府公共部门与社会公众之间的关系。

(3)绩效评估有利于政府信誉和形象的提升。绩效评估实际上是一种信息活动，其特点是评估过程的透明，即评估信息的公开，把政府在各方面的表现情况作出全面、科学的描述并公之于众，无疑有助于广大群众了解、监督和参与政府的工作。

(4)绩效评估是一种有效的管理工具。从实践来看，绩效评估作为一种有效的管理工具在当代公共管理中有下列意义：

①绩效评估可以作为一种诱因机制。通过绩效评估，使组织的激励约束机制有了依据，建立在绩效评估基础上的奖惩，强化了组织的激励机制。

②绩效评估作为一个管理工具最重要的意义在于，在政府运作和管理中加上成本—效益的考虑，减少了政府公共部门的浪费。从某种意义上来说，它是公共部门资源有效配置的一个重要手段。

③绩效评估是诊断组织发展的一个有力措施。作为管理决策的基础，绩效评估不但能为组织提供有关组织活动进度、物质损耗、工作协调等方面的信息，以适时调整组织的战略目标、人员物质分配等，还能够在组织中营造一种注重业绩的组织文化，使雇员以绩效为目标，时刻校准自己的行为，并为每个雇员发挥积极性、创造性提供基础。

④绩效评估及其措施在公共行政实践中的运用，极大地推动了公共管理方法与技能的改进和发展，使得倾听顾客声音、提高服务质量、项目评估、管理信息系统、电子政务等公共管理方法应运而生，为政府公共管理开拓了新的视野。

三、论述题

1. 我国政府绩效管理现存的主要问题及其原因为何？如何进行优化？［中财2014年研］

相关试题：

(1)政府绩效管理存在的问题和解决方法。［安徽大学2022年研］

（2）提高和改善政府绩效的方法和途径。［中央民大2021年研］

（3）简述改进政府绩效管理的基本举措。［简答题，安徽师大2018年研］

（4）中国政府绩效管理现状分析及优化。［武汉科大2017年研］

（5）结合实际论述中国政府绩效管理存在的主要问题及其优化策略。［华南理工2015年研］

（6）中国政府绩效管理存在的主要问题。［简答题，山东师大2015年研］

（7）请结合实际，论述政府绩效管理在政府效能建设中应发挥的作用，以及当代中国政府绩效管理存在的问题、原因以及优化的对策。［电子科大2013年研］

（8）结合我国实际，论述绩效管理在政府管理中的应用及难点。［山东大学2013年研］

（9）分析中国政府绩效管理问题的原因，论述中国政府绩效管理优化。［山东师大2013年研］

答：政府绩效管理，是指政府在履行公共责任的过程中，对内部制度与外部效应、数量与质量、经济因素与伦理因素、刚性规范与柔性机制等方面，以公共产出的最大化和公共服务最优化为目标，实施的一种全面的、系统的管理。政府绩效管理强调以绩效为本，以服务质量和社会公众需求的满足为基本价值取向，运用绩效目标、绩效信息、绩效激励、绩效合同、绩效成本、绩效程序、绩效规制、绩效申诉和绩效评估等管理手段和管理机制，提高政府能力，优化政府形象，蕴含了公共责任和顾客至上的管理理念，是政府管理制度、管理机制和管理方法的创新。

（1）我国政府绩效管理存在的问题：

①绩效目标的制定存在问题：

a. 绩效目标逐年递增问题严重。一些地方政府的绩效目标逐年递增，使政府人员产生极大的压力，这使得有些部门在看到任务将要完成时就放缓或停止工作，将剩下的业绩留到下一年度，以应付上级绩效评估的年度递增。

b. 在公共部门的管理过程中，许多公共项目表述过于笼统，所反映的公共项目目标也是含糊和不具体的。

②绩效指标的设定存在问题：

a. 下级部门往往依据上级领导的偏好来设定指标，但是上级领导的偏好不一定与组织的核心职能相一致。

b. 指标设定过程缺乏对环境因素的思考。政府部门要维护和管理社会上的各个公共领域，而不同地区的环境影响着政府绩效的实施。各地政府为促进当地经济发展，都将招商引资作为一项重要的绩效考核指标，但上级部门在下达这项指标时却忽视了环境因素，导致有些地区难以完成指标，有失公平。

c. 地方政府的绩效指标体系中，有这样一种状况，即一项指标不合格，其他指标分值再高也不合格。这种指标的设置很不科学。

③绩效考核过程中存在问题：

a. 绩效考核多处于自发状态，没有相应的制度和法律作保障。

b. 考核内容不全面，没有建立科学的考核指标体系，片面地将经济业绩等同于政绩，将经济指标等同于政府绩效的评估指标。

c. 考核程序没有规范化，考核结果很难做到客观、公正，甚至完全流于形式。

d. 考核方法多为定性，较少采取定量方法，考核结果不够科学。

④绩效管理重评估，轻过程。目前，我国政府绩效管理工作仍然是重评估时期，多数绩效管理计划都没有预警指标，也没有很好地把绩效管理工作完全融入政府部门管理工作之中。因此，无论是在理论层面还是在实践层面，绩效管理大多仅仅是进行了绩效考核评估，缺乏绩效考核评估后的结果反馈和沟通，对于结果反馈和沟通后相对应的有针对性的配套和改进措施更是少之又少。当前我国政府的绩效管理仅仅重视评估，而忽视了评估后的改进过程。

⑤法律法规不完善的问题。目前，我国政府部门实施绩效管理及考核评估在相当程度上还属于一种自发的状态，没有一套系统化、法治化、科学化、程序化的制度体系。虽然我国政府为了提高行政效率，进行了几次大规模的政府机构改革，但也只是仅仅停留在一些原则性层面上，带有明显的抽象化、概念化，没有相对明晰、具体和可操作性的政策性指导作为法定依据，更缺乏统一的法律、法规和相关政策作为应用的制度保障。

(2)我国政府绩效管理存在问题的原因：

①政府部门的产出难以量化。绩效管理的一个重要前提是，必须将所有绩效都以量化的方式呈现，再据此进行绩效管理。政府的绩效管理比私人部门更为复杂，因为它面临的是如何将公共服务量化的问题。由于行政组织是一种特殊的公共权力组织，所生产出来的产品或服务是一些“非商品性”的产出，它们进入市场的交易体系不可能形成一个反映其生产机会成本的货币价格，这就带来对其数量进行正确测量的技术上的难度。此外，政府缺乏竞争对象，因而无法取得可比较的成本与收益数据。

②公共行政价值取向的多元性。公共行政价值取向的复杂性、利益机制的多样性，决定了公共部门绩效评估利益取向和价值取向更具争议性和主体性，这种争议性和主体性也会在很大程度上妨碍公共部门绩效管理的有效实施。具体来说，政府部门绩效管理是一个公共决策、实施、效果和影响分析的过程。一方面，对公共项目效果进行评价，不可避免地牵涉到关于决策者及相关人员各方面能力大小、水平优劣的辨识，从而使得他们出于自我保护也要消极应对评估。另一方面，因为公共部门的利益主体意识，自然而然地总要展示出公共项目的积极作用，从而维护自身的利益、加强自身的地位、巩固自身的权威、抵制外界的批评，使得绩效管理没有被充分利用，没有发挥出应有的作用，没有取得应有的效果。

③绩效管理项目的复杂性。政府绩效管理项目包括诸多要素，比如政府绩效管理至少需要回答如下问题：为何要管理(管理目的)、谁来管理(管理主体)、管理什么(管理内容)、怎么管理(管理方式、工具等)以及管理后怎样(管理结果运用)。当代政府绩效管理既是作为放松规制的政府内部改革措施，也是作为改善政府部门与公众关系的根本措施，这意味着政府绩效管理需要蕴含公民服务和顾客至上的理念，强调增强政府对公众需求的回应力，更加重视行政活动的产出、效率与服务质量，政府行为本身的属性决定了它具有复杂性的特点。

④绩效指标制定困难。绩效指标的确定应该坚持实事求是的原则，但在实际操作过程中，存在着较强的主观性。下级在进行绩效指标设计时经常会按照上级的偏好来确定，上

级部门关心什么、关注什么，绩效考核就评什么、考什么，上级部门不关心、不关注的指标，一般就不再进行考评或者考评的权重比较低一些。实际情况是，上级的偏好有时候会和组织本身的核心职能相冲突。

⑤政府部门信息难以收集和处理。绩效管理的过程始终是以大量准确、可靠、真实的信息为基础的。若绩效管理收集到的信息存在差错或者偏差，那就掌握不了第一手资料，从而导致不能如实体现政府部门的真正效能。但是目前的实际情况是，政府部门的信息一方面存在着难以量化、渠道不通、来源受限等问题，另一方面存在着政治因素等方面的影响，使得政府部门的客观实情难以得到如实体现，这也正是政府部门绩效管理的难点所在。

(3)我国政府绩效管理的优化策略：

①建立完整的政府绩效管理体系：

a. 建立必要的绩效评估机构，把专门评估和日常评估结合起来。在政府管理部门内部设立评估机构，主要是负责对公共项目实施的检查、回顾和总结，为进一步决策和政策的实施提供依据和建议。此外，在人大建立必要的评估机构，评价和监督政府在公共政策、规范、计划等项目的实施过程及其效果，把评估作为监督政府公共管理的有效手段。

b. 设置客观合理的绩效评估指标。政府绩效评估相对企业绩效评估和公务员个人的评估而言，涉及面广、因素众多、工作量大，是项复杂的系统工程，因此，要全面实施政府绩效管理，就必须要从当地实际出发，从职能履行、依法行政、管理效率、廉政勤政和政府创新等方面合理设置评估指标，建立公民、企业、专家学者、上级政府共同参加的政府评估体系。

c. 运用科学的评估力法，把定性和定量评估结合起来。政府绩效评估是一项系统工程，不仅要进行定性分析和评价，更重要的是引进现代管理学和统计学的科学方法，对政府绩效进行定量分析和考核，从而真正使政府绩效管理走向科学化。

②加强绩效管理立法工作。要从立法的角度确立绩效管理的地位，保证绩效管理成为政府公共管理的基本环节，促使政府开展评估工作，以提高公共管理水平。从法律上树立绩效管理的权威性，确立绩效管理机构在政府中的地位，让其享有调查、评估有关政府活动的权力，不受任何行政、公共组织或个人的干扰；评估结论要及时有效地传递和反馈，切实用于改进政府的公共管理活动；评估活动能引起公众的关注，有充分的可信度和透明度。通过完善绩效管理的制度和规范，对公共管理过程中应该评估哪些项目、评估的形式、评估的事项等问题作出详细规定，使评估工作有法可依、绩效管理工作正常发展。

③完善公民参与机制。政府绩效管理的改进必须有公众的关注与参与。公民参与意味着公民能够以社会的主人和服务对象的身份对政府绩效提出要求，协助并监督政府机构对其开支和行为负责。绩效管理不但能帮助政府以公众的需求目标为运作和努力导向，还能形成“鱼缸效应”。

④建立健全合理的评估体制。这是推进评估事业发展的关键。政府管理部门内部的评估机构主要负责协调公共项目的管理，通过对公共项目实施的检查、回顾和总结，发现问题，吸取经验和教训，为改进未来决策提供依据和建议。我国政府的公共管理需要借鉴世界各国的有益经验，在各级政府内部建立完善的绩效管理机构(或评估管理机构)，对政府实施的各种公共项目进行评估，充分发挥政府管理部门内部评估的功能，提高政府公共管

理水平。立法、审计部门的评估机构主要是进行公共项目实施的审计和监察，向立法机关、政府以及公众公布评估结果。

⑤建设电子政府。电子政府是现代政府有效行使职能的强有力的工具，其开放性增强了政府行政的透明度和民主化程度，为政府绩效管理提供了可利用的载体。一方面，电子政府使行政信息的传递更加迅速及时，反馈渠道更为畅通。另一方面，电子政府为政府绩效管理朝着科学化、标准化、制度化的方向发展提供了支持。电子政府为绩效管理体系的建立提供了支持，并为整个政府绩效管理的开展创造了良好的物质基础和制度环境。

2. 政府绩效评估是公共部门绩效评估的重要组成部分。在政府绩效评估中，评估者与被评估者(即行为者)之间，存在着内在的联系：评估者的需求、期望值是被评估者(即行为者)的行为导向。因此，在某种意义上，谁是评估者，谁就拥有了话语权，被评估者就对谁负责。在我国，在本质要求上，政府作为公共服务的提供者、公共事务的管理者，应该由公众来进行评估，给公众评估的话语权，请公众打分考评政府工作和干部业绩；同时，在客观实际上，政府管理与服务的质量如何，体会最深、体验最直接的是接受管理与服务的对象——公众，政府服务的满意程度如何，公众最有发言权。因此，广大公众作为评估者参与政府绩效评估、行使政府绩效评估的民主权利，属于情理之中的事。

但也有人认为，中国目前还只能是处在公众有限参与阶段，公众评估所占的权重不宜过大；把政府绩效评估、官员政绩考核的权力还给公众，扩大公众的话语权，这是一个巨大的进步，但要真正实现这一点还需要一个过程。[中山大学2011年研]

(1)请概括上述的观点，并运用公共部门绩效评估的有关知识进行分析评价。

(2)请结合我国现阶段的具体实际分析和论述如何确定政府绩效评估主体。

答：(1)政府绩效评估是公共部门绩效评估的重要组成部分，在我国，广大公众作为评估者参与政府绩效评估、行使政府绩效评估的民主权利，属于情理之中的事，因此政府绩效应该由公众来进行评估，给公众评估的话语权，请公众打分考评政府工作和干部业绩。但是，目前我国只是民众有限参与阶段，把政府绩效评估、官员政绩考核的权力还给公众，扩大公众的话语权还需要一个过程。

政府绩效管理本身就蕴涵着服务和顾客至上的管理理念，政府绩效就应以顾客为中心、以顾客的需要为导向，树立公民取向的绩效观。政府绩效管理的改进必须征得公众的关注与参与，公民参与意味着公民可以社会的主人和服务对象的角色对政府绩效提出要求，监督政府机构对他们的开支、行动和承诺负责。绩效管理不但能帮助政府以公众的需求目标为运作和努力导向，还能形成“鱼缸效应”，使政府运作如“玻璃缸里的金鱼”，随时接受公众监督。

(2)我国现阶段的具体实际以及政府绩效评估主体的确定：

①政府绩效评估主体的确定。评估主体的多元结构是保证公共部门绩效评估有效性的一个基本原则，这是因为，任何一个行业已确定的评估主体都有自身特定的评估角度，有不可替代的比较优势，同时具有特定身份的评估主体亦有自身难以克服的评估局限。当然，选择评估主体必须考虑评估成本，人人参与是不现实的，企业管理领域经常采用的360度全方位评估技术是指从不同视角进行的评估，并非全员评估；公共部门绩效评估主体的结构至少应包括综合评估组织、直管领导、行政相对人、评估对象自身以及其他一些相关评

估组织等。

a. 综合评估组织。综合评估组织评估的主要是传统项目的内容，如制度建设、思想建设、组织建设以及作风建设等。综合评估组织通过实地调查、听取汇报、召开座谈会的形式，以定性评估方法为主。为了防止可能出现的主观随意性，综合评估要求对评估要素尽可能地明确规范，便于操作。

b. 评估对象的直管领导。直管领导从总体的队伍建设、基本建设评估主体中分离出来，作为独立的评估主体，具有不可替代的优势。一般而言，评估对象的直接领导熟悉业务、熟悉部属，了解下属部门的运作情况，可切身体察班子素质的优劣，工作质量的高低，政令贯通的程度。

c. 公民或者行政相对人。公民特别是评估对象的相对人作为评估主体，可以最直观地体现评估的满意特征，明确评估的价值取向，通过这样一种“使用者”介入机制，将事实与价值取向结合起来，可以增加评估模式的社会相关性。

②根据目前中国的实际，还不可能真正实现让公众来评价政府，强调公众在评价政府时候的有限参与。我国当前公众的综合素质、政策水平、法律意识、信息不对称、评估的公共尺度和公共标准缺乏、社会发育不够成熟，社会主义人民当家作主的本质要求与社会现实之间存在矛盾，当下完全实现公众评价政府是不现实的、不科学的，要有限参与。

③要注重提高公众综合素质、政策水平、法律意识，注重政务信息公开，解决信息不对称问题，注重政府行政规范和服务质量标准的建设，建立绩效评估的公共尺度和标准，培育社会；在这个过程中，逐步吸收公众作为政府绩效评估的主体并加大公众评估的权重，逐步在政府绩效评估中增加反映公众需求的指标并加大权重。

3. 影响行政效率的因素有哪些？如何提高行政效率？［南航 2016 年研］

相关试题：影响行政效率的主要因素。［简答题，上海交大 2007 年研］

答：（1）行政效率是指一个行政单位在一定时期内的行政管理活动中，行政总产出与行政总投入的比率。其用公式表述为：行政效率 = 行政产出/行政投入。它含有效益要素、经济要素和时间要素。从公式可以看出，决定行政效率的直接因素主要有行政投入与行政产出两个。任何一项行政活动，均需要一定的投入，这些投入即从事该项行政活动所花费的代价或成本。行政产出，是指实施该项行政活动所产生的结果，这些结果的具体表现形式是多方面的。提高行政效率则是要以最小的行政投入创造更多的行政产出，即用尽可能少的行政支出为社会提供尽可能多的服务。

（2）影响行政效率的主要因素：

行政效率在行政管理中有重要的地位。行政效率的高低直接关系到政府行政行为的有效性和政府形象。影响行政效率的主要因素包括：

①环境因素。行政管理总是处于一定的环境之中，因而行政效率必然受到环境的影响或制约。良好的环境有利于行政效率的提高；相反，如果环境不佳，行政效率通常不高。影响行政效率的环境因素，包括政治环境、经济环境、社会环境和地理环境等诸多方面。

②组织因素。行政组织作为行政管理过程中的一个重要因素，对行政效率有着十分重要的影响。影响行政效率的组织因素包括以下几个方面：行政机构的设置对行政管理效率有着重要影响；行政职位的设置也会对行政效率产生影响；行政管理各环节是否相互配合、

相互协调也是影响行政效率的一个重要因素。

③人员因素。人是行政管理的主体，要提高行政效率，关键在于提高行政人员的素质和调动行政人员的积极性。因此，人员因素对行政效率有着重要影响。这方面的因素包括行政领导者素质、一般行政工作人员素质和人事管理工作质量等。

④科学技术因素。现代科学技术在行政管理中得到了较为广泛的应用，出现了行政管理的办公自动化，从而大大地促进了行政效率的提高。影响行政效率的科学技术因素，主要指办公设备的现代化程度。

⑤行政管理的方式与方法。随着现代化科学技术的发展和管理科学的兴起与发展，行政管理的方式方法出现了革命性的变革。现代先进的行政管理的方式与方法，对于提高行政效率具有重要的促进作用。

(3)提高行政效率的措施：

①牢固树立效率观念。要提高行政效率，首先要解决思想观念的问题。要通过宣传和教育使人们认识到提高行政效率的重要性，使得人人重视效率，事事讲究效率，让提高行政效率的观念在行政机关乃至整个社会蔚然成风。

②推进机构改革，建立合理的行政管理体制，推动行政组织机构的合理化，是提高行政效率的基本保证。

③贯彻依法行政的原则，使行政管理制度化、法律化。依法行政是保证行政畅通，提高行政效率的基本前提。国家行政机关应以完备的立法形式、准确的执法手段和有效的监督机制来规范各种行为，促进效率的提高。

④全面提高行政领导者及工作人员的素质。提高行政人员队伍的素质是提高行政效率的基础。无论是从质的方面，还是从量的方面，行政效率的高低都与行政领导者及工作人员的素质优劣直接相关。因此，深化人事制度改革，引入竞争激励机制，完善公务员制度，建设一支高素质的、专业化的行政管理干部队伍，是提高行政效率的关键。

⑤大力反对官僚主义，转变机关作风。提高行政效率，除了制度上、人员素质上的因素外，还有一个改进工作作风的问题。作风是一个组织或个人长期形成的习惯性的思想态度和工作方式。

⑥创造条件，逐步实现管理技术手段的现代化。管理技术和工具是提高行政效率的物质技术保证，其现代化程度的高低，直接关系到行政效率的高低。行政管理工作是一项综合性的、复杂的社会活动，涉及范围广，作用因素多，必须借助一定的技术手段才能完成。

四、案例分析题

问题：[暨南大学2016年研]

1. 请归纳材料中所反映的主要现象。

答：根据材料可知，目前我国政府绩效评估结果运用中存在一系列问题，使很多地方的政府绩效评估陷入了为评估而评估的误区，没有将政府绩效评估结果的运用与政府治理过程相结合，同时也没有起到改善政府绩效、提高治理水平的作用。主要问题包括：

(1)评估过程缺乏公众参与。我国政府绩效评估结果的运用中往往缺乏公众的参与，公众不仅参与不到绩效评估结果运用的过程中去，也往往看不到绩效评估的结果是如何运用的。公众无法参与绩效评估结果运用的过程，就不能对政府绩效评估结果运用的范围、方式以及强度提供建议，政府绩效评估结果运用的科学性就得不到保障，就可能背离绩效评估的宗旨和目的。

(2)评估的内容不全面。材料中，Z市政府的绩效评价内容包括服务态度、服务效率、措施便民和廉洁服务四方面。总体来说具有以下问题：

①只是定性研究，缺乏量化分析。

②评估内容流于表面，缺乏系统分析，评估的内容过少，实际意义不大。

(3)评估方法单一：

①评估方法不科学，忽视了时间因素对绩效产生的影响。

②评估采用的“万人评政府”模式，忽视了公共部门绩效的持续性评估。

(4)缺乏科学的评估指标体系：

①没有根据部门职责或岗位的不同科学地区分不同的指标，导致绩效评估与政府职能或岗位职责的行使严重脱节。

②评估指标难以量化，导致评估缺乏客观性，影响评估结果。

(5)忽视评估结果的适用性和反馈。政府所实施的绩效评估往往在得到评估结果后就停止了，对评估结果不进行反馈又不采取有效措施加以运用。

2. 请结合上述案例，谈谈如何加强政府绩效评估的结果运用。

答：加强政府绩效评估的结果运用需要从以下几个方面着手：

(1)明确政府绩效评估结果的使用者。政府绩效评估结果的使用者包括服务项目的提供者、计划者，高层主管、中层管理人员或项目服务的组成人员，社会公众、评估主体、相关研究者、顾客、大众传媒等。政府绩效评估结果的使用者的范围可以扩大到整个社会的每一个需要绩效评估结果信息的组织和个人，因为评估的结果并不涉及国家机密，因此可以向社会公开。这里主要是强调要重视公众和专家团体、新闻媒体对政府绩效评估的参与。

(2)清晰界定政府绩效评估的功能价值。政府绩效评估措施不是万能的，它的强大生命力不是因为它是一股世界性的潮流，而是因为它是针对公共管理所面临的具体问题而采取的解决措施。因此，政府绩效评估必须明确政府公共管理面临的问题及其成因，结合所处的发展阶段，围绕政府绩效评估的历史使命来探索公共部门绩效评估的具体功能、实现途径及其价值，从而构建科学的绩效评估理论体系和评估指标体系。

(3)构建政府绩效目标、确定岗位工作职责：

①要按照立法程序构建政府绩效目标，进行工作分析，确定岗位职责。没有明确的绩效目标和绩效标准，绩效评估就失去了方向，绩效等级就无法确定。为了真实、准确、完整地反映公共管理的成本和绩效，应在部门职能和岗位职责配置中引进权责发生机制。

②要根据公共部门职能、工作岗位职责与绩效标准、绩效评估指标之间的内在关联性，科学构建绩效评估指标体系。

(4)完善绩效评估中的信息系统和信息沟通机制。通过推行和完善政务信息公开机制、政务信息共享机制，提高政府收集、处理信息的能力并实现资源共享；建立和畅通公众表达利益与意志的渠道，提高政府对公众需求的回应力。

(5)评估结果与奖惩和工资制度挂钩。这主要是学习企业的做法，重视绩效评估结果的反馈作用。将绩效与奖惩挂钩，绩效与工资挂钩，运用政府绩效结果，形成一种激励机制，提高公职人员的工作主动性和积极性，从而提升政府绩效，形成良性循环。

(6)完善政府绩效评估体制。打破影响政府绩效评估的体制性障碍，营造政府绩效评估有效施行的体制环境。政府绩效评估措施的施行及其作用的发挥，在相当程度上取决于体制环境的持续改善，同时，体制环境条件还会影响政府绩效评估的实际效用。

第十七章　行政改革与发展

17.1　复习笔记

【知识框架(庖丁解牛)】

- 行政改革与发展
  - 行政改革概述
    - 概念、类型、内容
    - 目标、原则、必然性
    - 动力和策略
  - 当代西方国家的行政改革
    - 治理模式、原因
    - 基本趋势
    - 主要特点
  - 当代中国的行政改革及展望
    - 当代中国的行政改革
      - 1982 年的改革
      - 1988 年的改革
      - 1993 年的改革
      - 1998 年的改革
      - 2003 年的改革
      - 2008 年的改革
      - 2013 年的改革
      - 2018 年的改革
    - 中国行政改革的经验及展望

【通关提要(提纲挈领)】

本章主要介绍行政改革与发展的相关知识，属于重点章节。学习时，要熟悉行政改革的概念、类型及改革的必然性；掌握当代西方国家行政改革的基本趋势及主要特点；同时重点掌握当代中国行政改革的发展历史及我国行政改革的经验，尤其注意我国行政改革的未来展望。本章主要考查概念题、简答题、论述题或案例分析题，可结合我国的行政改革实践来理解记忆。

【考点难点归纳(厚积薄发)】

考点一：行政改革概述(见表 17－1)　★★★

表17-1　行政改革概述

要点		主要内容
内涵	概念	指为适应不断变化发展的行政环境的需要，国家行政机关对行政管理的各方面因素[结构、功能、过程、制度、文化和行为方式等]进行的调整和变革
	基本类型	①“调适型”改革[发达国家]；②“转轨型”改革[计划经济转向市场经济]；③“发展型”改革[发展中国家]
	基本方式	①“突变式”改革[短期内]；②“渐进式”改革[较长时间、渐进性]
内容		①行政职能的转变；②行政体制的改革；③行政行为方式的变革；④行政文化的更新
目标		①适应社会环境；②精简或调整组织结构；③调整权力关系；④人事制度改革；⑤技术革新
原则		①系统性原则；②科学性原则；③观念先进原则；④适度原则
必然性		①时代发展和全球化挑战的必然要求。 ②使上层建筑适应经济基础的变化和发展的需要。 ③适应当代科技发展及行政管理科学化和现代化的需要
动力	外部动力	政治、经济、意识形态、社会、人口和文化等
	内部动力	新观念和新意识的出现、新技术的采用、利益需求
策略[不同角度]	方式	有自上而下、自下而上和上下结合的改革策略
	步骤	“投石问路”式、“一步到位”式、“分步实施”式
	涉及范围	渐进式、集中式和适度改革

考点二：当代西方国家的行政改革(见表17-2)　★★★★

表17-2　当代西方国家的行政改革

要点	主要内容
治理模式	①市场化政府；②参与型政府[授权]；③弹性化政府；④解制式政府[非管制政府]
原因	①全球经济竞争推动了政府改革。 ②民主化运动是政府改革的推动力。 ③信息技术革命驱动着改革，创造着改革的需求。 ④绩效赤字，主要是对政府规模和能力的抨击，导致了各国改革的浪潮。 ⑤当代经济理论的变革是政府变革的重要影响因素
主要内容	①政府职能市场化；②权力的分散化；③人事制度弹性化；④财政管理制度的改革；⑤公共服务的市场化、社会化
基本趋势	①政府职能的优化。 ②政府机构重组。 ③公务员制度改革。 ④不断改革社会福利制度，完善相关社会政策。 ⑤促进第三部门发展，引入市场化、社会化和企业化管理。 ⑥注重公共危机的管理，建设有预见性的政府。 ⑦精简程序，改进管理方式。 ⑧调整中央与地方的关系

续表

要点	主要内容
主要特点	①坚持渐进性的改革过程，促使改革稳步发展。 ②坚持依法改革，注重配套立法。 ③注重政府管理内涵的改革，强调政府管理效益。 ④建立精干高效的改革班子，重视参谋咨询机构作用的发挥。 ⑤加强监督，形成立体的政府绩效评估机制

【**真题链接**】简述当代西方国家行政改革的基本趋势。[简答题，广工大2020年研]

考点三：当代中国的行政改革及展望

1. 当代中国的行政改革(见表17－3) ★★★★

表17－3　当代中国的行政改革

要点	主要内容
1982年改革	①改革率先在农村展开，后来逐步转向城市。 ②改革和精简政府机构，较大幅度地撤并了经济管理部门，加强了综合、调节、监督、法制部门，推行后勤社会化的试点
1988年改革	改革首次提出“转变政府职能是机构改革的关键”，要求实行政企分开，转移直接管理企业的职能，使政府间接管理企业
1993年改革	以适应社会主义市场经济发展为要求，将转变职能、理顺关系、精兵简政作为改革重点，根本是实现政企分开；同时推行国家公务员制度，全面推进机关、事业、企业人事制度改革，建立现代企业制度，探索并构建国有资产管理体制
1998年改革	①改革目的：适应经济体制改革的深入，解决机构庞大、人员众多、政企不分、官僚主义严重等弊端。 ②改革目标：建立办事高效、运转协调、行为规范的行政管理体系，完善国家公务员制度，建设高素质的专业化国家行政管理干部队伍，逐步建立起适应社会主义市场经济体制且具有中国特色的行政管理体制
2003年改革	以科学发展观为指导，注重政府职能的转变、促进经济社会和人的全面发展，更加注重为构建和谐社会和全面建设小康社会提供体制保障
2008年改革	首次明确提出“大部门制”，以转变政府职能为核心深化行政管理体制改革，探索实行职能有机统一的大部门体制
2013年改革	围绕转变职能、理顺职责关系，稳步推进大部门制改革，破除制约经济社会发展的体制弊端
2018年改革	改革后，国务院正部级机构减少8个，副部级机构减少7个，除国务院办公厅外，国务院设置组成部门26个

2. 中国行政改革的经验及展望(见表17－4) ★★★

表 17-4　中国行政改革的经验及展望

要点	主要内容
经验	①从国情出发，坚持因地制宜。 ②以经济建设为中心，与经济体制改革相配套。 ③坚持新的发展理念，妥善处理改革、发展和稳定之间的关系。 ④吸收、借鉴西方发达国家的改革经验，汲取我国传统行政的精华。 ⑤坚持分步实行、逐步到位的渐进改革方式
展望 ［主要任务］	①继续简政放权，加快政府职能的转变。 ②统筹优化行政机构设置和职能配置。 ③打破职责同构，重视地方积极性的发挥。 ④创新行政管理方式，重视政府公信力和执行力的提升

【真题链接】

(1)中国行政改革展望或目标。[论述题，首经贸2017年研]

(2)论述我国行政改革的经验和主要任务。[论述题，山东师大2017年研]

17.2　考研真题

一、概念题

1. 行政改革[安徽财大2022年研；中央民大2021年研；南航2017年研；北邮2016年研；华南理工2015年研；山东师大2012年研]

2. 行政发展[黑龙江大学2023年研；安徽师大2021年研；武汉科大2010年研]

3. 政府再造[中财2014年研；华农2011年研；北邮2009年研]

二、简答题

1. 简述西方各国政府改革的背景和原因。[南航2017年研]

2. 简述当代西方政府改革的主要内容。[浙江财大2017年研]

3. 深化行政体制改革应注重处理好哪些关系？[南航2018年研]

4. 中国新时期行政改革与发展的策略。[南开大学2010年研]

三、论述题

1. 当代西方国家行政改革基本趋势和启示。[中国地大2015年研]

相关试题：

(1)简述当代西方国家行政改革的基本趋势。[简答题，广工大2020年研；华南理工2011年研；中财2009年研]

(2)请比较分析当代西方国家与我国行政改革趋势的异同。[电子科大2016年研]

(3)西方行政改革的趋势及其对中国行政改革的启示。[上海交大2013年研]

2. 结合不同国家的改革实践，谈谈20世纪80年代以来西方发达国家行政改革的特点。[首经贸2013年研]

3. 试述行政职能的转变与我国当前政府机构改革的关系。[山东大学2017年研]

相关试题：联系我国改革开放以来机构改革的有关情况，论述转变职能是政府改革的关键。[南航 2017 年研]

4. 20 世纪 70 年代末，随着中国改革开放路线的确立，政府改革也持续推进，请论述其基本轨迹，并对其成效和问题进行评价。[中山大学 2009 年研]

相关试题：请简要回答改革开放以来中国行政改革的历程。[电子科大 2013 年研]

5. 理论联系实际，论述我国行政改革的经验。[中财 2010 年研]

相关试题：

(1) 论述我国行政改革的经验和主要任务。[山东师大 2017 年研]

(2) 中国行政改革的经验、目标与主要任务。[青岛大学 2016 年研]

6. 中国行政改革展望或目标。[首经贸 2017 年研]

相关试题：

(1) 论述中国行政改革的经验及展望。[武汉科大 2016 年研]

(2) 论述深化行政改革的目标。[山东师大 2015 年研]

7. 请比较分析当代西方国家与我国行政改革趋势的异同。[电子科大 2016 年研]

相关试题：结合行政改革的相关理论，分析我国行政改革的发展趋势。[山东大学 2018 年研]

8. 试论企业家政府的基本特征及其对我国行政管理改革的启示。[华南理工 2016 年研]

相关试题：请论述西方国家“政府再造”理论对我国的启示。[江苏大学 2017 年研]

四、案例分析题

党的十八大：继续深化行政体制改革

2012 年 11 月 8 日，中共中央总书记胡锦涛代表十七届中央委员会向中共第十八次代表大会作了题为《坚定不移沿着中国特色社会主义道路前进，为全面建成小康社会而奋斗》的报告。报告指出，要继续深化行政体制改革。要按照建立中国特色社会主义行政体制目标，深入推进政企分开、政资分开、政事分开、政社分开，建设职能科学、结构优化、廉洁高效、人民满意的服务型政府。深化行政审批制度改革，继续简政放权，推动政府职能向创造良好发展环境、提供优质公共服务、维护社会公平正义转变。稳步推进大部门制改革，健全部门职责体系。优化行政层级和行政区划设置，有条件的地方可探索省直接管理县(市)改革，深化乡镇行政体制改革。创新行政管理方式，提高政府公信力和执行力，推进政府绩效管理。严格控制机构编制，减少领导职数，降低行政成本。推进事业单位分类改革。完善体制改革协调机制，统筹规划和协调重大改革。

十八届二中全会：行政体制改革是推动上层建筑适应经济基础的必然要求

中国共产党第十八届中央委员会第二次全体会议，于 2013 年 2 月 26 日至 28 日在北京举行。全会由中央政治局主持，中央委员会总书记习近平作重要讲话。全会强调，行政体制改革是推动上层建筑适应经济基础的必然要求，要深入推进政企分开、政资分开、政事分开、政社分开，健全部门职责体系，建设职能科学、结构优化、廉洁高效、人民满意的服务型政府。全会通过的《国务院机构改革和职能转变方案》，贯彻党的十八大关于建立中国特色社会主义行政体制目标的要求，以职能转变为核心，继续简政放权、推进机构改革、完善制度机制、提高行政效能，稳步推进大部门制改革，对减少和下放投资审批事项、减少和下放生产经营活动审批事项、减少资质资格许可和认定、减少专项转移支付和收费、减少部门职责交叉和分散、改革工商登记制度、改革社会组织管理制度、改善和加强宏观管理、加强基础性制度建设、加强依法行政等作出重大部署。全会强调，要深刻认识深化行政体制和政府机构改革的重要性和紧迫性，处理好政府和市场、政府和社会、中央和地方的关系，深化行政审批制度改革，减少微观事务管理，以充分发挥市场在资源配置中的基础性作用、更好发挥社会力量在管理社会事务中的作用、充分发挥中央和地方两个积极性，加快形成权界清晰、分工合理、权责一致、运转高效、法治保障的国务院机构职能体系，切实提高政府管理科学化水平。要坚持以人为本、执政为民，在服务中实施管理，在管理中实现服务。要加强公务员队伍建设和政风建设，改进工作方式，转变工作作风，提高工作效率和服务水平，提高政府公信力和执行力。国务院机构改革和职能转变任务艰巨，事关改革发展稳定大局，事关社会主义市场经济体制完善，要精心组织实施，确保改革顺利进行。

十八届三中全会：有效的政府治理，是发挥社会主义市场经济体制优势的内在要求

中国共产党第十八届中央委员会第三次全体会议，于2013年11月9日至12日在北京举行。全会听取和讨论了习近平受中央政治局委托作的工作报告，审议通过了《中共中央关于全面深化改革若干重大问题的决定》。全会提出，科学的宏观调控，有效的政府治理，是发挥社会主义市场经济体制优势的内在要求。必须切实转变政府职能，深化行政体制改革，创新行政管理方式，增强政府公信力和执行力，建设法制政府和服务型政府。要健全宏观调控体系，全面正确履行政府职能，优化政府组织结构，提高科学管理水平。

《国务院机构改革和职能转变方案》

《第十二届全国人民代表大会第一次会议关于国务院机构改革和职能转变方案的决定(草案)》于2013年3月14日批准通过。这次改革，国务院正部级机构减少4个，其中组成部门减少2个，副部级机构增减相抵数量不变。改革后，除国务院办公厅外，国务院设置组成部门25个。具体改革内容如下：

(1)实行铁路政企分开

为推动铁路建设和运营健康可持续发展，保障铁路运营秩序和安全，促进各种交通运输方式相互衔接，实行铁路政企分开，完善综合交通运输体系。将铁道部拟订铁路发展规划和政策的行政职责划入交通运输部。交通运输部统筹规划铁路、公路、水路、民航发展，加快推进综合交通运输体系建设。组建国家铁路局，由交通运输部管理，承担铁道部的其他行政职责，负责拟订铁路技术标准，监督管理铁路安全生产、运输服务质量和铁路工程质量等。组建中国铁路总公司，承担铁道部的企业职责，负责铁路运输统一调度指挥，经营铁路客货运输业务，承担专运、特运任务，负责铁路建设，承担铁路安全生产主体责任等。

国家继续支持铁路建设发展，加快推进铁路投融资体制改革和运价改革，建立健全规范的公益性线路和运输补贴机制，继续深化铁路企业改革。

不再保留铁道部。

(2)组建国家卫生和计划生育委员会

为更好地坚持计划生育的基本国策，加强医疗卫生工作，深化医药卫生体制改革，优

化配置医疗卫生和计划生育服务资源，提高出生人口素质和人民健康水平，将卫生部的职责、国家人口和计划生育委员会的计划生育管理和服务职责整合，组建国家卫生和计划生育委员会。主要职责是，统筹规划医疗卫生和计划生育服务资源配置，组织制定国家基本药物制度，拟订计划生育政策，监督管理公共卫生和医疗服务，负责计划生育管理和服务工作等。

将国家人口和计划生育委员会的研究拟订人口发展战略、规划及人口政策职责划入国家发展和改革委员会。国家中医药管理局由国家卫生和计划生育委员会管理。

不再保留卫生部、国家人口和计划生育委员会。

(3)组建国家食品药品监督管理总局

为加强食品药品监督管理，提高食品药品安全质量水平，将国务院食品安全委员会办公室的职责、国家食品药品监督管理局的职责、国家质量监督检验检疫总局的生产环节食品安全监督管理职责、国家工商行政管理总局的流通环节食品安全监督管理职责整合，组建国家食品药品监督管理总局。主要职责是，对生产、流通、消费环节的食品安全和药品的安全性、有效性实施统一监督管理等。将工商行政管理、质量技术监督部门相应的食品安全监督管理队伍和检验检测机构划入食品药品监督管理部门。

保留国务院食品安全委员会，具体工作由国家食品药品监督管理总局承担。国家食品药品监督管理总局加挂国务院食品安全委员会办公室牌子。

新组建的国家卫生和计划生育委员会负责食品安全风险评估和食品安全标准制定。农业部负责农产品质量安全监督管理。将商务部的生猪定点屠宰监督管理职责划入农业部。不再保留国家食品药品监督管理局和单设的国务院食品安全委员会办公室。

(4)组建国家新闻出版广电总局

为进一步推进文化体制改革，统筹新闻出版广播影视资源，将国家新闻出版总署、国家广播电影电视总局的职责整合，组建国家新闻出版广播电影电视总局。主要职责是，统筹规划新闻出版广播电影电视事业产业发展，监督管理新闻出版广播影视机构和业务以及出版物、广播影视节目的内容和质量，负责著作权管理等。国家新闻出版广播电影电视总局加挂国家版权局牌子。

不再保留国家广播电影电视总局、国家新闻出版总署。

(5)重新组建国家海洋局

为推进海上统一执法，提高执法效能，将现国家海洋局及其中国海监、公安部边防海警、农业部中国渔政、海关总署海上缉私警察的队伍和职责整合，重新组建国家海洋局，由国土资源部管理。主要职责是，拟订海洋发展规划，实施海上维权执法，监督管理海域使用、海洋环境保护等。国家海洋局以中国海警局名义开展海上维权执法，接受公安部业务指导。

为加强海洋事务的统筹规划和综合协调，设立高层次议事协调机构国家海洋委员会，负责研究制定国家海洋发展战略，统筹协调海洋重大事项。国家海洋委员会的具体工作由国家海洋局承担。

(6)重新组建国家能源局

为统筹推进能源发展和改革，加强能源监督管理，将现国家能源局、国家电力监管委员会的职责整合，重新组建国家能源局，由国家发展和改革委员会管理。主要职责是，拟订并组织实施能源发展战略、规划和政策，研究提出能源体制改革建议，负责能源监督管理等。

不再保留国家电力监管委员会。[电子科大2014年研]

请回答：

1. 什么是行政改革？当前我国行政改革的重要性体现在哪些方面？

2. 结合案例，分析建国以来我国行政改革的经验，以及党的十八大以来我国行政体制改革举措呈现的特点及面临的困难。

3. 结合案例，你如何理解和评价新一轮国务院机构调整的目的、特点及意义。

17.3 考研真题详解

一、概念题

1. 行政改革[安徽财大2022年研；中央民大2021年研；南航2017年研；北邮2016年研；华南理工2015年研；山东师大2012年研]

答：行政改革是指政府为了适应行政管理外部生态环境变化的需要，而有意识地对行政管理从结构、功能、过程到行为方式等各个方面进行变革的活动。行政改革包括组织结构的调整、行政职能的转变及人事制度、领导制度、行为方式和运行机制等方面的改革，有渐进式和突变式两种基本方式。行政改革在本质上是政府对环境的一种适应过程，其内涵可以从四个方面来理解：①行政改革是个政治过程。行政体制是政治体制的组成部分，政治决定行政。②行政改革的目的是为了适应社会环境，高效公平地处理社会公共事务。③行政改革必须改革内部体制和组织机构，重新配置权力。④行政改革必须处理政府与社会之间的关系。

2. 行政发展[黑龙江大学2023年研；安徽师大2021年研；武汉科大2010年研]

答：行政发展是指行政系统为了适应行政环境的变化和提高行政效率，按照行政管理的客观规律，变革行政体系，改善行政活动方式和行政关系，以改善生存状态，提升行政能力，更好地执行国家政治意志，促进社会协调发展的过程。它在本质上是促使传统的落后的公共行政向现代先进的公共行政转化。行政发展在内涵上大都具备四个方面的内容：①行政体系的能力发展过程；②行政体系的功能改善过程；③行政关系的改善过程；④行政体系的结构优化过程。行政发展是多维度的发展，行政体系、行政制度、行政组织、行政规范、行政功能、行政环境、行政文化等的发展都属于行政发展的范畴。在诸因素中，行政主体及其所要达到的目标是行政发展的重点。

3. 政府再造[中财2014年研；华农2011年研；北邮2009年研]

答：政府再造是指通过变革组织目标、组织激励、责任机制、权力结构以及组织文化等手段，促使公共管理体制和公共组织进行根本性的转型，以大幅提高组织效能、效率、适应性以及创新能力的过程。其内涵主要包括：①政府再造是用企业化体制来更新重塑官僚体制，即创造具有创新惯性和质量持续改进的公共组织和公共体制，而不必靠外力驱使；

②政府再造是创造具有内在改进动力的公共部门；③政府再造是使政府具备能够应对无法预知的挑战的能力。政府再造的目标是建立一个非官僚化并且具有创新精神与活力、以市场及公众需求为导向的具有较高工作效率的政府；其本质是通过再造工程，提升政府治理能力，从而促进社会的发展和进步。

二、简答题

1. 简述西方各国政府改革的背景和原因。［南航 2017 年研］

答：20 世纪 70 年代中期以后，西方政府出现“新公共管理”改革浪潮。其基本取向是采取企业管理的理论、技术和方法，引入市场竞争机制，强调顾客导向和提高服务质量。这场改革促使传统的公共行政模式向“新公共管理”转变，形成政府治理的新模式。具体而言，西方国家政府改革的背景和原因在于：

（1）经济和政治因素在将改革提上议事日程中起着决定性的作用。20 世纪 70 年代石油危机之后的经济衰退，导致西方各国高额的财政赤字，福利国家不堪重负，并面临一系列新的社会与政治问题，这是引发政府改革的直接原因。按照奥斯本和盖布勒的说法，解决财政赤字问题原则上有三种办法：①限制开支和公共任务的终结；②增加收入尤其是税收；③用较少的开支实现公共使命，即“少花钱多办事”。只有第三条途径才是现实中可供选择的出路，“新公共管理”改革所选择的正是这条道路。

（2）经济全球化的出现是当代西方政府改革的一个推动力。全球化趋势加强了西方国家对本国经济竞争力的重视。政府能力是一国综合国力和竞争力的一种主导性因素。政府如何引导和调控国民经济运作，参与国际经济竞争，促进经济发展，自然成为人们关注的焦点。经济全球化对政府的公共管理提出了更高的要求。经合组织（即经济合作与发展组织）把政府改革当作其成员国在国际市场上进行有效竞争的一个重要途径，认为：政府改革是顺应经济全球化和保持国际竞争力的内在需要，为公共部门改革提供了新的强大动力；处理国际问题不再是传统涉外部门的专门职责，所有政府部门以及地方政府都必须具有跟踪、理解和处理国际问题的能力；经济资源的稀缺和为避免不稳定而保持的经济竞争力，是推动当代公共部门改革的重要因素。

（3）新技术革命尤其是信息革命是当代西方政府改革的一种催化剂。信息技术的快速发展为建立起灵活、高效、透明的政府创造了可能性。信息时代以及“数字化生存”的方式打破了政府长期以来在公共信息方面的垄断地位，新通信技术使得公民和社会团体接触政府信息更为便利，参与公共管理活动更加容易。这就要求对政府组织及其运作过程作出变革与调整。

（4）传统的官僚体制（科层制）的失效和商业管理模式的示范性影响是当代西方“新公共管理”运动兴起的另一个动因。

2. 简述当代西方政府改革的主要内容。［浙江财大 2017 年研］

答：行政改革是指政府行政系统随着外部生态环境的变化以及行政系统内部构成要素的变化，有意识地对其自身的结构功能和行政人员的行为方式不断进行调整和改变，使其转变到新形态，以期取得行政系统与环境之间的动态平衡，从而实现行政效能的行为或过程。当代西方政府改革的主要内容有：

(1)政府职能的优化。当代西方发达国家的政府改革的重点之一是重新界定政府职能。在"新公共管理主义"的视野中，政府从大量社会事务中解脱出来，将这些职能交给或归还给社会，由社会经济组织或中介组织去承担，政府则制定法律和规章制度、监督和执行法律法规。

(2)公共服务的市场化、社会化。在当代西方国家的行政改革中存在着这样一种趋势，即政府充分利用市场和社会的力量，推行公共服务市场化和社会化。具体说来，在实践中主要采取以下形式：

①政府业务合同出租，即利用合同承包的方式把政府的一些工作任务推向市场。

②以私补公，打破政府垄断，建立政府部门与私营企业的伙伴关系。

③公共服务社会化，即政府授权社区并鼓励各社区建立各种公共事业，以改进社会服务和控制犯罪活动。

(3)分权。当代西方国家行政改革的目标之一在于分散政府管理职能，缩小政府行政范围，因而必然要实行分权与权力下放。分权既涉及中央与地方的关系，又涉及中央政府内部上下级关系。中央政府部门内部上下级关系的改革更是当代西方国家行政改革的热点。

(4)引入现代化管理技术。当代政府内部公共管理体制改革的最显著特征是公共行政中的管理主义倾向，即引进现代化管理技术尤其是私营部门的管理技术来"重塑政府"，实现政府管理的现代化，建立一个"市场化""企业化政府"。

(5)人力资源管理改革。在公共人事管理改革方面，西方发达国家采取的主要措施有：①放松管制、增强灵活性；②公共管理者的非职业化；③绩效评估以及灵活的付酬制度。

(6)机构的重组，是对公共部门组织实质性的调整，其目的是使政府活动更有计划性和协调性。

3. 深化行政体制改革应注重处理好哪些关系？［南航2018年研］

答：深化行政体制改革应注重处理好以下几个方面的关系：

(1)处理好简政放权与加强管理和服务的关系，激发市场、社会的创造活力。简政放权与加强管理和服务是转变政府职能的两个方面。处理好简政放权与加强管理和服务的关系，既是促进经济稳定增长、推动经济转型的必然要求，也是加强政府自身建设、提高政府治理能力的重大举措。

(2)处理好不同层级政府间的关系，发挥各层面的积极性。转变政府职能，需要整体构思、通盘考虑、上下贯通，把从中央到各级地方政府职能转变的整篇文章做好。既维护中央的权威、上级的政令，也发挥地方、基层的积极性；既防止一统就死，也防止一放就乱；既坚持上下一盘棋，又充分考虑地区差异，注重区别对待、分类指导，为各地因地制宜留出合理空间。

(3)处理好"瘦身"与"强身"的关系，优化政府组织机构。当前机构编制总量已经很大，叠床架屋，效率低下，结构不合理，机构编制资源没有配置好。一方面，已经弱化的领域没有及时"瘦身"，闲职太多，人浮于事；另一方面，"只瘦身不强身"，需要加强重点领域和关键环节的管理。对这个问题，各级政府都应引起高度重视，进一步深化机构改革，既要"瘦身"，更要"强身"。

(4)处理好合理赋权与有效制衡的关系，强化权力运行制约和监督体系。权力配置是否科学、运转是否协调、监督是否有效，是判断一个国家和地区政治文明发展水平的重要标志。现行权力结构，既有职能分散、“九龙治水”的问题，也有权力部门化、部门利益化的倾向；既有程序烦琐、效率不高的问题，也有公开透明程度不够、监督不力的问题。构建科学有效的权力制约和协调机制，应深入把握权力运行基本规律，以科学的制度设计为支撑，以分权制约为核心，以公开问责为保障，促进决策权、执行权、监督权既相互制约又相互协调。

(5)处理好直接管理与间接管理的关系，创新行政管理和服务方式。行政管理和服务方式变革的方向，是从权力导向向规则导向转变，从政府本位向社会本位转变，从注重权威管制向注重柔性疏导转变。健全宏观调控体系，着重运用经济、法律手段进行调节，辅之以必要的行政手段，通过各种手段的协同配合，不断增强宏观调控的预见性、科学性和有效性。推进社会共同治理，在党委领导、政府主导的基础上，激发社会组织活力，建立社会协商对话机制，鼓励和支持各方面共同参与社会治理，实现政府治理和社会自我调节、居民自治良性互动。

(6)处理好改革创新与依法行政的关系，建设法治政府。转变政府职能是政府在职能和运行机制上的根本转型，一方面需要以创新的思路、改革的办法、革故鼎新的勇气，改变计划经济体制下的传统习惯模式，清除行政体制和部门利益的障碍，探索适应经济社会发展需要的政府管理新机制；另一方面，依法行政是政府工作的根本准则和基本要求，本身就是政府职能转变的目标之一，任何改革创新都必须在宪法法律框架范围内进行，在制度约束下进行，才不会跑偏、出位。

4. 中国新时期行政改革与发展的策略。［南开大学2010年研］

答：行政改革是政府为了适应变化了的行政管理外部生态环境的需要，而有意识地对行政管理从结构、功能、过程到行为方式诸方面进行变革的活动，本质上是政府对环境的一种适应过程。新时期行政改革主要从单维度地破除计划经济下的管理模式，到多维度地推进经济建设、政治建设、社会建设、文化建设和生态建设的改革模式，需要政府一方面继续破除不适应社会主义市场经济需要的行政体制，另一方面创新政府职能和工作方式，使之发挥上层建筑对经济基础积极的反作用，促进经济社会协调和改革发展稳定的整体推进。中国新时期行政改革与发展的策略包括：

(1)提高全体行政人员对改革的参与度。相关人员参与程度的大小，直接影响着改革能否顺利进行。当积极鼓励有关人员参与改革的设计和讨论时，就会减少抵制的情绪，增强心理满足感，使改革的阻力变为动力。

(2)通过广泛宣传和深入动员，改变组织成员的态度，建设勇于改革、勇于创新的组织文化。

(3)通过积极有效的沟通，促进有利于改革的共识的达成。对政府进行改革还要求社会上所有的重要组织进行合作，如企业对行政改革的支持。采取积极有效的沟通措施，让社会各界广泛分享有关改革的信息资料，促成全社会对行政改革目的、意义的共识，使行政改革成为一种广泛的强烈愿望，从而坚定人们的改革信念，增强对行政改革的责任感。

(4)合理安排改革的时间与进程。把行政改革变成一种长期的行动，使人们有时间去适应新的制度、新的环境，从而减轻心理压力，这同样也可以达到削弱改革阻力的目的。

(5)对受损者进行补偿。改革是利益的再分配，改革中的受损者是行政改革的强大障碍，在改革中对他们进行补偿有助于得到其支持。

三、论述题

1. 当代西方国家行政改革基本趋势和启示。[中国地大2015年研]

相关试题：

(1)简述当代西方国家行政改革的基本趋势。[简答题，广工大2020年研；华南理工2011年研；中财2009年研]

(2)请比较分析当代西方国家与我国行政改革趋势的异同。[电子科大2016年研]

(3)西方行政改革的趋势及其对中国行政改革的启示。[上海交大2013年研]

答：行政改革是公共行政主体——政府为了适应变化了的公共行政生态环境的需要，而有意识地对公共行政从结构、功能、过程到制度、文化和行为方式诸方面进行变革的活动。它在本质上是政府对环境的一种适应过程。

(1)当代西方国家行政改革的趋势：

①优化政府职能。西方发达国家在20世纪的最后20年中掀起了政府改革的大潮，这场轰轰烈烈的改革运动极大地冲击了传统的行政模式，重塑了传统的行政理念。新的政府行政理念由以下几部分组成：

a. 政府服务应以顾客或市场为导向。

b. 政府应重视提高公共服务的效率、效果和质量。

c. 政府的管理职能应是掌舵而不是划桨。

d. 政府行政中需引入市场化模式。

②重组政府机构。组织重组是当代西方国家地方政府结构调整的一个重要工具。当代西方国家地方政府的组织重组产生了政策过程理论、新公共管理理论和公共选择理论三种解释性理论。经过组织重组，当代西方国家地方政府建立了一种以规范化、小型化、弹性化和任务化为特征的新型组织结构。

③改革公务员制度。公开考试、择优录用，即绝大多数文官都必须通过公开的竞争考试，择优录用，政府任何一级文官职位都要向成绩优秀者开放。西方各国几乎都用立法的形式把考试的内容、方式、条件、机构等方面固定下来，形成制度。如日本法律规定，所有公务员都必须经过考试才能进入国家机关，否则就要受到严厉的惩罚。

④改革社会福利制度，完善相关社会政策。随着高福利制度的进一步发展，西方各国政府普遍感到在社会福利财政支出方面力不从心，政府财政无力供给庞大的福利支出需要。因此，弱化政府在社会福利制度的作用，让更多的私人部门参与到社会福利制度中来，成为近年来西方社会福利制度改革的重要趋势。为了弱化政府在社会福利制度中的作用，各国都在努力让政府的社会福利责任逐渐向私营部门转移，实行社会福利制度“私人化”“资本化”。

⑤重视第三部门发展，培育多元的社会治理主体。面对政府失灵和市场失灵的困境，西方国家第三部门应运而生。第三部门具有比政府公共部门更灵活、更好的创新机制和更为广泛的参与基础，能够使公民的参与需要得到满足，缓解社会突出问题的压力，并起着

制度创新的作用，能解决一些政府解决不了的问题，从而避免“政府失灵”现象的产生。

⑥重视公共危机管理，建设有预见性的政府。当今社会、国家、组织和个人都不能避免危机带来的威胁。面对危机，西方国家探索出一套行之有效的应对危机方略，包括：a. 对危机进行科学的分类；b. 建立全面的危机管理体制；c. 建立危机处理流程；d. 构建适当的危机反应和预警等级；e. 建立针对商界的危机准备项目。

⑦精简程序，改进管理方式。西方国家政府在简化行政程序方面普遍采取精简程序、缩小审批事项、下放审批权限、简化申报程序和审批手续、建设电子政府等做法来改进公共管理方式。

⑧调整中央与地方的关系。纵观世界主要国家，尤其是西方发达国家处理中央与地方关系的制度安排和政策措施都有共性特征，如“收入集权、支出分权”的基本财权事权划分模式；同时各国也根据各自国情发展出了各具特色、差异很大的制度框架。实际上经考察发现经济发展阶段接近的西方发达国家并不存在规范统一的中央与地方事权分配模式，更不存在标准化的中央与地方关系制度框架。

(2)当代西方国家行政改革的启示：

①从本国实际出发推进行政改革。西方各国的行政改革都深深植根于本国的社会、政治、经济、文化这一坚实的基础之中，既具有共性，又有个性。

②行政改革是渐进性的过程。西方国家行政改革大都具有阶段性和渐进性，坚持有计划、分步骤、分阶段进行，以确保行政改革能够稳步发展。

③注重专家咨询与改革前的方案论证。西方国家在进行行政改革时，都十分重视专家的咨询意见。为了保证专家意见的权威性，各国政府都成立了专门研究行政改革的临时性委员会或常设委员会；专家们的改革建议对政府的行政改革决策具有很大的影响力，甚至政府的改革方案直接来自他们的建议和报告。

④以立法为先导，注重法律准备。为使行政改革顺利实施，西方国家在对现行相关法规进行修正的同时，还注重新法规的制订，以便行政改革有法可依。

⑤建立精干高效的改革工作班子，推动和控制行政改革方案的实施。为推动行政改革并使改革不偏离预期目标，西方国家大都强调要成立一支精干、高效的工作班子，以便对行政改革进行监督。

2. 结合不同国家的改革实践，谈谈 20 世纪 80 年代以来西方发达国家行政改革的特点。[首经贸 2013 年研]

答：(1)不同国家的改革实践：

①美国的改革实践。克林顿上台以后，即发动“新政府运动”，开始政府再造工作。他指定副总统戈尔组织委员会，广泛推进改革。由于受企业型政府理论的影响，美国政府提出了四大原则作为政府再造的行动方向，这四大原则是：a. 顾客至上，民众优先；b. 删减法规，简化程序；c. 授予权能，追求成果；d. 节约成本，提高效能。

②英国的改革实践。英国的政府再造方案，主要有效率稽核、财务管理改革方案、续阶方案、公民宪章以及民营化。鉴于长久以来政府行政效率不彰，早已为英国人民不满，撒切尔夫人执政后，在首相办公室成立了一个“效率小组”，对各行政部门的特定问题，如增进效率、消除浪费等进行小规模调查，其主要目的在于发现、改善政府机关阻碍行政效

率提高的因素，并提出改进的建议。

③新西兰的政府改革实践。新西兰政府的改革范畴相当广泛，并不局限于行政改革，而是涉及金融、货币、劳动市场、选举、政治等层面。新西兰政府确立了以下改革原则：

a. 政府不应介入由社区或民间企业经营可获得更高效率的活动，只能涉入由民间经营没有效率或效能的活动。

b. 以民间经营方式建构的企业实体可获得最高效率，留在公共部门的事业组织及其运作必须采用民间公司的形式。

c. 在功能明确且不冲突、政策与营运功能分离、商业与非商业功能分离的情况下，政府各部门运作最有效率。

d. 清楚界定政府各部门、各机构及个别文官的目标，具有潜在冲突的责任应安排在不同的体制中。

e. 在中央控制降至最低并让政府各部门主管对组织完全负责时，预期绩效可达最高。

f. 政府部门活动的成本，须考量市场因素，亦即品质、数量、成本应以顾客的需求为判断标准。

(2)20世纪80年代以来西方发达国家行政改革的特点：

①从“大政府”向“小政府”转变。由于政府职能、政府机构的扩大，对经济和社会事务的干预增多，各国政府普遍出现机构林立、职能重叠、条块分割等弊病，财政支出也随之增加。因此，精简机构，确定政府的合理规模以提高行政效率，成为西方各国行政机构改革的重要目标和总体趋势。

②分权化改革，缩小行政范围，分散行政权力。分权改革既表现为政府与社会分权，又表现为中央政府与地方政府之间、政府机构内部层级之间的分权，还表现为决策机构与执行机构分权等。

a. 从中央和地方之间的分权来看，它体现为中央政府将行政管理职能和若干权力如项目管理权、法规制定权等下放给地方政府，使地方政府较之以前拥有更大的权力，承担应有的政府责任。

b. 从政府行政机构内部层级之间的分权来看，它体现为压平层级，授权一线，以满足对政府效率、民主和责任的需求。

c. 从行政机构内部的决策与执行职能及机构分离来看，即政策执行应该与政治和政策保持一定的距离，以使政策执行机构能够不受内阁的干涉，专心致力于自己的核心工作，即供给公共物品和公共服务，从而提高管理质量和效率。

③强化综合协调行政管理机构及其职能。与独立的执行机构迅速发展的趋势相对应，西方国家在行政改革过程中还加强了综合协调机构，以强化政府的综合协调的职能。这具体表现为：a. 加强行政首脑的办事机构。如英国撒切尔政府在改革政府机构时，加强首相职权，建立强有力的政府核心班子，并建立政府智囊机构——中央政策小组，独立于其他部门。b. 强化综合协调机构。

④行政管理机构设置的弹性化。各国机构改革的实践表现出临时机构数量的增长及其作用强化的特点。构建灵活政府模式，在政府内部设立临时性机构，配备临时雇员，尽可能减少常设机构的数量，通过设置的标准和程序、规范人事管理，加强了对临时机构的管

理，把临时机构的管理活动纳入法制轨道，能兴利除弊，发挥临时机构的正面效应的目的。

3. 试述行政职能的转变与我国当前政府机构改革的关系。［山东大学 2017 年研］

相关试题：联系我国改革开放以来机构改革的有关情况，论述转变职能是政府改革的关键。［南航 2017 年研］

答：一般意义上而言，政府改革最少会涉及以下几个方面的变革：一是结构性变革，如组织结构的重组，层级的简化，人员的精简；二是工具层面的变革，涉及政府治理方式、方法以及公务员做事的方式；三是价值层面的变革，涉及政府人员的心灵改革。显然，仅仅改变政府结构无法达到改革目的，因此，还必须重视政府行政职能的转变。当前我国正处于全面深化改革和全面建成小康社会的关键期，实现政府职能的转变有着深厚的现实迫切性。

（1）行政职能的转变需要机构改革提供制度环境。传统的管制型政府在某种意义上说，是有能力对社会、市场、团体以及个体实行大规模干预以实现自身意志的大政府，即“全能型政府”，其重要特征是政府职能的过度膨胀。这导致政府往往管了许多不该管、管了又管不好的事，让自己陷入具体、琐碎的事务堆里不能自拔；而许多公共事务政府又力不从心，由此引发了许多社会矛盾，从而加深了政府、社会以及公民之间的不信任感。要转变职能，首先就需要进行合适的机构改革，使之符合市场经济下的实际条件。

（2）行政职能的转变适应了经济全球化发展对政府机构改革的要求。

①政府应弱化某些职能。“弱化”就是弱化政府微观管理职能，最大限度地削减政府在经济工作中的审批职能。要严格规范政府的投资行为，把市场能够解决的问题交由市场去解决，充分发挥市场配置资源的决定性作用；处理好政府与市场的关系，使政府和市场能够有效克服自身缺陷，发挥彼此不能或难以相互替代的功能，实现政府与市场功能的良性互动。

②政府应强化某些职能。“强化”就是强化区域调控职能，将工作重点从直接抓项目、办企业转到制定地方经济社会发展战略和规划上来，以科学的发展观推动经济社会的协调发展，维护社会公平正义。

③政府需要增添新的职能。必须积极培育金融、劳动力、土地、技术、信息、服务、房地产、外汇等生产要素市场，开放证券市场、期货市场，将政府目前所承担的技术性、服务性和部门协调性工作交给社会中介组织和社会自治组织，变“全能政府”为“服务政府”。

（3）行政职能转变为机构改革提供了重要前提和基础。政府机构改革并不是简单的撤减、合并，而是要转变政府职能，在转变职能的基础上撤减、合并或增设加强机构，最终实现机构改革的目标。避免追求“精简机构”“缩减编制”的表层目标，精简下来的人员又重新回到政府机关，撤并了的机构又重新恢复，冲抵了改革的成效。机构最终陷入周而复始的恶性膨胀。

综上所述，政府改革不能等同于机构改革，而是必须要重视改革的系统配套，将组织重建、职能转变、流程再造和管理方式更新以及相互关系的调整有机地结合起来，全方位推进行政体制改革。

4. 20世纪70年代末，随着中国改革开放路线的确立，政府改革也持续推进，请论述其基本轨迹，并对其成效和问题进行评价。[中山大学2009年研]

相关试题：请简要回答改革开放以来中国行政改革的历程。[电子科大2013年研]

答：新中国成立以来，为适应政治、经济、社会的变化发展，我国先后进行了多次大的行政改革，其中改革开放以来进行了8次。随着改革的不断推进，我国的政府改革取得了重大的成就，同时也存在不少问题。

(1)20世纪70年代末以来，政府改革的基本轨迹：

①1982年的改革。1982年开始的行政体制改革主要集中在以下几个领域：

a. 国务院机构改革和干部人事制度建设。这方面的成绩主要有：改革国务院领导体制，并根据重叠的机构撤销、业务相近的机构合并的原则，精简了国务院机构，还打破了领导干部职务终身制，建立干部退休制度，按照革命化、年轻化、知识化、专业化的干部“四化”方针，选拔了一大批年轻的领导干部充实到各级领导岗位。

b. 地方政府机构改革。1982年中央一级党政机构改革基本完成后，省、自治区、直辖市政府随后进行了较大规模的改革。改革以调整领导班子为重点，同时提出精简机构、紧缩编制、实行老干部离退休制度以及加强干部的轮训工作等多项任务。

c. 推行“市管县”体制改革。1982年，为了打破城乡间的壁垒，推动城乡经济协调发展，中共中央发出改革地区体制、实行市管县体制的通知，年末首先在江苏试点，次年开始在全国范围内试行。在当时的情景下，推行市管县体制，对于密切城乡关系、加强城乡工作、促进城乡一体化进程有着巨大的推动作用。它在一定程度上解决了地区机构重复、行政效率低下、人员闲置问题，起到了加强管理的积极作用，打破了市县之间多年的壁垒和城乡分割、工农分离的封闭式的自然经济格局，发挥了中心城市对农村发展的带动作用。

d. 启动了事业单位改革，初步理顺了教育、科技、艺术表演、卫生、体育等管理体制，扩大了事业单位的自主权，调整了事业单位与财政的财政关系。

②1988年的改革。1988年开始的行政改革，最大的特点是明确提出了政府职能转变这个关键性问题，改变了以往的就机构论机构的做法。当时提出转变职能包括五个方面的内容，即由微观管理转向宏观管理、由直接管理转向间接管理、由部门管理转向全行业管理、由“管”字当头转向服务监督、由机关办社会转向机关后勤服务工作社会化。

③1993年的改革。从1993年开始，随着市场经济取向的经济体制改革的推进，又一轮自上而下进行的全国性的行政体制改革开始。这次改革的原则是转变职能、理顺关系、精兵简政、提高效率；任务是精简机构，进一步转变职能、理顺关系；改革的重点是转变政府职能，加强宏观调控和监督部门，强化社会管理部门，将一部分专业经济部门转变为行业管理机构或经济实体，减少具体审批事务和对企业的直接管理，宏观上管好，微观上放开。

④1998年的改革。1997年中共十五大报告再一次提出要“推进机构改革”。在这种背景下，1998年开始的行政改革，主要目的是解决机构庞大、人员众多、政企不分、官僚主义严重等弊端，进一步深化经济体制改革，促进经济与社会的全面发展与进步，密切党和政府同人民群众的联系，推进党和国家领导制度的改革；目标是建立办事高效、运转协调、行为规范的行政管理体系，完善国家公务员制度，建设高素质的、专业化的国家行政管理

干部队伍，逐步建立适应社会主义市场经济体制的、有中国特色的行政管理体制。

⑤2003 年以来的改革。2003 年 3 月十届全国人大一次会议审议通过新一轮国务院机构改革方案，启动改革开放以来的第五次行政改革。本次改革目的在于解决行政管理体制中的突出矛盾和问题，为促进改革开放和现代化建设提供组织保障。改革重点是：深化国有资产管理体制改革，完善宏观调控体系，健全金融监管体制，继续推进流通管理体制改革，加强食品安全和安全生产监管体制建设。

⑥2008 年的改革。为了更好地适应发展社会主义市场经济和发展社会主义民主政治的要求，更好地应对新时期新阶段面临的各种挑战，行政体制改革被再次提上议事日程。因此，此次机构改革的总体目标是，到 2020 年建立起比较完善的中国特色社会主义行政管理体制。

⑦2013 年的改革。这次改革的重点是紧紧围绕转变职能和理顺职责关系，稳步推进大部制改革，实行铁路政企分开，整合加强卫生和计划生育、食品药品、新闻出版和广播电影电视、海洋能源管理机构。

⑧2018 年的改革。2018 年 3 月 13 日，国务院机构改革方案公布，根据该方案，改革后，国务院正部级机构减少 8 个，副部级机构减少 7 个，除国务院办公厅外，国务院设置组成部门 26 个。

(2)改革开放至今政府改革的成效：

①政府职能转变迈出重要步伐。改革开放以来，政府职能逐步由全能政府转为有限政府，逐步由管制政府转为服务政府。

②政府组织机构逐步优化：

a. 政府机构设置更为合理。改革开放后，随着政府职能逐步由微观经济管理过渡到宏观经济调控，党中央国务院按照权责一致的原则对职能相近的政府部门进行整合，将相同或相近的职能交由同一个部门承担，克服了多头管理、政出多门的现象，使机构设置更为合理，权责更为明确。

b. 机构数量更为精简，整体效能相对提高。改革开放以来，中国已进行了 8 次国务院政府机构改革，国务院组成部门已由 1982 年的 100 个削减为 2018 年的 26 个。与此同时，随着国家公务员制度的实施，政府人员编制向科学化、规范化、法制化转变，机构成员素质普遍提高。从总体上看，政府组织机构效能显著提高。

c. 行政运行机制更加完善。改革开放以来，我国历届政府改革一直注重使决策权、执行权、监督权相分离，尤其是 2008 年政府改革提出了大部制改革方案，使决策权、执行权和监督权既相互制约又相互协调，进一步优化了政府组织结构。

③政府决策日益科学化、民主化。改革开放以来，经过历届政府改革，我国已经基本建立了公众参与、专家论证和政府决定相结合的行政决策机制，政府决策日益科学化和民主化。

④政府工作效率显著提高：

a. 行政审批制度改革极大地提高了政府工作效率。改革开放后，行政审批制度进行了一系列改革，取得了显著成效。与此同时，许多政府机构还实行了“一站式服务”“一窗式服务”等形式新颖的行政审批方式，极大地提高了工作效率。

b. 政府不断改进管理方式，推行电子政务，行政效率得到极大提高。近年来，随着政府不断改进管理方式，推行电子政务，政府组织结构和工作流程得到重组优化，超越了时间、空间和部门分隔的制约，原来需要数天时间才能发送成功的政府公文目前只需几分钟便可发送完成，极大地提高了政府的工作效率。

⑤政府工作透明度明显提高。改革开放以来，随着几次政府改革的逐步深入，政府工作的透明度显著提高。主要表现在：

a. 新闻发言人制度的实施极大地提升了政府工作的透明度。

b. 电子政务的推行极大地提升了政府工作透明度。

c.《政府信息公开条例》的实施，从根本上促成了政府工作的透明化。

d. 我国的社会主义民主政治建设在一定程度上促成了政府工作的透明化。

⑥依法行政稳步推进。依法行政是实现公共型、责任型政府的具体措施，也是提高政府公共服务质量和效率的制度保证。改革开放40多年来，我国政府的运作方式发生了很大的变化，“党必须在宪法和法律的范围内活动”已经成为新的执政理念，依法治国、依法行政已经成为政府运作的基本要求。

⑦廉政建设和反腐败工作深入开展。社会主义市场经济的经济体制改革在带来巨大经济成就的同时，也将市场规则带入政治领域，政治腐败行为已经成为我国政府建设需要解决的最紧迫问题之一。对于这一点，党中央国务院早有洞察，自1982年以来，历次政府改革都大力强调党风廉政建设，坚决打击腐败行为，取得了显著成效。

(3)改革开放至今政府改革存在的问题：

①行政成本过高，行政效率偏低。尽管我国政府进行了多次改革，政府机构臃肿现象有了很大改变，但是行政成本高、行政效率低的问题仍然存在。

a. 政府机构设置不够科学，机构臃肿、部门之间职责交叉、权责脱节的现象在一定程度上加大了行政成本，降低了行政效率。

b. 我国政府机构中公共利益部门化、部门利益个人化的现象在一定程度上阻碍了政府改革的进程。部门利益的典型表现是审批权和垄断经营权，个人利益的典型表现是权钱交易。

c. 个别政府部门铺张浪费严重、政府管理中存在比较严重的腐败现象，这也极大地增加了行政成本，降低了行政效率。

②政府职能转变仍不到位，政府管理越位、缺位、错位现象仍然存在：

a. 政府管理中仍然存在越位现象，仍然存在政府插手政府不该管的事情的情况，如政府招商引资等。

b. 政府管理中仍然存在错位现象，政府在社会管理领域管了许多不该管、管不了也管不好的事情。

c. 政府管理中仍然存在缺位现象，有许多应该由政府履行的职能，政府没有履行或者说没有履行好。

③依法行政有待完善：

a. 行政决策科学化、民主化程度有待加强。要切实地使各项制度得以贯彻执行，同时切忌使各类听证会、座谈会、论证会流于形式，成为政治秀。

b. 依法行政能力有待提高。依法行政是现代政府的一个基本特征，是建立合理的政府与社会、政府与市场、政府与人民关系的前提。尽管我国的依法行政建设已经取得了显著成果，逐步由人治转向法治，但由于长期以来受“官本位”思想的影响，政府行政过程中仍然存在不按法律、法规办事的现象，仍然存在人大于法的现象。

c. 行政权力的监督制约机制有待完善。经过几次政府机构改革，我国已经建立了对行政权力的监督制约机制，但仍然有可完善的空间。

④政府行政管理中重管制、轻服务的倾向仍然明显。受封建主义影响，“官本位”思想在我国长期居于主导地位，因此重管制、轻服务的特点十分突出。

⑤政府工作透明度有待加强。政治透明不仅是人民民主和党内民主的前提，也是科学决策和民主决策的前提，还是政治清明和官员廉洁的前提。只有让权力在阳光下运行，让官员在众目睽睽下办事，才能从根本上消除腐败。目前，经过这几轮政府改革，我国在增强政治透明度方面取得了很大成效，但也仍然存在一些问题。

⑥权力边界有待进一步明确。目前，我国中央政府与地方政府、党委与政府之间的权力边界存在不少模糊之处，有待于按照权责一致的原则进一步明确。

5. 理论联系实际，论述我国行政改革的经验。［中财 2010 年研］

相关试题：

(1) 论述我国行政改革的经验和主要任务。［山东师大 2017 年研］

(2) 中国行政改革的经验、目标与主要任务。［青岛大学 2016 年研］

答： 我国行政改革是一项复杂、巨大而系统的工程，涉及社会生活的各个方面。为了使行政改革能够顺利进行，我国行政改革在推进过程中的基本做法和经验有：

(1) 立足本国国情，坚持因地制宜。由于社会背景不同，因此，我国的行政管理改革只能借鉴而不能照搬西方的“新公共管理”模式。应当在审视自身国情的基础上，把握我国行政管理改革不同于西方“新公共管理”运动的特殊方面。这至少包括：为行政管理改革提供良好的法治环境，突出服务职能，同时强化必要的管制。

(2) 坚持以经济建设为中心，改革要与经济体制相配套。行政体制属于上层建筑的范畴，受到经济体制的制约，又能动地反作用于经济体制。因此行政体制的改革最终要适应经济发展的需要，以经济建设为中心。坚持把转变政府职能作为改革核心，不断推进政企分开、政社分开、政务分开，减少对微观经济活动的直接干预，增强宏观调控作用。

(3) 坚持新的发展理念，妥善处理改革、发展和稳定之间的关系。改革是发展的动力，是实现长期稳定的基础；改革是发展不可缺少的推动力量，要发展就必须改革。改革是指经济体制改革、政治体制改革、文化体制改革在内的全面改革；只有广泛而深入的改革，才能解决生产力发展过程中新出现的各种问题，为生产力的发展开辟出广阔的空间。发展是改革的目的，同时是稳定最可靠的保证。发展首先指经济发展，同时也包括政治和文化诸方面的全面进步，中国解决自身内部一切问题的关键是要靠自己的发展，特别是社会生产力和国民经济的发展。稳定是改革、发展的前提条件，也是发展的重要要求。稳定要保持国家政局的稳定和基本路线、基本政策的稳定不变。注重从整体上统筹把握三者的辩证关系，稳步前进。

(4) 广泛吸收、借鉴西方发达国家改革的经验，汲取我国传统行政的精华。行政改革与行政发展是一个全球性问题，各国政府在行政发展的实践中积累了丰富的经验，提出了许多理论和实践模式，从西方新公共管理运动所产生的广泛影响可见一斑。我国在进行政府改革的过程中，也要充分注意同西方发达国家政府改革比较，注意借鉴和吸收它们的成功经验和理论成果。同时，要不断地进行理论创新，关注行政改革与发展的本土化问题，如服务型政府理论等充分借鉴和吸收了西方国家的经验和理论，成为我国行政发展的重要理论成果。

(5)改革要分步实施、逐步到位，采取渐进的方式。坚持实事求是的原则，立足我国社会主义初期阶段的基本国情，走渐进式的行政发展道路，这是我国行政改革和行政发展的一条基本经验。中国是一个仍然处于社会主义初级阶段的发展中国家，经济体制改革和政治体制改革对国家的前途和命运具有重大影响，无论是经济体制还是政治体制的改革都不是一蹴而就的事情。行政体制改革必须与经济体制改革和政治体制改革有机结合起来，我国的行政改革与行政发展与经济改革是同步进行的，我国经济体制改革走的是一条渐进式的发展道路，这一改革模式也决定了政府改革必须采取渐进式的方式来进行。

6. 中国行政改革展望或目标。[首经贸2017年研]

相关试题：

(1)论述中国行政改革的经验及展望。[武汉科大2016年研]

(2)论述深化行政改革的目标。[山东师大2015年研]

答：党的十九大报告提出中国行政改革的目标是：转变政府职能，深化简政放权，创新监管方式，增强政府的公信力和执行力，建设人民满意的服务型政府。按照这一目标要求，今后一段时期中国行政改革的主要任务如下：

(1)继续简政放权，加快转变政府职能。简政放权要坚持“简”字当头，坚决革除不合时宜的陈规旧制，打破不合理的条条框框，砍掉束缚创业创新的繁文缛节，把该放的权力彻底放出去，能取消的尽量取消、直接放给市场和社会。政府职能转变是深化行政体制改革的核心，是全面正确履行政府职能的基础。在改革开放以来我国经历的多次行政体制改革中，政府职能转变都是改革的重点，但从总体上看，政府职能转变仍然比较滞后。随着我国经济体制改革的深入，需要进一步转变政府职能，推进简政放权，减少对微观经济的干预，强化公共服务、市场监管和社会管理的职能，为市场主体创造良好发展环境，充分发挥市场在资源配置中的决定性作用。

(2)统筹政府机构设置，科学配置行政各部门权力、明确职责。在省市县对职能相近的党政机关探索合并设立或合署办公，部门合并后也要注重内设机构整合，推动精细化、纵深化的机构改革，切实减少职能交叉、推诿扯皮的现象。深化事业单位改革，强化公益属性，推进政事分开、事企分开、管办分离。

(3)打破职责同构，强调地方积极性的发挥。统筹优化地方机构设置和职能配置，构建从中央到地方运行顺畅、充满活力、令行禁止的工作体系。科学设置中央和地方事权，理顺中央和地方职责关系，更好发挥中央和地方两个积极性，中央加强宏观事务管理，地方在保证党中央令行禁止前提下管理好本地区事务，合理设置和配置各层级机构及其职能。下放权力是增强地方治理能力的重要途径，中央的大政方针需要地方各级政府结合本地实际，调配各种资源，通过各种办事环节的具体操作，最终才能让群众得到实惠。要办事就得有能力，增强地方治理能力的一个重要途径是下放权力。

(4)创新行政管理方式，重视政府公信力和执行力的提升。政府执行力产生政府公信力，政府的公信力有利于保证政府的执行力。通过政府工作流程优化再造、依法行政、政务公开、建设电子政务、绩效管理、科学民主依法决策等措施提高政府执行力，从而提高公信力。提高政府执行力和公信力，是深化行政管理体制改革的重要目标，是提高人民群众对政府的满意程度和信任程度的标志，也是提高政府管理经济社会事务能力的标志。

7. 请比较分析当代西方国家与我国行政改革趋势的异同。[电子科大2016年研]

相关试题：结合行政改革的相关理论，分析我国行政改革的发展趋势。[山东大学2018年研]

答：(1)当代西方国家行政改革的趋势，参见本章论述题第1题答案。

(2)当代中国行政管理体制改革的发展趋势：

①内涵式发展。1993年前的行政改革一直陷于“精简—膨胀—再精简—再膨胀”的怪圈，只实现了有限的行政发展目标。内涵式发展不以减少行政机构及行政人员数量为主要标准，而是强调行政系统与系统环境的动态平衡。改革发展的目的在于优化行政结构，提高行政效能。行政发展的内涵式发展趋势触及以往行政体制的根本问题所在，以标本兼治为目标，进行行政系统各要素的变革。

②渐进式变革。由于任何事物的发展必须以渐进的量的积累为基本要求，因此，行政发展目标的实现也是一个逐渐接近的过程。在这个过程中，行政系统内部各要素发展错落有致并保持一定的比例关系，以循序渐进的方式最终完成整个系统的变革。与行政改革发展密切相关的其他领域改革，也要求政府行政行为的调整、重塑必须是一个渐进的过程。

③内源式发展。这是相对于外源式发展模式而言的。外源式发展的主要特征为缺乏改革与发展的自发性，以套用其他国家的发展模式代替对本国具体国情的分析。内源式发展模式则强调将本国经济状况、文化传统等与行政发展进程紧密结合，充分调动社会的积极性和创造性，而不是将西方模式简单翻版。我国的行政发展必须考虑行政系统自身的经济、政治、历史、文化等国情因素，在此基础之上构建适于我国行政系统改革与发展的模式。

④总体整合。我国自20世纪80年代初以来历经几次行政改革，但成效并不显著。究其原因，主要在于行政机构改革没有与行政系统其他层面的改革以及行政环境的变迁协调进行，没有做到行政机构改革与整个行政系统的联动。因此，我国行政系统虽然局部性变革不断，并为此消耗了大量的人力和财力，但改革结果却与原定目标有相当距离，而且成果的稳定性较弱，每每出现反弹局面。为了扭转以往局部变革收效有限的情况，我国开始注意行政改革与发展的总体整合，即坚持行政系统内部各要素及系统与系统环境的协同有序，从总体上把握行政改革与发展的脉络。

(3)我国行政改革与西方行政改革的共性：

①现代化问题的共同性。现代化问题是全球面临的共同问题，尽管各个国家的社会制度和政治制度之间存在着很大的差别，但在现代化的历史潮流面前只有先后和快慢的区别。行政现代化是现代化进程中一个重要的方面，为此，各个国家都要进行相应的行政改革。

②经济发展方向的共同性。近代以来，市场经济体制逐渐在世界范围内取得统治地位，虽然不同国家实行的市场经济体制有所不同，但总体而言都会走上这条必由之路。经济发

展方向的共同性通过市场成熟的不同程度对政府的行政控制提出不同要求，也对行政改革提出了要求。

③社会关系的共同性。在现代国家，政府对社会控制的内容大体相同。政府在实现各方面控制的过程中，都伴随着政府和人民之间的相互制约，这种制约关系便成为中西方国家各个时期进行行政改革的动力。

④政府行政发展方向的趋同性。随着现代化的发展，经济社会对诸如政府从社会控制向社会服务的方向转化的趋势、由政府管制向社会自我管理发展的趋势提出要求。

⑤面临问题的共同性。从行政发展趋势来看，政府在各个发展阶段都有一系列需要解决的问题。而上述行政发展方向的趋同性，决定了中西方国家在各个阶段所遇到的问题具有共性。

(4)我国行政改革与西方行政改革的差异：

①改革的原动力和阻力不同。西方国家行政改革的原动力来自技术条件的变迁。技术条件的变迁引起社会经济结构的变动，新的社会群体持续对政府管理发生作用力，这种原动力的客观性比较强，推动行政改革。而我国行政改革的动力来自体制变迁的需求，与技术变迁的关系不直接。我国行政改革的动力来自政府的客体和主体两个方面，两大动力的有机结合构成了当代中国行政改革的动力系统。从阻力方面来看，西方发达国家行政改革的最大阻力来源于立法机构，而我国改革的最大阻力来源于占有既得利益的行政部门。

②变革的深刻性不同。从现代化的阶段来看，我国与西方国家所处的现代化阶段不同，信息技术基础不同，市场经济发展程度不同，民主发展过程中面临的问题不同。当代西方的行政改革是建立在成熟市场经济体制基础上的局部调整，而我国的行政管理体制改革则是在发展社会主义市场经济体制的过程中所进行的革命性变革。

③改革与发展相互依存度不同。我国改革与发展之间除了有相互促进的作用，其制约作用也十分明显，现存的许多与政府角色相关的问题都与发展不充分有关，有的问题既是发展要解决的问题，也是改革要解决的问题；而西方国家的行政改革中这种情况则不多见。

④内外部制约因素相互交织。我国政府内部的一些基本关系尚未完全理清，如中央政府与地方政府关系、政府与部门之间、同级政府不同部门之间的权责分配都需要进一步划清。要理顺这些内部关系，就需要准确界定外部关系，如党政关系、立法权和行政权等。这种受制于内外部因素交互影响的状况也是我国行政管理体制所独有的。

⑤规制需求与减少规则的需求并存。相对于西方发育完全的市场经济而言，我国的市场经济体制仍不完善，市场竞争不充分与无序竞争并存，从而要求政府加强规制的呼声与减少政府规制的呼声同时存在。这一相互矛盾的行政需求，决定了我国在过渡期内行政供给的特殊性。

⑥传统社会文化与现代行政理念交互影响。我国曾长期处于自然经济状态，在此基础上形成了传统社会文化，公众对政府有较强的依赖心理，在一定程度上推动了政府理想化人格的形成，对弱化政府职能产生阻力。另一方面，受西方行政改革的影响，各种现代行政理念纷至沓来，对减少政府干预形成压力。上述两种冲突都会深刻影响政府职能定位，这在西方行政改革中是没有的。

8. 试论企业家政府的基本特征及其对我国行政管理改革的启示。[华南理工 2016 年研]

相关试题：请论述西方国家“政府再造”理论对我国的启示。[江苏大学 2017 年研]

答：企业家政府是指政府部门由一群富有企业家精神的公共管理者组成，他们能够运用各种创新的策略，使原本僵化的官僚体制恢复活力，并且有效运用资源提高政府的效率。简言之，凡是能够运用创新策略，有效运用资源的政府即为企业家政府。企业家政府不是要将政府转化为企业，而是认为政府必须在市场导向的观念下，引进竞争机制，运用创新策略。

(1)企业家政府的基本特征有：

①掌舵而不是划桨。政府应该集中精力做好决策工作(即掌好舵)，而把具体的服务性工作承包给私营企业和非营利性机构去做。这样，政府可以居高临下，用政策吸引竞争者，保持最大的灵活性来应对变化着的环境，出色地扮演好自己的角色。

②重妥善授权而非事必躬亲。在一个民众自治的国家里，政府的行政专家们不应事必躬亲，而要善于授权，鼓励公众参与管理。

③注重引入竞争机制。政府之所以没有商界那样富有效率，其主要原因就在于它缺乏竞争机制。企业家政府注重引入竞争机制，促使政府内部各部门之间、政府与私营部门之间展开竞争，提供更加优质的公共服务。

④注重目标使命而非繁文缛节。企业家政府是有使命感的政府，它摆脱了繁文缛节的束缚，只是简单地界定它的基本目标和任务，再根据这一目标和任务制定必要的规章和预算，然后就放手让其雇员去履行各自的责任。

⑤重产出而非投入。企业家政府是讲究效果的政府，它是按效果而不是按投入拨款；它对政府各部门表现的评估和资助是以其政策效果为依据，而非依据项目的多少。

⑥具备“顾客意识”。政府是受顾客驱使的，其宗旨是满足顾客的需要，不是官僚政治的需要。

⑦有收益而不浪费。企业家政府是有事业心的政府，是有收益而不浪费的政府，它不应仅仅靠预算度日，它应学会用种种形式集资、赚钱，它主张以花钱来省钱，为回报而投资。

⑧重预防而不是治疗。具有企业家精神的政府应该以预防为主，而不是通过事后服务来挽回损失；应该是有预见力的政府，而有预见力的政府应该集中精力做好两件根本性的事情。它们使用少量钱预防，而不是花大量钱治疗。

⑨重参与协作的分权模式而非层级节制的集权模式。政府应当仿效企业领导者的做法，要善于分权，即应削平复杂的层级组织模式，将集权式的管理权下放。

⑩重市场机制调节而非仅靠行政指令控制。官僚体制的种种不足，大都可以概括为行政机制与市场机制之争。行政的方法则是一种指令和控制的机制，这种机制在某些场合下是可行的，但也有其致命的弱点。企业家政府重视采用市场机制进行调节，注重发挥价格机制和自由竞争的作用。

(2)企业家政府理论对我国行政管理改革的启示有：

①建设服务型政府：

a. 强化社会管理和公共服务职能。建设服务型政府是以民为本、执政为民宗旨的职能化、制度化体现，建设服务型政府要求政府从管理型走向服务型。要创新经济管理制度和方式，更多地运用经济和法律手段调节经济活动。

b. 树立以人为本的理念，培育公务员服务意识。公务员是为人民服务的公仆，是公共服务过程的主导性因素。因此，公务员要明确自己的义务和职责，摆正自己的位置，在管理理念上实现由“管”字当头向“服务为本”转变，强化“管理就是服务”的意识；在管理文化上实现由“官本位”向“民本位”的转变，强化“纳税人第一”“服务是公务员天职”的意识。

c. 深化行政审批制度改革。深入贯彻行政许可法，减少和规范行政审批事项；要完善行政审批方式，简化和规范程序，制定操作规程，向社会公开；要创新管理制度和方式，建立健全有效的全社会投资引导调控体系，特别要规范政府和国有企业的投资行为。

②建设责任政府：

a. 建立以行政首长为重点的行政问责制度。政府的权力是人民赋予的，必须对人民负责，接受人民监督。问责制要求建立严密的责任追究体制，既要落实行政首长负责制以明确其领导责任，又要各司其职、各有其权、各负其责；要完善决策失误责任追究、行政执法过错责任追究、监督失察责任追究等制度，切实做到行政权力与责任紧密挂钩、与利益脱钩。

b. 建立绩效评估制度。要科学确定政府绩效评估的内容和指标体系，实行政府内部考核与公众评议、专家评价相结合的评估办法，促进树立与科学发展观相适应的政绩观。要按奖优、治庸、罚劣的原则，充分发挥绩效评估的导向作用和激励约束作用，反对虚报浮夸、急功近利以及搞劳民伤财的“形象工程”和“政绩工程”等。

③建设效能政府：

a. 提高政府行政效能。建设效能政府首先要求各级政府及公务员牢固树立成本意识和节约意识，追求“低成本政府”，以最少的投入取得最大的效益。同时，要借鉴企业管理经验改造政府内部管理，探索适应公共部门特点的提高效率的特殊机制，深化政府机构改革，构建政府各部门共享的公共行政平台，减少管理层级，实行授权管理。

b. 增强政府执行力和公信力。提高政府执行力和公信力，提高人民群众对政府的满意度和信任度，是深化行政管理体制改革的重要目标和任务。

④建设法治政府：

a. 加强和完善立法工作。建设法治政府是加强政府自身建设的首要目标。当前，特别要重视社会管理和公共服务方面的立法，重点做好应对各种突发事件、保障农民权益、劳动就业和社会保障以及社会事业发展方面的立法，逐步形成较完备的法律体系。同时，努力提高制度建设质量，使之符合宪法和法律规定的权限和程序，充分反映客观规律和最广大人民的根本利益。

b. 加强行政执法及检查。必须坚持严格、公正、文明执法原则，在执法过程中既要通过程序保证行政机关迅速有力地打击行政违法现象，又要在此过程中不损害公民的合法权益。要加快建立权责明确、行为规范、监督有效、保障有力的行政执法体制。在加强行政执法的同时，有必要采取切实措施，有效地制约行政执法权力，建立健全行政执法检查监督机制。

四、案例分析题

请回答：［电子科大2014年研］

1. 什么是行政改革？当前我国行政改革的重要性体现在哪些方面？

答：（1）行政改革是指政府行政系统随着外部生态环境的变化以及行政系统内部构成要素的变化，有意识地对其自身的结构功能和行政人员的行为方式不断进行调整和改变，使其转变到新的形态，以期取得行政系统与环境之间的动态平衡，从而实现行政效能的行为或过程。

（2）当前我国行政改革的重要性体现在以下几个方面：

①行政改革是行政环境发展变化的必然要求。行政环境包括经济、政治、文化、社会、自然地理、国际环境等多方面，每一方面都可成为促成并推动公共行政改革的重要力量。随着世界经济向国际化、全球化发展，政府需要加强综合协调和宏观调控功能以应对全球化挑战。因此，政府必须对传统的行政职能和行政管理方式进行调整和变革，以适应国际形势发展的需要。

②行政改革是实现行政管理科学化和现代化的需要。行政管理的科学化和现代化是当代行政管理的基本目标。为了实现行政管理的科学化和现代化，就需要重新划分行政职权，科学配置政府职能，改革和完善行政体制，并不断改进行政手段和更新行政文化观念，这一切都需要通过行政改革才能实现。

③行政改革是促进社会经济发展的迫切要求。近年来，我国从中央到地方各级政府大力加强自身建设，着力推进行政管理体制改革，行政能力和行政水平都有了很大的提高；但与社会主义市场经济的发展相比，行政管理体制改革依然相对滞后，管理越位、管理缺位、管理错位、有法不依、执法不严等问题比较普遍，给经济社会发展造成了很多不利的影响。随着各项改革不断纵深推进，行政管理体制改革相对滞后对其他改革的牵制作用正在日益明显地表现出来，已经成为深化改革、扩大开放的中心环节，为此，必须紧密结合经济社会发展实际，抓住现行行政管理体制的薄弱环节，不断深化行政管理体制改革，更好地适应和服务于经济社会发展。

④行政改革是发挥社会主义市场经济体制优势的内在要求。要切实转变政府职能，健全宏观调控体系；深化行政体制改革，优化政府组织结构；创新行政管理方式，提高科学管理水平，增强政府公信力和执行力，建设法治政府和服务型政府，从而通过行政改革提高行政效能以充分发挥社会主义市场经济体制的内在优势。

2. 结合案例，分析建国以来我国行政改革的经验，以及党的十八大以来我国行政体制改革举措呈现的特点及面临的困难。

答：（1）建国以来我国行政改革的经验，参见本章论述题第5题答案。

（2）党的十八大以来我国行政体制改革举措呈现的特点：

①政府行政机构改革的根本指导思想和目标是：按照经济体制改革和政企分开的要求，以转变职能为关键，从机构配置的科学性和整体性出发，贯彻精简、统一、效能的原则，使政府对企业由直接管理为主转变到间接管理为主，克服政府机构庞大臃肿、层次过多、效率低的弊病，建立起高效率的政府。

②具体来讲，在改革机构的过程中，遵循“五个坚持”原则：

a. 坚持以适应社会主义市场经济体制为改革的目标，把转变政府职能作为机构改革的关键。

b. 坚持精简、统一、效能的原则，把精兵简政和优化政府组织结构作为机构改革的重要任务。

c. 坚持积极稳妥的方针，既审时度势，把握时机，坚定不移地迈出改革步伐，又充分考虑各方面可承受的程度，审慎地推进改革。

d. 坚持机构改革与干部人事制度改革相结合，制定配套的政策措施，妥善安排分流人员，优化干部队伍结构。

e. 坚持统一领导，分级负责，分步实施，从实际出发，因地制宜地进行改革。

(3)党的十八大以来我国行政体制改革举措面临的困难：

①政府改革的被动适应性远远大于主动的前瞻性。历次的政府改革都不同程度地出于财政、机构、人员、官僚主义的压力，政府迫不得已才进行改革，政府改革是消极的，缺乏主动性、自主性和前瞻性。

②政府改革视角的偏狭。多年来，一提起政府改革，便将其等同于机构改革，政府改革的视角点是在机构、人员的调整上。这给人一种印象，似乎政府改革就是撤并机构，精简人员。

③缺乏对政府改革理论上的反思。历次政府改革都反映出理论的准备和反思不足，改革在理论上的滞后，影响着对政府改革的思考，并限制着战略和政策的选择。

④政府改革孤立于政治和社会系统。政府改革应与政治改革、经济改革、司法改革、立法改革、社会组织改革相呼应，需要一种大规模、普遍性、彻底性的政府再造，关联政党与政治、立法、司法、社会组织等多种环境系统改革的政府再造，而不仅局限于政府组织之内。

⑤效率主义改革典范的局限。主导过去政府改革的是行政理性模型，即行政改革的核心在于有效率的行政。政府行政必须是有效率的，效率也是重要的。但是效率主义的改革典范也存在着缺陷和不足，如它可能忽视了民主、公平、社会正义、责任的价值以及公民参与。

3. 结合案例，你如何理解和评价新一轮国务院机构调整的目的、特点及意义。

答：(1)新一轮国务院机构调整的目的在于：

①要按照建立中国特色社会主义行政体制的目标，深入推进政企分开、政资分开、政事分开、政社分开，建设职能科学、结构优化、廉洁高效、人民满意的服务型政府。

②深化行政审批制度改革，继续简政放权，推动政府职能向创造良好发展环境、提供优质公共服务、维护社会公平正义转变。稳步推进大部门制改革，健全部门职责体系。

③优化行政层级和行政区划设置，有条件的地方可探索省直接管理县(市)改革，深化乡镇行政体制改革。

④创新行政管理方式，提高政府公信力和执行力，推进政府绩效管理。严格控制机构编制，减少领导职数，降低行政成本；推进事业单位分类改革；完善体制改革协调机制，统筹规划和协调重大改革。

(2)新一轮国务院机构调整的特点：

①以强化公共服务职能为重心，推进政府职能的根本转变。政府职能转变是改革开放以来历次行政体制改革的第一要务。改革开放以来，我们就在行政管理体制改革中提出了转变政府职能这个目标。多年来，我们在这个方面做了很多努力，取得了一些成效；但实际上，政府职能转变还远远没有到位，距离社会主义市场经济的要求还有相当大的差距。究其原因，在于政府特别是地方政府经济职能过强，对微观经济活动参与和干预过多，而对社会管理和公共服务职能关注不够，导致多年来政府职能难以实现真正的转变。

②以大部制改革为突破口，优化政府组织结构：

a. 对已经实行大部门体制的，要进行工作流程的优化再造、管理职能的重新分配和内设机构的整合调整，真正做到职能有机统一。

b. 在已经推行大部制但尚未整合到位的部门，如交通运输部，要继续推进并整合到位，真正建立起大交通管理体制；在应该实行而尚未实行大部门制的系统，应适时推出大部门体制改革。

c. 要按照建设服务型政府的精神和要求，积极探索和推进公共服务领域的大部门体制改革，明确公共服务的职责分工，减少职责交叉。

d. 在推进大部制改革中，坚决贯彻中央精神，严格执行政府组织法，严格控制编制和领导职数，不能以“过渡期”为由，突破编制和领导职数限额。

e. 在推进大部制的过程中，要注重加强权力监督机制建设，尤其要通过科学的权责划分推进“行政三分制”改革，实现决策权、执行权、监督权科学分离和相互监督、相互制约，不能以大部制为借口，刻意强化部门权力和部门利益。

f. 在地方层面，要积极鼓励和支持各级地方的大部制改革。

③以事权财权合理匹配为目标，改革调整中央和地方关系。在中央与地方关系上，目前的改革主要集中于省直管县改革。今后要以公共服务为重点深化改革，合理确定中央和地方的事权和财权，真正调整好中央与地方关系。

④以政府管理创新为重点，推进政府自身建设。要真正建设人民满意的政府，就必须通过政府管理的不断创新，加强政府自身建设与改革。一是尽快完善内容和程序，切实推进政府预算公开制度；二是坚定信心、勇于改革，着力推行官员财产申报制度。

⑤以科学分类为基础，积极稳妥推进事业单位改革。当前推进的事业单位改革，是历次事业单位改革中规模最大的一次改革，这次事业单位改革的最大特点就是分类推进。所谓分类，大体上就是行政类、公益类和生产经营类。在这三大类中，各自又有更具体、更细致的分类。基本原则就是，承担行政职能的事业单位将行政职能回归行政机关；从事生产经营活动的事业单位转企改制；公益类的事业单位或转为民间组织或转为“公益事业法人”。

(3)新一轮国务院机构调整的意义：

①统筹设置党政机构将为坚持和加强党的全面领导提供有力组织保障。此次国务院机构改革以加强党的全面领导为统领，把坚持和加强党的全面领导贯穿改革的各方面和全过程，在机构设置和职能配置方面，完善保证党的全面领导的制度安排，与党中央的机构系统谋划，这将为坚持和加强党的全面领导提供有力的组织保障。这次机构改革，为加强党

中央对法治中国建设、教育工作、审计工作和“三农”工作等的集中统一领导，保证国务院部门全面贯彻党中央在这些领域的路线方针政策，作了制度安排，提供了组织保障。这对于正确理解和落实党政职责分工，理顺党政机构职责关系，形成统一高效的领导体制，保证党实施集中统一领导，必将产生重大而深远的影响。

②对国务院机构设置和职能配置进行深刻变革将为形成更加完善的中国特色社会主义制度创造有利条件。国家机构职能体系是中国特色社会主义制度的重要组成部分，是国家治理体系和治理能力的重要支撑。这次国务院机构改革以推进国家治理体系和治理能力现代化为目标导向，针对自身机构设置和职能配置中不完全适应这一目标要求的体制弊端，大刀阔斧地进行大重组、大整合，既立足于实现第一个百年奋斗目标，抓重点、补短板、强弱项、防风险，从国家机构职能上为决胜全面建成小康社会提供保障；又着眼于实现第二个百年奋斗目标，打基础、立支柱、定架构，注重解决事关长远的体制问题。这样的改革力度和举措必将为形成更加完善的中国特色社会主义制度创造有利条件。

③坚持以人民为中心的改革方向将为建设服务型政府打下坚实的体制基础。此次国务院机构改革精准对接发展所需、民心所向，充分回应人民期待，把为民办事、为民解忧的根本立场和价值取向充分体现在机构设置和职能配置中，将为建设以人民为中心的服务型政府打下坚实体制基础。为满足人民群众对高质量公共服务的新需要，这次国务院机构改革在教育文化、卫生健康、医疗保障、应急管理等领域加大机构调整和优化力度，组建了一批新机构，这对于推动国务院进一步转职能、转方式、转作风，强化公共服务和社会管理，建设人民满意的服务型政府，必将产生重大而深远的影响。